비도서자료관리론

비도서자료 관리론

이창수 지음

경북대학교출판부

저자 | 이창수(李昌洙)

경북대학교 도서관학과(문학사)
경북대학교 대학원 도서관·정보학과(도서관학석사)
중앙대학교 대학원 문헌정보학과(문학박사)
한국도서관협회 분류위원회, 목록위원회 위원 역임
한국도서관·정보학회 학회지편집위원장 역임
경북대학교 사회과학대학장, 정책정보대학원장 역임
(현) 경북대학교 문헌정보학과 교수(csl@knu.ac.kr)

주요 저서
『한국십진분류법 제4판』(공편, 한국도서관협회, 1996)
『개정 제4판 한국십진분류법 해설』(공편, 한국도서관협회, 1997)
『역사 및 지리류에 대한 조합식 분류표의 전개』(한국학술정보, 2005)
『정보자료의 목록』(태일사, 2010, 2013)
『연속간행물의 관리』(태일사, 2011)
『자료분류론』(한국도서관협회, 2014)

사회과학학술총서 1
비도서자료관리론

초판 1쇄 2014년 10월 27일 | **초판 3쇄** 2021년 4월 30일
지은이 이창수 | **펴낸이** 홍원화 | **펴낸 곳** 경북대학교출판부
출판등록 1973년 10월 10일 ㉑97호
주소 대구광역시 북구 대학로 80 | **전화** 053-950-3830 | **팩스** 053-953-4692
이메일 press@knu.ac.kr | **홈페이지** http://knupress.com
ISBN 978-89-7180-410-0 93020

머리말

종이 발명 이전에도 점토판, 파피루스, 죽간, 목독, 양피지 등에 기록된 자료들이 있었으며, 과학기술의 발전에 따라 전자매체나 온라인 등을 활용한, 도서 형태가 아닌 다양한 자료들이 등장하게 되었다. 도서관법에 근거하면, 비도서자료란 인쇄자료, 필사자료, 시청각자료, 마이크로형태자료, 전자자료, 그 밖에 장애인을 위한 특수자료 등 지식정보자원 전달을 목적으로 정보가 축적된 도서관이 수집·정리·보존하는 자료 중에서 도서를 제외한 모든 자료를 의미한다. 비도서자료는 도서 형태로 제본되어 있지 않은 모든 자료가 그 대상이나, 일반적으로 도서관에서는 수사본, 문서, 연속간행물 등은 비도서자료와 별도로 취급하여 관리하고 있는 실정이다.

비도서자료는 쉽게 제작할 수 있고 편집이 용이하며, 필요한 사항을 수시로 기록할 수 있다. 또 반복 재생이 용이하고 복제가 쉬우며, 시공간적 제한이 적고, 동시에 많은 이용자에게 정보전달이 가능하다. 게다가 표현이 구체적이고 사실적이며, 사실 인지와 기능 습득에 유익하며, 멀티미디어적 표현이 가능하고, 예술적 표현이 용이하다. 이와 같은 다양한 이유로 비도서자료는 도서관에서 정보자료로서 널리 활용되어 왔다.

역사적으로 인쇄매체 이외의 정보매체는, 크게 볼 때 아날로그에서 디지털로 꾸준하게 변용되어 왔음을 알 수 있다. 사진필름, 영화필름, 마이크로필름, 비디오테이프, 녹음테이프, 음반 등의 아날로그 매체에 기록되던 자료들이 점차 디지털화되어 CD, DVD, CD-ROM, 하드디스크 등의 자기 또는 광디스크에 저장되게 되었다. 이렇게 디지털화된 자료들은 실물자료로 직접 기기를 통하여 이용할 수도 있지만 인터넷을 통하여 온라인으로 실시간 이용할 수도 있다. 오늘날 도서관에서 이용되는 비도서자료도 악보와 지도자료, 그리고 CD를 중심으로 한 녹음자료, DVD를 중심으로 한 영상자료, 광디스크와 디지털파일을 중심으로 한 온·오프라인 전자자료가 주가 되고 있다. 따라서 이 책에서는 도서관 현장에서 많이 활용되는 이러한 비도서자료를 중심으로 다루었다.

비도서자료에 관한 기존의 대부분의 책들은 비도서자료를 유형별로 구분하여 그에 따른 목록법을 중심으로 전개하고 있다. 이 책은 비도서자료의 관리편과 목록편으로 크게 나누어 편성하되, 자료를 유형별로 나누지 않고 통합하여 기술하였다. 먼저 제1부 관리편에서는 비도서자료의 의의에서부터 관리 전반에 이르기까지 다루었다. 제1장에 의의와 종류를, 제2장에 관리 업무와 업무 조직을, 제3장에 선택과 수집을, 제4장에 분류와 메타데이터를, 제5장에 공간 구성과 자료 제공서비스 등의 이용을, 제6장에 보존 관련 사항을 편성하였다. 제2부 목록편에서는 비도서자료의 목록에 대하여, 즉 MARC 형식에 따라 목록규칙과 그 활용 예시를 다루었다. 먼저 제7장에서 목록규칙의 발전과 목록기술의 총칙을 기술하였다. 제8장부터 제14장까지는 비도서자료의 목록법의 실제에 대하여 다루었다. 동양자료와 서양자료를 위한 MARC 형식과 목록규칙의 이중적인 적용, 그리고 MARC 형식과 목록규칙의 분리로 인해 목록의 실제에 있어서 번거로움이 많은 관계로 '한국문헌자동화목록형식-통합서지용-'(KORMARC 통합서지용)의 규정 순서에 따라 '한국목록규칙 제4판'의 기술규칙을 적용하여 기술하되, 서양자료를 위한 MARC21의 필드를 대비시켜 나란히 제시하였다. 특별히 2010년에 발표되어 아날로그와 디지털 자원을 포괄하는 웹 기반의 차세대 목록규칙으로 주목받고 있는 '자원 기술과 접근'(RDA)의 적용에 대비하여 MARC 각 필드의 식별기호 요소에 해당하는 RDA의 조항 번호를 일일이 첨부하였다. 아울러 목록규칙은 '한국목록규칙 제4판'(KCR4)을 적용하여 비도서자료 목록에서 활용되는 필드를 중심으로 정리하였으며, 필요하면 '영미목록규칙 2002년 개정판'(AACR2R)의 규정도 함께 다루었다. 유형별 비도서자료의 목록 예시는 각 장의 말미에 지도자료, 악보, 녹음자료, 비디오녹화자료, 영화, 전자자료, 마이크로자료, 그림자료, 입체자료의 순서로 안배하여 동양자료와 서양자료를 함께 제시하였다. 동양자료의 경우, 분류표는 '한국십진분류법 제6판'을, 도서기호법은 리재철 '한글순도서기호법 제5표'를, 주제명표목표는 '국립중앙도서관 주제명표목표'를, 목록규칙은 KCR4를, MARC 형식은 2014년에 개정된 KORMARC 통합서지용을 적용하였다. 서양자료의 경우, 분류표는 '듀이십진분류법 제23판'을,

도서기호법은 ‘커터샌본 세 자리 저자 기호표(Cutter-Sanborn Three-Figure Author Table)’를, 주제명표목표는 ‘미국의회도서관 주제명표목표’를, 목록규칙은 AACR2R을, MARC 형식은 MARC21을 적용하였다.

정보매체는 급변하고 목록 환경의 변화도 끊임없이 변화하고 있다. 이러한 추세에 대응하여 비도서자료 관리에 대한 전반적인 이해를 돕기 위해 이 책을 마련했다. 막상 출판을 하려고 하니 아쉬운 마음이 앞선다. 앞으로 판을 거듭하면서 보완하는 것으로 위안을 삼고자 한다.

2014년 10월

이창수

차례

머리말 005

제1부 관리편

제1장 비도서자료의 의의와 종류 015

1. 비도서자료의 의의와 현황 015 / 2. 비도서자료의 변용 과정 018
3. 비도서자료의 종류 021

제2장 비도서자료 관리 업무와 업무 조직 035

1. 비도서자료 관리 업무와 인력 035 / 2. 비도서자료 업무 조직 037

제3장 비도서자료의 선택과 수집 041

1. 비도서자료의 선택과 평가 041 / 2. 비도서자료의 수집 057

제4장 비도서자료의 분류와 메타데이터 070

1. 비도서자료의 배가와 분류 070 / 2. 메타데이터 073

제5장 비도서자료의 이용 082

1. 이용 부서와 공간 구성 082 / 2. 자료 제공 서비스 087

제6장 비도서자료의 보존 094

1. 비도서자료의 보존 환경 094 / 2. 비도서자료의 보존 설비와 보존 방법 099
3. 자료의 매체변환 105 / 4. 전자자료의 장기적 보존 108

제2부 **목록편**

제7장 **목록규칙과 MARC** 113

1. 목록규칙의 발전 113 / 2. 목록기술과 MARC 130

제8장 **리더와 디렉토리** 140

1. 리더 140 / 2. 디렉토리 145

제9장 **제어 필드와 숫자적 필드** 147

1. 제어 필드 147 / 2. 숫자적 필드 198 / 서지레코드의 실례 220

제10장 **기본표목과 표제** 226

1. 기본표목 226 / 2. 표제 및 표제관련사항 231 / 서지레코드의 실례 260

제11장 **판 · 자료특성 · 발행 · 형태 사항 등** 263

1. 판사항 263 / 2. 자료특성사항 267 / 3. 발행사항 273
4. 형태사항 등 285 / 서지레코드의 실례 338

제12장 **총서 · 주기 사항** 347

1. 총서사항 347 / 2. 주기사항 349 / 서지레코드의 실례 379

제13장 **부출표목** 383

1. 주제명부출표목 383 / 2. 일반 부출표목 396 / 서지레코드의 실례 403

제14장 **연관저록과 총서부출표목** 408

1. 연관저록 408 / 2. 총서부출표목 423 / 3. 소장사항 427 / 서지레코드의 실례 431

참고문헌 437
색인 440

표 차례

〈표 1〉 국립중앙도서관 2013년도 비도서자료 납본 수집 현황 017
〈표 2〉 정보매체 및 관련 기술의 변용 과정 018
〈표 3〉 KCR4와 AACR2R의 비도서자료 유형 구분 027
〈표 4〉 RDA의 내용유형, 매체유형, 수록매체유형 구분 030
〈표 5〉 ISBD의 내용형식과 매체유형 033
〈표 6〉 ISBD의 내용형식과 매체유형 기술의 예 034
〈표 7〉 인터넷 자원의 선택 기준표 056
〈표 8〉 학교 도서관의 비도서자료 장서 구성 기준 058
〈표 9〉 비도서자료의 자료유형별 별치기호 071
〈표 10〉 RDA를 활용한 비도서자료의 매체유형별 별치기호 072
〈표 11〉 Dublin Core의 데이터 요소와 한정어 075
〈표 12〉 MODS의 최상위 수준의 데이터 요소 078
〈표 13〉 일본목록규칙(NCR) 각 판의 특징 116
〈표 14〉 선행 저록의 표출어 419
〈표 15〉 후속 저록의 표출어 421

그림 차례

〈그림 1〉 국립중앙도서관 장서 증가 추이 016
〈그림 2〉 국립중앙도서관 비도서자료 유형별 현황 017
〈그림 3〉 FRBR 제1그룹의 개체와 이들 간의 주요 관계 119
〈그림 4〉 FRBR 제2그룹의 개체와 '책임' 관계 120
〈그림 5〉 FRBR 제3그룹의 개체와 '주제' 관계 121
〈그림 6〉 리더의 구조 140

서지레코드의 실례 차례

[1] 낱장지도 220
[2] map 221
[3] world map 221
[4] 지도책 222
[5] atlas 223
[6] 악보 223
[7] music score 224
[8] 녹음 카세트 260
[9] sound cassette 260
[10] 음반—LP 261
[11] sound disc—LP 261
[12] 음반—CD 338
[13] sound disc—CD 338
[14] audio book—CD 339
[15] 비디오카세트 340
[16] videocassette 341
[17] 비디오녹화자료—DVD 341
[18] DVD—사전 342
[19] video recording—DVD 343
[20] 비디오녹화자료—블루레이 디스크 344
[21] videorecording—blu-ray disc 345
[22] 영화—필름 릴(35mm) 379
[23] motion picture—film reel(16mm) 380
[24] CD-ROM—백과사전 381
[25] CD-ROM—프로그램 381
[26] 전자책 403
[27] electronic book 404
[28] 전자저널 405
[29] electronic journal 405
[30] 전자갱신자료 406
[31] electronic integrating resource 406
[32] 마이크로필름 431
[33] microfilm 432
[34] 마이크로피시 432
[35] 슬라이드 433
[36] 원화 433
[37] 복제 사진 434
[38] photographic print 434
[39] 도자기 435

제1부

관리편

제1장 비도서자료의 의의와 종류

제2장 비도서자료 관리 업무와 업무 조직

제3장 비도서자료의 선택과 수집

제4장 비도서자료의 분류와 메타데이터

제5장 비도서자료의 이용

제6장 비도서자료의 보존

제1장 비도서자료의 의의와 종류

1. 비도서자료의 의의와 현황

오늘날의 종이에 기록된 도서 형태 이전에 점토판, 파피루스, 죽간, 목독, 양피지 등에 기록된 자료들이 있었으며, 과학기술의 발전으로 전자매체나 온라인 등의 다양한 방법으로 기록된 도서 형태가 아닌 자료들이 등장하게 되었다. 이러한 비도서자료는 정보의 보다 나은 전달 효과, 주의 환기와 집중 효과, 동기 유발과 지속 효과, 환상 자극 효과, 참여의 조장 효과, 용이한 자기 관찰의 효과 등으로 교수 매체로서 유용하게 활용되고 있다.

도서관에서 정보자료로서 관리하고 활용하는 데 있어서 비도서자료란 '도서 이외의 모든 도서관자료'를 의미한다. 도서관법(법률 제11310호) 제2조에서 정의한 도서관자료란 인쇄자료, 필사자료, 시청각자료, 마이크로형태자료, 전자자료, 그 밖에 장애인을 위한 특수자료 등 지식정보자원 전달을 목적으로 정보가 축적된 모든 자료(온라인자료를 포함한다)로서, 도서관이 수집·정리·보존하는 자료를 말한다. 그러나 도서 형태로 제본되어 있지 않은 모든 자료 중에서 팸플릿, 리플렛, 사본, 지도, 연속간행물, 악보 등의 인쇄매체는 비도서자료의 대상에서 제외하기도 한다.[1]

문헌정보학 분야의 논저나 교과목명에서 비도서자료와 유사하게 사용되는 용어로는 특수자료(special materials), 시청각자료(audiovisual materials), 비인쇄자료(nonprint materials), 비도서매체(nonbook media), 비인쇄매체(nonprint media) 등이 있다.

도서와 비교하여 볼 때, 비도서자료가 정보자료로서 지니는 특징은 다음과 같다.[2]

---

1) Richard Fothergill and Ian Butchart, *Non-Book Materials in Libraries: A Practical Guide*. 3rd ed.(London: Clive Bingley, 1990), p. 3.

2) 정옥연, 「비도서자료의 교육적 활용 방안에 관한 연구」, 중앙대학교 대학원 석사학위논문, 2003, pp. 18-19에서 요약·정리한 것임.

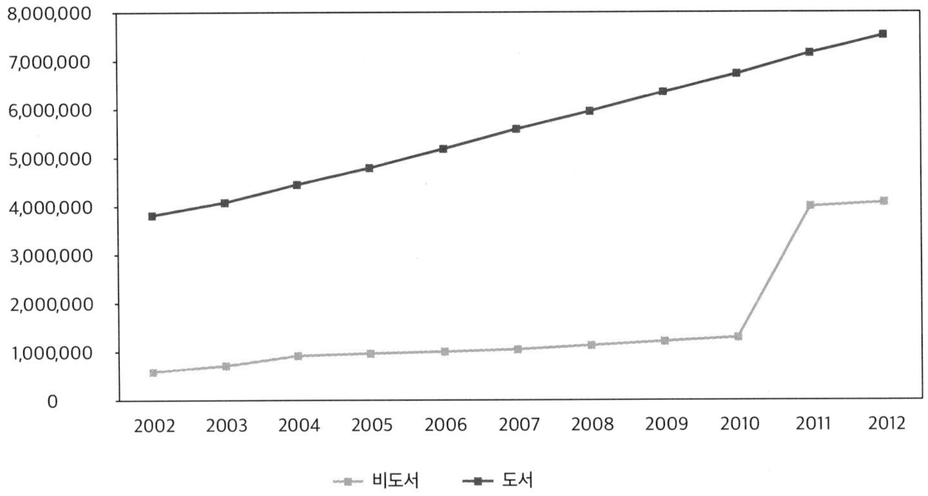

출처: 『국립중앙도서관 연보: 2002~2012』(서울: 국립중앙도서관, 2003~2013) '장서통계현황'종합.

그림 1 국립중앙도서관 장서 증가 추이

① 쉽게 제작할 수 있고 편집이 용이하며, 필요한 사항을 수시로 기록할 수 있다.
② 반복 재생이 용이하고 복제가 쉽다.
③ 시공간적 제한이 적고, 동시에 많은 이용자에게 정보 전달이 가능하다.
④ 표현이 구체적이고 사실적이며, 사실 인지와 기능 습득에 유익하다.
⑤ 멀티미디어적 표현이 가능하다.
⑥ 예술적 표현이 용이하다.

비도서자료의 발행 상황을 가늠해 보기 위한 하나의 방편으로 우리나라 국가 대표 도서관인 국립중앙도서관의 현황을 살펴보자. 〈그림 1〉에서 보는 바와 같이 국립중앙도서관에서는 비도서자료가 2002년도에 596,031점에서 2012년에 1,415,036점으로 10년간 2배 이상 증가하였다. 2011년부터는 국내의 온라인자료도 통계를 내기 시작하였는데, 2012년에는 국내 온라인자료 2,648,878건을 포함하면 합계 4,063,914점(건)으로, 그해의 도서 7,493,951책의 과반수에 이르게 되었다. 온라인자료는 단행자료의 전자책, 동영상, 음향자료, 이미지, 소장 자료 디지털화, 웹자료와 전자저널과 연속간행물의 웹 DB를 모두 포함한 것으로, 넓은 의미에서 비도서자료에 함께 포함될 수 있는 것이다.

2013년도의 온라인자료를 제외한 비도서자료의 총 장서 수는 1,500,485점인데, 〈그림 2〉에서 보는 바와 같이 음향자료 298,086점, 영상자료 451,281점, CD-ROM

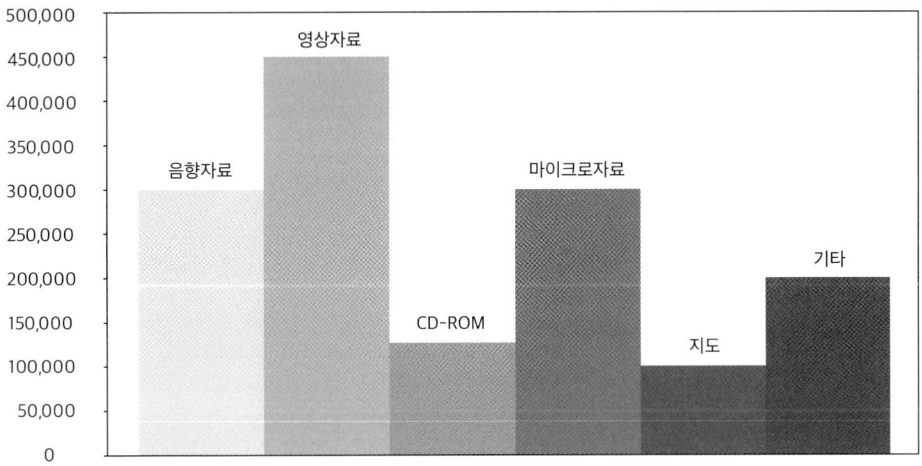

출처: 『국립중앙도서관 연보: 2013』(서울: 국립중앙도서관, 2014), p.341.

그림 2 국립중앙도서관 비도서자료 유형별 현황

127,249점, 마이크로자료 311,836점(피시 235,008점, 필름 76,828점), 지도 108,558점, 기타 203,475점 등으로 영상자료의 비중이 가장 크다.

아울러 2013년도에 국립중앙도서관에 납본된 비도서자료와 디지털파일의 현황은 〈표 1〉과 같다.

표 1 국립중앙도서관 2013년도 비도서자료 납본 수집 현황

자료유형	장서 수		비고
	종 수	점(건) 수	
사진	3종	317점	화상자료
낱장지도	761종	19,893점	지도자료
콤팩트디스크	3,723종	12,099점	녹음자료
DVD	3,620종	25,683점	영상자료
DVD-ROM	169종	444점	
블루레이 디스크	202종	522점	
CD-ROM	610종	1,573점	전자자료
디지털파일	1,009종	1,009건	
연속간행물 비도서	234종	2,544점	
기타	100종	262점	
합계	10,431종	64,346점	

출처: 『국립중앙도서관 연보: 2013』(서울: 국립중앙도서관, 2014), pp. 43-44.

발행되는 모든 비도서자료가 납본되었다고 볼 수는 없기 때문에 발행 상황을 완전히 파악할 수는 없겠지만, 국내 비도서자료의 유형별 발행 추이를 어느 정도 가늠해 볼 수 있을 것이다. 주로 CD를 중심으로 한 녹음자료, DVD를 중심으로 한 영상자료, 광디스크와 디지털파일(전자책)을 중심으로 한 전자자료 위주로 비도서자료가 발행되고 있음을 알 수 있다.

따라서 이 책은 이들 자료의 관리에 주안점을 두고 저술하였다.

2. 비도서자료의 변용 과정

도서관에서 관리하는 비도서자료의 하나인 지도는 오랜 역사를 지니고 있는 것이다. 대영박물관에 보관되어 있는 '메소포타미아인들이 점토판에 그린 지도'는 기원전 2500년경에 제작된 것으로, 현존 최고로 알려져 있다. 고대 그리스에서도 완성된 기보법에 의한 악보가 존재하였다.

여기서는 종이와 인쇄술이 발명된 이후에 도서와 연속간행물 등의 인쇄매체 이외의 다양한 정보매체와 그 관련 기술이 변용해 온 과정을 연대기로 나열해 보기로 한다.

표 2 정보매체 및 관련 기술의 변용 과정

연도	내용
1837년	은판사진술 발명(L.J.M. Daguerre)
1839년	현미경 사진(microphotographs) 제작(J.B. Dancer)
1851년	습판 사진술 발명(F. Scott Archer)
1871년	건판 사진술 발명(R. Leach Maddax)
1877년	원통식 축음기 '포노그래프(phonographe)' 발명(T.A. Edison)
1887년	원반식 축음기 '그래머폰(gramophone)' 발명, SP 음반 고안(Emile Berliner)
1889년	키네토그래프(kinetograph) 발명(T.A. Edison, W.K.L. Dickson) 35mm 영화필름 발명(Eastman Kodak)
1895년	시네마토그래프(cin matographe) 특허, 영화 제작 및 대중 상영(Louis Lumi re, Auguste Lumi re 형제)
1896년	키네토스코프(kinetoscope) 공개, '바이터스코프(vitascope)' 특허, 영화 대중 상영(T.A. Edison) 바이오스코프(Bioscope) 발명, 영화 대중 상영(Max Skladanowsky, Emil Skladanowsky 형제)
1898년	강선(鋼線)식 자기 녹음기 '텔레그래폰(telegraphone)' 발명(Valdemar Poulsen)

연도	내용
1902년	원반식 축음기 판매 개시
1905년	광학 녹음 방식 고안(E. Ruhmer)
1906년	2색 영화 '키네마컬러(Kinemacolor)' 특허(G.A. Smith) 마이크로피시(microfiche) 고안(C. Schmidt, Paul Otlet) 진폭 변조 방식의 라디오 방송 개시(Reginald Fessenden)
1910년	토키 영화 시스템 발명(Eugene Lauste)
1916년	2색 영화 '테크니컬러(technicolor)' 발명(Technicolor Motion Picture)
1923년	16mm 영화필름 발명(Eastman Kodak)
1926년	전기 축음기 개시
1927년	전자식 TV 발명(Philo Farnsworth)
1928년	종이 자기테이프 발명(Fritz Pfleumer) 컴퓨터용 펀치카드(punch card) 개발(IBM) 윤전식 마이크로필름 카메라 '레코닥(Recordak)' 개발(Eastman Kodak)
1929년	70mm 영화필름 개발(Fox)
1932년	스탠다드(standard[regular]) 8mm 영화필름 발명(Eastman Kodak)
1934년	프리스틱 자기테이프 녹음기 '마그네토폰(magnetophone)' 개발(AEG, BASF) 3색 테크니컬러(Technicolor) 시험(Pioneer) 다층식 컬러필름 완성(Eastman Kodak)
1943년	아파추어 카드(aperture card) 발명(Langan)
1948년	LP 음반 개발(Columbia) 아세테이트 녹음테이프 개발(3M)
1949년	EP 음반 개발(RCA Victor)
1951년	마그네틱테이프로 흑백 녹화에 성공(Bing Crosby 연구소)
1956년	2인치 4헤드 VTR 발표(Ampex)
1957년	라마크(RAMAC) 자기디스크(내장형 하드) 개발(IBM)
1958년	LP 음반 국제표준방식 스테레오(stereophonic) 개시
1965년	슈퍼(super) 8mm 영화필름 발명(Eastman Kodak) 싱글(single) 8mm 영화필름 발명(Fujifilm) 1인치 A포맷 오픈릴 비디오테이프 개발(Ampex)
1969년	3/4인치 유매틱(U-matic) 비디오카세트 개발(Sony) 아르파넷(ARPANET) 개시(UCLA)
1970년	TED 방식 비디오디스크 발표(Telefunken, Deca)
1971년	전자우편 개시(ARPANET)
1972년	1/2인치 베타맥스(betamax) 비디오카세트 개발(Sony)
1973년	CED 방식 비디오디스크 발표(RCA) 플로피 디스크(floppy disc) 개발(IBM)
1977년	1/2인치 VHS 비디오카세트 개발(JVC)
1979년	EIES(Electronic Information Exchange System) 학술지 전자저널 실험

연도	내용
1980년대	SSD(Solid State Drive) 대용량(32G 이상) 저장 장치 개발
1981년	CD 개발(Philips, Sony), AHD 개발(JVC), MD 개발(Telefunken, Deca) 레이저 디스크(laser disc) 발매(Pioneer)
1983년	VHD 방식 비디오디스크 발표(JVC)
1984년	DAT 개발(Sony)
1985년	8mm 비디오카세트 발표(Kodak)
1986년	CD-ROM 개발(Philips, Sony)
1987년	CD-V, CD-I 개발(Philips, Sony)
1988년	CD-R 개발(Philips, Sony)
1989년	웹(WWW) 제안(CERN, Tim Berners Lee)
1990년	NeXT용 웹 소프트웨어 발표(Tim Berners Lee)
1991년	고퍼(Gopher) 개시(University of Minnesota)
1992년	MD 개발(Sony) 웹브라우저 모자이크(Mosaic) 발표(Marc Andreessen) 모바일폰 '사이먼(Simon)' 개발(IBM)
1993년	MMCD(Multimedia Compact Disc) 발표(Philips, Sony) SD(Super Density) 발표(Toshiba 등)
1994년	웹브라우저 넷스케이프(Netscape) 발표(Marc Andreessen) VOD 서비스 개시(Cambridge Digital Interactive Television Trial)
1995년	DVD 통일 규격 발표(Philips, Sony, Toshiba, Panasonic 등) 웹브라우저 인터넷 익스플로러(Internet Explorer) 발표(Microsoft)
1999년	USB 메모리(USB flash drive) 개발(M-Systems)
2000년	웹브라우저 파이어폭스(Firefox) 발표(Mozilla)
2003년	블루레이 디스크(blu-ray disc) 개발(Sony)
2007년	전자책 리더기 '킨들(Kindle)' 발표(Amazon) 모바일폰(multi-touch screen) '아이폰(iPhone)' 발표(Apple)

이상에서 볼 때, 인쇄매체 이외의 정보매체는 크게 아날로그에서 디지털로 꾸준히 변용해 왔음을 알 수 있다. 사진필름, 영화필름, 마이크로필름, 비디오테이프, 녹음테이프, 음반 등의 아날로그 매체에 기록되던 자료들이 점차 디지털화되어 CD, DVD, CD-ROM, 하드디스크 등의 자기디스크 또는 광디스크에 저장되게 되었다. 이렇게 디지털화된 자료들은 실물 자료로 직접 기기를 통하여 이를 이용할 수도 있지만, 인터넷(온라인)을 통하여 실시간으로 이용할 수 있게 되었다. 따라서 오늘날 도서관에서 이용되는 비도서자료도 악보와 지도자료, 그리고 CD를 중심으로 한 녹음자료, DVD를 중심으로 한 영상자료, 광디스크와 디지털파일을 중심으로 한 온·오프라인 전자자료가 주가 되고 있다.

3. 비도서자료의 종류

1) 자료유형

그럼, 비도서자료의 유형별로 그 종류를 살펴보자. 『한국목록규칙』 제4판[3](이하 KCR4로 약칭함)에서의 '자료유형별 특정자료종별 표시'를 중심으로 하되, 『한국문헌자동화목록형식-통합서지용』[4](이하 KORMARC로 약칭함)과 MARC21[5]의 007 필드(형태기술필드)의 자료종별 구분을 참고하여, 비도서자료의 유형을 정리하여 보면 다음과 같다.

(1) 인쇄자료

인쇄자료는 팸플릿, 리플릿, 고문서, 연속간행물, 점자자료 등 인쇄된 자료로, 도서의 형태를 취하지 않는 것을 의미한다. 이러한 인쇄형의 비도서자료는 이 책에서 다루지 않는다.

(2) 지도자료

지도자료는 크게 지도, 구의, 지형모형 등이 있다. 이들 각 유형별로 살펴보자.

가. 지도

지도는 낱장지도, 지도책, 단면도, 조감도, 원격탐사도, 천체도 등 지구나 천체의 표면 상태를 목적에 따라 필요한 사항을 선별하여 평면에 축소하여, 약속된 기호로 표현한 것이다.

① 낱장지도: 한 장으로 된 것으로, 좁은 의미의 일반적인 지도를 말한다.

② 지도책: 여러 장의 지도를 묶어 책으로 만든 것으로, 지도첩이라 하기도 한

---

3) 韓國圖書館協會 目錄委員會 編, 『韓國目錄規則』. 第4版(서울: 韓國圖書館協會, 2003).

4) KS 문헌정보 - 한국문헌자동화목록형식 - 통합서지용, KS X 6006-0: 2014』(음성: 국가기술표준원, 2014).

5) Library of Congress, Network Development and MARC Standards Office. *MARC21 Format for Bibliographic Data*. 1999 Edition, Update No. 1(October 2001) through Update No. 18(April 2014) (http://lcweb.loc.gov/marc/bibliographic/ecbdhome.html)

다. 지도책은 도서의 형태를 취하여 그 크기는 단행본의 기술 방법과 동일하게 적용한다.

③ 단면도: 지층을 평면으로 잘랐다고 가정하여 그 내부 구조를 그린 그림이다.

④ 조감도(鳥瞰圖): 새가 공중에서 내려다보듯이 높은 곳에서 지상을 내려다본 지표의 형상을 그린 그림이다.

⑤ 원격탐사도: 인공위성이나 항공기에 특정 센서를 탑재하여 얻은 이미지를 말한다.

⑥ 천체도: 천체의 표면을 평면에 축소하여 약속된 기호로 표현한 것이다.

나. 구의

구의(球儀)에는 지구의와 천구의가 있다. 지구의는 지구를 구형으로 만들어 그 표면에 경위선과 지형 등의 지구 표면의 상태를 나타낸 모형이다. 천구의는 항성, 별자리, 황도, 적도 따위를 구면 위에 나타낸 모형이다.

다. 지형모형

지형모형은 지형의 기복이나 이용 상황을 축소하여 입체적으로 나타낸 모형이다.

(3) 악보

악보에는 성악보(vocal score), 합주보, 클로즈 스코어(close score), 합창보(chorus score), 콘덴스 스코어(condensed score), 총보(score), 파트보(part), 피아노스코어(pianoscore), 미니어추어 스코어(miniature score), 피아노[바이올린 등] 지휘용 악보(piano[violin, etc.] conductor part) 등이 있다.

(4) 녹음자료

녹음자료로는 테이프, 음반이 있으며, 이들은 다음과 같은 유형으로 세분된다.

가. 테이프

테이프는 외형, 재생 속도, 녹음 재생 형태, 트랙, 녹음·저장 기법 등에 따라 다음과 같은 종류가 있다.

가) 외형별

① 녹음카세트: 녹음테이프가 2개의 릴이 있는 카세트에 장착된 것으로, 이용이 편리하기 때문에 어학 학습용이나 음악 감상용 등 대중적으로 널리 사용되었다.

② 녹음 카트리지: 녹음테이프가 1개의 릴이 있는 카트리지에 장착된 것으로, 한쪽 끝단이 풀리면 다른 끝단은 감기도록 제작되어, 끝없이 계속하여 사용할 수 있다. 주로 정기적으로 시간을 알려 주는 시보용이나 차량용으로 이용되었다.

③ 녹음테이프 릴: 녹음테이프가 오픈된 릴에 감겨 있는 것으로, 사용 후 보관 시에는 별도의 케이스가 필요하다. 주로 방송국 등에서 업무용으로 많이 사용되었다.

나) 재생 속도별

15/16ips, 1 7/8ips, 3 3/4ips, 7 1/2ips, 15ips, 30ips 등의 녹음테이프가 있다.

다) 녹음·재생 형태별

단음, 스테레오, 4채널 등의 녹음테이프가 있다.

라) 트랙별

1트랙, 2트랙, 4트랙, 8트랙, 12트랙, 16트랙 등의 녹음테이프가 있다.

마) 녹음·저장 기법별

아날로그, 디지털 등의 녹음테이프가 있다. 디지털 녹음테이프를 DAT (Digital Audio Tape)라 한다.

나. 음반

① 아날로그(재생 속도별): 33 1/3rpm, 45rpm, 78rpm 등의 아날로그 음반이 있다. 이들 각각을 LP(Long Playing) 음반, EP(Extended Playing) 음반, SP(Standard Playing) 음반이라 한다.

② 디지털: 콤팩트디스크(Compact Disc, CD), 미니디스크(Mini Disc, MD) 등의 디지털 음반이 있다.

(5) 화상자료

화상자료는 그림자료, 슬라이드자료, 트랜스페어런시, 방사선사진 등이 있다.

① 그림자료: 곧 평면비영사자료이다. 그림, 콜라주(collage)[6], 드로잉(drawing)[7], 그림엽서, 차트, 포스터, 괘도, 기술도면, 설계도, 원화, 복제화, 판화, 사진, 사진 복제품, 입체사진, 플래시카드(flash card)[8], 플립 차트(flip chart)[9], 활동 카드(activity card), 학습 프린트(study print) 등이 있다.

② 슬라이드자료: 슬라이드(mount slide), 필름스트립(filmstrip), 필름슬립(filmslip) 등이 있다.

③ 트랜스페어런시(transparency): 필름이나 유리로 된 투명 지지체 위에 인화지 유제를 도포한 필름을 사용하여 네가 필름에서 처리한 것으로, 투과하여 보도록 한 투명한 화상이다. 투명화(透明畵) 또는 TP자료라 하기도 한다.

④ 방사선사진(radiograph): 파장이 가시광보다 훨씬 짧은 엑스선이나 감마선을 사용한 의학 또는 공업용의 사진이다.

(6) 영상자료

영상자료는 영화, 비디오녹화자료가 있다. 영화는 외형, 필름의 폭, 색채, 스크린 형태, 음향 유무, 음향 재생 상태 등에 따라, 비디오녹화자료는 외형 및 녹화 형식, 색채, 테이프의 폭 등에 따라 여러 종류가 있다.

가. 영화

가) 외형별

필름 카세트, 필름 카트리지, 필름 릴, 필름 루프(film loop)[10]

---

6) 벽지, 낡은 서책의 삽화, 사진, 무늬가 있는 천 등을 모아 붙여서 화면을 구성하는 콜라주 기법에 의해 제작된 회화를 말한다.
7) 채색을 쓰지 않고 주로 선으로 그리는 기법에 의해 표현된 회화를 말한다.
8) 잠깐 보여 글자를 읽게 하는, 외국어 따위의 학습용으로 사용되는 카드를 말한다.
9) 강연 따위에서 쓰는 한 장씩 넘길 수 있게 된 큰 도표를 말한다.
10) 짧은 영화에서 필름의 시작과 끝 부분을 연결하여 만든 것으로, 녹음이 반복되도록 원의 형태로 되어 있다.

나) 필름의 폭별

8mm[표준, 슈퍼, 싱글], 9.5mm, 16mm, 28mm, 35mm, 70mm 등

다) 색채별

흑백, 천연색, 혼합

라) 스크린 형태별

표준음향 아파추어, 표준무성 아파추어, 입체(3D), 와이드스크린[아나모픽(Anamorphic), 시네라마(Cinerama) 등]

마) 음향 유무별

유성(매체 자체, 매체 별도), 무성

바) 음향 재생 상태별

단음, 스테레오, 4채널, 서라운드, 혼합

나. 비디오녹화자료

가) 외형 및 녹화 형식별

비디오카세트[베타, VHS, 8mm, 유매틱(U-matic), 베타캠, 베타캠 SP, 슈퍼 VHS, M-II, D-2], 비디오 카트리지, 비디오 릴[EIAJ, Type C, Quadruplex], 비디오디스크[레이저광, CED], DVD, 블루레이 디스크(blu-ray disc)[11] 등이 있다.

나) 색채별

단색, 흑백, 천연색, 혼합 등이 있다.

다) 테이프의 폭별

8mm, 1/4in., 1/2in., 1in., 2in., 3/4in. 등이 있다.

11) 블루레이 디스크는 차세대 광디스크 저장매체 규격으로, DVD가 650nm 파장의 적색 레이저를 사용하는 데 비하여 훨씬 짧은 405nm 파장의 청자색 레이저를 사용하여, DVD와 같은 크기에도 더 많은 데이터를 저장할 수 있다. 한 면에 최대 27GB, 듀얼은 50GB의 데이터를 기록한다. 따라서 일반 영화 13시간, 고선명(HD) TV 화질의 영상 2시간 분량에 해당하는 27GB의 데이터 저장 용량을 가진다. MPEG2를 기반으로 한 'MPEG2 transport stream'을 압축 방식으로 선택하고 있으며, 데이터 전송 속도가 36Mbps로 기존 DVD-ROM에 비해 4~5배 빠르다. 고속의 데이터 전송률로 인해서 HD 방송을 오디오·비디오의 품질 저하 없이 바로 리코딩이 가능하다(시사상식사전(http://terms.naver.com/entry.nhn?docId=932245&cid=43667&categoryId=43667), '블루레이 디스크', 검색일: 2014. 8. 11).

(7) 전자자료

전자자료는 직접 접근 전자자료, 원격 접근 전자자료가 있다.

가. 직접 접근 전자자료

전자자료 중에서 직접 접근할 수 있는 것으로 디스크, 테이프, 그 외에 기타가 있다.

① 디스크: 광디스크[CD-ROM, CD-I, 포토 CD 등], 마그네틱 디스크, 플로피 디스크 등
② 테이프: 전자 테이프 카세트, 전자 테이프 카트리지, 전자 테이프 릴 등
③ 기타: 전자 카드, 전자 칩 카트리지 등

나. 원격 접근 전자자료

원격 접근 전자자료란 네트워크를 통하여 원격으로 접근 가능한 전자책, 전자저널, 전자신문 등을 말한다.

(8) 입체자료

입체자료는 조각, 염직, 도예, 공예품, 민속자료, 출토자료, 표본, 완구, 기계, 기구, 모형(model)[12], 디오라마(diorama)[13] 등의 입체적인 자료이다.

(9) 마이크로자료

마이크로자료는 외형, 감광 상태, 축소비율의 범위에 따라 다음과 같은 종류들이 있다.

---

12) 모형은 실물의 입체적 특성을 설명하기 위하여 형상을 본떠서 만든 것이다. 용도에 따라 실물크기, 축소, 확대 등의 모형이 있다.
13) 디오라마는 배경 위에 모형을 설치하여 하나의 장면으로 만든 것이다. 파노라마(panorama)가 배경을 실제 환경과 유사하게 실물이나 모형을 배치해 전체와 부분의 관계를 분명하게 하는 데 비해, 주위 환경이나 배경을 그림으로 하고, 모형 역시 축소 모형으로 배치한다는 점이 다르다.

가. 외형별

① 마이크로필름: 마이크로필름 카세트, 마이크로필름 카트리지, 마이크로필름 릴, 마이크로필름 슬립 등

② 마이크로피시(microfiche): 마이크로피시, 마이크로피시 카세트

③ 아파추어 카드(aperture card)

④ 마이크로오패크(microopaque)

나. 감광 상태별

양화, 음화, 혼합 등이 있다.

다. 축소비율의 범위별

저축소율, 정상 축소율, 고밀도 축소율, 최고밀도 축소율, 초고밀도 축소율 등이 있다.

이상으로 비도서자료의 유형에 따라 그 종류를 KCR4의 '자료유형별 특정자료종별 표시'를 중심으로 하여 살펴보았다. KCR4의 비도서자료 유형 구분을 '영미목록규칙 2002년 개정판'14)(이하 AACR2R이라 약칭함)의 것과 비교하여 자료유형과 특정자료표시에 따라 정리하면 〈표 3〉과 같다.

표 3 KCR4와 AACR2R의 비도서자료 유형 구분

자료유형표시(GMD)		특정자료표시(SMD)	
KCR4	AACR2R(List 1)	KCR4	AACR2R
지도자료, 지구의	cartographic material	단면도, 도표, 원격탐사도, 지구의, 지도, 지도책, 지형모형, 전망도, 천구의, 천체도, 측면도	atlas, diagram, globe, map, model, profile, remote-sensing image, section, view
악보	music	성악보, 합주보, 클로즈 스코어, 합창보, 콘덴스 스코어, 총보, 파트보, 피아노스코어, 미니어추어 스코어, 피아노[바이올린 등] 지휘용 악보	score, condensed score, close score, miniature score, piano [violin, etc.] score, vocal score, pianoscore, chorus score, part
녹음자료	soundecording	녹음카트리지, 녹음 카세트, 음반, 녹음테이프 릴, 사운드 트랙 필름, 녹음 시트, 녹음 필름, 녹음 롤, 오르간 롤, 피아노 롤	sound cartridge, sound cassette, sound disc, sound tape reel, sound track film

14) *Anglo-American Cataloguing Rules*. 2nd ed. 2002 rev.(Chicago: American Library Association, 2002).

자료유형표시(GMD)		특정자료표시(SMD)	
KCR4	AACR2R(List 1)	KCR4	AACR2R
영화	motion picture	필름 카트리지, 필름카세트, 필름릴, 필름 루프	film cartridge, film cassette, film loop, film reel
비디오녹화자료	videorecording	비디오 카트리지, 비디오카세트, 비디오디스크, 비디오 릴	videocartridge, videocassette, videodisc, videoreel
화상자료	graphic	그림, 그림엽서, 괘도, 방사선사진, 복제화, 사진, 설계도, 슬라이드, 원화, 입체사진, 차트, 트랜스페어런시, 판화, 포스터, 플래시카드, 플립차트, 필름스트립, 필름슬립	activity card, art original, art print, art reproduction, chart, filmslip, filmstrip, flash card, flip chart, photograph, picture, postcard, poster, radiograph, slide, stereograph, study print, technical drawing, transparency, wall chart
전자자료	electronic resource	전자 광디스크, 전자 디스크, 전자디스크 카트리지, 전자 칩 카트리지, 전자 카드, 전자 테이프 릴, 전자 테이프 카세트, 전자 테이프 카트리지	computer chip cartridge, computer disk, computer optical disc, computer tape cartridge, computer tape cassette, computer tape reel
입체자료	object	초상, 종, 경판, 병풍, 토기, 표본 등	art original, art reproduction, braille cassette, diorama, exhibit, game, microscope slide, mock-up, model
마이크로자료	microform	아파추어 카드, 마이크로필름 릴, 마이크로필름 카세트, 마이크로필름 카트리지, 마이크로피시, 마이크로오패크	aperture card, microfiche, microfilm cartridge, microfilm cassette, microfilm reel, microopaque

2) 레코드 유형

KORMARC와 MARC21 리더의 '레코드 유형(/06)'에서 구분된 비도서자료의 레코드 유형은 다음과 같다.[15)]

① 문자자료(a): 필사되지 않은 문자로 된 자료로서, 원본을 복제하였거나 혹은 원래 그렇게 제작된 것인지에 관계없이 원본이 문자로 된 자료를 마이크로자료나 전자자료로 제작한 자료

② 필사악보 이외의 악보(c): 인쇄된 악보 또는 마이크로 형태의 악보, 전자적으로 작성된 악보

15) 『한국문헌자동화목록형식 - 통합서지용』(음성: 국가기술표준원, 2014), pp. 32-34.

③ 필사악보(d): 필사된 악보 또는 마이크로 형태의 필사악보

④ 지도자료(e): 필사되지 않은 지도자료나, 필사되지 않은 지도자료의 마이크로형태물. 즉, 필사지도나 필사지도의 마이크로 형태 이외의 지도자료. 낱장지도, 지도책, 구체(지구의 등), 전자지도 등

⑤ 필사지도(f): 필사지도나, 필사지도의 마이크로자료

⑥ 평면영사자료(g): 영화, 비디오녹화자료, 필름스트립, 슬라이드, 트랜스페어런시 등 자료 이용 시 재생장치가 필요한 자료

⑦ 음악 이외 녹음자료(i): 연설 등 음악 이외의 녹음자료

⑧ 음악 녹음자료(j): 음악을 녹음한 자료

⑨ 평면비영사자료(k): 활동카드, 그림, 도면, 드로잉, 복제화, 사진, 사진인쇄, 엽서, 음화사진, 차트, 컴퓨터그래픽, 콜라주, 판화, 포스터, 플래시카드, 회화, 사진제판재생 및 자료의 복제물 등 자료 이용 시 재생장치를 필요로 하지 않는 자료

⑩ 전자자료(m): 컴퓨터 소프트웨어(프로그램, 게임, 폰트 포함), 수치데이터, 컴퓨터 의존형 멀티미디어, 온라인 시스템이나 서비스

⑪ 키트(o): 주가 되는 유형이 없는 단일체로 발행된 자료로서, 주로 교육용으로 둘 이상의 매체로 구성되었으나 주된 매체가 없는 자료

⑫ 복합자료(p): 보통 한 개인이나 단체에 관한 자료를 모아 형성된 컬렉션이나 개인 또는 단체에 의해 수집된 자료군으로서 두 가지 이상의 형태로 된 중요한 자료

⑬ 입체자료(r): 인조물인 모형, 디오라마, 게임, 퍼즐, 모의실험, 조각품, 전시품, 기계, 옷, 장난감, 수예품, 표본, 자연에서 발견되는 견본

⑭ 필사문자자료(t): 필사문자자료나, 필사문자자료의 마이크로자료

⑮ 마이크로자료(미적용): 원본이든 복제물이든 관계없이 레코드 유형을 구별하는 요소가 아니며, 마이크로형태적 특성보다는 자료의 유형적 특성에 따라 레코드 유형을 기술한다.

3) 『자원 기술과 접근』(RDA)의 내용유형, 매체유형, 수록매체유형

아날로그와 디지털 자원을 포괄하는 웹 기반의 차세대 목록규칙으로 주목받고

있는 『자원 기술과 접근』(Resource Descriptionand Access, 이하 RDA라 칭함)[16]은 AACR2R을 기반으로 2010년에 개발되었다. 자료의 유형 구분과 관련하여 RDA에서는 내용유형(content type), 매체유형(media type), 수록매체유형(carrier type) 등으로 나누어 구체적으로 기술하도록 명시하고 있다. 그 내용을 살펴보자.

표 4 RDA의 내용유형, 매체유형, 수록매체유형 구분

<table>
<tr><th>내용유형</th><th>매체유형</th><th>수록매체유형</th></tr>
<tr><td rowspan="8">cartographic dataset
cartographic image
cartographic moving image
cartographic tactile image
cartographic tactile three-dimensional form
cartographic three-dimensional form
computer dataset
computer program
notated movement
notated music
performed music
sounds
spoken word
still image
tactile image
tactile notated music
tactile notated movement
tactile text
tactile three-dimensional form
text
three-dimensional form
three-dimensional moving image
two-dimensional moving image</td><td>audio</td><td>audio cartridge, audio cylinder, audio disc, audio roll, audiocassette, audiotape reel, sound-track reel</td></tr>
<tr><td>computer</td><td>computer card, computer chip cartridge, computer disc, computer disc cartridge, computer tape cartridge, computer tape cassette, computer tape reel, online resource</td></tr>
<tr><td>microform</td><td>aperture card, microfiche, microfiche cassette, microfilm cartridge, microfilm cassette, microfilm reel, microfilm roll, microfilm slip, microopaque</td></tr>
<tr><td>microscope</td><td>microscope slide</td></tr>
<tr><td>projected</td><td>film cartridge, film cassette, film reel, film roll, filmslip, filmstrip, filmstrip cartridge, overhead transparency, slide</td></tr>
<tr><td>stereographic</td><td>stereographic card, stereographic disc</td></tr>
<tr><td>unmediated</td><td>card, flipchart, object, roll, sheet, volume</td></tr>
<tr><td>video</td><td>video cartridge, videocassette, videodisc, videotape reel</td></tr>
</table>

내용유형은 표현된 내용이 인간의 지각을 통해 느끼는 커뮤니케이션의 근본적인 형식을 반영한다. 화상 형식으로 표현된 내용에 대하여 내용유형은 내용이 인지해야 할 공간의 차원 수를 표시한다(RDA 6.9.1.1). 〈표 4〉에서 보는 바와 같이, 내용유형은 '데이터세트지도(cartographic dataset)', '이미지지도(cartographic image)', '동화상지도(cartographic moving image)', '촉감이미지지도(cartographic tactile image)', '입체촉감지도(cartographic tactile three-dimensional form)', '입체지도(cartographic three-dimensional form)', '컴퓨터데이터세트(computer dataset)', '컴퓨터프로그램

16) *RDA:ResourceDescriptionandAccess*(Chicago: American Library Association, 2010).

(computer program)', '동작기보(notated movement)', '악보(notated music)', '연주곡(performed music)', '소리(sounds)', '말(spoken word)', '정지화상(still image)', '촉감이미지(tactile image)', '촉감악보(tactile notated music)', '촉감동작기보(tactile notated movement)', '촉감텍스트(tactile text)', '촉감입체자료(tactile three-dimensional form)', '텍스트(text)', '입체자료(three-dimensional form)', '입체동영상(three-dimensional moving image)', '평면 동영상(two-dimensional moving image)' 등의 용어를 사용하여 기술한다. 내용유형에 대한 해당 용어가 없을 경우에는 '기타(other)'로 기술하고, 적합한 내용유형을 확인할 수 없을 경우에는 '미정(unspecified)'으로 기술한다(RDA 6.9.1.3).

매체유형은 자료의 내용의 감상, 재생, 운영 등을 위해 필요한 일반적인 중개 장치의 유형이다(RDA 3.2.1.1). 〈표 4〉에서 보는 바와 같이, 매체유형은 '오디오(audio)', '컴퓨터(computer)', '마이크로형태자료(microform)', '현미경(microscope)', '투사 이미지(projected)', '입체화상장치(stereographic)', '중개 장치 없는 매체(unmediated)', '비디오(video)' 등이며, 매체유형에 대한 해당 용어가 없을 경우에는 '기타(other)'로 기술하고, 적합한 매체유형을 확인할 수 없을 경우에는 '미정(unspecified)'으로 기술한다(RDA 3.2.1.3).

수록매체유형은 자원의 내용의 감상, 재생, 작동에 필요한 중개 장치 유형과 결합해 저장 매체와 수록매체의 수록 포맷을 반영한다(RDA 3.3.1.1). 〈표 4〉에서 보는 바와 같이, 오디오 수록매체에는 '오디오 카트리지(audio cartridge)', '오디오 실린더(audio cylinder)', '음반(audio disc)', '오디오 롤(audio roll)', '오디오 카세트(audiocasette)', '오디오테이프 릴(audiotape reel)', '사운드트랙 릴(sound-track reel)' 등이 있다. 컴퓨터 수록매체에는 '컴퓨터 카드(computer card)', '컴퓨터 칩 카트리지(computer chip cartridge)', '컴퓨터 디스크(computer disc)', '컴퓨터 디스크 카트리지(computer disc cartridge)', '컴퓨터 테이프 카트리지(computer tape cartridge)', '컴퓨터 테이프 카세트(computer tape cassette)', '컴퓨터 테이프 릴(computer tape reel)', '온라인 자원(online resource)' 등이 있다. 마이크로형태자료 수록매체에는 '아파추어 카드(aperture card)', '마이크로피시(microfiche)', '마이크로피시 카세트(microfiche cassette)', '마이크로필름 카트리지(microfilm cartridge)', '마이크로필름 카세트(microfilm cassette)', '마이크로필름 릴(microfilm reel)', '마이크로필름 롤(microfilm roll)', '마이크로필름 슬립(microfilm slip)', '마이크로오패크(microopaque)' 등이 있

다. 현미경 수록매체에는 '현미경용 슬라이드(microscope slide)'가 있다. 투사 이미지 수록매체에는 '필름 카트리지(film cartridge)', '필름 카세트(film cassette)', '필름 릴(film reel)', '필름 롤(film roll)', '필름슬립(filmslip)', '필름스트립(filmstrip)', '필름스트립 카트리지(filmstrip cartridge)', '투명화(overhead transparency)', '슬라이드(slide)' 등이 있다. 입체경 수록매체에는 '입체 카드(stereographic card)'와 '입체 디스크(stereographic disc)'가 있다. 중개 장치 없는 수록매체에는 '카드(card)', '플립차트(flipchart)', '오브젝트(object)', '롤(roll)', '시트(sheet)', '책(volume)' 등이 있다. 비디오 수록매체에는 '비디오카트리지(video cartridge)', '비디오카세트(videocassette)', '비디오디스크(videodisc)', '비디오테이프 릴(videotape reel)' 등이 있다. 수록매체유형에 대한 해당 용어가 없을 경우에는 '기타(other)'로 기술하고, 적합한 수록매체유형을 확인할 수 없을 경우에는 '미정(unspecified)'으로 기술한다(RDA 3.3.1.3).

4) 『국제표준서지기술법』(ISBD)의 내용형식과 매체유형

『국제표준서지기술법』(International Standard Bibliographic Description) 통합판(이하 ISBD라 칭함)[17]은 종래 자료유형별로 나누어져 있던 것을 하나로 통합하여 2011년에 발행한 국제적인 서지기술규칙이다. ISBD에서는 종래의 '자료유형표시(GMD)'를 1영역의 표제와 책임표시사항에서 삭제하고, 0영역으로 '내용형식과 매체유형 사항'을 추가하여 내용형식, 내용한정어, 매체유형을 <표 5>와 같이 제시하였다.[18]

내용형식은 필수사항으로 자원의 내용이 표현된 기본적인 형식을 반영하는 하나 이상의 용어이고, 내용한정어를 추가하여 구체화한다. 내용형식은 영어 알파벳순으로 데이터세트(dataset), 이미지(image), 동작(movement), 복합(multiple content forms), 음악(music), 실물(object), 기타(other content form), 프로그램(program), 소리(sounds), 언어(spoken word), 텍스트(text) 등 11가지로 구분하고 있다(ISBD 0.1).

---

17) *ISBD: International Standard Bibliographic Description*. Recommended by the ISBD Review Group ; Approved by the Standing Committee of the IFLA Cataloguing Section. Consolidated ed.(Berlin: De Gruyter Saur, 2011).
18) 이미화, 「ISBD 통합판의 서지기술 특징 및 고려사항에 관한 연구」, 『한국문헌정보학회지』, 제46권 제4호(2012. 11), pp. 178-182.

표 5 ISBD의 내용형식과 매체유형

<table>
<tr><th rowspan="2">내용형식</th><th colspan="2">내용한정어</th><th rowspan="2">매체유형</th></tr>
<tr><th>내용구분</th><th>한정어</th></tr>
<tr><td rowspan="4">dataset
image
movement
multiple content forms
music
object
other content form
program
sounds
spoken word
text</td><td>type</td><td>cartographic
notated
performed</td><td rowspan="4">audio
electronic
microform
microscopic
multiple media
other media
projected
stereographic
unmediated
video</td></tr>
<tr><td>motion</td><td>moving
still</td></tr>
<tr><td>dimensionality</td><td>2-dimensional
3-dimensional</td></tr>
<tr><td>sensory</td><td>aural
gustatory
olfactory
tactile
visual</td></tr>
</table>

내용한정어는 내용형식을 확장하기 위한 것으로, 내용형식에 해당되는 내용한정어를 1개 이상 추가하여 내용형식을 세분화한다. 내용한정어는 크게 유형(type), 동작(motion), 차원(dimensionality), 감각(sensory) 등으로 구분한다. 유형은 자원의 특수한 유형을 구분한 것으로, 지도(cartographic), 기보(notated), 연주(performed) 등으로 구분한다. 동작은 이미지에만 해당하는 것으로, 동작의 유무에 따라 움직임(moving), 정지(still)로 구분한다. 차원은 이미지에만 기술하며, 자원의 이미지 내용이 인식되는 공간 차원을 표현하는 것으로, 2차원(2-dimensional)과 3차원(3-dimensional)으로 구분한다. 감각은 출판된 자원의 내용으로 인식된 인간의 감각 속성을 나타내는 것으로, 청각(aural), 미각(gustatory), 후각(olfactory), 촉각(tactile), 시각(visual) 등으로 구분한다(ISBD 0.1.1).

매체유형은 자원의 내용을 전달하기 위해 사용되는 용기(carrier) 유형으로, 자원의 내용을 표현하고, 시청하고, 운영하기 위해 필요한 중개 장치의 유형을 결합한 용기의 저장매체 형식이다. 매체유형은 오디오(audio), 전자(electronic), 마이크로형태(microform), 현미경(microscopic), 복합 미디어(multiple media), 기타 미디어(other media), 투사(projected), 입체경(stereographic), 매개 장치 없음(unmediated), 비디오(video) 등 10가지로 구분하고 있다(ISBD 0.2).

ISBD의 내용형식(한정어)과 매체유형을 적용하면 여러 가지 형태의 비도서자료를 효과적으로 기술할 수 있다. 그 적용의 예를 들면 〈표 6〉과 같다.

표 6 ISBD의 내용형식과 매체유형 기술의 예

비도서자료 유형의 예	ISBD의 내용형식과 매체유형 기술
지도 데이터베이스	Dataset (cartographic) : electronic
2차원 영화 필름	Image (moving ; 2-dimensional) : projected
3차원 DVD	Image (moving ; 3-dimensional) : video
사진	Image (still ; 2-dimensional ; visual) : unmediated
인쇄된 안무	Movement (notated ; visual) : unmediated
PDF 악보	Music (notated ; visual) : electronic
MP3에 녹음된 음악	Music (performed) : audio
지구의	Object (cartographic ; visual) : unmediated
백신프로그램	Program : electronic
자연의 소리	Sounds : audio
강연집 mp3	Spoken word : audio
점자책	Text (tactile) : unmediated
마이크로필름화된 보고서	Text (visual) : microform
웹 자원	Text (visual) : electronic

제2장 비도서자료 관리 업무와 업무 조직

1. 비도서자료 관리 업무와 인력

1) 비도서자료 관리 업무

비도서자료를 관리하는 데 관련되는 업무에는 다음과 같은 것이 포함된다.

① 자료 선택과 평가
② 자료 수집 업무: 구입, 자작, 수증, 보관전환, 일시차용
③ 장비 구입 및 유지관리
④ 자료 분류 및 목록
⑤ 아카이빙 및 보관
⑥ 마이크로필름화, 디지털화 및 보존
⑦ 열람봉사

2) 비도서자료 관리 인력의 책무

비도서자료의 관리 업무에 관여하는 인적 자원은 비도서자료의 선택에서부터 정리와 열람, 보존, 그리고 장비의 유지관리에 이르기까지 여러 분야의 사람들이 포함된다. 다시 말하면, 선택평가사서, 수서담당자, 주제전문가, 자료조직사서, 열람담당자, 보존실무자, 장비 유지관리자 등이 관여하게 된다. 비도서자료 관리 인력이 수행해야 할 역할은 크게 장서의 관리와 자료의 조직, 장비의 유지관리에 수반되는 업무 수행으로 구분된다. 비도서자료의 자료 조직에는 분류와 목록 작업이 포함된다. 여기서는 비도서자료의 장서 관리의 측면을 중심으로 관리 인력의 책무를 파악해 보자.

(1) 비도서자료 선택평가사서의 책무

일반적인 자료평가·선택자의 책무를 바탕으로 비도서자료 수집을 위한 선택평가사서의 책무를 정리하여 보면 다음과 같다.[1)]

① 이용자의 요구 분석과 평가
② 주제별 및 유형별 발행 동향과 입수 채널의 파악
③ 새로 발행된 자료에 대한 서지정보의 망라적 수집과 확인
④ 서평 정보(리뷰지, 잡지·신문의 신간 소개, 출판사·서점의 인터넷 웹사이트 등)의 확보 및 체크
⑤ 전자자료의 컨소시엄 전략 수립
⑥ 오픈 액세스 자료의 평가와 선택
⑦ 선택 기준의 작성과 선택 실무
⑧ 인용·이용도 분석 등의 평가지표에 근거한 장서 개발 정책의 수립

(2) 비도서자료 수서담당자의 책무

비도서자료의 수서 실무를 담당하는 수서담당자의 책무에는 다음과 같은 것이 포함된다.[2)]

① 수집 업무의 흐름도 설계
② 주문 파일의 포맷 결정
③ 교환 시스템의 구축과 평가
④ 선택 도구의 수집과 배포
⑤ 주문 기록의 유지
⑥ 주문용 자료의 복본·중복 조사
⑦ 입수·검수·등록

1) 윤희윤, 『장서관리론』, 개정판(대구: 태일사, 2007), p. 90.
2) 윤희윤, 위의 책, p. 91.

⑧ 예산 지출과 조정
⑨ 정산과 결산
⑩ 수서 통계의 작성과 관리

(3) 비도서자료 열람, 보존 및 장비 유지관리 담당자의 책무

① 수증 및 기증 의뢰 업무
② 온라인 검색 및 원문 제공, 소재 안내 서비스
③ 복제와 저작권 관리
④ 공동 이용
⑤ 전자자료의 디지털 아카이빙과 보존 관리
⑥ 인쇄자료의 열화(劣化) 해소 방안과 마이크로필름화, 디지털 마이그레이션의 전략 수립
⑦ 비도서자료 이용을 위한 장비의 유지관리

2. 비도서자료 업무 조직

도서관의 업무 조직은 주로 기능별, 자료유형별, 주제별, 언어별 기준에 따라 구성되어 왔다. 비도서자료 관리에 적용되는 조직은 크게 두 가지 형태로 나뉘는데, 하나는 수서과, 정리과, 열람과를 근간으로 하는 전통적인 조직구조로서, 비도서자료 관련 업무를 각 부서에서 분담하여 처리하는 '분산형' 구조이며, 다른 하나는 비도서자료와 관련된 모든 업무를 독립된 부서에서 전담하여 관리하는 '통합형' 구조이다.

1) 분산형

비도서자료를 전담하는 부서 없이 업무기능에 따라 분산하여 부서를 만드는 것이다. 자료의 형태에 관계없이 도서관이 수행하는 업무기능에 따라 비도서자료 담당업무를 각과가 분담하여 처리하는 것으로, 도서관 조직을 수서과, 정리과, 열람과 등으로 나누는 업무 조직을 말한다.

분산형 조직은 일반적으로 수서과에서 선택, 구입 결정, 업자 선정, 주문, 검수 등의 업무를, 정리과에서 등록, 분류, 편목 등의 업무를, 그리고 열람과 비도서자료실에서 검수 작업과 이용자 봉사 업무를 담당하는 구조를 가지고 있다. 우리나라 대부분의 대학 도서관 및 공공도서관에서는 분산형 조직을 근간으로 비도서자료 업무 조직이 구성되어 있다. 수서 업무와 정리 업무는 대과주의 경향으로 수서정리과로 통합되어 운영되는 경우가 많지만, 과 내에서 수서와 정리를 분리하여 운영되므로 분산형 조직의 범주를 벗어나지 않는다. 분산형의 조직의 사례로는 경북대학교 도서관을 들 수 있다. 이곳에서는 수서 업무는 수서정리과의 수서팀에서, 정리 업무는 분류목록팀에서, 열람 업무는 열람과 연구자료팀의 전자자료실에서 관리하고 있다.[3]

분산형 조직의 장단점은 다음과 같다.[4]

장점

① 동일하거나 유사한 업무를 수행하는 사서를 같은 부서로 그룹화함으로써 정보를 교환하고 공유하는 데 도움을 준다.

② 독립적인 부서가 없이 단일 부서로 운영되기 때문에 재정적인 낭비를 줄일 수 있다.

③ 동일한 사항에 대한 문서나 업무 절차가 중복되지 않는다.

④ 자료 형태에 따른 집중화에서 발생할 수 있는 위기의 순간에 별도의 인력 없이 독자적으로 각 기능을 수행할 수 있다.

단점

① 관계된 부서의 책임자 간에 수서나 목록과 같은 주요한 기능을 위한 정책이나 과정을 결정하는 데 있어 상호 간의 갈등이 있을 수 있다.

② 여러 가지 다른 자료를 한 부서에서 한꺼번에 처리하기 때문에 업무를 처리하는 데 좀 더 많은 사서가 필요하며 업무 절차상의 효율성이 낮아질 수 있다.

③ 한 업무에 대한 반복적인 업무를 처리함으로써 문제에 대한 전체적인 관점과 올바른 해결 방법을 찾기가 어렵다.

④ 업무의 분산화는 여러 부서에서 비도서자료 비전문가에 의해 업무가 수행되기

3) '경북대학교 도서관 조직도'(http://kudos.knu.ac.kr/kor/intro/about/03.htm), 검색일: 2014. 8. 12.
4) 김남석, 유인순, 『연속간행물』(대구: 계명대학교출판부, 1999), pp. 152-153.

때문에 비도서자료 업무를 처리하는 데 좀 더 많은 시간이 걸리며, 그 특수성이 무시되는 경우가 있다.

2) 통합형

비도서자료만이 갖는 특수성과 중요성을 인식하고 다른 자료와 구별하여 비도서자료를 위한 독립된 부서를 만들어 여기에서 수서, 정리, 이용에 이르는 전 과정을 통합하여 처리하는 업무 조직을 말한다. 통합형 조직은 구입 방법이나 관리 방법이 단행본 자료와 다른 비도서자료만의 특성을 최대한 살릴 수 있고, 비도서자료 업무 전반에 대한 문제를 파악하고 해결 방법을 찾기가 원활하다. 그러나 일반적으로 기술적인 업무와 이용자 서비스를 동시에 수행하기 때문에 한정된 인원으로는 수서, 정리와 같은 기능적인 업무에만 매달려 이용자 요구에 응해 충분하게 서비스할 수 없다는 문제점이 있다. 우리나라 일반 도서관에서는 비도서자료의 관리를 통합적으로 관리하는 경우가 거의 없으며, 국립중앙도서관에서는 디지털자료의 경우를 디지털자료운영부에서 관리하고 있다.[5)]

통합형 조직의 장단점은 다음과 같다.[6)]

장점

① 한 부서에서 업무 분담이 자유롭게 조절될 수 있으므로 업무 흐름상 상호 조정이 가능하며 신축성이 있다.

② 직원 사이에 의사소통이 용이하며, 다른 부서와의 상호 자문으로 시간을 허비하지 않아 다른 부서와의 갈등도 적게 발생한다.

③ 비도서자료 관련 이용자 봉사가 한 부서의 책임으로 되어 있기 때문에 이용자에 대한 열람 서비스가 신속하고 충실하게 이루어질 수 있다.

단점

① 비도서자료를 위한 독립된 부서가 생성되기 때문에 이 부서에 필요한 부수적인

---

5) '국립중앙도서관 조직/기구'(http://www.nl.go.kr/nl/organization/organ.jsp), 검색일: 2014. 8. 12.
6) 김남석, 유인순, 위의 책, pp. 150-151.

경비가 소요된다.

② 비도서자료와 다른 형태의 자료에 대한 처리가 별도로 이루어지기 때문에 동일한 업무가 중복된다.

제3장 비도서자료의 선택과 수집

1. 비도서자료의 선택과 평가

비도서자료의 선택을 효과적으로 하기 위해서는 자료에 대한 평가 기준을 명확히 해 두어야 한다. 비도서자료를 시청각자료와 전자자료로 구분하여 평가 기준을 살펴보기로 한다.

1) 시청각자료

도서와 마찬가지로 시청각자료의 평가 기준은 기본적으로 권위성, 정확성, 표현 또는 방식의 효과성, 지역사회에 대한 가치성과 유용성 등을 들 수 있으며, 그 외의 일반적인 선택 요인으로는 비용, 호환성, 조작의 용이성, 이용자 선호도 등이 있다.[1)]

시청각자료는 다소 비싼 소프트웨어뿐만 아니라 비싼 기재를 필요로 한다. 비용 요인에 있어, 우리는 어떤 유형의 기재를 이용자들이 가지고 있는지를 알 필요가 있다. 이용자들이 필요한 기재를 가지고 있지 않다면, 도서관은 '그 기재를 무료 또는 임대로 공급할 수 있는가? 도서관이 기재를 구입해야 하는가, 그리고 도서관에서만 이용을 허용해야 하는가?' 하는 것들을 고려해야 한다. 또 사서는 이용자들이 선호하고 실제 이용하는 것을 고려해야만 한다. 그래서 비용과 이용자 선호도는 시청각자료의 선택에 있어 중요한 요인이 될 수 있다.

호환성과 조작의 용이성은 서로 분리해서 생각할 수 없다. '시청각자료의 다양한 포맷과 기재는 어떻게, 어디서 이용할 수 있는가? 어떤 시청각자료를 얼마나 쓸 것인가?' 하는 것을 결정하기 전에 먼저 행해야 할 작업은 기존 기재의 규모나 상태를 조사해 보는 것이다. 즉, 어떤 종류의 기재를 어디에서 얼마나 확보하고 있는지를 알아야 한다. 그

1) G. Edward Evans and Margaret Zarnosky Saponaro, *Developing Library and Information Center Collections*, 5th ed.(Westport, Conn.: Libraries Unlimited, 2005), p. 205.

러므로 지역사회의 요구와 이용 패턴을 분석함으로써 도서관 비용을 절감할 수 있다. 조작의 용이성은 매우 중요하다. 기재를 조작하는 방법을 신속하게 배울 수 있는지, 아니면 그것을 적절하게 이용하기 위한 전반적인 교육이 필요한지를 파악해야 한다.[2)]

시청각자료를 선정하기 위해 고려해야 할 선정 요인으로는 프로그램 요인, 내용 요인, 기술적인 요인, 수록매체 요인이 있다. 각 요인별 선정 기준은 다음과 같다.[3)]

(1) 프로그램 요인

프로그램 요인은 시청각자료의 구입을 결정하는 데 있어 중요한 요인으로 다음과 같은 질문을 할 수 있다.

① 그 매체가 정규 교육용인가, 단지 오락용인가?
② 누가 주요 이용자인가? 성인인가, 아동인가, 또는 모든 연령대인가?
③ 그 항목은 대출할 것인가, 아니면 관내용으로만 이용하게 할 것인가?
④ 관내용이라면, 누가 이용하게 할 것인가? 개인인가, 단체인가?
⑤ 단체 이용은 이용 전 또는 후에 단체 토의를 안내할 그 분야의 도서관 직원 또는 전문가를 포함할 것인가?
⑥ 도서관은 자원 공유 네트워크의 회원이 될 것인가? 만약 그렇다면 그 항목이 공유된 자료의 부분이 될 것인가?

이러한 질문에 대한 각 도서관의 대답은 구입을 위한 시청각자료의 종류와 그 비용에 영향을 미칠 것이다. 예를 들면, 같은 표제라 하더라도 가정용보다는 교육용 자료가 가격이 더 비싼 것을 알 수 있다.

(2) 내용 요인

시청각자료의 선택을 할 때에는 선택자가 개인이든 단체이든 평가표를 이용하는

---

2) 윤혜영, 「비도서자료의 선정에 관한 연구」, 『인문사회과학논문집(중부대학교)』, 제3권(1999), pp. 143-144.
3) 윤혜영, 위의 책, pp. 144-145 ; Evans and Saponaro, *op. cit.*, pp. 206-208.

것이 유용하다. 선택에 관한 평가표를 유지하는 것은 선택자의 시간을 절약해 준다. 내용 요인으로 다음과 같은 점들을 고려해야 할 것이다.

① 그 자료의 주요 목적은 무엇인가? 만약 이용자의 가이드가 있다면, 그것은 이 질문에 대한 특정 해답을 제공하는가?
② 그 자료의 목적에 비해 프로그램의 길이는 적절한가?
③ 주제가 일시적인 유행인가, 아니면 장기적인 관심을 받을 것 같은가? 장기적인 관심과 지속적인 가치가 항상 같은 것은 아니다.
④ 자료가 잘 조직화되어 있는가?
⑤ 스토리 라인이 따르기에 용이한가?
⑥ 내용이 충분히 정확한가?
⑦ 저작권 획득은 언제 하였는가?
⑧ 영상이나 음향은 시기적으로 적절한가?
⑨ 제작자가 추천한 것 외에 다른 용도가 있는가?

(3) 기술적인 요인

대부분의 경우, 기술적인 문제를 판단하는 것은 다른 선택 요인을 판단하는 것보다 덜 주관적이나, 기술적인 요인을 판단할 수 있는 경험이 많고 숙련된 선택 사서를 필요로 할 것이다. 다음의 질문은 기술적 특성에 관한 것이다.

① 영상이 필요한가?
② 화면이 초점이 맞고, 구도가 효과적이며, 장면이 적절한가?
③ 자료의 편집이 기술적으로 되었는가?
④ 배경 녹음자료가 전체적인 내용에 기여하는가?
⑤ 영상과 음향이 동시녹음인가?
⑥ 수록매체는 어떻게(소집단, 대집단 또는 그 둘) 이용할 수 있는가? 어두운, 아니면 반쯤 밝은 또는 완전히 밝은 방에서 이용할 수 있는가?
⑦ 자막이 있다면 읽기 쉬운가?
⑧ DVD의 경우, 다국어 자막이 있는가?

(4) 수록매체 요인

수록매체 요인에 대한 질문은 다음과 같다.

① 수록매체는 생산자가 제시하는 목적에 부합하는 최고의 것인가?
② 수록매체는 내용을 적절하게 나타내는 것 중 가장 저렴한 것인가?
③ 수록매체는 도서관 이용자의 이용 규모와 유형에 견딜 만한가?
④ 손상이 있을 경우, 수리될 수 있는가, 아니면 반드시 다른 카피를 사야만 하는가? 유지관리가 필요한가?
⑤ 매체를 이용하는 데 필요한 기재는 무엇인가? 휴대용인가? 사용하기 쉬운가?

시청각자료의 선택 여부를 결정하는 절차는 도서관에 따라 다소 차이가 날 수 있지만, 기본적으로는 다양한 선택 도구를 통하여 얻어진 예비 정보를 종합하여 특정 자료를 실제로 사전에 시사하고 평가한 후 이루어진다. 시사는 시청각자료를 구입하기 전에 미리 활용해 보는 것을 말하며, 사전 평가 작업과 동시에 이루어진다. 도서의 경우, 전문적인 서평지나 전문잡지에 서평이 수록되므로 선택 작업 시에 그로부터 많은 도움을 받을 수 있다. 그러나 시청각자료에 대한 평가는 그리 흔하지 않다. 그러므로 특정 형태의 매체에 대한 평가지가 없거나 내용의 미흡함으로 인해 그 선택 여부를 결정을 내리기에 불충분한 상황일 때, 사전 평가는 더욱 큰 의미를 갖는다고 볼 수 있다.

시청각자료의 실제 선택 과정은 개인 활동이라기보다 집단 활동이다. 고가의 시청각자료에 대한 잘못된 선택은 도서관 예산에 심각한 경제적 결과를 초래한다. 그러므로 시청각자료선택위원회를 통해 자료를 선택함으로써 선택의 질을 높일 필요가 있다. 도서선택위원회와는 달리, 시청각자료선택위원회는 먼저 구입을 고려 중인 비도서자료를 사전 시사를 통해 자료를 보고, 집단 토의를 통하여 구입 여부를 결정한다. 사서들은 기존에 개발되어 있는 사전 시사 평가표 중 하나를 사용함으로써 노력을 절감하거나, 각각의 도서관 실정에 맞게 이를 수정·보완하여 사용할 수 있다. 평가표는 모든 매체를 망라해야 하며, 사서들이 사용하기 쉬워야 하고, 같은 주제에 대해 다른 매체 유형과 비교하는 수단을 제공해야 한다.[4]

---

4) 윤혜영, 앞의 책, pp. 145-146.

2) 전자자료

전통적인 도서관 자료의 경우, 자료 선택자는 기존의 정책과 지침에 따라 다른 부서와 간략히 협의한 후 수서 여부를 결정한다. 전자자료는 전통적인 도서관 자료에서는 경험하지 못한 여러 가지 문제를 제기한다. 아날로그식 자료에 적용되는 기준에 더하여, 전자 간행물들은 라이선스, 액세스, 네트워킹, 가격 책정, 소유권, 그리고 하루가 다르게 변화하는 기술과 표준을 둘러싼 복잡한 문제들을 안고 있다. 전자자료의 경우, 자료 선택자는 단독으로 수서 여부를 결정할 수 없으며, 도서관 내의 다른 부서와 긴밀하게 협의하여 해당 자료의 적합성을 평가해야 한다. 여기에는 일반적으로 기술 시스템 및 서비스, 수서, 자료 발견(목록 작업 및 액세스), 계약 및 라이선스 체결, 서비스 제공을 담당하는 직원들과 협의하는 일이 포함된다.

법적인 일관성을 확보하려면 전자자료의 선택에 관한 명확한 지침과 절차를 수립해 놓는 것이 좋다. 또 선택 및 평가에 관한 체크리스트, 명확한 역할과 책임 및 협의 계통의 수립, 전자자료 평가단 구성 등이 포함될 수 있다. 전자자료 평가단은 기관 내의 여러 부서에서 전자자료와 관련된 직원들로 구성할 수 있다. 장서 개발에 이용자를 참여시키려면, 전자자료에 대한 이용자 피드백을 받는 방법을 고려해 볼 수도 있을 것이다. 여기에는 기존 자료뿐 아니라 수서를 고려하는 신규 자료에 대한 피드백도 포함될 수 있다. 도서관은 또 전자자료의 이용과 관련해 발생할 수 있는 문제들뿐 아니라 새로운 콘텐츠와 서비스에 대해서도 이용자들에게 정보를 제공해야 한다. 특정한 전자자료의 적합성 여부를 결정하고, 수서, 보관, 유지관리, 보존 등과 관련한 현실적, 잠재적인 비용을 산출하려면 해당 품목에 대한 자세한 정보가 있어야 한다. 그리고 이 정보는 도서관의 전자자료 장서 개발 정책에 따라 검토해야 한다. 어떤 경우에는 전자자료의 선택과 평가에 도움이 되는 체크리스트와 자료를 선택하기 전에 자문해 보아야 할 구체적인 질문 목록을 개발해 두는 것이 도움이 될 것이다.

전자자료의 선택 및 평가에 있어서는 콘텐츠, 기술 요건, 기능성과 신뢰성, 판매자 지원, 공급 등의 요소들을 검토해야 한다.[5] 그 내용을 살펴보자.

---

5) 도서관연구소(http://www.nl.go.kr), 도서관 연구소 웹진 Vol. 85(2012. 5. 15), 「전자자료 장서 개발의 핵심 사안: 도서관을 위한 지침 ①」(http://www.nl.go.kr/krili/webzine/publish/krili/201205_01/pdf/policy_0515.pdf), pp. 6-14.

(1) 콘텐츠

콘텐츠 측면에서는 인쇄 자료에 적용되는 것과 동일한 정책, 지침, 기준을 가지고 전자자료의 선택 여부를 검토·평가할 필요가 있다. 기준은 일반적으로 다음과 같다.

① 기관의 주요 연구 목표 및 목적에 부합한다.
② 주제 프로파일이 지원하는 기존의 장서에 폭과 깊이를 더한다.
③ 특정한 장점이 있다. 예를 들면, 동료가 검토함 또는 제작자의 평판이 좋음 등이다.
④ 주요 이용자층의 필요에 부합한다.
⑤ 만족스러운 수준의 이용률을 창출한다.

이와 같은 주요 선택 기준들을 충족시키고 나면, 추가로 다른 콘텐츠 기준을 고려한다. 이러한 기준들은 인쇄본과 전자본이 동시에 존재할 때 어떤 포맷을 선택할 것인지를 결정하는 데 특히 중요한 역할을 한다. 추가로 고려할 콘텐츠 기준으로는 인쇄본과의 일치성, 온라인 콘텐츠의 현재성 및 갱신 빈도, 과월호 제공 여부, 아카이빙, 다른 포맷과 비교했을 때 전자자료가 갖는 부가적인 가치, 가격 등이 있다.

(2) 기술 요건

전자자료를 선택할 때는 여러 가지 기술적인 문제들도 고려해야 하는데, 이는 해당 자료가 도서관이 보유하고 있는 하드웨어 및 소프트웨어와 호환되도록 하고, 도서관이 지속적, 비용효율적인 방식으로 해당 자료에 대한 액세스를 제공할 수 있도록 하기 위해서이다. 기술 요건의 평가는 이를 적절히 수행할 수 있는 기술 담당직원과의 협의하에 진행되어야 하며, 다음과 같은 사항들을 고려해야 한다.

가. 액세스 방법

어떤 액세스 방법(예: 독립적으로, 인터넷을 통해 원격으로, 로컬 웹 마운트 또는 호스팅)을 이용할 수 있는가? 인터넷을 통해 원거리에 있는 호스트에 액세스하는 방식이 선호되는 경우가 많은데, 신속한 업데이트, 최적의 액세스, 저장이나 보존, 유지보수의 부담이 적다는 것과 같은 부가적인 이점이 있기 때문이다.

나. 인증

어떤 인증 방식(예: IP 필터링, 로그인과 비밀번호)을 이용할 수 있는가? 대체로 IP 필터링을 통한 액세스가 선호되는데, 이는 여러 이용자들의 동시 접속이 가능하기 때문이다. IP 주소 인식 역시 적법한 인증 이용자가 도서관 외부에서 콘텐츠에 접속할 수 있도록 하는 프록시 서버를 통한 액세스를 제공한다. 그러한 상황에서는 상업적인 데이터베이스가 — 이용자의 집이나 다른 곳에 연결된 IP 주소가 아닌 — 도서관의 IP 주소를 '보고' 인식하여 접근을 허용한다. 그러나 프록시 서버를 통한 액세스는 라이선스 계약에서 사전에 합의되어야 하는 부분이다. 로그인과 비밀번호를 통한 액세스는 선호도가 떨어지는데, 도서관 이용자 수가 많을수록 비밀번호를 관리하기가 어렵기 때문이다. 판매자가 비밀번호를 통한 액세스를 고집하는 경우에는 이 비밀번호가 도서관과 무관한 기관에 유포되는 것을 도서관이 통제할 수 없다는 점을 라이선스 협약에 명시하고 면책 조항을 삽입해야 한다.

다. 호환성

전자자료는 다양한 플랫폼에서 호환되어야 하며, 도서관 내에서 설치, 관리되어야 할 때는 도서관에 장착되어 있는 기존 하드웨어 및 소프트웨어와도 호환되어야 한다. 자료 선정자는 또 해당 전자자료가 특정한 하드웨어나 소프트웨어, 멀티미디어, 오디오 기능을 필요로 하는지 확인해야 한다. 그러한 경우, 그에 적합한 소프트웨어나 멀티미디어 장치를 구하고 설치하고 지원하는 데 들어가는 비용도 고려해야 한다. 또 참고서비스 담당자와 협의하여 이용자 PC 전체 또는 일부에 소프트웨어나 애드온 장치가 필요한지 확인해야 한다. 웹브라우저가 필요하거나, 데이터베이스 파일 포맷이 일반적인 것과 다른 경우에는 호환성 문제가 발생할 가능성이 있다.

가) 브라우저

웹브라우저 문제는 매우 중요하다. 데이터베이스는 높은 버전의 브라우저를 필요로 하는데, 도서관의 이용자 PC에 낮은 버전의 브라우저가 설치되어 있는 경우가 종종 있다. 자료 선정자는 기술/IT 직원들과 이 문제를 상의해야 한다. 어떤 데이터베이스(특히 로마자 이외의 문자로 된 텍스트)는 최신 브라우저에서만 작동하도록 설계되어 있다. 브라우저와 로컬 시스템의 유니코드(UNICODE) 준수 여부는 로마자 이외의 문자로 된 전자자료를 도서관의 장서에 포함시킬 때 매우 중요하다. 도서관의 시스템이 그러한 특정 브라우저를 지원하지 않고 유니코드를 따르지 않는 상태에서 해당 자료를 구입한다면 그 자료는 무용지물이 될 것이다. 자료 선정자는 수서 결정을 내리기 전에 반드시 모든 요건이 충족되는지를 확인해야 한다. 이용자 서비스 구역에 있는 컴퓨터에 올바른 브라우저와, (필요한 경우) 추가적인 키보드 드라이버가 설치되어야 한다. 도서관은 이용자들에게 브라우저 등 여러 요건과 액세스 포인트의 위치에 대한 정보를 제공해야 한다.

나) 콘텐츠 포맷

HTML, SGML, XML, PDF, 그리고 JPEG나 MPEG과 같은 미디어 포맷 등 자료 파일이 어떤 포맷을 이용하는지를 확인하는 것도 중요하다. 이러한 포맷들은 각각 장단점을 갖고 있다. 짧은 문서에는 HTML이 적합하지만, 크고(1,000K 이상) 복잡한 문서를 다루는 데는 SGML이 더 적합하다. 일관성, 정보 통합성, 정보 검색 정확성, 정보 재사용의 융통성, 정보 수명 측면에서 더 우수하기 때문이다. 그러나 SGML 파일은 모든 터미널에, 또는 SGML 파일이 사용되는 모든 PC에 파노라마(Panorama) 또는 멀티독 프로(Multidoc Pro) 리더가 설치되어 있어야 한다. XML이 가장 바람직한 포맷인데, 큰 문서를 다룰 수 있고 PC에 별도의 리더를 설치할 필요도 없기 때문이다. 예를 들어, 어떤 연속간행물에 그림 자료가 많이 들어 있거나 그것이 미술 관련 출판물이라면 그러한 그림들이 보존되어야 할 것이다. 이러한 간행물 중 일부는 PDF 포맷으로 되어 있다. 그러나 이 포맷을 쓰면 보편적인 검색이 불가능해지고, 대용량 파일을 내려받는 데 시간이 오래 걸리며, 다른 내비게이션 방법이 필요하다. 또, 이용자들의 PC에 어도비 아크로뱃(Adobe Acrobat) 리더가 설치되어 있어야 한다. AV 콘텐츠로 된 데이터베이스는 다른 플레이어 또는 프로그램이 설치되어 있어야 하고, 플러그인과 액티브 컨트롤도 허용되어야 한다.

(3) 기능성과 신뢰성

기능성과 신뢰성 측면에서 자료의 적합성을 평가할 때는 다음 사항들을 고려하면 도움이 된다.

가. 인터페이스

전자자료의 인터페이스는 이용자 중심적이고, 내비게이션이 쉬우며 직관적이어야 한다. 이용자 중심적인 전자자료는 온라인 사용지침서, 안내 화면, 내비게이션 지원 도구, 문맥 중심의 도움말, 피드/전자우편 알림이나 검색 기록 저장 등과 같은 개인화 옵션들을 제공하는 경우가 많다. 전자자료의 화면 디자인은 읽고 따라 하기 쉬워야 하며, 자료의 인터페이스가 이용자들에게 친숙한 다른 인터페이스들과 비슷한지도 고려해야 한다.

나. 검색

전자자료는 효과적이고 융통성 있으며 이용자 중심적인 검색엔진을 제공해야 한다. 일반적인 기능으로는 핵심어 및 불(Boolean) 검색, 전문 검색, 절단, 브라우징(색인어 및 제목), 연관 순위, 유의어 사전, 검색 기록 등이 있다.

검색엔진이 작동하는 방식과 번자 및 구별부호와 같은 문제가 어떻게 되는지도 고려해야 한다. 이에 대해서는 아래에서 좀 더 자세히 살펴보기로 한다.

가) 검색 전략

검색엔진이 작동하는 방식은 매우 중요하며, 적합한 검색 전략을 결정하는 데도 도움이 될 것이다. 이는 특히 격(格), 곡용 어미, 접미사, 접두사를 사용하는 언어로 된 텍스트일 때 중요하다. 그러한 경우에는 검색엔진이 이용자가 입력한 글자 그대로를 검색하는지, 아니면 동일한 어근을 가진 모든 단어들을 검색하는지, 검색을 제한하거나 확장할 수 있는 옵션이 있는지 등을 보는 것이 중요하다.

나) 번자

때로는 데이터베이스에 있는 텍스트가 로마자로 되어 있어서 로마자가 아닌 글자를 사용하는 외국의 자료와 주제 검색이 불가능해진다. 예를 들어, 키릴 문자로 된 텍스트는 로마자 검색 중심의 검색엔진에서는 나타나지 않을 것이다. 자료 선정자는 영어나 기타 서유럽 언어로 쓰인 텍스트에서 로마자가 아닌 다른 언어로 된 인명이나 회사명, 지명 등이 어떤 번자 체계에 따라 쓰였는지를 알아야 한다. 예를 들어, 보리스 옐친 전 러시아 대통령의 이름 철자를 'Yeltsin'이라고 쓰느냐, 아니면 'Eltsin'이나 'Eltsin'으로 쓰느냐에 따라 그 검색 결과가 달라질 것이다.

다) 구별부호

여러 언어에서 구별부호를 쓴다. 자료 선정자는 그러한 구별부호가 검색 결과에 영향을 끼치는지 확인해야 한다. 예를 들어, 이용자가 체코의 일간지인 『Lidové noviny』에서 검색을 하고자 한다면, 그가 사용할 컴퓨터에 애드온 체코어 키보드 드라이버가 설치되어 있어야 한다.

다. 보내기와 내려받기

전자우편, 인쇄, 기계 또는 휴대용 디지털 기기로 내려받기와 같은 다양한 '보내기' 옵션이 지원되어야 한다. Endnote, Mendley, BibTex와 같은 인용 관리 소프트웨어로 인용 내려받기도 가능해야 한다. 인쇄나 내려받기가 용이한지 고려해야 하고, 어떠한 제약이나 부가 요금이 부과된다면 그러한 사항들도 고려해야 한다.

라. 응답성, 신뢰성, 이용 가능성

시스템은 연중무휴로 제공되어야 한다. 안정적인 운영으로, 예기치 않은 정지 시간이 최소화되어야 한다. 시스템은 기술적으로 최신 상태를 유지해야 하며, 다수의 이용자에게 최적의 응답 시간을 지원할 수 있는 설비와 네트워크 인프라를 갖추어야 한다.

마. 통합

참고 및 전문(full-text) 링크를 통해 다른 자료와의 통합을 지원해야 한다.

(4) 판매자 지원

해당 전자자료의 판매자가 얼마나 신뢰성 있고 안정적인 기반을 갖고 있는지, 어느 정도의 기술과 이용자 서비스를 지원하는지를 고려해야 한다. 판매자 지원 서비스의 범위를 평가할 때는 다음 사항들이 포함된다.

가. 시험판 평가 및 제품 시연

먼저, 해당 자료가 시험판에서 제공되는 것이 바람직하다. 또 필요한 경우에 판매자가 제품 시연 서비스를 제공하는 것이 좋다. 시험판은 특히 기술 문제와 기능성, 신뢰성 측면에서 제품을 평가하는 데 특히 유용하다.

나. 이용자 교육 및 지원

필요한 경우, 판매자는 제품의 사용과 관련하여 문서나 온라인상으로 사용지침서를 제공할 뿐 아니라 초기 교육과 지속적인 교육을 제공할 의지가 있어야 한다. 그렇게 함으로써 도서관 직원이 직접 교육을 제공하고 사용지침서를 개발해야 하는 부담을 줄일 수 있고, 제품을 보다 효율적으로 사용할 수 있다.

다. 기술/고객 지원 및 시스템 공지 프로세스

판매자는 기술적인 문제의 해결과 관련하여 시스템 작동 및 응답 시간과 관련한 서비스에 합의할 의지가 있어야 한다. 또 예정된 시스템 정지 시간과 콘텐츠 및 플랫폼 변경사항을 효율적으로 관리하고 이용자에게 알릴 수 있는 시스템 공지 서비스가 마련되어 있어야 한다. 그러한 서비스는 시의적절하며, 전문적이고, 효과적이어야 한다.

라. 고객 맞춤

판매자가 제공하는 고객맞춤 및 브랜드명 삽입 서비스 옵션을 고려해야 한다. 이는 도서관에서 사용되는 제품들에 비슷한 모양과 느낌을 제공하고자 할 때 도움이 된다.

마. 데이터 아카이빙

시스템 데이터가 얼마나 자주 백업되는지, 판매자가 파산하는 경우에 자료와 이용자 액세스는 어떻게 되는지 고려해야 한다. 백업 데이터가 CD-ROM이나 DVD로 제공되는 경우에는 도서관이 그것을 아카이빙하고 그러한 포맷에 대한 액세스를 제공할 수 있는지를 고려해야 하며, 원 자료와 비교했을 때 없는 기능이 있는지 여부를 따져봐야 할 것이다. 판매자의 아카이빙 정책을 알고 있어야 한다. 인쇄본과 달리 전자간행물은 연속적으로 유지관리되지 않을 가능성도 있다. 판매자가 LOCKSS(Lots of Copies Keeps Stuff Safe)[6)]를 따르는지 또는 판매자가 사용하는 아카이빙 솔루션이 오픈소스 제품을 따르는지 고려해야 한다. 또 제3자 아카이브 솔루션의 신뢰성이 확립되어 있는지도 고려해야 한다. 모든 아카이브의 콘텐츠와 형식, 관련 비용, 파일의 복제 및 아카이빙과 관련한 잠재적인 제약 사항들을 잘 알아보는 것이 중요하다. 날로 발전

---

6) 스탠포드 대학교에서 개발한 전자자료의 보관법으로, 다중 보관 서버를 이용해 정보를 다중으로 백업하여 보관하는 방식.

하는 기술에 맞추어 새로운 포맷·플랫폼으로 파일을 옮기는 서비스가 있는지도 고려해 볼 만하다. 그리고 계약이 취소 또는 종료될 때, 이미 비용을 지불한 콘텐츠의 이용에는 어떠한 영향이 있는지를 확인하는 것도 중요하다.

바. 서지데이터 제공

필요한 경우, 판매자는 도서관이 선호하는 파일 포맷으로 적절한 품질 기준에 부합하는 URL이나 서지데이터를 제공할 수 있어야 한다. 그러면 도서관이 링크를 만들거나 액세스를 위한 카탈로그 기록을 생성해야 하는 부담을 줄일 수 있다.

사. 통계 보고

자료가 얼마나 잘 사용되고 있으며 다른 제품에 비해 얼마나 비용 효과적인지를 확인하려면 우수한 통계 데이터가 있어야 한다. 이는 특히 갱신과 선택해제 결정을 하는 과정에서 중요하다. 판매자는 ICOLC(International Coalition of Library Consortia)의 「인터넷 기반 정보 자료의 사용 통계 척도에 대한 지침(Guidelines For Statistical Measures of Usage of Web-Based Information Resources)」이나 COUNTER(Counting Online Usage of NeTworked Electronic Resources)의 「이행 규정Code of Practice)」, SUSHI(Standard Usage Statistics Harvesting Initiative) 등의 신뢰성 있는 기준에 따라 우수한 통계 보고서를 제공해야 한다.

(5) 공급

인쇄 자료의 경우와 달리, 전자 간행물은 패키징과 가격에 대한 표준 모델이 없다. 선택할 수 있는 구매/가격 모델의 범위를 고려하고, 액세스, 아카이브 권리, 가격 대비 가치 측면에서 도서관의 필요에 가장 잘 부합하는 것을 고르는 것이 중요하다.

가. 구매 모델과 가격

전자자료의 경우에는 표준 가격 모델이라는 것이 없기 때문에, 자료 선정자는 구매를 고려하고 있는 자료의 가격 모델을 세심하게 검토해야 한다. 가격 모델은 이용자 집단의 규모, 동시 이용자의 수 등 여러 기준과 변수를 바탕으로 하는 경우가 많다. 구독(subscription) 형식으로 제공되는 전자 저널이나 전자책 패키지, 데이터베이스, 기타 유사한 자료들에서 중요한 한 가지 가격 모델은 FTE(Full-Time Equivalent)에 기반을 둔 것이다. 인쇄본이 있을 때는 전자본의 가격이 인쇄본의 가격을 넘지 않는지 확인해야 한다. 전자본의 가격이 인쇄본보다 높다면, 기능성, 액세스와 같은 부가적인 가치가 있어야 한다. 자료 선정자는 그러한 요소들이 인쇄본보다 더 많은 돈을 주고 전자본을 살 만한 가치를 부여하는지 따져봐야 한다. 구매/가격 모델은 다음을 포함하며, 여기에 국한되지 않는다.

① 콘텐츠와 액세스에 대한 별도 가격제(콘텐츠 구독 형식일 때에는, 해당 자료가 향후에 발행 중지되는 경우, 이미 돈을 지불한 정보에 대해서는 영구적인 권리를 가질 수 있는 형태가 바람직하다. 요금이 분리되어 있다면, 도서관이 이미 돈을 지불한 콘텐츠에 지속적으로 액세스하는 데 들어가는 비용이 명료해진다. 액세스/호스팅 비용의 예상 연간 상승률을 확인해야 한다.)
② 혼합 모델(아카이브 요금은 일회성으로 지불하고, 최신 콘텐츠에 대해서는 연간 액세스 비용을 지불하는 형태이다.)
③ 사용량 기준 요금(pay-per-use pricing) 모델
④ 대여 모델
⑤ 컨소시엄 모델
⑥ 인쇄본+전자본 모델(출판사가 두 포맷을 모두 구입할 것을 요구하는 경우이다. 가능한 경우, 두 포맷 모두를 구입할지 여부의 선택권은 도서관에 있어야 하며, 구매의 조건이 되어서는 안 된다.)
⑦ 패키지 모델(주제별로 일단의 자료를 함께 구매하는 조건이다.)
⑧ 일괄 거래(big deal) 모델(하나의 가격에 도서관이 선정한 콘텐츠만이 아니라 모든 콘텐츠의 것이 포함되어 있는 경우이다.)
⑨ 소개 가격(introductory pricing) 모델(소개 가격이 있을 때는 소개 기간이 끝난 후 가격이 크게 높아졌을 때 그 비용을 감당할 수 있을지 고려해야 한다.)
⑩ 고정 가격을 조건으로 한 장기 계약 모델
⑪ 이용자 중심의 수서 가격 모델(예를 들면, 이용 유발자(trigger)를 기반으로 하는 가격 모델이 있다.)

나. 이용자와 사이트의 수

이용자와 사이트의 수가 가격에 영향을 끼칠 수 있다. 다수 이용자(multi-user) 라이선스에서 요구되는 이용자 수는 기대 수요를 바탕으로 해야 한다. FTE를 바탕으로 할 때는 전체 이용자층이 아닌 실제 이용자 집단의 크기를 기준으로 해야 하는데, 이것은 특수하며 제한적인 이용자층을 대상으로 한 전문화된 자료를 선정할 때 특히 중요하다.

다. 백파일, 아카이빙, 계약 종료 후 권리

전자 데이터를 구입 또는 대여할 때는 해당 데이터에 대한 지속적인 액세스 제공이 포함되어야 한다. 라이선스 계약이 종료된 후에는 이미 비용을 지불한 콘텐츠에 대해 도서관이 계속해서 전자적으로 액세스할 수 있는 권리가 보장되어야 한다. 그럴 때는 현재까지 수집하여 아카이빙한 콘텐츠와 관련하여 발생할 액세스 및 유지관리 비용이 얼마인지를 알아야 한다.

라. 취소 권리

취소 조건도 고려해야 한다. 묶음 거래를 취소하고 개별 콘텐츠 선택 방식으로 바꾸거나, 전면 취소 또는 관련된 인쇄본 제품들을 취소하는 경우가 될 수 있다. '인쇄본 취소 불가' 규정을 포함하고 있거나, 자료의 수를 제한하거나, 취소 수수료를 부과하는 모델은 피해야 한다.

마. 송장

컨소시엄으로 구매하는 경우에는 컨소시엄 참가자들에게 개별적으로 송장이 발부되어야 한다. 콘텐츠와 액세스 비용을 분리하여 명시함으로써 거래 금액을 투명하게 해야 한다.

바. 갱신

판매자는 구독 갱신일로부터 최소한 2개월 전에 도서관에 그것을 통지해 주어야 한다. 컨소시엄일 경우에는 판매자가 각 컨소시엄 참가자로부터 개별적으로 갱신과 관련한 확답을 받아야 한다. 가격 모델과는 별도로, 백파일의 처리, 계약 또는 구독 기간, 기관의 규모와 유형, 동시 이용자 및 인증 사이트의 수를 확인해야 한다. 이들 각각이 자료의 가격에 영향을 끼칠 가능성이 있기 때문이다. 자료 선정자는 공급자와 가격 협상을 할 준비를 해야 한다. 동일한 판매자로부터 다수의 자료를 구입한다면 대량 구매를 조건으로 가격을 낮추어 달라고 할 수도 있다.

(6) 인터넷 자원의 선택 기준 예시

기본적인 인터넷 자원의 선택을 위한 기준을 기존의 도서관에서 제시한 것을 종합하여 보면, 일반적인 선택 기준으로는 권위, 최신성, 범위, 객관성, 정확성을 들 수 있다. 아울러 디지털 정보원의 선택을 위해서는 디자인, 기능성, 링크, 안정성, 비용 등의 부가적인 요소가 필요하다. 인터넷 자원의 선택 기준은 인쇄매체 자료의 선택 기준과 대체로 기본적인 내용은 유사하며, 다만 디지털 정보의 특성으로 파생되는 몇 가지 특징만 상이할 뿐이므로 특히 그 점에 주의를 기울일 필요가 있다.[7)]

인터넷 자원을 선택하는 과정을 효과적으로 수행하기 위해서는 선택 기준에 따른 평가를 점수화해 볼 수도 있다. 이 경우, 필연적으로 점수를 배정하는 과정에서 항목의 광범위성으로 인해서 수반되는 포괄적이고도 주관적인 판단을 하지 않을 수 없다. 이는 하나의 기준에 고려하여야 할 항목의 과다 배정으로 인한 결과이며, 이것은 결국 객관적인 평가를 저해하는 요인으로 작용할 수 있기 때문이다. 물론 어떤 평가 실행도 완전할 수는 없겠으나, 예견될 수 있는 편견의 개입과 오류의 발생을 최소화하는 노력은 꼭 필요한 과정이다. 우리는 종종 모든 노력을 기울였음에도 불구하고 결론을 내릴 수 없거나, 일상생활에서 갈피가 잡히지 않아 어떤 사실에 대한 판단을 내리기 어려운 경우들이 있다. 이러한 상황이 만일 어떤 정보를 평가하기 위한 작업 단계에서 발생한다면, 결국 보다 효과적인 정보 이용은 원천적으로 불가능할 것이다. 특히 질적인 통제 과정이 상대적으로 미약한 인터넷 자원에 대해 명확하고도 객관적인 선택을 위한 평가 수행은 필수 불가결한 요소이다. 이러한 가정에 근거하여 포괄적인 항목을 한꺼번에 판단함으로써 야기될 수 있는 오류를 감소시킬 수 있는 방안을 마련하는 것은 꼭 필요하다.

이에 기존의 선택 기준들을 종합하여 인터넷 자원의 선택을 위한 보다 개선된 안을 제시하여 보면 〈표 7〉과 같다. 이 선택 기준은 세부 항목으로 구체화시켜 복합적으로

---

7) 이창수, 「온라인 전자자료의 선택 기준」, 『도협(圖協)』, 제18집(2001), pp. 51-52.

판단해야 하는 부담을 줄임으로써 보다 더 객관적인 평가가 가능하게 한다.[8)]

표 7 인터넷 자원의 선택 기준표

선택 기준	총 배점	세부 기준		항목 배점	고려 항목
권위	20	저(작)자의 신뢰성		5	명확성, 책임성, 신분 등
		저자의 전문성		5	그 분야의 전문가인가?
		저자의 소속기관		5	합법적이며, 신뢰할 수 있는가?
		스폰서의 평판		5	스폰서의 의도와 명성은?
내용	40	정확성	원본 여부와 참고 정보원 제시	5	독창적이며, 근거와 관련 자료의 제시 여부
			오류 정도(문법, 철자, 오타)	5	자료 작성에 대한 성의
		객관성	편견과 선입견 정도	5	주관적이지 않고, 신뢰할 만한가?
			페이지와 광고와의 관련성	5	불순한 의도가 개입되어 있지는 않은가?
		최신성	날짜	5	최초 작성, 갱신 및 수정이 시의성이 있는가?
			페이지 상 링크의 유효성	5	페이지의 유지관리가 빈번히 되는가?
		범위	주제의 폭과 깊이	5	모든 측면을 다루고, 전문적인가?
			의도된 독자	5	의도하는 이용자에 합당한가?
기능성	20	디자인		5	그래픽, 아이콘, 페이지 구성이 좋은가?
		이동성(항해)		5	사이트의 항해가 편리한가?
		멀티미디어 제공과 적절성		5	내용과 제공되는 멀티미디어가 적절한가?
		사용자 인터페이스		5	이용자와의 상호작용성은 어떤가?
경제성	20	연결 신속성		5	사이트의 접근이 신속한가?
		비용		5	무료인가, 유료인가?
		탐색 편의성		5	검색엔진을 통한 접근의 용이성과 페이지 내에서 별도의 검색엔진 제공 여부
		정보처리 안전성(암호화)		5	안심하고 개인정보를 교환할 수 있는가?
평가 결과의 수준 평가	90~100점: 탁월 80~89점: 우수 70~79점: 보통 60~69점: 수용 가능 60점 이하 : 수용불가				

출처: 이창수, 「온라인 전자자료의 선택 기준」, 『도협(圖協)』, 제18집(2001), p. 55.

8) 이창수, 위의 논문, pp. 52-55.

2. 비도서자료의 수집

1) 수집의 기본 방침과 자료구성

도서관 내에서 그들의 책임이 무엇이든 간에 모든 사서는 시청각 및 멀티미디어 포맷의 잠재성을 인식하고 이를 자원으로 간주하여 장서 개발 정책에 포함시켜야 한다. 도서관의 장서 개발 정책은 미디어 자원들을 명확하게 포함해야 한다. 이들 자원들에 대해 포맷에 따라 우선권과 선정 기준을 정해 놓는 것이 필요하다. 이러한 기준은 장서 개발에서 하나의 기본으로 사용할 수 있다.[9)]

관종, 예산 규모, 봉사 대상에 따라 비도서자료 수집의 기본 방침이 다르게 수립되며 자료 구성도 차이가 난다. 공공도서관의 경우는 봉사 지역의 실태에 따라 그 지역 주민의 정보 욕구를 해결하는 데 필요한 자료가 중심이 되고, 대학 도서관의 경우는 연구활동 지원을 위한 학술 DB를 활용하기 위한 자료가 주가 된다. 학교 도서관의 경우는 학습활동의 보조 도구로서의 시청각자료 위주로 수집을 하게 된다. 현대의 모든 관종의 도서관에서 웹 자원을 중심으로 한 전자자료는 기본적으로 갖추기 마련이다.

『2013년판 한국도서관기준』에서는 공공도서관이 인쇄자료를 비롯하여 시청각자료, 마이크로자료, 장애인용 대체자료, 디지털 자료 등 다양한 유형의 정보자료를 확보하는 동시에 인터넷 정보기술을 활용한 접근 전략도 다양하게 모색하도록 하고, 공공도서관의 비도서자료 장서 구성 기준을 서비스 대상 인구 1,000명당 기본 40점에 연간 4점 이상을 추가하도록 규정하고 있다.[10)] 이에 따르면, 대학 도서관에서는 인쇄도서, 연속간행물, 회색문헌 이외에 비도서자료와 관련하여 시청각자료, 마이크로자료, 인터넷(웹) 정보자원과 기타 교수·학습 및 학술 연구 활동에 필요한 자료를 구입, 수증, 교환, 라이선스 협약, 링크, 다운로드 등의 방식으로 개발하여야 한다. 대학 도서관은 장서 구성 기준으로 색인지, 초록지, CD-ROM 또는 온라인 DB 등의 서지 DB를 학문영역별 또는 주제별로 대표적인 것을 각 1종 이상 구비하여야 한다.[11)]

학교 도서관은 학생의 교수·학습과 인격 형성 및 교사의 연구 활동에 필요한 각종

---

9) '도서관 및 관련 기관에서의 시청각 및 멀티미디어자료를 위한 지침서'(http://www.ifla.org/files/assets/hq/publications/professional-report/80-kr.pdf), p. 7. 검색일: 2014. 8. 12.
10) 한국도서관협회 한국도서관기준특별위원회 편, 『한국도서관기준. 2013년판』(서울: 한국도서관협회, 2013), p. 35.
11) 한국도서관협회 한국도서관기준특별위원회 편, 위의 책, pp. 125-126.

인쇄자료와 청각자료(녹음테이프, 음반 등), 영상자료(비디오테이프, 디지털 비디오디스크, 슬라이드, 투시화 등), 전자자료(소프트웨어, CD-ROM, 웹DB, 전자도서, 인터넷 정보자원 등)를 수집하여야 한다. 『2013년판 한국도서관기준』에서는 학교 도서관의 바람직한 장서 구성 기준으로 〈표 8〉과 같이 제시하고 있다.[12)]

표 8 학교 도서관의 비도서자료 장서 구성 기준

구분	자료 종류	기본 자료 수	연간 증가 점 수
초등학교	시청각자료	학생 1명당 3점 이상	학생 1명당 0.3점
	전자자료	학생 1명당 1점 이상	학생 1명당 0.1점
중학교	시청각자료	학생 1명당 5점 이상	학생 1명당 0.5점
	전자자료	학생 1명당 2점 이상	학생 1명당 0.2점
고등학교	시청각자료	학생 1명당 7점 이상	학생 1명당 0.7점
	전자자료	학생 1명당 3점 이상	학생 1명당 0.3점

출처: 『2013년판 한국도서관기준』(서울: 한국도서관협회, 2013), p. 149.

2) 비도서자료의 수집 방법

비도서자료를 수집하는 방법에는 구입, 자체 제작, 수증, 교환, 보관전환, 일시차용 등이 있다. 비도서자료의 효율적인 수집을 위해서는 도서와 별개의 비도서자료선정위원회를 구성하는 것이 바람직하다. 선정위원회는 관내의 직원만으로 구성하거나, 일부의 위원을 관외의 인사나 이용자 대표 등으로 위촉하여 구성하는 방법을 생각할 수 있다. 외부 인사의 경우, 이익 대표로서 편향된 선정이 되지 않도록 위원 위촉에 있어서 각별히 주의를 기울여야 한다.

(1) 구입

도서관의 가장 보편적인 자료 수집 방법으로, 대가를 지불하고 서점이나 출판사로부터 자료를 입수하는 방법이다. 구입은 자료에 대한 대가를 지급하는 것이기 때문에 국립 및 공립 도서관뿐만 아니라 사립 도서관에 있어서도 일정한 회계 규정에 대한 절

12) 한국도서관협회 한국도서관기준특별위원회 편, 위의 책, p. 149.

차를 밟아야 한다. 도서관 자료는 그 형태나 특성, 수입선에 따라 구입 절차가 매우 다양하게 나타날 수 있다.[13)]

전형적인 인쇄자료의 수집 경로가 시청각 및 멀티미디어 자료 수집에 항상 유용하지는 않을지도 모른다. 시청각 및 멀티미디어 자료 시장은 인쇄자료 시장과는 다르기 때문에 법률 전문가와 시장 지식 전문가가 필요하다. 적절한 장비를 구입하는 데 있어서도 마찬가지로 전문가 지식이 요구된다. 유통 네트워크는 지역적·국가적·국제적으로 다양하고, 때로는 불완전하게 조직되어 있다. 이 분야에서 도서관들은 자료의 각 유형에 따른 신뢰할 만한 선별된 판매 대리점 리스트를 결정하는 데 서로 협력해야 한다. 많은 도서관에서 지역적으로 생성된 자료들(영화, 비디오카세트, 구술 역사 기록물, 음악 포함)을 수집하는 것은 좋은 관례이다. 저작권 사정을 참작해야 하는 한, 이 방법은 이들 자료를 보존하고 광범위하게 이용 가능케 하는 좋은 방법 중의 하나이다.[14)]

비도서자료의 구입 역시 도서의 그것과 유사하게 처리된다. 비도서자료의 구입 절차를 요약하면 다음과 같다.[15)]

가. 구입 신청

신청 방법은 구두 신청에서부터 온라인, 이메일, 서류 신청에 이르기까지 다양하며, 도서관마다 신청 양식과 방법이 다르다. 도서관은 자관이 작성한 신청 양식을 이용하기도 하며 어떤 경우는 판매 목록이나 국가 서지 등에서 직접 원하는 자료를 체크하여 신청하기도 한다. 현재는 도서관 홈페이지에서 직접 신청할 수 있도록 웹 신청 양식을 제공하기도 한다. 신청 양식에 기재하는 항목은 저자, 표제, 수록매체, 발행사, 발행연도, 표준번호, 가격, 주문 부수, 신청자명, 판매상, 자금 출처(예산 항목) 등이다.

나. 서지 조사

서지 조사 단계는 서지 확인과 서지 탐색의 2가지 요소로 구성된다.

서지 확인은 신청 양식에 기록된 서지데이터의 정확성 여부를 저자명, 표제, 발행사 등을 중심으로 서지 정보원을 확인하는 것이다. 신청 양식에 기록된 서지데이터

13) 한국도서관협회 도서관편람 편찬위원회, 『도서관편람』(서울: 한국도서관협회, 2009), p. 142.
14) '도서관 및 관련 기관에서의 시청각 및 멀티미디어자료를 위한 지침서'(http://www.ifla.org/files/assets/hq/publications/professional-report/80-kr.pdf), p. 7. 검색일: 2014. 8. 12.
15) 송영희 등, 『디지털시대의 장서관리』, 제3판(서울: 한국도서관협회, 2011), pp. 279-284.

가 모두 정확한 것은 아니기 때문에 서지사항의 정확성 여부를 확인할 필요가 있다. 비도서자료의 서지정보를 확인하는 데 이용되는 정보원으로는 도서관목록, 종합목록, 국가서지(예: 『대한민국 국가서지』, 『납본주보』), 판매서지(예: 『한국출판연감』) 등이 있다.

서지 탐색은 신청 자료의 주문 여부를 확인하는 것이다. 서지 확인이 저자명, 표제명, 발행사, 그 외에 필요한 주문 데이터의 정확성 여부를 확인하는 데 중점을 두는 것이다면, 서지 탐색은 신청 자료가 주문 중인지, 이미 입수되어 정리 중인지, 이미 소장하고 있다면 복본이 필요한지 등을 확인하는 것이다. 서지데이터를 서지나 판매상의 목록, 발행사의 광고로부터 인용하였거나 선택 담당자가 직접 기록하였다면, 서지 확인을 생략하고 서지 탐색을 바로 실시한다.

다. 자료 주문

신청 자료의 서지사항이 확인되고 복본이라도 그것의 구입이 결정되면 주문 단계로 넘어가게 된다. 수서 담당직원은 주문하기 전에 수서 방법, 판매처, 자금의 출처를 결정해야 한다. 중규모 이상의 도서관들은 자료의 주문 업무를 컴퓨터로 처리하고 데이터를 전자적으로 처리하여, 주문 업무와 관련된 많은 서류 업무를 줄이고 있다. 어떤 도서관은 자관의 컴퓨터와 판매상의 컴퓨터를 네트워크로 연결하여, 별도로 구입 주문서를 작성하지 않고 전자적으로 모든 주문 업무를 처리한다.

라. 자료 입수

자료가 입수되면, 자료의 파손, 오손, 미착, 오배송 여부 등을 확인한다. 비도서자료의 경우, 무엇보다도 물리적 상태와 부록 등의 점검이 중요하다. 미착이나 파손, 오손된 자료가 있으면 클레임을 보내고 계약에 따른 보상을 받도록 한다.

마. 회계 처리

자료가 도착하면, 도서관은 판매처에 자료 대금을 지불한다. 먼저 주문처에서 보내온 자료가 도서관이 주문한 자료인지를 확인하고, 주문처와 협의된 계약 또는 협약에 비추어 가격이 공정한지를 검토하여, 자료 대금을 계산한 후, 지불금을 준비하여, 사전 협의에 따라 주문처에 자료 대금을 지불한다.

(2) 자체 제작

도서관에서 비도서자료를 제작하여 비치하는 것이다. 비도서자료의 경우, 도서나 연속간행물에 비해 도서관에서 자체 제작한 자료의 비중이 많이 차지한다. 대학 도서관의 경우, 대학의 행사를 기록한 영상자료나 사진자료, 교수학습센터에서 제작한 학습용 영상자료나 전자자료, 대학 기록물을 마이크로자료로 제작한 것 등이 대상이 된다. 공공도서관의 경우는 지역사회의 행사 관련 영상자료나 사진자료, 지역의 향토에 관련된 영상자료나 구술 또는 민요 등을 녹음한 자료 등이 주된 자체 제작 비도서자료가 된다. 학교 도서관에서는 교수 학습용으로 제작한 시청각자료나 전자자료가 주된 대상이 된다.

자체 제작한 비도서자료의 경우, 서지 정보의 완전한 기록을 유지하기 위해서는 제작한 자료에 대한 명확한 서지사항을 본체나 수록 용기, 라벨 등에 기재해야 한다.

(3) 수증

정부, 지방자치단체, 각종 단체나 기업체의 비매품 성격의 비도서자료인 경우, 배포처 리스트에 수록되어 정기적으로 받아 볼 수 있도록 할 필요가 있다. 수증의 절차는 대상 자료를 조사하여, 기증 의뢰서를 발송하고, 수증자료를 입수 처리한 후, 감사장을 발송하는 과정을 거친다. 수증자료의 확보는 사서의 성실성과 노력 여하에 따라 많은 차이가 있을 수 있다. 따라서 기증되는 자료에 대해서는 계속적으로 받아 볼 수 있도록 그때마다 감사장을 반드시 발부하여 고마움을 표해야 한다.[16]

수증자료는 그것이 원하는 자료이든 원하지 않는 자료이든 도서관 장서의 부족한 부분을 보충하고 절판 자료를 입수할 수 있는 기회를 제공한다. 기증자가 기증한 자료를 도서관 장서에 포함시킬 것을 요구하더라도 필요 없는 자료를 도서관 장서에 추가시키는 것은 바람직하지 않다. 수증자료는 도서관의 수집 방침에 부합되는 자료만을 등록하도록 하여 효용성이 낮은 자료를 정리·관리하는 데 소요되는 시간과 비용을 낭비하지 않도록 해야 한다.[17]

---

16) 이창수, 『연속간행물의 관리』(대구: 태일사, 2011), p. 51.
17) 송영희 등, 앞의 책, pp. 298-299.

(4) 교환

교환은 상호 협약에 의해서 도서관 상호 간에 비도서자료를 교환하여 수집하는 방법이다. 비도서자료의 교환은 중복 자료의 해소, 수집 불능 자료의 확보, 예산 절감, 유사 기관 간의 자체 제작 자료의 상호 교류, 국제적·지역적 문화 교류 등의 목적으로 수행된다. 교환의 방법에는 일괄교환, 등가교환, 등량교환, 건별교환 등이 있다. 도서관의 교환 업무 담당자는 교환 대상 자료가 충분하게 확보될 수 있도록 노력해야 한다.[18]

비도서자료를 교환에 의하여 수집하는 경우는 극히 드물며, 교환 이외에 다른 기관에서 보관·전환되어 온 경우, 일시적으로 차용하여 이용하는 경우 등이 있을 수 있다.

3) 전자자료의 수집과 갱신

전자자료의 수집과 갱신 과정에서 수반되는 여러 가지 문제를 정리하여 보면 다음과 같다.[19]

(1) 전자자료의 라이선스 문제

인쇄 간행물과 달리, 전자자료는 눈앞에서 물건을 직접 주고받는 것이 아니기 때문에 보통 라이선스 계약을 하게 된다. 따라서 자료 선택자는 라이선스를 검토해서 평가 과정에 반영해야 하며, 자신이 이전에 갖고 있던 생각과 정보 수집 후에 확인한 사실들이 일치하는지 확인해야 한다. 가능하다면 이해하기 쉽고 명료한 표현으로 도서관의 권리를 기술하고 있는 표준 모델 라이선스 계약서를 얻어 보는 것이 바람직하다. 미국 등 일부 국가에서는 라이선스 협약의 대안으로, 예컨대 공동의 이해와 신의를 바탕으로 자료 제공자와 도서관이 체결한 계약서와 미국 저작권법에 의거하여 운영되는 SERU(a Shared Electronic Resource Understanding)와 같은 새로운 방법들이 출현하고 있다.

---

18) 이창수, 앞의 책, p. 52.
19) 도서관연구소(http://www.nl.go.kr), 도서관 연구소 웹진 Vol. 85(2012. 6. 15), 「전자자료 장서 개발의 핵심 사안: 도서관을 위한 지침 ②」(ttp://www.nl.go.kr/krili/webzine/publish/krili/201206_01/pdf/policy_0615.pdf), pp. 6-14.

가. 액세스 문제

도서관과 도서관의 관할기관 또는 그 컨소시엄이 체결하는 모든 라이선스 계약서는 도서관 이용자들의 액세스와 관련하여 다음 사항들을 포함하는 것이 바람직하다.

① 인증 이용자 및 사이트: 인증 이용자와 인증 사이트는 최대한 광범위하게 정의되어야 한다. 인증 이용자는 계약을 체결하는 기관에 현재 공식적으로 연관되어 있는 모든 개인을 말한다. 여기에는 풀타임 및 파트타임 학생들과 직원(교직원, 행정직원, 객원연구원 및 독립 계약자)이 포함될 수 있다. 기관의 일반인 대상 컴퓨터를 이용할 권한이 있는 방문자들도 라이선스를 통해 수집한 자료를 이용할 수 있어야 한다. 인증 사이트는 지리적으로 다른 곳에 위치하고 있는 위성기관들을 포함하여 모든 사이트를 포함해야 한다. 인증 이용자들은 또 가입기관이 제공하는 프록시 서버나 기타 IP 인증 프로토콜을 통해 홈 오피스나 기타 외부에서 라이선스로 얻은 자료에 액세스할 수 있어야 한다.

② 액세스 방법: 다수 이용자의 동시 접속을 포함해서, 지리적으로 다른 장소 및 사이트를 포함한 전체 기관에서 IP 인증을 통해 액세스가 허용되어야 한다. 그러한 액세스는 비밀번호나 다른 암호를 사용할 필요가 없이 제공되어야 한다.

③ 아카이빙 정책 및 지속적인 액세스: 자료 제공자는 라이선스된 정보에 대해 명확한 아카이빙 정책을 제공해야 한다. 자료 제공자는 LOCKSS나 오픈 소스를 따라야 한다. 자료 제공자는 상호 합의한 기간 동안 라이선스된 콘텐츠에 대한 액세스를 허용해야 한다. 전자 데이터를 구매 또는 대여할 때는 해당 데이터에 대한 지속적인 액세스 조건이 포함되어야 한다. 즉, 라이선스 협약이 종료된 후에도 이미 비용을 지불한 콘텐츠에 대해 도서관이 계속해서 전자적으로 액세스할 수 있는 권리가 보장되어야 한다.

④ 기관의 아카이빙 또는 자체 아카이빙: 자료 제공자는 개별 기관 또는 저자가 당해 기관 교직원의 저작물을 심사 전 또는 심사 후 논문 형태로 기관의 보존서고에 보관할 수 있도록 허용해야 한다. 바람직하게는 자료 제공자가 간행물에 게재되는 저작물의 심사 후 버전을 제공해야 한다.

나. 전자정보자료의 사용

라이선스는 교육과 연구 목적을 갖는, 비상업적인 모든 정보의 공정 사용을 허용해야 한다. 도서관과 도서관의 관할기관 또는 그 컨소시엄이 체결하는 모든 라이선스계약서는 공정 사용, 이용자 통계, 무단 이용에 관한 책임과 관련하여 다음 사항들을 고려해야 한다.

① 도서관 상호대차(ILL): 도서관 상호대차는 언제나 허용되어야 한다. 최소한, 인쇄된 전자 논문의 팩스 전송이나 복사본의 우편 전송이 허용되어야 한다. 타 도서관으로의 대차를 위해 에이리얼(Ariel)이나 그에 필적하는 시스템과 같이 안전한 도서관 상호대차 소프트웨어의 사용이 허용되어야 한다.

② 콘텐츠 요금제(pay-per-view): 종이나 전자자료 모두의 도서관 장서에 없는 논문들에 액세스하기 위한 서비스로서, 도서관은 해당 논문을 구입해서 그것을 전자우편을 통해 이용자에게 보낼 수 있어야 한다. 콘텐츠 요금제는 도서관 상호대차를 대체할 수 없다.

③ 보기, 내려받기, 인쇄하기: 인증 이용자는 사본을 보고 인쇄할 수 있으며, 관련 저작권법에 규정된 '공정 사용' 조항에 부합하는 사적 용도로 해당 전자자료에서 단편 논문들의 전자적 사본을 내려받을 수 있어야 한다.

④ 강의 자료: 제한된 집단의 인증 이용자들을 위해 작성한 강의 자료와 기타 교육적 성격의 자료에서 전자자료로부터 얻은 콘텐츠를 이용할 수 있어야 한다.

⑤ 과제 도서: 특정 강의를 수강하는 제한된 집단의 인증 이용자들을 위해 강사가 요청하는 바에 따라, 전자 자료에서 얻은 특정한 콘텐츠나 논문의 전자적 사본들을 도서관의 과제 도서(종이 또는 디지털)에 포함시킬 수 있어야 한다.

⑥ 이용자 통계: 라이선스 계약을 단일 기관으로 하건 컨소시엄으로 하건 상관없이, 자료 제공자는 각 도서관의 이용 통계를 해당 도서관에 직접 제공해야 한다. 이와 함께, 컨소시엄의 경우에는 컨소시엄 집행부에 컨소시엄 전체 통계를 제공해야 한다.

⑦ 무단 이용자에 대한 책임: 무단 이용을 감시하고 추적하는 것과 관련하여 라이선스는 도서관의 현실적인 능력을 반영해야 한다.

다. 판매자 지원 및 기술적인 고려사항

도서관과 도서관의 관할기관 또는 그 컨소시엄이 체결하는 모든 라이선스 계약서는 다음과 같은 판매자 지원 및 기술적인 고려사항을 포함해야 한다.

① 링크 서비스: 자료 제공자는 링크 서버 또는 링크 변환기를 통해 자료에 있는 콘텐츠를 제공할 수 있는지 여부를 도서관에 알려야 한다. 또 표준 오픈 URL이 지원되는 방식에 대한 정보도 제공해야 한다. 이는 오픈 URL을 통해 자료에 있는 콘텐츠로 링크하는 것과, 자료 콘텐츠에서 링크 서버로 링크하는 것의 둘 다에 해당한다. 다음의 사항은 링크 서비스에 포함되지 않는 자료이거나 도서관이 선호하는 경우에 적용된다.

② 콘텐츠 일관성: 자료 제공자는 제공되는 콘텐츠가 링크 서비스를 통해 제공되는 것과 다른지 여부를 알려주어야 한다.

③ 서지데이터: 자료 제공자는 도서관의 OPAC에 사용할 수 있도록 서지 정보가 담긴 전자 파일을 제공해야 한다. 이 파일은 자료의 콘텐츠(카탈로그 데이터)에 대해 설명해야 하며, 올바른 포맷으로 제공되어야 한다. 도서관은 서지 정보에 필요한 데이터의 수준과 올바른 파일 포맷을 규정한다.

④ 개시일: 자료 제공자가 도서관이 규정한 포맷으로 카탈로그 데이터를 제공하기 전에는 라이선스 기간이 시작되어서는 안 된다. 수준 미달의 데이터가 제공되는 경우, 도서관은 해당 콘텐츠에 대해 가격 인하를 요구할 자격을 얻을 수도 있다.

⑤ 시스템 통합: 자료 제공자는 도서관의 온라인 정보 시스템 안에 있는 소장 자료 정보와 주문 기능에 어느 정도까지 링크할 수 있는지를 도서관에 알려야 한다.

⑥ 기술 지원: 자료 제공자는 도서관이 기술 지원을 필요로 하는 경우, 이용할 수 있는 연락 정보를 제공해야 한다.

⑦ 알림 프로세스: 자료 제공자는, 합리적인 간격으로, 자료 콘텐츠상의 중대한 변화들에 대해 도서관에 통지해야 한다. 중대한 콘텐츠 변화는 신규, 중단 또는 변경된 자료들 또는 제공되는 자료 수의 변화를 포함한다. 그러한 정보는 SFX[20] 업데이트를 통해(또는 유사한 링크 서비스를 통해) 또는 소식지를 통해 제공할 수 있다. 그러한 정보가 SFX나 기타 유사한 링크 서비스를 통해 제공될 수 없다면, 도서관이 규정한 포맷에 따른 전자 파일로 제공되어야 한다.

⑧ 고객 지원: 자료 제공자는 도서관 또는 컨소시엄 계약인 경우에는 참여하는 각

20) SFX는 오픈 URL 링크 변환기로서, 도서관 이용자가 자신의 검색 결과 내에서 그 결과와 관련된 자원과 서비스로 옮겨 가도록 링크를 제공한다.

회원 도서관에 도서관 또는 컨소시엄이 정한 바에 따라 충분한 고객지원을 제공해야 한다.

⑨ 웹브라우저 이용 가능성: 자료는 표준 웹브라우저(예: 크롬, 인터넷 익스플로러, 넷스케이프, 모질라, 오페라, 사파리 등)를 통해 이용할 수 있어야 하며, HTML이나 PDF와 같은 표준 문서 포맷을 지원해야 한다. 자료는 장애인들도 쉽게 이용할 수 있어야 하며, 장애인 관련 법규를 준수할 것이 권장된다.

⑩ 문서: 자료 제공자는 온라인 도움말 화면 또는 온라인 이용자 문서 매뉴얼을 제공해야 한다.

⑪ 시스템 가동 시간 보증: 정보 제공자는 라이선스 계약 기간 동안 자료의 99% 이상에 대해 시스템 가동시간을 보증해야 한다. 도서관이나 컨소시엄이 문서화할 수 있는 중대한 액세스 장애들이 발생하는 경우, 라이선스 비용을 감면받거나 중대한 장애가 발생한 시간만큼 라이선스 계약을 연장 받아야 한다.

라. 융통성과 개선사항

전자자료의 선택자는 계약서에 '취소 불가' 조항이 없음을 확인해야 하며, 구독 또는 계약의 취소나 종료를 요구할 때 필요한 사전 통지 기간이 얼마나 되는지, 최소 약정 기간 등의 제약사항이 있는지 확인해야 한다. 인쇄본과 전자본이 동시에 제공되는 경우, 다음 사항을 고려해야 한다.

① 취소: 정보 제공자는 도서관 또는 컨소시엄이 기존의 인쇄본 구독을 취소하고 저널이나 기타 자료의 전자본으로 전환하는 것을 허용해야 한다.

② 가격에 합당한 가치: 전자본의 가격은 인쇄본과 동일하거나 더 낮아야 한다. 가격이 더 높을 때는 기능성과 액세스 측면에서 그만한 이점이 있어야 한다.

③ 종이본과의 일치성: 전자본은 그래프, 차트, 삽화 등 시각적 품질이 인쇄 원본과 동일하거나 더 높아야 한다.

④ 이용 가능성: 연속간행물의 전자본이 제공되는 시점이 인쇄본보다 늦어서는 안 된다.

⑤ 취소 조항: 연초 또는 도서관이나 컨소시엄의 회계연도 초에 라이선스 계약을 취소할 수 있다는 사실이 명시적으로 인지되어야 한다. 도서관이나 컨소시엄은 라이선스 계약서에 규정된 바대로 사전 통지 기간 내에 취소 통지를 해야 한다.

마. 법적 문제

도서관과 도서관의 관할기관 또는 그 컨소시엄이 체결하는 모든 라이선스 계약서는 다음과 같은 법적인 문제들이 규정되어야 한다. 기관 차원에서 그러한 관행이 법적으로 또는 절차상 의무로 규정되지 않은 경우에는 일반적으로 도서관이나 컨소시엄은 중요한 라이선스 계약에 서명하기 전에 법률 고문과 상의하는 것이 바람직하다.

① 결제 조건: 도서관 또는 컨소시엄의 비용 지불 책임은 도서관과 자료 제공자가 액세스를 합의하고 자료 제공자가 구체적인 포맷으로 자료 콘텐츠에 대한 액세스를 실제로 제공한 날로부터 시작해야 한다.
② 유예 기간: 갱신 비용 결제가 이루어지지 않은 경우, 자료 제공자는 각 라이선스 연도의 첫 한 달을 최소한의 유예 기간으로 하여 도서관 또는 컨소시엄에 액세스를 제공해야 한다.
③ 준거법: 라이선스 계약은 도서관 또는 컨소시엄이 위치한 사법 관할구역(지방, 국가)의 준거법에 따라 도서관 또는 컨소시엄이 행사할 수 있는 어떠한 법적 권리도 제한하지 않아야 한다. 라이선스 계약과 관련하여 발생한 분쟁은 도서관 또는 컨소시엄의 사법 관할구역에서 중재되어야 한다.
④ 액세스 제공과 관련하여 자료 제공자가 갖고 있는 권한: 라이선스 제공자는 라이선스 계약서에 규정된 목적에 따라 도서관에 자료를 제공하는 데 필요한 모든 권리를 자신이 갖고 있다는 사실을 보증해야 한다.

(2) 검토 및 갱신 절차

하루가 다르게 기술이 발전하고, 끊임없이 새로운 콘텐츠 가격과 패키지가 출시되고, 도서관 예산이 지속적으로 긴축되는 상황이다. 따라서 도서관은 정기적으로 기관이 소장하고 있는 전자 자료들을 검토하고 그러한 자료들이 계속해서 중요성을 갖는지, 가격 대비 가치가 충분한지를 검토해야 한다. 계속자료의 연례적인 갱신 절차를 관리하고 조율하는 업무를 과소평가해서는 안 된다. 판매자가 갱신과 관련해 사전 통지를 해 주도록 하는 조건을 라이선스 계약서에 명시하여 도서관이 충분한 시간을 갖고 자료를 검토할 수 있도록 해야 한다. 이는 비슷한 시기에 중요한 갱신 건이 몰려 있을 때 특히 중요하다.

가. 이용 통계 검토

선택과 평가 기준에 따라 자료의 갱신 여부를 평가하기 전에, 이용 통계를 검토해서 관련 비용과 이용률을 고려했을 때 해당 자료를 유지 갱신하는 것이 합당한지 살펴봐야 한다. 이용 통계는 다음 사항들을 결정하는 데 도움이 된다.

① 해당 자료가 도서관 이용자들에게 여전히 중요한가?
② 특정 영역에서의 이용 동향(전년도와 비교했을 때 또는 유사한 영역의 다른 상품들과 비교했을 때 이용률이 증가했는가, 혹은 감소했는가?)
③ 비용 대비 이용률 측면에서 다른 자료들과 비교했을 때 어떠한가?
④ 해당 자료가 계속해서 비용 대비 가치를 갖는가?
⑤ 보다 비용 효과적인 다른 액세스 옵션(예: 콘텐츠 요금제, 개별 콘텐츠 선택 대 일괄거래)이 있는가?
⑥ 동시 이용자 수가 적정한 수준에서 설정되어 있는가?
⑦ 현재 콘텐츠 대 백파일 콘텐츠의 연관성과 이용

그러나 이용 통계를 평가할 때는 데이터의 신뢰성에 영향을 끼칠 수 있는 요소들을 다음과 같이 고려해야 한다.

① 도서관 안에서 해당 자료가 얼마나 효과적으로 홍보되었는가?
② 해당 자료의 효과적인 사용을 위해 이용자들에게 교육과 관련 문서를 제공했는가?
③ 이용 통계가 집계된 기간 동안 해당 자료에 대한 액세스 시스템이 얼마나 안정적으로 운영되었는가?
④ ICOLC의 「인터넷 기반 정보 자료의 사용 통계 척도에 대한 지침」이나 COUNTER의 「이행 규정」과 같이 널리 알려진 기준들을 준수하는 신뢰할 만한 소스에서 나온 통계인가?

이용 통계가 중요하기는 하지만, 자료 선택 결정을 내리는 데 있어서는 그것 하나만으로는 부족하다. 이용 데이터의 해석은 언제나 도서관의 장서 개발 정책과 관행이라는 보다 큰 맥락에서 이루어져야 한다.

나. 갱신과 관련한 기타 고려사항

이용 통계와 비용 대비 가치 측면에서의 고려사항을 적용했을 때 해당 전자자료를 갱신할 가치가 있다고 판단되었다면, 선택과 평가 기준에 따라 다시 평가를 해서 선택 기준이 바뀐 것은 없는지 확인해야 한다. 데이터베이스의 갱신은 인쇄본보다 더 간단하고 부담도 덜한 경향이 있다. 하지만 계속되는 전자자료를 검토할 때는 적어도 다음과 같은 점을 고려해야 한다.

① 정보 제공자 측의 변화
② 운영 플랫폼상의 변화
③ 액세스 제공상의 변화
④ 가격 변화
⑤ 백파일 액세스상의 변화
⑥ 라이선스상의 변화
⑦ 제공되는 패키지나 콘텐츠상의 변화

제4장 비도서자료의 분류와 메타데이터

1. 비도서자료의 배가와 분류

1) 상관식 배가법과 고정식 배가법

상관식 배가법과 고정식 배가법은 비도서자료를 등록하고 이를 분류하여 청구기호를 구성하고 이 청구기호에 따라 서가에 배열하는 방식이다. 분류는 단행본과 동일한 분류표를 사용하거나 비도서자료를 위한 별도의 분류표를 사용한다. 비도서자료 중 특정한 자료만을 집중적으로 관리하는 특수 컬렉션의 경우에는 별치기호 없이 청구기호를 구성하여 배가를 해도 무방하지만, 대학 도서관이나 공공도서관, 학교 도서관 등 일반적인 도서관에서는 청구기호 상에 별치기호를 부여함으로써 단행본과 분리하여 별도로 배가할 필요가 있다. 일반 도서관에서는 단행본과 동일한 분류표를 사용하여 분류하고 별치기호를 부여하여 청구기호를 구성한 후에 배가는 단행본과 분리하여 독립으로 하는 방법을 많이 사용하고 있다.

상관식 배가법은 비도서자료의 주제별 접근이 가능하며, 청구기호가 있기 때문에 자료의 배열이 용이하다. 그러나 자료를 검색하기 위해서는 분류기호 체계를 이해해야 하며, 주제가 한정된 전문도서관에서는 분류의 효과가 약해지고, 고정식 배가법에 비해 정리하는 데 시간과 비용이 많이 든다.

일반적인 도서관에서 비도서자료를 고정식으로 배가하는 경우에는 분류는 하지 않고 비도서자료의 유형별로 별치기호를 부여하여 수입 순으로 배가하여 관리한다. 고정식으로 비도서자료를 배가하면 정리 소요 시간이 단축되고 경비가 절약되나, 주제별 접근이 불가능하다. 상관식으로 배열하는 이유는 같은 장소에서 비슷한 주제를 브라우징하기가 쉽다는 것이 장점이기 때문이다. 그런데 비도서자료의 경우에는 이보다는 2차 자료에 의해 정확한 서지사항을 알고 접근하는 경우가 많아, 수입 순으로 배가하는 것이 이용과 관리가 편리할 수 있다. 따라서 배열 방법을 결정할 때 이용자가 접근점을 무엇으로 삼느냐를 생각해야 한다. 즉, 이용자가 비도서자료의 검색을 위해 접근하는

2차 자료와 그 레코드 형태도 고려해야 한다. 또한 비도서자료에 대한 서지데이터나 목록 등 2차 자료가 잘 갖추어져 있어야 한다. 서가에 배가할 경우에는 장기적인 계획을 세워서 배가하지 않으면 자료를 이동하여야 하는 경우가 많이 발생한다. 전체 서가의 길이와 남은 서가의 길이를 계산하고, 비도서자료의 증가율을 계산하여 서가에 배가하여야 전체적으로 이동하여야 하는 상황을 방지할 수 있다.

2) 비도서자료의 별치기호

상관식 배가법과 고정식 배가법 중 어느 것을 사용하든지 간에 비도서자료를 도서와 별도로 배가하기 위해서는 별치기호가 필요하게 된다. 우리나라 대학 도서관의 경우, 목록규칙상의 자료유형표시(GMD)와 특정자료표시(SMD) 정도의 개별 비도서자료 영문명 첫 자를 대문자로 조합하여 사용하는 예가 많이 발견된다. 예를 들어, 경북대학교 도서관은 비도서자료에 대해 별치기호를 〈표 9〉와 같이 부여하고 있다.[1)]

표 9 비도서자료의 자료유형별 별치기호

자료유형	별치기호	자료유형	별치기호
점자자료	BR	마이크로필름	MF
컴퓨터카세트	CA	마이크로피시	MI
컴퓨터카트리지	CC	마이크로오패크	MO
컴퓨터디스크	CD	목판	RW
컴퓨터릴	CR	게임	RG
필름카세트	FA	실물	RR
필름카트리지	FC	사운드카세트	SA
필름루프	FL	사운드카트리지	SC
필름릴	FR	사운드디스크	SD
원화	GA	사운드트랙필름	SF
복제화	GB	사운드테이프 릴	ST
차트자료	GC	지도책	TA
플래시카드	GF	구체	TG
리플렛	GL	고지도	TM
OHP필름	GO	낱장지도	TS
포스터카드	GC	비디오카세트	VA
사진	GP	비디오카트리지	VC
리플렛	GL	비디오디스크	VD
슬라이드	GS	비디오릴	VR
트랜스페어런시	GT	궤도	WC
아파추어 카드	MA		

1) 경북대학교 중앙도서관(http://kudos.knu.ac.kr), '비도서 별치기호'(http://kudos.knu.ac.kr/kor/intro/guide/05_02.htm), 검색일: 2014. 8. 14.

전술한 RDA의 매체유형(RDA 3.2.1.3)과 수록매체유형(RDA 3.3.1.3)을 활용하여 비도서자료의 매체유형별 별치기호를 제시하여 보면 〈표 10〉과 같다. 매체유형별 별치기호는 매체유형을 나타내는 영문명의 첫 자를 대문자로 따고 유형에 따른 수록매체유형의 첫 자를 대문자로 추가하였으며, 수록매체유형이 더 세분되는 경우는 구분을 위하여 세분된 유형의 첫 자를 추가하여 세 문자로 구분하였다. 부여한 별치기호가 중복되는 경우는 배열이나 발음상으로 의미가 있는 것으로 적절하게 조절하여 부여하였다.

표 10 RDA를 활용한 비도서자료의 매체유형별 별치기호

매체유형별 수록매체유형	별치기호	매체유형별 수록매체유형	별치기호
〈audio〉		〈microscope〉	
audio cartridge	AK	microscope slide	NS
audio cylinder	AL		
audio disc	AD	〈projected〉	
audio roll	AR	film cartridge	PK
audiocasette	AC	film cassette	PC
audiotape reel	AT	film reel	PR
sound-track reel	AS	film roll	PO
		filmslip	PS
〈computer〉		filmstrip	PT
computer card	CC	filmstrip cartridge	PTK
computer chip cartridge	CH	overhead transparency	PH
computer disc	CD	slide	PL
computer disc cartridge	CDC		
computer tape cartridge	CTK	〈stereographic〉	
computer tape cassette	CTC	stereographic card	SC
computer tape reel	CTR	stereographic disc	SD
online resource	CO		
		〈unmediated〉	
〈microform〉		card	UC
aperture card	MA	flipchart	UF
microfiche	MC	object	UO
microfiche cassette	MCC	roll	UR
microfilm cartridge	MFK	sheet	US
microfilm cassette	MFC	volume	UV
microfilm reel	MFR		
microfilm roll	MFO	〈video〉	
microfilm slip	MFS	video cartridge	VK
microopaque	MO	videocassette	VC
		videodisc	VD
		videotape reel	VR

3) 비도서자료 전문분류표

비도서자료를 분류하기 위해서 개발된 전문적인 분류표를 나열하여 보면 다음과 같다.

- Boggs & Lewis Map Classification/S. W. Boggs and D. C. Lewis(1945)
- AGS Map Classification System/American Geographical Society(1947)
- The Alpha-Numeric System for Classification of Recordings(ANSCR)/University Library, California State University, Los Angeles(2008)
- 한국 전통음악 자료 분류법/국립문화재연구소(1997)
- 放送資料分類表(AUDIO, VIDEO)/문화방송(1980)
- 전국언론사 기사자료표준분류표/한국언론연구원, 한국조사기자회(1988)

2. 메타데이터

메타데이터는 좁은 의미로는 네트워크화된 전자자료의 식별과 기술, 소재 확인에 도움을 주기 위해 사용되는 모든 데이터를 말하며, 넓은 의미로는 어느 미디어 유형이나 포맷으로 된 것이든 어떤 정보 자원에 관한 구조화된 정보를 의미한다. 전통적인 도서관 목록과 MARC 역시 넓은 의미로는 메타데이터의 일종이나, 여기서는 좁은 의미의 네트워크화된 전자자료의 기술에 사용된 데이터를 중심으로 다루기로 한다. 인터넷과 웹을 비롯한 정보처리기술의 발전으로 자원의 유형과 이들 자원에 대한 접근방법이 다양해졌으나, 현재 웹에서 전문을 대상으로 한 로봇 색인은 그 한계가 지적되고 있다. 이에 따라 다양한 형식의 메타데이터가 개발되고 있다.

비도서자료와 관련성이 많은 메타데이터의 대표적인 것으로는 다음을 들 수 있다.

- Dublin Core(Dublin Core Metadata Elements Set)
  〈http://dublincore.org〉
- MODS(Metadata Object Description Schema)
  〈http://www.loc.gov/standards/mods〉
- TEI(Text Encoding Initiative) header
  〈http://www.tei-c.org/release/doc/tei-p4-doc/html/HD.html〉
- CSDGM(Content Standard for Digital Geospatial Metadata)
  〈http://www.fgdc.gov/metadata/csdgm〉
- EAD(Encoded Archival Description)

〈http://www.loc.gov/ead〉

- CDWA(Categories for the Description of Works of Art)
〈http://www.getty.edu/research/conducting_research/standards/cdwa/index.html〉
- VRA Core(Visual Resources Association Core)
〈http://www.vraweb.org/projects/vracore4/index.html〉
- KBS 방송 메타데이터 표준
- 기록관리 메타데이터 표준(국가기록원)

여기에서는 일반적인 도서관에서 적용할 수 있는 Dublin Core와 MODS에 대하여 살펴보자.

1) Dublin Core(DC)

Dublin Core(DC, 더블린코어)는 자원의 기술에 필요한 일련의 데이터 요소를 규정하여 데이터의 호환성을 유지하고, 이들 자원의 신속한 검색을 목적으로 1995년 OCLC와 NCSA(National Centre for Supercomputer Applications)가 미국의 더블린(Dublin)에서 개최된 회의에서 합의한 메타데이터이다. 기존의 표준이나 프로토콜을 수정·확장하여 네트워크 환경에서 자원을 기술하고 검색하는 데 필요한 15개의 데이터 요소를 기본요소(core elements set)로 규정하고, 이의 실제적인 응용을 위한 이용자 지침을 제정한 것이 Dublin Core이다. 이는 15개의 데이터 요소와 세분화 요소(element refinements), 그리고 인코딩 스키마(encoding schemes)로 구성되어 있다. 세분화 요소는 요소의 의미를 좁히거나 한층 특화하는 요소를, 인코딩 스키마는 요소값의 해석을 돕는 스키마를 의미한다. 데이터 요소별 세분화 요소와 인코딩 스키마를 요약하면 〈표 11〉과 같다.[2)]

2) '더블린코어의 활용 - 더블린코어 한정어'(http://www.dublincore.go.kr/documents/usageguide/qualifiers.php), 검색일: 2009. 6. 26.

표 11 Dublin Core의 데이터 요소와 한정어

데이터 요소	세분화 요소	인코딩 스키마
title(표제)	alternative(대체 표제)	-
creator(저작자)	-	-
subject(주제)	-	LCSH, MeSH, DDC, LCC, UDC
description(설명)	tableOfContents(목차) abstract(초록)	-
publisher(발행처)	-	-
contributor(기여자)	-	-
date(날짜)	created(작성일) valid(유효일) available(공급일) issued(발행일) modified(수정일) dateAccepted(수락일) dateCopyrighted(저작권표시일) dateSubmitted(제출일)	DCMI Period(시대표기법) W3C-DTF(ISO 8601에 의한 일자 및 시간 표기법)
type(자료 유형)	-	DCMI Type Vocabulary(DCMI Type 어휘를 사용한 유형)
format(포맷)	-	IMT(Internet Media Type: 인터넷 미디어 유형)
	extent(크기나 길이)	-
	medium(매체)	-
identifier(식별자)	-	URI(Uniform Resource Identifier)
	bibliographicCitation(문헌인용)	-
source(출처)	-	URI(Uniform Resource Identifier)
language(언어)	-	ISO 639-2(언어 부호) RFC 3066(두 자리 문자부호)
relation(관련 자료)	isVersionOf(버전존재) hasVersion(버전소유) isReplacedBy(설명자원대체) replaces(참조자원대체) isRequiredBy(설명자원요구) requires(참조자원요구) isPartOf(부분존재) hasPart(부분소유) isReferencedBy(설명자원지시) references(참조자원지시) isFormatOf(양식존재) hasFormat(양식소유) conformsTo(적합성)	URI(Uniform Resource Identifier)
coverage(내용범위)	spatial(공간범위)	DCMI Point(공간 지점 표기법) ISO 3166(국가부호) DCMI Box(공간 영역 표기법) TGN(The Getty Thesaurus of Geographic Names)
	temporal(시간범위)	DCMI Period(시대표기법) W3C-DTF(ISO 8601에 의한 일자 및 시간 표기법)
rights(권리)	accessRights(접근권)	-
	license(사용특허)	URI(Uniform Resource Identifier)

Dublin Core 레코드의 예를 들면 다음과 같다.[3)]

〈?xml version="1.0" encoding="UTF-8" ?〉
- 〈srw_dc:dc xmlns:srw_dc="info:srw/schema/1/dc-schema" xmlns="http://purl.org/dc/elements/1.1/" xmlns:xsi="http://www.w3.org/2001/XMLSchema-instance" xsi:schemaLocation="info:srw/schema/1/dc-schema http://www.loc.gov/standards/sru/resources/dc-schema.xsd"〉
〈title〉Mickey Mouse Clubhouse.〈/title〉
〈creator〉Seidenberg, Mark.〈/creator〉
〈creator〉Parkins, Howy.〈/creator〉
〈creator〉Anselmo, Tony.〈/creator〉
〈creator〉Farmer, Bill, 1952-〈/creator〉
〈creator〉Taylor, Russi.〈/creator〉
〈creator〉Walt Disney Television Animation.〈/creator〉
〈creator〉Walt Disney Studios Home Entertainment (Firm)〈/creator〉
〈creator〉Copyright Collection (Library of Congress) DLC〈/creator〉
〈type〉moving image〈/type〉
〈type〉Children's television programs. lcgft〈/type〉
〈type〉Computer animation television programs. lcgft〈/type〉
〈type〉Fiction television programs. lcgft〈/type〉
〈type〉Video recordings for the hearing impaired. lcgft〈/type〉
〈publisher〉[United States] : Walt Disney Studios Home Entertainment,〈/publisher〉
〈date〉[2010]〈/date〉
〈language〉eng〈/language〉
〈description〉Join the gang on a wild ride through Mickey Park, the desert, Mistletoe Mountain, and the jungle! Along the way, help pick the right mouseketools and find 'Mickey Markers' that unlock special surprises. And, share the excitement when Toodles and Goofy team up to rescue 'Piston Pete.' Includes the never-before-seen episode Pluto lends a paw, and more.〈/description〉
〈description〉Rating: TVY.〈/description〉
〈description〉DVD; region 1; NTSC; widescreen (1.78:1); Dolby Digital.〈/description〉
〈description〉Voices: Tony Anselmo, Bill Farmer, Russi Taylor.〈/description〉
〈description〉Music by Mike Himelstein & Michael Turner ; film editor, Pieter Kaufman and Reid Kramer ; story edited by Mark Seidenberg.〈/description〉
〈description〉Rating: TVY.〈/description〉
〈description〉Join the gang on a wild ride through Mickey Park, the desert, Mistletoe Mountain, and the jungle! Along the way, help pick the right mouseketools and find 'Mickey Markers' that

3) Library of Congress Online Catalog(http://catalog.loc.gov), 'Mickey Mouse Clubhouse'(http://lccn.loc.gov/2013605564/dc), 검색일: 2014. 8. 12.

unlock special surprises. And, share the excitement when Toodles and Goofy team up to rescue 'Piston Pete.' Includes the never-before-seen episode Pluto lends a paw, and more.</description>

<description>Road rally -- Lend a paw.</description>

<subject>Mickey Mouse (Fictitious character)--Caricatures and cartoons.</subject>

<subject>Automobile rallies--Caricatures and cartoons.</subject>

</srw_dc:dc>

2) MODS

미국의회도서관(LC[Library of Congress])에서는 MARC 레코드의 구조를 규정한 ISO 2709 표준을 XML로 변환하여 MARC과 XML과의 상호 교환용 표준으로 MARCXML을 개발하였다. MARCXML에서는 ISO 2709와 호환성을 유지하기 위해 MARC의 표시기호나 지시기호와 같은 내용식별기호를 그대로 사용하였으므로, 이는 MARC 레코드의 XML판에 불과하였다. MODS(Metadata Object Description Schema)는 MARC보다 단순하고 숫자로 된 표시기호 대신에 언어로 표현함으로써 보다 이용자를 고려하여 개발된 것이다.[4]

MODS는 XML로 작성되기 때문에 어떤 소프트웨어에도 종속되지 않고 독립적이다. 또 최소한의 필드와 소수의 계층구조를 지닌 메타데이터로서, 계층구조를 갖지 않는 Dublin Core로부터 다수의 기술요소와 복잡한 구조를 지닌 MARC21까지 대응할 수 있는 메타데이터이다. MODS는 MARC21에서 사용되는 기술요소를 사용하고 있으며 아울러 동일한 의미를 승계하고 있기 때문에 MARC 레코드와의 호환성이 아주 높다. Dublin Core나 ONIX보다 서지 기술요소를 더 많이 수용할 수 있기 때문에 자료 처리에도 유용하다. 또 MODS는 MARC 형식에 비해 그 구조가 단순하며, 언어를 표시기호로 사용하기 때문에 데이터 요소를 이해하는 데 더 유용한 형식이라고 할 수 있다.[5]

MODS의 최상위 수준의 데이터 요소를 요약하면 〈표 12〉와 같다.[6]

4) 「MODS: Metadata Object Description Schema」(http://www.loc.gov/standards/mods). 검색일: 2014. 8. 12.
5) 이창수, 『정보자료의 목록』, 개정판(대구: 태일사, 2013), p. 108.
6) Library of Congress(http://www.loc.gov), 'Outline of Elements and Attributes in MODS Version 3.4'(http://www.loc.gov/standards/mods/mods-outline.html), 검색일: 2014. 8. 12.

표 12 MODS의 최상위 수준의 데이터 요소

데이터 요소	의미	데이터 요소	의미
① titleInfo	표제	⑪ note	일반주기
② name	책임표시	⑫ subject	주제명
③ typeOfResource	자료유형	⑬ classification	분류기호
④ genre	세부유형	⑭ relatedItem	관계유형
⑤ originInfo	발행사항	⑮ identifier	식별자
⑥ language	언어	⑯ location	소재위치
⑦ physicalDescription	표현형식	⑰ accessCondition	접근조건
⑧ abstract	요약	⑱ part	물리적 권호 표시
⑨ tableOfContents	내용 주기	⑲ extension	확장코드
⑩ targetAudience	이용대상자	⑳ recordInfo	레코드 정보

MODS 레코드의 예를 들면 다음과 같다.[7)]

〈?xml version="1.0" encoding="UTF-8" ?〉

- 〈mods xmlns="http://www.loc.gov/mods/v3" xmlns:ndlklds="http://nl.go.kr/schema/license/terms/" xmlns:xlink="http://www.w3.org/1999/xlink" xmlns:xsi="http://www.w3.org/2001/XMLSchema-instance" version="3.3" xsi:schemaLocation="http://www.loc.gov/mods/v3 http://www.loc.gov/standards/mods/v3/mods-3-3.xsd"〉
- 〈titleInfo type="title"〉

〈title〉**Korea**〈/title〉

〈subTitle /〉

〈partNumber /〉

〈partName /〉

〈partName /〉

〈nonSort /〉

〈/titleInfo〉

- 〈name type="**personal**"〉

〈namePart〉**차은택**〈/namePart〉

- 〈role〉

〈roleTerm〉**연출**〈/roleTerm〉

〈/role〉

〈/name〉

- 〈name type="**corporate**"〉

〈namePart〉**국립국악원**〈/namePart〉

7) 디브러리(http://www.dibrary.net), 'korea'(http://www.dibrary.net/search/common/jangseoModsView2.jsp?contents_id=CNTS-00057002058), 검색일: 2014. 8. 12.

```
- 〈role〉
〈roleTerm〉기획/제작〈/roleTerm〉
〈/role〉
〈/name〉
- 〈name type="corporate"〉
〈namePart〉국악지음〈/namePart〉
- 〈role〉
〈roleTerm〉기획/제작〈/roleTerm〉
〈/role〉
〈/name〉
〈typeOfResource〉동영상자료〈/typeOfResource〉
〈genre〉방송〈/genre〉
- 〈originInfo〉
- 〈place〉
〈placeTerm authority="marccountry" type="text"〉서울〈/placeTerm〉
〈/place〉
- 〈place〉
〈placeTerm authority="marccountry" type="code"〉ulk〈/placeTerm〉
〈/place〉
〈publisher〉국립국악원〈/publisher〉
〈dateIssued〉201207--〈/dateIssued〉
〈edition /〉
〈issuance〉단행자료〈/issuance〉
〈dateOther /〉
〈frequency /〉
〈/originInfo〉
- 〈language〉
〈languageTerm〉한국어〈/languageTerm〉
〈/language〉
- 〈physicalDescription〉
〈form〉전자자료(Video)〈/form〉
〈internetMediaType〉WMV〈/internetMediaType〉
〈extent〉동영상 파일 1개 (3분 51초, 115.99 MB) : sd., col.〈/extent〉
〈reformattingQuality〉access〈/reformattingQuality〉
〈digitalOrigin〉born digital〈/digitalOrigin〉
〈note /〉
〈/physicalDescription〉
〈abstract type="요약"〉2012년 런던 올림픽의 국가대표 선수들의 선전을 기원하는 PSY와 국립국악
원의 뮤직비디오〈/abstract〉
```

〈tableOfContents /〉
〈targetAudience〉일반이용자〈/targetAudience〉
〈note〉곡/노래 : PSY 편곡/연주 : 국립국악원〈/note〉
- 〈subject〉
〈topic /〉
〈geographic /〉
〈temporal /〉
〈titleInfo /〉
〈name /〉
〈geographicCode /〉
〈genre /〉
〈hierarchicalGeographic /〉
〈cartographics /〉
〈occupation /〉
〈keyword〉KOREA, 뮤직비디오〈/keyword〉
〈/subject〉
〈classification authority="KDC5"〉673.511〈/classification〉
- 〈relatedItem〉
- 〈titleInfo〉
〈partNumber /〉
〈title /〉
〈/titleInfo〉
〈identifier /〉
- 〈location〉
〈url /〉
〈/location〉
〈part /〉
〈recordInfo /〉
〈/relatedItem〉
〈identifier /〉
- 〈location〉
〈url /〉
〈physicalLocation〉국립중앙도서관〈/physicalLocation〉
〈/location〉
- 〈accessCondition〉
〈licenseType〉0〈/licenseType〉
〈/accessCondition〉
- 〈part〉
- 〈detail〉

<number />
<caption />
<title />
</detail>
- <extent>
<start />
<end />
<total />
<list />
</extent>
<date />
<text />
</part>
- <extension>
<regionOfPublishing>한국</regionOfPublishing>
<note>동영상</note>
</extension>
- <recordInfo>
<recordContentSource>국립중앙도서관</recordContentSource>
<recordCreationDate encoding="iso8601">20121110025246</recordCreationDate>
<recordChangeDate encoding="iso8601">20121110025246</recordChangeDate>
<recordIdentifier>CNTS-00057002058</recordIdentifier>
</recordInfo>
<harTypeCd>32</harTypeCd>
<dataClassCd>CH11</dataClassCd>
- <fileList>
<fileId>FILE-00005648951</fileId>
<fileName>PSY_MV_notext</fileName>
<extention>wmv</extention>
</fileList>
<ebookYN>N</ebookYN>
<docYN>N</docYN>
<orgUrl>1</orgUrl>
<journalId />
<kolisControlNo />
<licYN>N</licYN>
<licDesc>이용 제한이 없습니다.</licDesc>
<koglCode />
</mods>

제5장 비도서자료의 이용

1. 이용 부서와 공간 구성

1) 이용 부서

도서관자료의 디지털화는 마이크로형태 자료를 대체하고, 시청각자료는 멀티미디어와 하이퍼미디어 형태로 발전되고, 컴퓨터와 네트워크 관련 장비가 도서관 전체에 설치됨에 따라 도서관 건물과 내부 공간에도 많은 변화가 있었다. 도서관 건물은 교육환경의 변화, 신기술과 다양한 전자정보원의 도입으로 많은 변화를 가져왔으며, 인쇄자료를 수집·보존·이용시키는 전통적인 역할을 수행하면서 다양한 형태의 전자정보원을 효율적으로 관리하고 이용시킬 수 있는 물리적인 환경이 필요하게 되어 이용자에게 전자정보원 중심의 전문화된 서비스를 제공할 수 있는 시설을 설치하게 되었다.[1)]

시청각자료나 마이크로형태 자료 등의 자료를 이용하도록 하기 위해서 비도서자료실(시청각자료실, 영상자료실 등)을 별도로 운영하는 경우도 있지만, 오늘날 우리나라 대부분의 대학·공공·학교 도서관에서는 비도서자료를 멀티미디어실, 전자정보실(전자자료실, 디지털자료실, 정보검색실 등) 등에서 온·오프라인 전자자료와 함께 관리하고 있다.

이러한 전자정보실에서는 시청각자료의 활용 및 서비스 제공 기능보다는 전자정보원의 검색 및 활용 지원 기능이 주가 되고 있다. 전자정보실의 주요 기능으로는 전자정보원의 검색 및 활용 제공 기능 이외에 이용자 정보활용능력 교육, 전자매체의 제작 및 제공, 전자정보원의 선정 및 개발, 도서관자료의 디지털화, 전자정보원 관련 전문서비스의 개발 등이 있다.[2)]

국립중앙도서관에서는 디지털자료운영부의 디지털정보이용과에서 디지털도서관

---

1) 심상순, 「대학도서관 전자정보실의 공간구성 단위면적 기준」, 경북대학교 대학원 석사학위논문, 1997, p. 29.
2) 오동근, 김숙찬, 「대구·경북지역 주요 대학도서관 전자정보실의 현황 및 운영실태에 관한 분석」, 『정보관리학회지(情報管理學會誌)』, 제21권 제4호(2004. 12), p. 92.

이용서비스 기획·운영·연구, 정보광장 운영, 정보 이용 업무, 멀티미디어자료 운영, 정보활용능력 프로그램 개발, 견학프로그램 운영 등의 업무를 수행하고 있다.[3] 이를 살펴볼 때, 국가 대표 도서관인 국립중앙도서관에서는 디지털도서관(디지털정보이용과)에서 원문 DB, 웹(Web) DB 등의 온라인자료는 물론, 영상 및 음향 등의 비도서자료의 이용을 지원하고 있음을 알 수 있다.

2) 공간 구성

비도서자료 이용을 위한 공간 구성은 관종과 도서관의 규모에 따라 여러 가지 유형으로 나타나며, 서비스는 전자자료 위주로 이루어지고 있다. 이 절에서는 대학 도서관의 전자정보실의 공간 구성을 중심으로 정리하여 보기로 한다. 대학 도서관의 전자정보실에서 기본적으로 갖추어야 할 공간 요소로는 이용자 공간, 자료 수장 및 장비 보존 공간, 직원 공간, 이용자·자료·직원 공간의 부대 공간 등이 있으며, 각각의 구체적인 요소는 다음과 같다.[4]

(1) 이용자 공간

전자정보실 내의 이용자 공간은 정보 검색 공간, 이용자 교육 공간, 위성방송 수신 공간, VOD 서비스 공간, 교육매체 제작 공간, 자료 출력 공간, 노트북 PC 이용 공간, 브라우징 코너 등으로 대별할 수 있다.

가. 정보 검색 공간

전자정보실에서 이루어지는 정보 검색의 행태는 각 대학 도서관들이 보유하고 있는 전자정보원의 유형과 밀접한 관련이 있다. 정보 검색 공간은 OPAC, 온라인 데이터베이스, CD-ROM 데이터베이스, 인터넷 등의 전자정보원을 검색할 수 있는 곳으로, 전자정보실에서 갖추어야 할 가장 기본적인 시설이라고 하겠다.

3) 국립중앙도서관(http://www.nl.go.kr), '디지털정보이용과 업무소개'(http://www.nl.go.kr/app/nl/organization/organ_pop2.jsp?groupCd=46), 검색일: 2014. 8. 12.

4) 심상순, 앞의 논문, pp.

나. 이용자 교육 공간

전자정보실 내의 이용자 교육 공간은 이용자 1인당 1대의 PC를 배치하여 정보 활용 교육을 실시하는 전용 공간을 의미한다. 이 공간은 대학 구성원들이 고도의 정보화 사회에 적응하고 지식의 습득과 창출을 위해 스스로 컴퓨터를 이용하여 전 세계의 디지털도서관이나 각종 데이터베이스에서 필요한 정보를 검색·분석·평가할 수 있는 능력을 배양하는 데 필수적인 공간이라 하겠다.

다. 위성방송 수신 공간

위성방송 수신 공간은 국내 대학의 국제화 추세를 감안하여 대학 구성원으로 하여금 세계의 다양한 정보와 언어를 습득할 수 있도록 하기 위한 공간이다. 다른 공간과는 달리, 여러 명의 이용자가 동시에 시청할 수 있는 그룹 부스(booth)와 1인이 시청할 수 있는 개인 부스의 설치를 함께 고려하는 것이 바람직하다.

라. VOD 서비스 공간

VOD 서비스 공간은 도서관 이용 안내, 학교 홍보 자료, 공연물, 비디오자료와 교수들의 수업 내용 등을 VOD 서버에 미리 등록시켜 놓고, 이용자들이 수시로 PC를 통해 해당 내용을 검색할 수 있도록 하기 위한 공간으로, 별도의 전용 공간 형태로 마련하는 것이 바람직하다.

마. 교육매체 제작 공간

도서관이 주로 교육매체 개발에 필요한 기초자료인 인쇄자료와 시청각자료, 전자정보원 등의 비인쇄자료를 소장하고 있기 때문에 교육매체 제작 공간은 도서관 내, 그중에서도 특히 전자정보실에 설치되는 것이 가장 효율적이라 할 수 있다. 이 공간은 교수와 학생들이 도서관에 보유된 각종 자료와 교육매체 제작 장비를 이용하여 컴퓨터 보조수업(CAI) 또는 강의 내용을 담은 멀티미디어 데이터베이스를 직접 제작할 수 있는 곳으로서, 원격교육이 활성화되면 보다 활발히 이용될 수 있는 공간이다.

바. 자료 출력 공간

대학 도서관이 진정한 지식센터로서의 역할을 수행하기 위해서는, 대학 구성원들이 도서관 내에서 컴퓨터가 설치된 테이블에 앉아 인쇄자료와 전자정보원을 함께 이용하여 연구 및 학습을 하고, 인용할 정보는 내려받고, 또한 워드프로세서, 스프레드시트 등의 유틸리티를 이용하여 그 결과물(논문, 보고서 등)을 작성하고, 작성한 논문을 프린트까지 할 수 있도록 계획되어야 한다. 자료 출력 공간은 바로 그러한 기능을 수행하는 공간으로, 그 형태는 각 테이블에 컴퓨터와 프린터를 함께 두는 단독형 출력 공간과 각 컴퓨터에서 네트워크를 통해 특정 공간에 설치된 프린터를 이용할 수 있도록 하는 네트워크형 출력 공간으로 구분하여 계획할 수 있다. 그러나 출력 과정에서 발생하는 소음을 고려해 볼 때, 네트워크형 출력 공간으로 계획하는 것이 보다 바람직하다.

사. 노트북 PC 이용 공간

최근 들어, 상당수의 이용자들이 연구 및 학습과 워드프로세서 사용을 동시에 하기 위해 도서관에 노트북 PC를 가져오고 있다. 그러므로 전자정보실 내에도 노트북 PC를 이용할 수 있는 전용 공간을 마련해 주는 것이 바람직하다. 이러한 노트북 PC 이용 공간에는 전용 콘센트와 네트워크용 접속장치를 설치해야 한다.

아. 브라우징 코너

브라우징 코너(browsing corner)는 전자정보실 내의 정보를 검색하거나 기타 시설을 이용하고자 대기하는 이용자를 위해 마련하는 공간으로, 대기석과 가벼운 읽을거리를 제공해 줄 수 있도록 계획하여야 할 것이다.

이 밖에 이용자 공간으로 개인 및 그룹 연구 공간을 들 수 있는데, 이 공간은 주로 전자정보실 공간을 대규모로 계획하는 대학 도서관에서 고려될 수 있는 공간이라 하겠다.

(2) 자료 수장 및 장비 보존 공간

자료 수장 및 장비 보존 공간은 전자정보실 내에 각종 관련 자료를 보존하는 자료 수장 공간과, 전자정보원을 운영하기 위해 필요한 각종 기기들의 장비 보존 공간으로 대별할 수 있다.

가. 자료 수장 공간

전자정보실의 자료 수장 공간은 크게 두 가지 형태로 대별해서 계획해야 할 것이다. 첫째, 정보를 검색하고 노트북 PC를 이용하여 논문이나 보고서 등을 작성하는 이용자를 위해 각종 서지류나 사전류 등 참고자료를 비치하는 공간과 대기석에서 컴퓨터 관련 최신 잡지를 볼 수 있는 공간 등의 인쇄자료 수장 공간이 계획되어야 한다. 둘째, 각종 전자정보원(CD-ROM 등)을 수장하고 관리할 수 있는 자료 보관 공간이 계획되어야 한다.

나. 장비 보존 공간

장비 보존 공간은 전자정보실 내에 정보 검색과 위성방송 수신을 하기 위한 각종 서버를 배치하여 두는 공간이다.

(3) 직원 공간

직원 공간은 전자정보실 내의 관리자 공간으로, 정보 상담 기능을 수행하는 정보 안내 및 상담 공간과 도서관 관련 자료를 디지털화하기 위한 디지털 정보 제작 공간으로 대별할 수 있다.

가. 정보 안내 및 상담 공간(안내데스크)

직원들이 전자정보실을 방문하는 이용자를 도와주고, 학습 및 연구에 관련된 질문을 상담하고 처리해 주는 공간을 의미한다. 이 공간은 주로 전자정보실 내의 접근하기 쉬운 위치에 안내데스크를 설치하여 그러한 기능을 수행할 수 있도록 계획해야 할 것이다.

나. 디지털 정보 제작 공간

디지털 정보 제작 공간은 디지털도서관을 구축하는 업무를 수행하는 곳으로, 주로 대학 도서관이 보유하고 있는 고서 및 고문서, 교내 출판물(학위논문, 정기간행물 등), 저작권의 유효기간이 지난 문헌 중에서 중요한 가치가 있는 각종 자료를 디지털화하는 작업 공간이다.

(4) 이용자·자료·직원 공간의 부대 공간

이용자·자료·직원 공간 산정 시 간과하기 쉬운, 이들 공간의 부대 공간을 추가해야 한다. 이용자·자료·직원 공간의 부대 공간이란 각 실의 기기 이용 및 업무 수행상 또는 회의, 휴식, 복사, 자료 전시 등을 위해 마련하는, 이용자·자료·직원 공간에 딸린 공간을 의미한다. 따라서 전자정보실의 소요 면적을 산출하고자 할 때에는 부대 공간의 일정 비율을 가산하는 것이 합리적이라 하겠다.

2. 자료 제공 서비스

지도자료, 시청각자료, 마이크로자료 등은 지도자료실, 시청각자료실, 마이크로자료실 등에서 별도로 이용할 수도 있으나, 이들 자료가 디지털화 또는 멀티미디어화되어 가는 오늘날에는 대부분의 자료가 전자자료와 함께 온라인으로 이용이 가능하다. 따라서 여기서는 온라인으로 접근할 수 있는 자료 제공 서비스에 대하여 살펴보기로 한다.

1) 전자책

자책은 개인용 컴퓨터나 전자책 리더기를 통하여 읽을 수 있도록 고안된, 전통적인 인쇄형 도서의 전자 버전이다.[5)]

전자책은 도서관의 입장에서 보관 장소 문제를 해결하고, 관리 비용이 절감되며, 장서의 파손과 망실의 위험을 해소하며, 통합 검색이 가능하다는 장점이 있다. 또 이용자의 입장에서도 얇고 가벼워 많은 책을 보관할 수 있으며, 휴대성이 높고, 검색 등 다양한 인터페이스 기능이 제공되며, 종이책 가격 대비 50% 내외로 가격이 저렴하고, 장소에 구애받지 않고 클릭 몇 번으로 살 수 있어, 구매의 편리성이 있다는 장점이 있다.[6)]

전자책의 활성화를 가로막는 단점으로는 가장 먼저 가독성을 들 수 있다. 종이책

---

5) 문헌정보학용어사전 편찬위원회 편, 앞의 책, p. 291.
6) 이용준 등,『전자책 빅뱅』(파주: 한국학술정보, 2010), p. 70.

에서 느낄 수 있는 정서적 친근감을 전자책에서 느끼기 어렵고, 전자책의 장시간 이용 시 눈의 피로나 근육의 긴장이 쉽게 올 수 있기 때문이다. 또 다른 전자책의 단점은 콘텐츠를 읽기 위해서는 반드시 기기가 있어야 한다는 점이다. 컴퓨터, 스마트폰, 태블릿 PC, 전용 리더기 등의 디지털 기기가 없으면 책을 열어 볼 수가 없다. 경제적인 이유에서든 개인적 기호에서든 기기의 접근성이 떨어지는 사람에게는 치명적인 단점이 될 수 있다. 또한 전자책 콘텐츠는 XML, PDF, EPUB(Electronic Publication) 등 여러 가지 포맷으로 개발되어 있어, 업체에 따라 각각의 뷰어와 앱(Application)을 제공하므로, 전자책 포맷의 표준화가 되어 있지 않을 뿐 아니라, 불법 복제될 가능성이 있으며, 종이책에 비해 다양한 콘텐츠의 공급이 되지 못한다는 단점도 있다.[7)]

도서관의 전자책 서비스는, 서비스 업체가 결정되고 제공받을 전자책이 선정되면, 해당 업체가 전자책 시스템을 도서관에 설치하고 MARC 데이터를 포함한 전자책을 제공함으로써 이루어진다. 전자책을 도서관에 제공하는 방식은 통상적으로 해당 전자책 업체의 담당직원이 도서관 서버에 전자책시스템과 전자책을 설치하고 도서관 홈페이지에 전자책을 연결하는 것으로 이루어진다. 도서관은 제공받은 MARC 데이터를 재가공하여 소장 자료에 포함시켜 통합검색서비스를 제공하거나 단순히 전자책 홈페이지로 연결 서비스만 제공하기도 한다.

전자책 서비스 홈페이지의 전반적인 관리는 해당 업체에서 하며, 이용자들은 홈페이지에 접속하여 전자책을 이용하게 된다. 대학 도서관의 경우, 홈페이지에 접속하는 방법은 교내/교외에 따라 다르다. 교내 이용자는 IP 인증을 통해 교내 전산망을 사용하고 있는지를 판별한 후 전자책을 이용할 수 있으며, 교외 이용자는 ID 인증을 통해 이용자의 ID와 패스워드를 사용하여 전자책을 이용할 수 있다. 대부분의 대학 도서관 전자책 서비스는 IP 방식과 ID 방식 모두를 지원하고 있으며, 국내 전자책 업체 중 북토피아, 바로북, 교보문고 등은 교내외의 유무와 무관하게 ID 인증 방식을 적용하고 있다. ID 인증 방식을 적용하면 전자책 서비스를 인쇄본 대출·반납 과정과 유사하게 구현하며, 개인별 대출·반납 기록을 관리하여 정확한 통계를 산출함으로써 이용자별 대출 사항을 알 수 있어, 도서관의 정책과 홍보에 유용하게 활용할 수 있다.[8)]

---

7) 김용욱, 「대학도서관 국내전자책 서비스의 이용자 만족도 분석」, 경북대학교 대학원 석사학위논문, 2012, pp. 9-10.

8) 정진한, 「대학도서관 전자책서비스 활성화 방안에 관한 연구」, 『한국문헌정보학회지』, 제43권 제1호(2009. 3), pp. 117.

2) 전자저널

전자저널은 전자적 형태를 지닌 잡지를 일컫는 말로, 넓은 의미에서는 CD-ROM 형태로 배포되는 연속간행물과 온라인 네트워크를 통해 접근 가능한 본문을 포함하여, 전자적으로 이용 가능한 모든 연속간행물을 포함하는 것이다. 전자저널은 전자매체로 생산되고, 온라인상에서 이용 가능하고, 저널의 원문을 제공하는 것이라고 정의할 수 있다. 전자저널은 신속한 접근성, 다양한 정보 표현 형식, 연구자 간의 의견 교환의 활성화, 개별적인 특정 논문 입수 가능, 전문 탐색의 가능, 공간 제약성 탈피 등의 장점이 있다. 하지만 컴퓨터를 사용해야 이용할 수 있는 도구 의존성과 복제 및 저작권 침해 가능성 등의 단점도 있다.[9)]

일반적으로 기존의 인쇄저널을 구독할 시에는 선정된 저널의 출판사를 통한 직거래나 국내외 대행업체를 통하는 방식을 사용하여 왔다. 전자저널의 경우에도 해당 저널의 출판사를 통해 직접 구독하거나, KESLI와 같은 컨소시엄을 구성하여 저널을 구독하기도 한다. 대다수의 전자저널 출판사들은 자신이 출판하는 전자저널을 패키지 형태로 묶어 판매하는 정책을 취하고 있다. Elsvier의 『Science Direct』가 대표적인 예로, 국내 대다수의 도서관들은 이러한 저널들을 구독하고자 컨소시엄에 가입하고, 컨소시엄은 수많은 구독회원을 강점으로 하여 출판사와 가격 인하 작업을 펼쳐 전자저널을 구독하게 한다. 물론 개개의 도서관이 직접 출판사와 접촉하여 직구독을 하는 방법도 가능하나, 컨소시엄에 가입하는 것이 가격 면에서 훨씬 유리하기에 현재 국내 도서관들은 컨소시엄 가입 구독을 하고 있다.[10)]

국내 도서관에서 자관의 홈페이지를 통해 전자저널을 제공하는 방법에는 다음의 네 가지 형태가 있다.[11)]

첫째, 자관의 홈페이지에 해당 전자저널의 웹 사이트만을 링크시켜 놓은 경우이다. 이는 여러 출판사에서 구독하고 있는 전자저널들을 각각 웹상에서 링크만 시켜 놓은 것이다. 단순히 링크만 시키면 되므로 도서관의 작업량은 현저히 감소하나, 자관 인쇄저널 및 전자저널이 통합되어 검색되지 않으므로 검색의 효율성을 높일 수가 없으며,

9) 이창수, 『정보자료의 목록』, 개정판(대구:태일사, 2013), pp. 96-99.
10) 이창수, 위의 책, p. 102.
11) 신은자, 「전자저널의 통합 인터페이스에 관한 연구」, 『정보관리학회지(情報管理學會誌)』, 제17권 제2호(2000. 6), pp. 75-80.

이용자는 다른 출판사에서 발행되는 여러 전자저널을 이용하기 위해 여기저기의 사이트에 따로 접근해야 하는 불편을 감수해야 한다.

둘째, OPAC에 전자저널의 목록을 추가하는 경우이다. MARC 혹은 메타데이터를 이용해 구독 전자저널의 서지레코드를 구축한 뒤, 자관의 OPAC을 통해 검색하는 방법이다. 이용자는 한 번의 검색으로 자신이 원하는 인쇄저널, 전자저널 모두를 검색할 수 있으며, 전자저널의 경우에 전자정보원의 위치로 바로 접속할 수 있다.

셋째, 상용 웹 DB에 접근 검색하는 경우이다. 이 방법은 2차 출판사의 상용 웹DB 혹은 색인DB 검색 결과 화면 안에 논문이 수록된 저널의 소장 여부를 알 수 있도록 자관 OPAC 메뉴와 구독저널의 전문(full-text)를 추가하는 방법이다. 이 방법은 상용DB를 검색한 후에 논문의 수록 저널을 자관에서 구독하고 있는지 OPAC을 통해 검색하거나, 검색한 논문의 수록 저널이 자관에서 구독하고 있는 전자저널의 경우는 바로 전문(full-text)으로 연결하는 형태이다. 2차 상용 서지 DB를 검색, 전자저널로 연결하는 형태의 서비스를 넘어서 각 출판사의 전자저널들을 통합하여 DB화한 후 이 메타사이트를 통하면 자관에서 구독하는 전자저널을 바로 볼 수 있도록 하는 새로운 서비스도 있다. 대표적인 경우가 EBSCO에서 수행하고 있는 'A to Z' 서비스이다.

'A to Z' 서비스는 각 출판사의 전자저널을 알파벳순으로 정렬한 유료 사이트를 EBSCO가 각 기관별로 구독 상황에 맞게 정렬하여 각기 다른 검색 플랫폼을 제공하는 형태이다. 이 서비스는 이용자가 전자저널을 검색하기보다는 원하는 저널을 브라우징해서 찾는 경우가 많다는 점에 착안하여 개발되었다. 단순히 전자저널의 원문을 보여주기만 하는 것이 아니라, 각 기관에서 구독하고 있는 상용 웹 DB에서 특정 전자저널의 원문의 열람 가능 유무 및 열람 가능 권·호 정보까지 담고 있다.

상용 웹 DB는 아니지만, 이와 유사한 형태로 2001년 5월부터 국가 차원의 사업으로 구축된 NDSL이 있다. NDSL은 KESLI 컨소시엄을 기반으로 구축한 시스템으로, 과학기술 분야의 저널을 우선적으로 하여 목차를 구축, 개개의 저널에 대한 국내 소장정보를 제공하고 있으며, 이용자가 검색한 저널이 자관에서 KESLI 컨소시엄을 통하여 구독하고 있는 전자저널의 경우는 바로 전문(full-text)으로 연결하는 방식을 취하고 있다.

넷째, 전자저널의 서명을 자모순 혹은 주제명으로 나열한 디렉토리를 활용하는 경우이다.

3) 멀티미디어

(1) VOD

VOD(Video On Demand)는 주문형 비디오 시스템으로, 영화와 같은 영상, 음성, 정보 등을 이용자가 원하는 시간에 원하는 내용의 프로그램을 전송·재생해 주는 시스템을 말한다. 도서관에서 BBC 생명과학 분야 다큐멘터리 영상의 실시간 제공이나 동영상 강좌 등의 이러닝(e-learning)이 이루어지는데, 이들 역시 VOD의 일종이다.

(2) AOD

AOD(Audio On Demand)는 이용자가 원하는 시간과 장소에서 음악이나 책을 들을 수 있는 주문형 음악(Music On Demand, MOD)이나 오디오북(Audio Book On Demand)을 말한다.

MOD는 디지털 음악 매체인 MP3 음악 파일을 통해 디지털 오디오 방송에 이용되거나 인터넷을 통해 제공된다. 이는 CD 수준의 음질을 제공하는 스트리밍 서비스, 초고속 다운로드 서비스를 제공하는 MP3 다운로드 서비스, 온라인 노래방 서비스, 네트워크 게임 서비스, 제목별 주문형 서비스, 뉴스 속보와 각종 해외 스포츠까지도 중계가 가능하다.[12] 예를 들어, 도서관에서는 MOD의 형식으로 낙소스 뮤직 라이브러리(Naxos Music Library)를 통해 클래식, 뮤지컬, 현대 재즈, 뉴에이지 등의 다양한 장르의 음악을 제공하고 있다. 낙소스 뮤직 라이브러리는 69,000여 장의 CD와 1,000,000여 곡을 수록하고 있고, 매달 1,000여 장의 CD를 업데이트 하고 있는 디지털 뮤직 스트리밍 서비스이다.[13]

오디오북은 테이프레코더, CDP, MP3 플레이어 등을 통해 귀로 듣는 책을 총칭하는 용어다. 기존에도 테이프레코더나 CDP를 통해 유명한 성우의 음성으로 시나 동화를 녹음해 듣는 경우는 있었으나, 대중적인 기반은 얻지 못하였다. 그러나 디지털 기술

---

12) 네이버 지식백과(http://terms.naver.com), '주문형 음악'(http://terms.naver.com/entry.nhn?docId=383973&cid=522&categoryId=1225), 검색일: 2014. 8. 14.
13) 경북대학교 도서관(http://kudos.knu.ac.kr), '클래식/재즈 음악 및 오디오북'((http://kudos.knu.ac.kr/kor/esearch/09.htm), 검색일: 2014. 8. 12.

과 네트워크의 급속한 발달로 오디오북이 주문형으로 제공되어, 도서관에서도 그 이용이 활성화되고 있다. 예를 들어, '낙소스 스포큰 워드 라이브러리(Naxos Spoken Word Library)'를 통해 전 세계에서 방대한 규모의 오디오북 컬렉션을 제공하고 있으며, 해마다 30권 이상의 새로운 오디오북을 제작하여 청취와 동시에 화면상에서도 직접 읽을 수 있는 텍스트를 제공하고 있다.[14]

(3) 이러닝

이러닝(electronic learning)은 정보통신기술을 이용하여 시간과 장소에 구애됨이 없이 수준별 교수와 학습이 가능한 교육 활동이다. 이러닝의 주요 특성은 다음 세 가지이다. 즉, 학습자가 원하는 시간에 원하는 장소에서 학습할 수 있는 개방성, 학습자에게 학습 방법과 학습 진도에 대한 결정권을 넘겨주는 융통성, 학습자원이 여러 곳에 나누어져 있어도 학습자들은 한곳에서 이러한 자원을 활용하여 학습할 수 있는 분산성이다. 이러한 학습 환경을 제공하기 위해 컴퓨터를 중심으로 CD-ROM, 인트라넷, 인터넷 같은 네트워크를 통해 교육이 제공된다. 효과적인 이러닝을 위해서는 학습자에 적합한 이러닝을 위한 인프라와 교수·학습 환경이 갖추어져야 하고, 멀티미디어 정보 제공, 하이퍼텍스트와 하이퍼미디어 구현, 가독성 있는 시각적 설계 등을 고려하여 잘 설계된 콘텐츠가 제공되어야 하며, 효과적인 교수·학습이 이루어질 수 있도록 교수자와 학습자 모두의 참여와 노력이 이루어져야 한다.[15]

도서관에서도 디지털 문화예술, IT 자격증, 국가고시 자격증, 공무원시험 동영상 강좌 등의 이러닝을 인터넷으로 제공하거나 어학 학습 분야를 중심으로 모바일러닝을 실시하여 스마트폰으로 이용이 가능하게 되었다. 이러한 이러닝 프로그램들은 기본적으로 동영상자료를 바탕으로 제작된다는 점에서 전통적인 비도서자료의 콘텐츠가 디지털화되어 학습 활동에 적용된 것이다.

---

14) 경북대학교 도서관(http://kudos.knu.ac.kr), '클래식/재즈 음악 및 오디오북'((http://kudos.knu.ac.kr/kor/esearch/09.htm), 검색일: 2014. 8. 12.

15) 네이버 지식백과(http://terms.naver.com), '주문형 음악'(http://terms.naver.com/entry.nhn?docId=383973&cid=522&categoryId=1225), 검색일: 2014. 8. 14.

4) 디지털 이미지

고지도, 고서 등의 원문 이미지를 DB로 구축하여 온라인으로 제공하는 서비스이다. 국립중앙도서관의 경우, 소장 고지도 자료 중 91책 3,331면의 원문 이미지를 구축한 데이터베이스를 홈페이지에서 고지도의 지명 및 위치 검색을 용이하게 할 수 있도록 지명에 대한 색인과 위치 정보가 링크되어 있다. 또한 고지도 이외에 고서, 국내 발간 한국어 관련 외국어 자료, 관보(1894년~1945년), 단행자료(발행된 지 5년이 경과한 자료), 독도 관련 자료, 문화체육관광부 발간 자료, 신문학 대표 소설, 어린이·청소년 관련 자료, 연속간행물(1950년 이전), 우수학술도서, 인문과학 분야 박사학위논문, 일본어 자료(1945년 이전), 정부간행물, 신문(1950년 이전), 한글판 고전소설, 한국 고전 백선, 한국 관련 외국어 자료(1945년 이전) 등의 국립중앙도서관 소장 자료 중에서 디지털 우선순위에 따라 디지털화하여 서비스하고 있다.[16] 이렇게 디지털화한 자료는 과거에는 대표적인 비도서자료 유형 중의 하나였던 마이크로자료로 이용할 수 있던 것이다.

16) 디브러리(http://www.dibrary.net), '소장원문 소개'(http://www.dibrary.net/boards/show/2205/8223/0.do), 검색일: 2014. 8. 12.

제6장 비도서자료의 보존

1. 비도서자료의 보존 환경

자료의 보존 수명에 영향을 미치는 외부의 환경적 요인으로는 온도, 습도, 공기의 질, 빛과 조명, 생물학적 환경, 전자기적 환경 등이 있다.

1) 온도

자료 유형별 최적 보존온도 범위는 종이류(문서, 지도, 도서)가 18~22°C이고, 흑백사진 및 필름은 13~17°C, 컬러 사진 및 필름은 -2~2°C이며, 자성 매체는 15~25°C이다.[1)]

IFLA 원칙에서도 흑백 사진 및 필름, 오디오 디스크는 18°C로 유지하고, 컬러사진 및 필름은 차가운 장소(2°C 미만)에, 자기 테이프(오디오, 비디오, 컴퓨터)는 신선하고 건조한 장소(15±3°C)에, 광디스크는 먼지가 없고 시원한 장소(20°C 이하)에 보관해야 보존에 좋은 환경으로 보고 있다.[2)]

공공기록물 관리에 관한 법률 시행령(대통령령 제24723호) 제60조(기록물관리기관의 보존시설·장비 및 환경기준) 제1항에서는 보존 환경의 온도 유지 기준으로 종이와 전자기록물, 행정박물은 18~22°C를, 시청각 기록물 중의 필름 매체류는 -2~2°C를, 자기 매체류(흑백사진 필름, 마이크로필름도 동일한 기준 적용)는 13~17°C를 제시하고 있다.

2) 습도

습도란 주어진 온도에서 공기 1㎥에 포화할 수 있는 수증기의 양과 현재의 수증

1) 신종순 등 편, 『기록보존의 실제』, 개정증보판(서울: 세화, 2011), p. 122.
2) 이귀복, 현혜원 역, 『도서관 자료의 관리 및 취급을 위한 IFLA 원칙』(서울: 국립중앙도서관, 2009), p. 72, p. 82, p. 85, p. 87.

기 무게와의 비를 나타낸 것이다. 항상 0에서 100까지의 값만을 가지는 상대습도(%)를 기준으로 볼 때, 자료유형별 최적의 습도 범위는 종이류(문서, 지도, 도서)가 40~50%이고, 흑백사진 및 필름은 35~45%, 컬러사진 및 필름은 25~35%이며, 자성 매체는 40~60%이다. 공기 중 습도가 매우 높을 경우, 수세(水洗)가 불안전한 필름은 잔류 화학 약품(티오황산)의 작용으로 화상의 변·퇴색, 황화 현상 등이 유발되어 필름 표면에 반점이 발생하거나 공기 중의 산소가 은(銀) 화상과 반응하여 필름이 퇴화하는 현상이 나타나게 된다. 상대습도 70% 조건에서보다 20% 조건에서 약 10배의 수명이 연장되며, 티오황산이 잔류하지 않을 시에는 약 100배의 수명 연장 효과가 생기는 것으로 보고되고 있다. 또한 젤라틴 유제층에 곰팡이가 쉽게 발생하고 젤라틴이 연화되며 들러붙는 페로(ferrotype) 현상이 일어나기도 한다. 상대습도는 24시간 동안의 변화율이 ±5% 이내여야 하며, 이를 유지하지 못할 경우에 기재 및 유제층이 균열되는 등 물리적 훼손 현상이 발생하며, 지나치게 낮은 습도에서는 사진이나 필름이 말리는 컬(curl) 현상이 발생한다.[3)]

IFLA 원칙에서는 사진 및 필름(흑백, 컬러), 자기 테이프(오디오, 비디오, 컴퓨터)는 30~40%로 유지하고, 디스크(오디오, 광)는 40%의 습하지 않은 곳에 보관해야 보존에 좋은 것으로 보고 있다.[4)]

공공기록물 관리에 관한 법률 시행령(대통령령 제24723호) 제60조(기록물관리기관의 보존시설·장비 및 환경기준) 제1항은 보존 환경의 습도 유지 기준으로 종이기록물은 40~55%, 전자기록물과 시청각기록물 중의 자기 매체류(흑백사진 필름, 마이크로필름도 동일한 기준 적용)는 35~45%, 필름 매체류는 25~35%, 행정박물은 40~50%를 제시하고 있다. 이때 변화율은 모든 매체에 있어서 10% 이내로 규정하고 있다.

3) 공기의 질

대기 오염은 도시 및 산업과 연관성이 상당 부분 있으며, 종이나 다른 유기 물질 자료에 훼손을 유발하는 원인이 된다. 대기 오염 물질의 종류는 가스에서부터 먼지나 흙과 같은 입자까지 종류가 매우 다양하다.

---

3) 신종순 등 편, 앞의 책, pp. 122-124.
4) 이귀복, 현혜원 역, 앞의 책, p. 72, p. 82, p. 85, p. 87.

'가스 상태의 오염물질'은 연료가 타면서 발생한다. 이산화황, 황화수소, 이산화질소 같은 오염물질들은 대기 중의 습기와 결합하여 도서관 자료를 공격하고 훼손하는 산을 형성한다. 오존은 모든 유기 물질에 심각한 손상을 입히는 강력한 산화물질이다. 이것은 햇빛과 자동차 배기가스에서 나오는 이산화질소가 결합해서 생긴다. 또는 일부 에어컨에 사용되는 정전기 필터링 시스템이나 정전기 복사기에서 발생되기도 한다. 흡연, 요리 및 불안정한 물질(페인트, 마감재, 방연 코팅 및 접착제)에서 나오는 가스도 해로운 가스 오염물질을 발생시킨다. 오크, 자작나무와 너도밤나무 등의 나무도 아세트산이나 다른 산성 물질을 방출하고 경화된 고무는 황화물질을 방출하는데, 이것은 특히 사진에 심각한 손상을 입힌다.

도서관 물건의 보관, 운송 및 전시에 사용되는 모든 장비, 물질, 마감재는 검사를 통해 해로운 물질의 방출 여부를 확인해야 한다. 타다 남은 재, 흙, 먼지와 같은 '미립자 상태의 오염물질'은 자료의 외관을 망가뜨린다. 공기 중의 가스 오염 물질을 흡수한 먼지와 흙은 도서관 자료 위에 내려 앉아 화학적인 반응을 일으킨다. 또 미립자상의 오염물질은 곰팡이 형성을 돕기도 한다. 자기 매체나 광 매체와 같은 도서관 자료들은 먼지와 흙에 대단히 민감하다. 먼지는 흔히 인간 피부에서 떨어진 부산물, 광물이나 공장 나오는 미세한 입자, 직물, 매연, 지문에서 나온 기름, 다른 유기물이나 비유기물 등이 혼합되어 형성된다. 염화나트륨과 같은 소금(바닷물이나 인간의 피부로부터 전해짐)과 날카롭고 거친 이산화규소 같은 것도 있다. 이러한 화학물질 속에는 셀 수도 없이 많은 곰팡이, 균류, 먼지 속 유기물질에 기생하는 미생물 등이 있다(예를 들어, 지문은 좋은 미생물의 배양체이다). 이러한 먼지는 많은 경우에 습기를 잘 흡수하며, 이러한 성질이 곰팡이가 성장하도록 돕고 염화나트륨의 부식, 가수분해 및 산성 물질의 방출을 증가시킨다.[5)]

공공기록물 관리에 관한 법률 시행령(대통령령 제24723호) 제60조(기록물관리기관의 보존시설·장비 및 환경기준) 제1항에서는 보존 환경의 공기의 질 유지 기준으로 다음과 같이 구체적으로 규정하고 있다.

- 미세먼지(PM-10): 50㎍/㎥
- 이산화황(SO2): 0.05ppm 이하

5) 이귀복, 현혜원 역, 위의 책, pp. 38-39.

- 산화질소(NOx): 0.05ppm 이하
- 오존(O3): 0.05ppm 이하
- 포름알데히드(HCHO): 120㎍/㎥
- 일산화탄소(CO): 10ppm 이하
- 휘발성유기화합물(VOC): 400㎍/㎥

4) 빛과 조명

자료의 보존에 악영향을 주는 빛은 가시광선이기보다는 180~350nm 파장 영역의 단파장의 자외선이다. 자외선은 종이 중의 리그닌(lignin)과 광화학 반응을 일으켜 종이를 노랗게 변색시킨다. 또한 필름, 자성매체 등에도 작용하여 유기성 물질에 대하여 강한 광화학 반응을 유발하여 자료를 열화(劣化)시킨다. 빛에 의한 자료의 열화 유형으로는 종이 중의 유기성 중합체(섬유, 첨가물 등)의 쇄상 결합 파괴로 인한 부스러짐, 금속성 또는 유기성 불순물(리그닌, 수지, 전분 등)과의 반응으로 인한 탈색 및 이중화학결합(chemical double bond)의 파괴로 인한 황화(yellowing) 또는 흑색화(darkening), 염료의 분해로 인한 탈색 및 변색 등이 있다. 자외선을 차폐하는 방법으로는 UF 3 Plexiglas를 사용하여 빛의 강도를 저하시켜 자외선을 95~98% 정도 차단함으로써 퇴색, 변색, 탈색 등을 현저하게 감소시키거나, 자외선을 흡수하는 재료로 만든 필름을 조명에 설치하거나 감아 자외선 차단 효과를 증대시킬 수 있다.[6)]

도서관 자료 보존 책임자는 빛과 관련된 다음의 사항을 숙지해야 한다. ① 빛에 노출되어 촉발된 화학 반응은 광원을 제거하고 자료를 어두운 공간으로 옮긴 후에도 계속된다. ② 빛으로 인한 손상은 되돌릴 수 없다. ③ 빛에 의한 훼손은 누적되어 일어난다. 약한 빛에 장시간 노출되었을 때와 단시간 강한 빛에 노출되었을 때 발생하는 피해의 양이 동일하다. 즉, 자료를 5시간 동안 100룩스에 노출하는 것과 50룩스의 빛에 10시간 동안 노출하는 것은 둘 다 500룩스-시간(lux-time)으로, 그 영향은 동일하다. ④ 태양이나 백열등과 같은 가시광선 및 적외선은 열을 발생시킨다. 온도가 증가하면 화학 반응을 가속화하고 상대습도에 영향을 미친다. ⑤ 태양광은 자외선의 함량이 가장

6) 신종순 등 편, 앞의 책, pp. 129-130.

높으므로 반드시 걸러 내야 한다.[7)]

조명 중에서 자료에 영향을 미치는 것은 높은 열을 복사하는 것과 자외선을 방출하는 것들이다. 보존을 위한 공간의 조명은 발열과 자외선이 적게 방사되는 조명기구를 사용해야 한다. 서고 및 보존 장소의 조도는 50~200룩스면 충분하나, 이러한 수준의 빛을 얻으려면 모든 자연 빛을 배제하고 전적으로 인공조명에만 의존해야 한다. 자외선 방출이 루멘(lumen)당 75마이크로 와트(micro watt) 이상을 초과하는 광원은 자외선 차단이 필요하다. 따라서 서고를 사용하지 않을 때에는 조명을 끄는 것을 의무화해야 한다. 전시실에서 전시물의 표면에 조사되는 빛의 강도는 반드시 낮아야 한다. 염색된 종이, 신문지, 특정 유형의 제본(예: 섬유 제본) 및 원고에 사용된 잉크나 수채화 그림물감 같은 빛에 민감한 자료들은 최대 60~90일 동안 8시간 50~70룩스의 빛이 적당하며, 그것을 초과해서는 안 된다.[8)]

공공기록물 관리에 관한 법률 시행령(대통령령 제24723호) 제60조(기록물관리기관의 보존시설·장비 및 환경기준) 제1항에서는 보존 환경의 조명의 유지 기준으로 보존서고는 100~300룩스를, 원본을 전시하는 전시관은 50~200룩스를 규정하고 있다.

5) 생물학적 환경

쥐와 같은 설치류나 좀, 바퀴벌레, 흰개미, 딱정벌레 등의 해충으로 인하여 자료가 갉아 먹히거나 배설물 오염 등으로 훼손당하는 것은 막아야 한다. 서고에는 미생물이 당연히 서식하지 않아야 하지만, 종이(셀룰로오스)나 필름(감광유제)을 영양원으로 하여 서식하는 곰팡이나 세균은 현재까지 알려진 것이 40여 종이나 된다. 나라마다 지역마다 서고에 서식하는 미생물은 종과 수가 다르지만, 일반적으로 많이 발견되는 미생물의 종류는 푸른곰팡이, 흰곰팡이, 누룩곰팡이, 세균 등이다. 곰팡이의 생육에는 적당한 온도, 습도, 영양, 산소 등의 조건이 만족되어야 한다. 습기가 발생하는 모든 공간에 대하여 환기를 시키는 것이 매우 중요하다. 먼지는 곰팡이 번식의 출발점이 되는 경우가 많기 때문에 정기적으로 이를 제거하는 것도 중요한 일이다.[9)]

곰팡이 발생을 예방하기 위해서는 새 자료가 들어오면 곰팡이가 있는지 확인하고,

7) 이귀복, 현혜원 역, 앞의 책, p. 40.
8) 이귀복, 현혜원 역, 위의 책, p. 41.
9) 신종순 등 편, 앞의 책, pp. 131-137.

적절한 온도(20°C 이하) 및 상대습도(65%)를 유지하고, 공기 순환을 잘 시키고, 정기적으로 진공청소기로 청소를 하며, 바깥쪽 벽에 자료가 직접 닿지 않게 하고, 식물을 건물 안으로 들여놓지 않으며, 지하층에는 벽과 바닥을 방수 처리하고, 홈통과 배수관을 설치하거나 조정하여 물이 바깥 벽 근처에 모이지 않게 하고, 잔디 스프링쿨러 시스템을 설치하여 바깥쪽 벽에 물이 스며들지 않게 하고, 정기적으로 자료에 곰팡이가 있는지 검사하여 상태가 심각해지기 전에 문제를 발견하여 해결하여야 한다.[10]

6) 전자기적 환경

전기력과 자기력이 작용하는 공간인 전자기장은 전자와 자기 매체의 보존성에 막대한 영향을 미친다. 자기장의 영향이 미치는 곳은 전자기파를 흡수 또는 반사하여 차폐 기능을 갖는 재료로 물리적 단속을 실시하여야 한다. 이때 전자기 차폐재를 이용한 전자기장 차폐 공간의 형성, 유도 전류의 접지를 통한 차폐 등 다양한 기술이 응용된다. 일반적으로 금속에 전자파가 흡수되면 전류로 변환되는 성질이 있어 전자파가 차폐되는 효과가 있지만, 완전한 차단은 뮤 메탈(Mu metal)로만 가능하다. 아울러 정전기에 의해서도 자기 매체는 영향을 받는다. 정전기를 차단하거나 유도할 수 있는 재료로 자기 매체를 보호해야 한다. 정전기 방지를 위한 봉투, 매트, 테이프, 커튼, 도료, 도전성 스펀지 등 관련 제품도 다양하다. 컴퓨터 부품의 보호를 위한 정전기 방지용 봉투를 자기 매체에 사용하는 것도 자료 보호에 매우 효과적인 방법이다.[11]

2. 비도서자료의 보존 설비와 보존 방법

1) 보존 설비

비도서자료의 보존을 위한 설비에는 공조, 소독, 소화, 보안, 경보 등의 설비가 있다. 공조 설비는 서고 내의 온도, 습도, 유해기체 농도, 분진 농도 등을 조절하는 설비

10) 이귀복, 현혜원 역, 앞의 책, pp. 44-45.
11) 신종순 등 편, 앞의 책, pp. 137-138.

이다. 공기조화기와 서고는 덕트(duct)라는 관로를 통하여 연결되어 있으며, 온·습도의 조절을 위해 냉동기와 보일러가 같이 가동된다. 유해 기체, 분진 등은 여과 장치를 통하여 제거된다. 덕트 내부에는 방화 댐퍼(damper), 기류 조절 댐퍼 등이 설치된다. '소독 설비'가 준비되어 있어, 모든 자료는 소독을 실시한 후에 입고하여야 한다. 소독을 실시한 자료도 정기적으로 실내 소독과 반출 소독을 실시하여야 한다. 정기적인 소독의 수고를 덜고 효율도 향상할 수 있는 비치형 소독 장치를 설치할 수도 있다. 보존 서고에는 화재로부터의 안전성을 확보하기 위하여 '소화 설비'를 갖추어야 한다. 관리 대상의 규모나 상황에 따라 설비형 또는 이동식을 선택할 수 있다. 보존 기관에서는 화재 시 물 또는 화학약제를 사용하면 자료에 치명적인 영향을 미치기 때문에 가스식 소화체계를 구성해야 한다. '보안 설비'로는 감시 카메라, 출입 통제 시스템, 물체 감지기 등이 있고, '경보 설비'로는 화재 경보기(연기 또는 열기 감지)와 누수 감지기 등이 있다.[12)]

2) 보존 방법

(1) 사진 매체

유리판 네거티브, 필름 네거티브, 밀착인화 사진, 컬러 슬라이드 등의 여러 유형의 사진 자료는 따로따로 보관하는 것이 좋다. 사진을 폴더, 슬리브, 봉투에 적절하게 보관한 다음에는 세워 놓거나 장기 보존이 가능한 보존 상자에 넣어 눕혀 보관한다. 사진을 수평으로 보관하는 것이 사진을 전체적으로 받쳐 줄 수 있고 구부러짐과 같은 물리적인 손상을 피할 수 있어 수직 보존보다 바람직하다. 하지만 수직으로 보관하면 자료를 보다 쉽게 찾을 수 있고 손이 덜 가므로 수직으로 보관할 때에는 보존 폴더나 봉투에 넣어 보존상자나 사진을 걸어 놓을 수 있는 '거는 폴더(hanging file folder)'에 넣어 보관한다. 거는 폴더를 사용하면 사진이 옆으로 기울어져 내려가 밑에 깔리는 것을 막을 수 있어, 취급이 손쉬워진다. 사진 앨범은 눕혀서 중성 종이 사이에 넣어 상자에 보관하는 것이 좋다. 유리판 네거티브는 개별적으로 종이 보존 폴더에 넣어 캐비닛에 수직으로 세워 보관한다. 딱딱한 상자에 넣어 보관할 때에는 유리판 5개마다 판지를 한 장씩 넣어 준다. 필름 네거티브는 종이나 폴리에스테르 슬리브에 넣어 상자에 보관하

12) 신종순 등 편, 위의 책, pp. 106-111.

거나, 거는 폴더 시스템이 있는 캐비닛에 보관한다. 은판사진(daguerreotype)이나 유리판사진(ambrotype) 같은 케이스가 있는 사진은 케이스에 넣은 채로 수평으로 캐비닛 서랍이나 상자에 보관한다. 사진의 크기에 상관없이 상자 안에 있는 모든 보존 폴더는 같은 크기로 하고, 사진 자료를 넣은 상자는 철제 선반에 보관해야 한다.[13)]

(2) 필름 매체

질산셀룰로오스(cellulose nitrate), 셀룰로오스 아세테이트(cellulose acetate), 폴리에스테르(polyester) 등은 슬라이드, 영화필름, 마이크로필름 및 기타 사진 자료의 필름 기재층으로 사용되어 왔다. 이 중 폴리에스테르 필름이 안전하여 영구적인 사진 자료의 기록에 가장 많이 권장되어 왔다. 필름 매체는 주변 환경이 좋아도 손상이 잘 된다. 상기 3가지 유형의 필름과 젤라틴 바인더를 사용하는 경우, 스크래치, 마모, 주름이 생길 수 있다. 손의 기름과 먼지도 최종 이미지뿐 아니라 지지체와 결합체에 손상을 줄 수 있다. 일단 열화가 시작되면 필름 자체는 취급 시 손상이 발생할 가능성이 더욱 커진다. 열화된 매체는 부서지기 쉬워진다. 이러한 상태로 보존 폴더에서 꺼내는 행동을 반복하면 손상은 더욱 커진다. 또 열화된 자료는 끈적끈적해져 다른 자료에 들러붙을 수 있다. 필름은 저온서고에서 보존하는 것이, 이미 열화가 시작된 자료의 안정성을 높이고 새 자료를 좋은 상태로 유지할 수 있는 가장 안정적이고 좋은 방법이다. 장기간 저온서고에서 보존할 수 없다면 보존 시설을 통풍을 잘 시켜서 자체 열화 반응을 초래하는 산성 가스의 형성을 방지해야 한다. 환경은 가능한 한 시원하고 습기가 없게 유지해야 한다. 온도와 상대습도의 심한 변동은 피해야 한다. 필름 자료는 종류에 따라 분리 보관을 하는 것이 좋다. 분리 보관을 하면 질산셀룰로오스나 셀룰로오스 아세테이트와 같은 해로운 열화 제품들로부터 다른 사진 매체들을 보호할 수 있다. 구체적으로 셀룰로오스 열화에 의해 발생되는 질산은 은(silver) 이미지의 색을 바래게 하고 젤라틴 바인더를 물렁하게 만들고 심지어는 끈적끈적 말라붙게 만든다. 또 철 캐비닛과 용기를 부식시킨다. 자료를 분리하여 보관하는 방식은 소장 자료의 상태를 보다 효율적이고 효과적으로 관찰할 수 있는 이점이 있다. 가능한 다양한 종류의 자료들을 분리시키는 것도 중요하지만, 열화가 진행 중인 자료는 다른 사진 매체의 열화를 유발하는 열

---

13) 이귀복, 현혜원 역, 앞의 책, pp. 73-74.

화 물질들을 배출하기 때문에 열화가 진행되고 있는 매체를 상태가 좋은 자료와 분리시키는 것도 중요하다. 네거티브 필름과 슬라이드와 같은 시트필름은 폴더에 넣고, 폴더는 상자나 서랍에 넣고, 상자와 서랍은 금속선반이나 캐비닛에 넣어 보관한다. 영화필름이나 마이크로필름 같은 롤필름은 감광유면이 안쪽으로 오도록 말아서, 가소제, 염소, 과산화물이 전혀 없는 깡통에 넣어 내용을 기록하여 보관한다. 시트필름이나 롤필름 자료 모두 시원하고 습기가 없으며 어둡고 통풍이 잘 되는 곳에 수평으로 뉘어서 보관한다.[14)]

(3) 음반

음반은 셸락(shellac)과 비닐(vinyl) 소재가 있다. 셸락의 열화 원인을 규명하는 것은 쉽지 않으나 적절한 보관 환경에서 서서히 열화되어 부서지는 현상을 경험한다. 이러한 부서짐은 음반을 재생한 후 미세한 가루가 떨어져 홈에 있는 정보를 지워지게 만든다. 일반적으로 유기 물질은 모두 곰팡이의 공격에 취약하지만 셸락은 곰팡이에 강한 것으로 알려져 있다. 비닐은 안정적이기는 하나, 그 수명이 한정되어 있다. 비닐 소재 음반은 폴리비닐 염소(PVC)로 만들어지는데, 이 물질은 자외선이나 열에 노출되면 화학적인 열화를 일으킨다. 따라서 비닐 소재 음반을 제조할 때 송진에 화학물질을 추가하여 안정성을 확보하고 열화를 통제하고 있다. 비닐 소재 음반은 곰팡이에도 강하고 높은 습도에 영향을 받지 않는다. 음반은 폴리프로필렌으로 만든 슬리브에 보관하고 열이나 빛은 플라스틱에 좋지 않은 영향을 주므로 피한다. 음반 위에는 무거운 물체를 올려놓지 않아야 하고, 서로 겹쳐 놓아서도 안 된다. 음반은 수직으로 가장자리가 바닥으로 가게 세워 놓는다. 지지대가 음반의 한쪽으로만 압력이 쏠리거나 지지대의 거리가 10~15cm 이상 떨어져 있는 서가는 사용하지 않는다. 크기가 작은 자료는 분실되거나 손상될 위험이 있는 반면에 큰 자료들은 균일한 압력을 받을 수 없기 때문에, 서로 다른 크기의 음반은 같이 수장하지 않는다. LP판의 수축 포장지는 수축을 지속하여 음반을 휘게 하므로 이를 완전히 제거해야 한다.[15)]

14) 이귀복, 현혜원 역, 위의 책, pp. 74-78.
15) 이귀복, 현혜원 역, 위의 책, pp. 81-82.

(4) 자기 매체

자기 테이프(오디오·비디오·컴퓨터 테이프, 컴퓨터 디스켓 등)는 흔히 접착제가 포함된 산화크롬이나 산화철로 된 자기 층을 폴리에스테르 필름 베이스에 부착하여 만든다. 이것이 열화에 취약한 것은 접착성이 있는 바인더 때문인데, 가수분해와 산화가 원인이다. 자력을 띤 입자에 의해 정보가 자기 테이프에 저장되기 때문에 자기 산화물의 손실 및 배열 파괴는 정보의 손실을 초래한다.

1950년대 초 이후로 테이프의 크기, 속도, 만드는 방법에 따라 40여 가지의 비디오 포맷이 사용되었다. 카세트테이프는 오픈릴식 테이프보다 훨씬 얇고 약하며, 유효 기대 수명도 매우 짧다. 장기 보존을 원한다면 오픈릴식 테이프를 사용한다. 자기 테이프는 생각보다 수명이 훨씬 짧다. 15년이 지난 자기 테이프는 주의를 기울여야 하며, 20년이 넘은 대부분의 테이프는 전문적인 처리가 필요하다. 컴퓨터 디스켓 한 장만 잃어버려도 다량의 정보를 손실할 수 있다. 그렇기 때문에 컴퓨터 기록을 보존하려면 백업을 해 두는 것이 중요하다. 사용 중인 컴퓨터 데이터베이스 레코드를 유지보수하는 것이 도서관 책임이라면, 시스템의 하드 드라이브에 기록된 정보를 매일 백업 디스켓이나 테이프에 복사해 둔다. 재난 예방의 차원에서 백업한 디스켓이나 테이프를 다른 안전한 장소에 보관한다. 장기간 보존해야 하는 오디오, 비디오 및 컴퓨터 테이프는 주기적으로 리프레싱(refreshing)을 해 준다. 가치 있는 테이프와 중요한 디스켓을 보호하는 가장 좋은 보험은 백업 사본을 만드는 것이다. 매체의 노화 또는 자연재해 시, 사본은 더 이상 사용할 수 없는 마스터의 정보를 불러올 수 있는 유일한 수단이 될 수 있다.

새로운 기술이 등장하면 기존의 정보 포맷은 사라진다. 8트랙 테이프, 베타 포맷 비디오, 1/2인치 비디오테이프, 컴퓨터 디스켓 등 셀 수 없이 많은 포맷들이 사라져 버렸다. 이러한 포맷들을 읽는 데 필요한 기계가 망가지거나 교체되지 않으면 정보에 대한 접근이 제한된다. 이들 정보를 이용하기 위해서는 기존의 포맷을 안정적인 기술로 복사해 두고 재생 기계는 사용 할 수 있게, 이른바 마이그레이션(migration)을 해야 한다.

자기 매체의 보존 시 주의할 사항은 다음과 같다.[16]

① 테이프와 디스켓은 자기장과 가까이 두지 않는다. 테이프를 전자 제품 위에 쌓

16) 이귀복, 현혜원 역, 위의 책, pp. 82-85.

아 두지 않는다.

② 보존 장소는 깨끗이 청소하고 먼지를 없앤다. 먼지는 습기를 끌어당기고 간직하고 있어, 자기 테이프 장기적 열화의 가장 일반적이고 심각한 원인인 가수분해를 촉진시킨다. 또 먼지는 테이프에 영구적인 손상을 초래할 수 있다. 먼지는 테이프 표면과 테이프 레코더 헤드 사이에 압력을 가하고 마찰을 일으켜 산화물과 테이프 레코더 헤드에 스크래치를 만든다.

③ 오픈릴이나 카세트테이프를 햇빛에 노출시키지 않는다.

④ 오픈릴과 카세트테이프는 릴과 테이프를 수직으로 세워 보관한다. 릴은 반드시 허브로 받쳐 준다.

⑤ 릴이나 카세트, 용기, 액세서리는 품질이 좋은 것을 사용한다.

⑥ 오픈릴 테이프에는 보호색을 사용한다.

⑦ 테이프를 품질이 낮고, 산성화될 수 있는 판지와 박스에 보관하지 않는다. 또 염소가 포함되어 있는 비닐 상자를 사용하지 않는다.

(5) 광 매체

레이저 디스크, CD-ROM, CD-R, CD-RW, DVD, 블루레이 디스크(blu-ray Disc) 등의 광디스크를 취급할 때 가장 해로운 것 중 하나는 구부리거나 끝이 뾰족한 것으로 표면을 긁는 행위이다. 이러한 행동은 기판을 변형시켜 홈을 제거하고 해당 디스크 부분을 읽을 수 없게 만든다. 볼펜과 같은 끝이 날카로운 물건들은 폴리카보네이트 기판 및 날카로운 끝에 노출된 부분의 금속 반사층을 압착시킨다. 광디스크를 사용하지 않을 때는 디스크를 디스크 드라이브에 꽂아 두지 않는다. 광 매체를 다룰 때에는 보푸라기가 없는 면장갑을 착용한다. 종류에 상관없이, 레이블을 붙이면 광디스크의 평형이 깨져 재생기가 데이터를 읽기가 힘들어진다. 또 레이블은 습기가 많은 곳에서 벗겨질 수도 있다. 일단 레이블이 디스크에 붙어 있으면 제거 시도를 하지 않는 것이 중요하다. 레이블을 벗겨내는 행위는 좁은 부분에 스트레스를 집중시키는 지렛대 효과를 할 수 있기 때문이다. 이러한 스트레스는 박리 현상을 초래할 수 있는데, 특히 쓰기가 가능한 CD에서는 더욱 조심해야 한다. 디스크의 상단에 쓰기가 가능하다면 끝이 부드러운 펜을 사용하는 것이 좋다. 하지만 수용성 펜은 용제가 보호용 래커 층으로 이동하는 위험이 있을 수 있다. 청소용 용제는 사용하지 않는다. 작은 먼지와 흙은 마모성이 없는 렌즈닦이로 안전하게 털어낼 수 있지만, 에어건(air gun)을 사용하는 것이 좋다. 항상 살살 다루고, 닦을 때에는 중심의 허브 부분에서부터 디스크의 바깥 모서리 쪽으로 닦아 낸다. 또 빙빙 돌려가며 닦지 말고 바퀴살처럼 방사형 모양으로 닦아 낸다. 많은 제조업자나 배포업자들이 제공하고 있는 아크릴 'CD 케이스'가 스크래치, 먼지, 빛, 급속한 습도 변화를 막기에 좋다. 따로따로 케이스에 넣은 CD를 상자, 서랍 또는 캐비닛에 넣어 보관한다. 그러면 빛, 먼지, 기후 등의 변화로부터 CD를 이중으로 보호할 수 있다. 광디스크는 먼지가 없고 시원한 장소에서 보관하며, 보관 장소는 건조하지도 습하지도 않은 곳이 좋다. 온도가 높거나 습한 환경은 금속 반사 층을 산화시키고 염료의 색을 바래게 하며, 중합체 및 코팅의 열화를 초래한다.[17]

3. 자료의 매체변환

매체변환은 지적 콘텐츠를 보다 내구성이 있는 포맷으로 옮김으로써 지적 콘텐츠를 보존하는 일이다. 도서관에서 매체변환을 실시하는 데에는 여러 가지 이유가 있다. 지적 콘텐츠를 보존하고, 마모와 찢어짐을 줄이고, 공간을 절약하고, 접근성을 높이고, 원본이 손상되거나 도난당한 경우나 완전히 파괴된 경우, 그리고 보안상의 이유로 복제를 하기 위해 매체변환을 실시하게 된다. 매체변환에는 복사, 마이크로필름화, 디지털화 등이 있으나, 엄밀히 말하자면 단순한 복사는 매체를 변환하는 것이라고 볼 수 없다.

여기서는 마이크로필름화하거나 디지털화하는 경우에 대하여 살펴보기로 한다.[18]

1) 마이크로필름화

마이크로필름은 일반적으로 은젤라틴(silver-gelatine) 필름에 영구보존용 마스터 네거티브를 만들고(제1세대), 마스터에서 중간 복제본을 디아조(Diazo) 필름에 만들거나(제2세대), 베시큘러(Vesicular) 필름에 포지티브 복제본(제3세대)을 만들어 사용하였다. 폴리에스테르 디아조 및 베시큘러 필름은 영구보존용으로 증명되지는 않았지만

17) 이귀복, 현혜원 역, 위의 책, pp. 86-87.
18) 이귀복, 현혜원 역, 위의 책, pp. 91-98.

적절한 환경에서 보관한다면 25~100년은 보존할 수 있다.

보존 마이크로필름 제작은 여러 단계로 이루어진다. 먼저, 필름으로 만들어야 할 자료를 정보에 입각하여 결정한다. 자료가 완벽한지를 점검한다. 페이지를 깨끗하게 정리하고 복원한다. 제목이나 축소율 등 상세한 정보를 기입하기 위한 표판(target)을 준비한다. 촬영기로 촬영하여 필름을 제작한다. 필름을 노출한 후 영구 보존 표준에 맞게 처리하고, 처리 후 남아 있는 잔여물이 모두 제거되었는지 테스트한다. 처리 후 다른 흠이 있는지 살펴보고, 가독성 및 완벽성을 검사한다. 마지막으로 목록을 작성하여 이용시킨다. 일반적으로 상업적 마이크로폼 서비스를 이용하는 것이 자체적으로 운영 시설을 만드는 것보다 경제적이다.

아세테이트 필름은 화학적으로 분해되면, 식초 냄새가 나고 결국에는 수축되고 에멀전(emulsion)에 손상이 가해진다. 모든 셀룰로오스 필름은 열화에 취약하다. 필름의 열화는 점진적으로 진행되지만, 자기 촉매 반응이 일어나는 지점에 이르게 되면 그 속도는 급속도로 증가한다. 필름이 자기 촉매 반응 지점에 이르는 데 걸리는 시간에는 온도와 습도가 중요한 영향을 미친다. 흔히 적절한 처리와 보관 방법을 따른, 흑백 은젤라틴 필름의 유효 수명은 약 500년이라고 한다. 이 기간은 많은 저품질 원본의 유효 수명보다 훨씬 긴 것이다. 하지만 부적절한 처리 및 보관 상태는 필름의 수명을 단축시킨다.

마이크로필름의 보관 시 주의할 사항은 다음과 같다.

① 네거티브 필름은 먼지와 대기 오염물질이 없는 방염 서고에 보관하고 온도는 18±2°C를 유지해야 한다. 셀룰로오스 에스테르를 사용한 은젤라틴의 상대습도는 20~40%, 폴리에스테르를 사용한 은젤라틴은 30~40%를 유지한다.
② 디아조 필름의 중간 인쇄 사본 및 베시큘러 필름의 복제본은 조금 덜 엄격한 조건에서 보관해도 된다. 하지만 수명을 연장시키려면 시원하고 건조한 장소에 보관하는 것이 좋다.
③ 모든 경우에 급속한 상대 습도 및 온도 변화는 피해야 한다.
④ 디아조 필름 이미지는 점점 흐려지는데, 빛에 노출되면 그 속도가 더 가속화된다. 따라서 디아조 필름은 암실에서 보관하고, 사용하지 않을 때에는 항상 용기에 보관해야 한다.
⑤ 베시큘러 필름은 특히 마이크로필름 판독기에 의해 발생되는 먼지와 고열에 취약하므로 기계를 깨끗이 하고 시원하게 해 주는 것이 중요하다.

⑥ 용기는 산성 물질이 없고, 산화와 환원 물질이 없어야 한다.

마이크로필름을 열람하는 판독기는 반드시 청결하게 유지하여 스크래치나 침전물이 생기는 것을 막아야 한다. 도서관에서는 이용자에게 취급 방법에 대한 교육을 실시하여 손상이 생기지 않게 해야 한다.

마이크로필름의 장단점을 정리하면 다음과 같다.

장점

① 도서관 자료는 1930년대부터 마이크로포맷으로 제작해 왔다.
② 기술적인 문제들은 대부분 해결되었다.
③ 필름의 제작·처리·보관과 관련하여 수많은 표준이 존재한다.
④ 경제적으로 제작·복사·배포할 수 있다.
⑤ 그 품질이 좋으면 필름으로 디지털화할 수 있다.
⑥ 많은 공간을 차지하지 않는다.

단점

① 필름 판독기를 사용하기가 불편하여 이용자가 기피하는 현상이 있다.
② 다수의 이미지 중에서 사용자가 직접 조작하여 원하는 것을 찾아야 한다.
③ 필름을 취급할 때 스크래치가 생길 수 있다.
④ 복제본 필름의 경우, 해상도가 약 10% 나빠진다.
⑤ 인쇄물의 품질이 나쁠 수 있다.
⑥ 필름 제작 변수들을 통제하기 어렵다.
⑦ 필름 제작을 끝낸 후에야 이미지 품질을 판단할 수 있다.
⑧ 상태가 나쁜 페이지는 반드시 제작을 다시 하여, 기존의 것과 이어 붙여야 한다.

2) 디지털화

디지털화는 컴퓨터 기술을 이용하여 문서, 도면, 필름 따위를 스캐닝(scanning)하거나, 음성 또는 영상 자료를 인코딩(encoding)하여 자기 또는 광 매체에 저장하는 방법이다. 디지털 카메라나 스캔 장치를 통한 이미지 정보나, 오디오테이프나 영화필름 등에 수록된 음성 또는 영상 정보를 이진 디지털 코드(binary digital code)로 압축 기술을 응용하여 저장하여 두고 컴퓨터 화면으로 보거나 종이에 인쇄하여 볼 수 있다. 압축 방식에 따라 음성은 *.wav나 *.mp3 등, 화상은 *.jpeg, *.gif, *.bmp, *.tif, *.eps 등, 동영상은 *.mpeg, *.avi, *.mov 등의 포맷이 있다. 이러한 디지털 데이터는 하드디스크나 광디스크에 저장된다.

광 매체 또는 전자 매체 및 그것과 연관된 하드웨어 소프트웨어 기술의 수명은 중요한 문제이다. 컴퓨터 하드웨어와 소프트웨어는 급속도로 변하여 정기적으로 새로운 버전이 출시된다. 오늘날 사용할 수 있는 어떤 하드웨어는 더 이상 제조되지 않거나 기존 소프트웨어는 새 하드웨어에서 작동하지 않을지도 모른다. 하드웨어의 기술적 퇴화를 해결하려면 자기 및 광 컴퓨터 매체의 영구보존용 복제본은 새로운 기술이 표준이 될 때마다 새로 바꿔야 할 것이다. 보존을 위해 마이크로필름 마스터를 제작하고 접근용으로는 디지털 마스터를 제작하는 것도 좋은 보존 전략이 될 수 있다. 급속한 컴퓨터 기술의 발전과 새로운 장비의 출현으로 인하여 마이크로필름과 고해상도 디지털 이미지를 동시에 저비용으로 생산할 수 있게 되었다. 또한 정보기술의 발전으로 저장매체의 용량이 극대화되어 기존 비도서자료의 디지털화가 손쉽게 되었다.

4. 전자자료의 장기적 보존

학술 커뮤니케이션이 점차 인쇄 기반 자료에서 전자자료를 이용하는 것으로 바뀜에 따라, 전자자료의 양이 폭발적으로 증가하고 있다. 그에 따라 전자자료를 장기적으로 보존하는 것에 대한 필요성이 증대되고 있다. 전자자료를 장기적으로 보존하는 방법으로 전자자료 자체와 전자자료를 구축하고 있는 소프트웨어 및 특정 하드웨어의 복사본을 유지함으로써 기술적인 환경을 그대로 보존하는 방법이 있을 수 있다. 이 방법은 공간의 문제뿐만 아니라 하드웨어의 유지 및 상당한 비용이 소요되는 문제를 불러일으키는 것으로 효과적인 방법이라고 볼 수 없다. 전자자료를 장기적으로 보존하기 위한 수단으로 인캡슐레이션(encapsulation)을 적용한다. 인캡슐레이션은 메타데이터를 디지털 객체와 함께 하나로 묶거나 그 사이에 포함시키는 것을 말한다. 메타데이터는 자료를 지적으로 이해될 수 있게 하고 미래에 기술적으로 접근될 수 있도록 하는 역할을 하게 되므로 전자자료의 장기 보존 및 활용을 위한 필수 기능이다. 그러나 그 자체만으로는 전자자료를 보존하는 기능을 가지지는 못하고 다른 전략들과 함께 결합하여 사용될 때에만 효과를 발휘할 수 있기 때문에 진정한 의미의 장기 보존 전략이라고 볼 수 없다. 따라서 여기서는 마이그레이션(migration)과 에뮬레이션(emulation)에 대하여 살펴보기로 한다.[19)]

1) 마이그레이션

전자자료의 장기 보존을 위한 프로젝트상에서 가장 보편적으로 쓰이고 있는 마이그레이션은 갱신(refreshing)보다 더 넓은 개념으로 쓰인다. 하나의 하드웨어와 소프트웨어 환경에서 다른 환경으로, 혹은 컴퓨터 기술의 한 세대에서 다른 세대로 전자자료의 정기적인 이전을 수행하고자 디자인되고 조직화된 것이다. 마이그레이션을 하는 목적은 디지털 객체의 무결성을 보존하고 이용자가 자료를 계속 검색하고 디스플레이할 수 있도록 하기 위함이다.

마이그레이션은 몇 가지 문제점을 지니고 있다. 첫째, 원형의 자료 이동과 관련하여 단순한 복사나 복제의 과정에서도 소프트웨어의 버그나 데이터의 잘못된 처리, 입출력 장치의 기계적인 오류에 의해 원형의 자료에 변화를 가져온다. 이러한 변화는 정보의 기능성, 정확성, 무결성, 내구성에 손실을 야기하고 있다. 둘째, 마이그레이션은 단일의 일회성 과정이 아니라서 각각 새로운 포맷이나 패러다임으로 전환되어야 하는 각각의 문헌 유형에 대해 고유한 새로운 해결책을 필요로 한다. 따라서 잘 확립된 표준 없이 각각의 이전은 소스 파일의 포맷을 분석하고 목적파일의 포맷을 선택하여 활용하는 맞춤식 접근을 요구한다. 마이그레이션을 사용하여 성공적인 장기 보존을 실행하는 데 있어서 디지털 객체의 이전의 역사를 기록하고, 전후 관계적인 정보를 기록하여 미래의 이용자가 한 특정한 디지털 객체가 만들어졌을 때의 기술적인 환경을 이해하거나 재구성할 수 있도록 하는 메타데이터의 역할이 상당히 크다.

2) 에뮬레이션

에뮬레이션은 원형의 전자자료의 보존뿐만 아니라 자료를 만들기 위해 사용되었

19) 이창수, 김미정, 「전자자료의 장기적 보존」, 『사회과학(社會科學)』, 제13집(2001), pp. 8-9.

던 소프트웨어를 함께 보존함으로써 자료가 후에 오래된 하드웨어뿐만 아니라 운영시스템까지 모방한 에뮬레이터(emulator, 컴퓨터의 호환성을 위한 장치나 소프트웨어)에서 보일 수 있게 하는 방법이다. 원 전자자료의 바이트의 흐름, 원래의 응용 소프트웨어와 그 자료를 만들기 위해 사용된 운영 시스템에 대한 상세한 기술을 기반으로 한 미래의 하드웨어 플랫폼에서 운영될 에뮬레이터를 구축하여 과거 원형의 전자자료를 보는 방법이다.

에뮬레이션은 마이그레이션에 비해 다음과 같은 특징이 있다. 먼저, 자료 원형의 변형이 없다. 원 자료의 재생산에 필요한 소프트웨어와 같이 자료를 보존함으로써 장래의 전자자료는 이용자들에게 그 고유의 것과 완전히 동일한 것으로 나타내어질 수 있다. 또한 에뮬레이션은 특정한 하드웨어 구성에 대해 단일 에뮬레이터가 이용하기에 적절한 모든 전자자료의 접근을 가능케 한다. 그러나 어떠한 시스템의 구조를 완벽하고 완전하게 기술하여 정확한 에뮬레이터를 생산하는 것은 상당히 어려운 일이다.

제2부

목록편

제7장 목록규칙과 MARC

제8장 리더와 디렉토리

제9장 제어 필드와 숫자적 필드

제10장 기본표목과 표제

제11장 판·자료특성·발행·형태 사항 등

제12장 총서·주기 사항

제13장 부출표목

제14장 연관저록과 총서부출표목

제7장 목록규칙과 MARC

1. 목록규칙의 발전

비도서자료와 관련된 목록규칙의 발전 과정을 정리하여 살펴보자.

1) ALA 목록규칙

ALA 목록규칙은 그 초안이 1941년에 AA(Anglo-American) 코드(code)의 한계점을 극복하고자 하여 출간되었으며, 기존의 코드에 연속간행물, 공문서, 종교단체 출판물, 무저자명 도서, 사전 등에 관한 규정이 추가되었다. 1949년에는 LC 기술목록규칙이 이 초안의 제2부(기술)의 대용으로 LC(Library Congress, 미국의회도서관)에서 제정되었고, 이것이 ALA(American Library Association, 미국도서관협회)에 의해서 채택되었다. 이로써 ALA 목록규칙이 마련된 것이다. 이 규칙은 커터의 목록의 목적을 근거로 작성되었으며, 도서는 물론 정기간행물, 지도·입체모형(relief models)·지구의(globes)·지도첩, 악보, 복제본·사진본·마이크로필름, 초기간본(incunabula, 1450~1500년의 서양 초기 인쇄물) 등의 다양한 자료를 대상으로 하는 기술목록규칙이다.[1)]

2) 국제표준서지기술법(ISBD)

국제적으로 통일된 기술원칙이 발표되자, 국제적인 표준화와 자료교환이 가능하게 되었다. 비도서자료 관련 ISBD의 발행 상황을 정리하면 다음과 같다.

- ISBD(S): 연속간행물(Serials) - 1974년(예비판), 1977년(제1판), 1988년(개정판)
  → ISBD(CR): 계속자료(Continuing Resources) - 2002년

---

1) 이창수, 『정보자료의 목록』, 개정판(대구: 태일사. 2013), p. 39.

- ISBD(NBM): 비도서자료(Non-Book Materials) - 1977년, 1987년(개정판)
- ISBD(CM): 지도자료(Cartographic Materials) - 1977년, 1987년(개정판)
- ISBD(PM): 악보(Printed Music) - 1980년, 1991년(개정판)
- ISBD(CF): 컴퓨터 파일(Computer File) - 1990년
  → ISBD(ER): 전자자료(Electronic Resources) - 1997년
- ISBD: 통합판(Consolidated ed.)[2] - 2011년

ISBD 통합판은 자료 유형별로 나누어져 있던 것을 하나로 통합한 것이다. 그 주요 특징을 요약하면 다음과 같다.[3]

첫째, 자료유형표시(GMD)를 1영역의 '표제'와 '책임표시사항'에서 삭제하고, 0영역으로 '내용형식'과 '매체유형'을 추가하여, 내용형식, 내용한정어, 매체유형을 제시하였다.

둘째, 5영역의 명칭을 '형태기술사항'에서 '자료기술사항'으로 변경하여, 인쇄자료와 다른 자료가 일관성 있게 기술되도록 하였고, 6영역의 명칭도 '총서와 다권 단행자원사항'으로 확대하였으며, 4영역의 명칭은 '제작'을 추가하여 '발행, 제작, 배포 등 사항'으로 변경하였다.

셋째, 3영역의 '자료 또는 자원의 유형 특성 사항'에서 '전자자원의 유형과 크기에 관한 사항'이 삭제되었다.

넷째, 구두점 기술 시 중복기술을 허용하였고(예: . - 3rd ed.. -), 동일 영역 내 데이터 요소에 각괄호 기술 시 영역 전체를 포괄하는 각괄호 대신에 개별적인 각괄호를 사용하였다(예: . - [S.l.] : [s.n.])

다섯째, 데이터 요소의 기술순서가 패턴별로 이미 정해져 있어, 기술순서 및 구두점의 혼동을 최대한 줄였다.

3) 영미목록규칙

ALA 목록규칙은 복잡하게 구성되어 있어, 이를 간소화할 필요성이 제기되었다.

---

2) ISBD: International Standard Bibliographic Description. Recommended by the ISBD Review Group; Approved by the Standing Committee of the IFLA Cataloguing Section. Consolidated ed.(Berlin: De Gruyter Saur, 2011).

3) 이미화, 「ISBD 통합판의 서지기술 특징 및 고려사항에 관한 연구」, 『한국문헌정보학회지』, 제46권 제4호(2012. 11), pp. 175-183.

이에 1967년에 루베츠키(Lubetzky)의 목록규칙과 ICCP(International Conference on Cataloging Principle)의 원칙에 따라 ALA, LC, LA(Library Association), CLA(Canadian Library Association) 등이 공동으로 '영미목록규칙(Anglo-American Cataloging Rules) 제1판', 즉 AACR1을 책으로 출판하였다.

AACR1은 저자명 기본표목 원칙에 따라 편성되었으며, 도서 이외의 비도서자료를 중요시하여 단행본은 물론 연속간행물, 초기간본, 복제본, 문서, 지도자료, 영화·필름 스트립, 악보, 녹음자료, 그림자료 등을 망라하여 취급한 세계 최초의 체계적인 종합목록규칙이다. 그런데 이 제1판은 미국과 캐나다의 북미와 영국의 관례 불일치로 북미판과 영국판으로 각각 간행되었다.

1978년에는 '영미목록규칙 제2판', 즉 AACR2를 출판하였다. AACR2는 AACR1의 목록규칙 전체의 구성을 변화시켜, 제1부를 '기술', 제2부를 '표목'으로 하고, 도서와 비도서의 규정을 공통으로 쓰게 하고 있다. AACR2에 포함된 자료의 유형은 도서, 팸플릿, 단면인쇄물, 지도자료, 문서, 악보, 녹음자료, 영화필름, 비디오자료, 그림자료, 컴퓨터 파일, 실물자료, 마이크로자료, 연속간행물 등이다. AACR2에서는 ICCP의 목록원칙규범에서 불충분한 표목과 참조의 설명을 이해가 쉽도록 하고 있으며, 기술부의 서지기술의 수준을 3등분하였다. 무엇보다도 큰 변화는 기술에 관한 구두법을 ISBD에 준하여 편성하였다는 점이다.

한편, AACR2는 부분적으로 판의 개정을 거듭하여 1988년, 1998년, 2002년 등 몇 번에 걸쳐, 개정판, 즉 AACR2R을 간행하였다. 주된 변화는 자료의 발전 성격에 맞는 명칭의 변경이다. 제9장의 명칭은 'Machine Readable Data File'(1978년) → 'Computer File'(1988년, 1998년) → 'Electronic Resources'(2002년) 등으로 변화를 거듭하였으며, 제12장 'Serials'(1978년, 1988년, 1998년)도 'Continuing Resources'(2002년)로 바뀌었다.[4)]

4) 일본목록규칙

일본서와 중국서, 그리고 서양서의 통합목록규칙의 필요성과 서구의 목록규칙의 영향을 받아, 일본에서도 표준 목록규칙으로서 일련의 『일본목록규칙(NCR, Nippon

4) 이창수, 앞의 책, pp. 40-41.

Cataloging Rules)』이 편찬되기에 이르렀다. 비도서자료의 목록과 관련하여 NCR의 각 판과 그 특징을 간략히 소개하면, 다음과 같다.[5)]

표 13 일본목록규칙(NCR) 각 판의 특징

NCR 판	특징
1965년판 (NCR1965)	ICCP 원칙의 영향을 받음, 일서·양서 공용, 배열규칙, 축차간행물, 지도, 악보를 포함함.
1977년판 (NCR1977)	ISBD에 근거함, 기술 독립 방식
1987년판 (NCR1987)	도서, 점자자료, 지도자료, 악보, 녹음자료, 영상자료, 기계 가독 데이터 파일, 복제·원본대체자료, 마이크로자료, 축차간행물을 포함함
1987년판 개정판 (NCR1994)	도서, 서사(書寫) 자료, 지도자료, 악보, 녹음자료, 영상자료, 정지화(静止畵) 자료, 컴퓨터 파일, 박물자료, 점자자료, 마이크로자료, 축차간행물 포함
1987년판 개정2판 (NCR2001)	1987년판의 제9장 '컴퓨터 파일'이 '전자자료'로 변경됨.
1987년판 개정3판 (NCR2006)	1987년판의 제13장 '축차간행물'이 '계속자료'로 변경됨.

5) 한국의 목록규칙

국립중앙도서관은 KORMARC(코마크, 한국문헌자동화목록형식)를 개발하여, 그 포맷에 적용하는 기술규칙으로 ISBD를 사용하기로 하고 자체적으로 결정해야 할 재량과 예외사항을 정리하여 기술 세부 규칙을 1982년에 출간하였다. 이후 1983년에는 단행본용의 예비노트판을, 1985년에는 그 보완판을 마련하였다. 이후 이것은 자료유형별로 출간되어, 1995년에는 연속간행물용이, 1996년에는 비도서자료용이, 2000년에는 고서용이 출판되었다. KORMARC는 KCR(한국목록규칙)이 ISBD의 원칙에 따라서 개정되지 않은 상황에서 출간되기 시작하여, 한국목록규칙 제4판, 즉 KCR4가 출판되기 전까지 KCR과는 별개로 자동화 목록과 연계하여 한국의 도서관계에서 많이 사용되었다.

한편 국립중앙도서관에서도 KORMARC 기술규칙을 더 이상 사용하지 않음으로써, 2003년에 출판된 KCR4는 KCR과 KORMARC의 통합판의 성격을 띠고 있다.

5) 이창수, 위의 책, pp. 42-43.

KCR4 기술규칙에서는 기본적으로 KCR3의 기술체계를 수용하되, 자료의 서지적 특성을 제시하는 기술사항을 추가하였으며, KORMARC의 사용을 고려하여 기존의 기술 규정을 일부 수정하였고, 종래의 단행본 중심의 목록규칙에서 벗어나 다양한 매체로 발표되는 여러 유형의 자료를 수용하였다. 즉, 지도자료, 고서와 고문서, 악보, 녹음자료, 화상 및 영상자료, 전자자료, 입체자료(실물), 마이크로자료, 연속간행물, 점자자료 등의 비도서자료가 KCR4에 포함되어 있다.[6]

한편, 2013년에는 KCR4의 보유판으로 전자책과 전자저널에 대한 기술규칙이 책자로 출판되었다. 이 보유판은 인터넷으로 접근 가능한 전자자료가 급격히 증가함에 따라 원격 접근 전자책이나 전자저널의 기술규칙을 KCR4의 제13장과 제14장의 형태로 출판한 것이다.[7]

6) 서지레코드의 기능상의 요건(FRBR)

서지레코드의 기능상의 요건, 즉 FRBR(Functional Requirements for Bibliographic Records)[8]은 1998년에 발표되었다. 이는 자동화 시스템의 도입, 정보매체의 다양화, 그리고 기술적 진보에 따른 이용자 요구의 변화 등과 같은 도서관 내외적 환경의 변화가 급속하게 이루어지고 있는 상황에서 목록을 비롯한 서지레코드의 목적과 기능에 대한 근본적인 재검토가 있어야 한다는 공감대가 확산되면서, IFLA가 주관하는 일련의 회의에서 목록 전문가들이 모여 지속적인 논의와 검토를 거쳐서 나온 것이다. FRBR은 서지레코드가 제공하고자 하는 정보가 무엇인지를 분명하고 정확하게 제시하며, 그에 대한 이해를 공유하고, 그리고 이용자의 요구에 해답을 제시하기 위하여 서지레코드가 무엇을 추구해야 할 것인가에 대한 틀을 제공하는 것을 목적으로 한다. 아울러 국가 서지 기관이 작성한 레코드에 대한 기초 수준의 기능과 기본 데이터로서 갖춰야 할 요건을 권고하고 있다.

FRBR에서는 서지레코드의 이용자들에게 주된 관심의 대상인 개체를 개별화하는

---

6) 이창수, 위의 책, pp. 46-48.
7) 한국도서관협회 목록위원회 편, 『韓國目錄規則 제4판 보유편: 전자책·전자저널 기술규칙』(서울: 韓國圖書館協會, 2013).
8) 'Functional Requirements for Bibliographic Records(Final Report)(http://archive.ifla.org/VII/s13/frbr/frbr.pdf) ; 서지레코드의 기능상의 요건(http://www.nl.go.kr/FRBR/seji_report.html) ; 'As amended and corrected through February 2009'(http://www.ifla.org/files/cataloguing/frbr/frbr_2008.pdf).

개체 분석 기법을 사용하였다. 그다음으로 서지 탐색을 수행하고 이러한 탐색 결과를 해석하고, 서지레코드로 기술된 모든 개체를 향해할 때, 각 개체와 관련된 특성이나 속성을 확인하고, 이용자에게 가장 중요한 개체 간의 관계를 제시하였다. FRBR에서 취급한 자료와 매체, 포맷은 다음과 같은 특징을 가지고 있다. 첫째, 텍스트와 지도자료, 시청각자료, 화상자료, 입체자료와 관련된 데이터를 대상으로 하였으며, 둘째, 종이로부터 필름, 자기테이프, 광 매체에 이르기까지 다양한 매체를 대상으로 하였으며, 셋째, 음향 방식으로부터 전기 방식, 디지털 방식, 광 기록 방식에 이르기까지 각종 포맷과 관련된 다양한 정보원을 사용하였다.[9]

FRBR에서의 개체와 이들 간의 관계를 정리하여 보자.[10]

(1) 개체와 상위수준의 관계

개체(entity)는 서지데이터의 이용자들이 관심을 지닌 주된 대상을 표현한 것이다. FRBR에서는 개체를 세 개의 그룹으로 구분하고 그 관계를 제시하였다.[11]

가. 제1그룹의 개체 - 저작, 표현형, 구현형, 개별자료

제1그룹은 서지레코드에 명시되었거나 기술된 지적·예술적 노력의 산물에 대한 이용자의 여러 다양한 관점을 표현한 것이다.

- 저작(Work): 독창성을 지닌 지적·예술적 창작물
- 표현형(Expression): 저작을 지적·예술적으로 실현한 것
- 구현형(Manifestation): 저작의 표현형을 물리적으로 구현한 것
- 개별자료(Item): 구현형의 하나의 사례

'저작'과 '표현형'으로 정의된 개체는 지적·예술적 내용을 반영한 것이고, '구현형'과 '개별자료'로 정의된 개체는 물리적 형태를 반영한 것이다. 다음을 예로 그 관계를 확인할 수 있다(박경리의 『토지』).

9) 이창수, 앞의 책, pp. 50-51.
10) 이창수, 위의 책, pp. 55-59.
11) 김태수 역, 『서지레코드의 기능상의 요건』(서울: 국립중앙도서관, 2003), pp. 17-21, pp. 68-73.

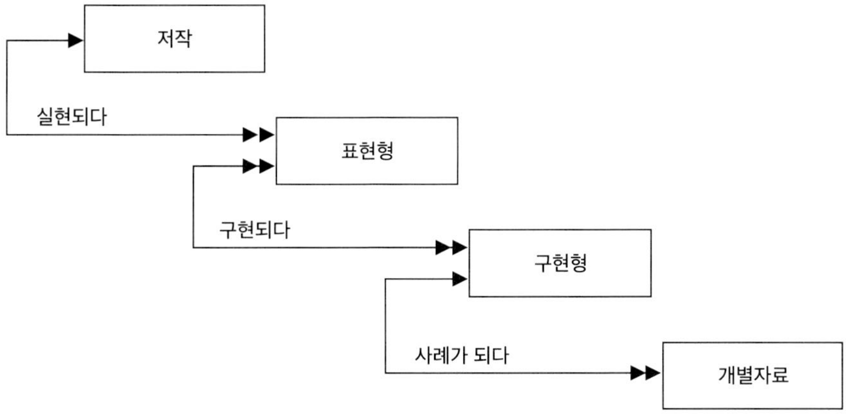

그림 3 FRBR 제1그룹의 개체와 이들 간의 주요 관계

- □ 저작: 박경리의 '토지'
  - □ 표현형: 소설 원작
    - □ 구현형: 1974년 삼성출판사 발행 도서
      - □ 개별자료: 저자 자필서명 도서
      - □ 개별자료: 특정 도서관 소장 도서
  - □ 표현형: 드라마 각색
    - □ 구현형: SBS 제작 비디오카세트
      - □ 개별자료: 원본 테이프
      - □ 개별자료: 특정 도서관 소장 카세트

〈그림 3〉에서 보는 바와 같이, 제1그룹에서의 개체 간의 관계는 하나의 저작이 하나 이상(이중화살표로 표시)의 표현형으로 실현될 수 있다. 반면, 표현형은 단 하나(화살표로 표시)의 저작을 실현한 것이다(실현 관계). 표현형은 하나 이상의 구현형으로 구현될 수 있고, 아울러 구현형도 하나 이상의 표현형을 구현할 수 있다(구현 관계). 구현형은 하나 이상의 개별자료로 사례화될 수 있으나, 개별자료는 하나의 구현형만의 사례가 된다(사례 관계).

나. 제2그룹의 개체 - 개인과 단체

제2그룹에 속하는 개체는 제1그룹에 속하는 개체의 지적·예술적 내용에 책임을 지닌 개체 및 물리적 제작이나 배포·관리상의 책임을 지닌 개체를 표현한 것으로, 개인

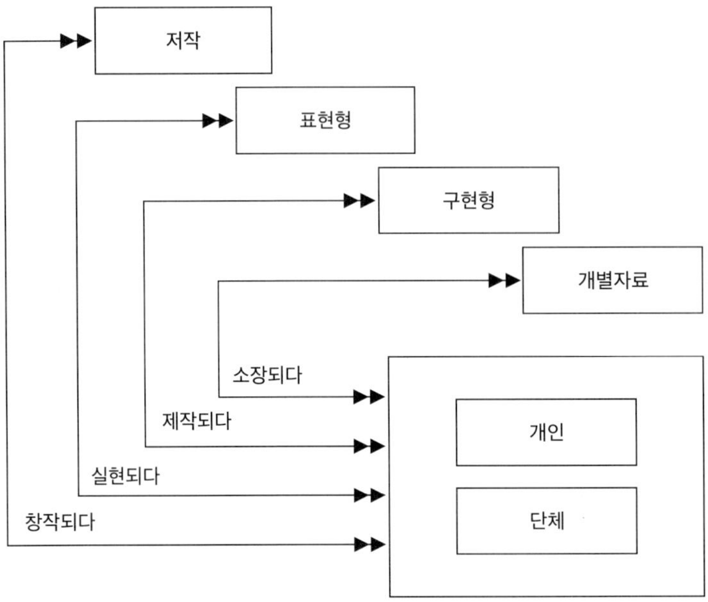

그림 4 FRBR 제2그룹의 개체와 '책임' 관계

과 단체(기관 혹은 일단의 개인이나 단체)를 포함한다.

〈그림 4〉는 제2그룹의 개체와 제1그룹에 속하는 개체 간에 존재하는 '책임' 관계의 유형을 표현한 것이다. 이 그림에서는 저작이 1인 이상의 개인 및 하나 이상의 단체에서 창작될 수 있음을 표현하고 있다. 바꾸어 말하면, 개인이나 단체는 하나 이상의 저작을 창작할 수 있다(창작 관계). 표현형은 1인 이상의 개인이나 하나 이상의 단체에 의해 실현될 수 있으며, 특정 개인이나 하나의 단체가 하나 이상의 표현형을 실현할 수 있다(실현 관계). 구현형은 1인 이상의 개인이나 하나 이상의 단체에 의해 제작될 수 있으며, 특정 개인이나 하나 이상의 단체는 하나 이상의 구현형을 제작할 수 있다(제작 관계). 개별자료는 1인 이상의 개인이나 하나 이상의 단체에 소장될 수 있으며, 특정 개인이나 하나 이상의 단체는 하나 이상의 개별자료를 소장할 수 있다(소유 관계).

다. 제3그룹의 개체 - 개념, 대상, 사건, 장소

제3그룹에 속하는 개체는 저작의 주제로 사용되는 일련의 부차적 개체를 표현한 것으로, 이 그룹에는 개념(추상적 개념이나 관념)과 대상(사물), 사건(행동이나 사건 발생), 장소(위치)가 포함된다.

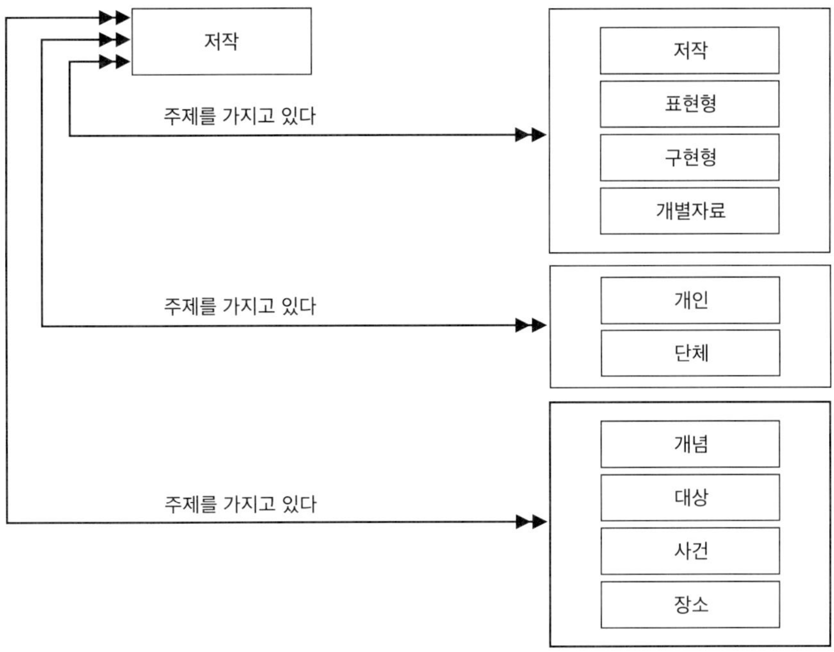

그림 5 FRBR 제3그룹의 개체와 '주제' 관계

〈그림 5〉는 제3그룹에 속하는 개체와 제1그룹에 속하는 저작 개체 간의 '주제' 관계를 표현한 것이다. 이 그림은 하나의 저작이 하나 이상의 개념과 대상, 사건, 장소를 주제로 가질 수 있음을 표현한 것이다. 바꾸어 말하면, 개념과 대상, 사건, 장소는 하나 이상의 저작에서 주제가 될 수 있음을 의미한다. 아울러 이 그림에서는 저작과 제1그룹과 제2그룹에 속하는 개체 간의 '주제' 관계도 표현하고 있다. 이 그림은 저작이 하나 이상의 저작과 표현형, 구현형, 개별자료, 개인 및 단체를 그 주제로 가질 수 있음을 표현한 것이다.

(2) 하위수준의 관계

하위수준의 관계는 동일한 개체 간 또는 상이한 개체 간의 관계로서 그 유형을 살펴보면 다음과 같다.[12)]

12) 김태수 역, 위의 책, pp. 73-92.

가. 저작 간의 관계

관계 유형으로는 후속, 부록, 보유, 요약, 개작, 변형, 모방 등의 관계가 있으며, 저작 수준에서의 전체/부분 관계(종속부분, 독립부분)가 있다.

나. 표현형 간의 관계

동일 저작의 표현형 간의 관계로는 축약, 개정, 번역, 편곡 등의 관계가 있고, 상이한 저작의 표현형 간의 관계로는 후속, 부록, 보유, 요약, 개작, 변형, 모방 등의 관계가 있다. 아울러 표현형 수준에서의 전체/부분 관계(종속부분, 독립부분)가 있다.

다. 표현형과 저작 간의 관계

관계 유형으로는 후속, 부록, 보유, 요약, 개작, 변형, 모방 등의 관계가 있다.

라. 구현형 간의 관계

관계 유형으로는 복제 관계와 대체 관계가 있으며, 구현형 수준에서의 전체/부분 관계가 있다.

마. 구현형 대 개별자료의 관계

복제 관계가 있다.

바. 개별자료 간의 관계

관계 유형으로는 재구성 관계와 복제 관계가 있으며, 개별자료 수준에서의 전체/부분 관계가 있다.

7) 자원 기술과 접근(RDA)

(1) 자원 기술과 접근(RDA)의 특징과 구성

2010년에 개발된 '자원 기술과 접근(Resource Description and Access)'[13], 즉

13) RDA:ResourceDescriptionandAccess(Chicago : American Library Association, 2010).

RDA는 AACR2를 기반으로 하고 있으나, 단순히 기존규칙에 새로운 것을 부가한 규칙이 아니라 자원 기술에 대해 새로운 접근법을 취하고 있다. RDA는 FRBR과 FRAD의 개념모형을 기초로 하고, 『국제목록원칙규범(Statement of International Cataloging Principles』[14](2009)의 목록기술의 목적과 원칙에 따라 개발되었다. 데이터 캡처와 저장, 검색, 디스플레이와 관련된 디지털 기술의 장점을 반영하여 새로 출현하고 있는 데이터베이스 기술에 적용될 수 있도록 개발되었으며, 전통적인 도서관 목록이 아니라 웹 기반 환경에서 사용할 수 있으며, 아날로그와 디지털 자원의 모든 매체에 대한 서지기술과 접근점을 제공하기 위한 다국적 표준을 지향하고 있다.[15]

RDA는 총 10부(section) 37장(chapter)으로 다음과 같이 구성되어 있다. *로 표시한 것은 아직 완성되지 않은 것이다. 제1부~제4부는 FRBR과 FRAD에서 정의된 개체 속성에 해당하는 요소를 포함하고, 제5부~제10부는 FRBR과 FRAD에서 정의된 관계와 관련된 요소를 포함하고 있다. 각 부의 첫 번째 장은 일반 지침과, 사용 설명의 기초가 되는 기능적인 목적과 원칙을 제시하며, 그러한 기능적 목적을 지원하기 위한 핵심 요소를 상세하게 제시하고 있다(RDA 0.5).

제1부 구현형과 개별자료의 속성 기록
- 제1장 일반 지침
- 제2장 구현형과 개별자료의 식별
  - 〈핵심 요소〉
    - 표제
      - 본표제
    - 책임표시
      - 본표제와 관련된 첫 번째 책임표시
    - 판사항
      - 판표시
      - 특정 개정판의 명칭 표시
    - 연속간행물 권호
      - 창간 권호의 숫자/문자 표시
      - 창간 권호의 연대
      - 종간 권호의 숫자/문자 표시
      - 종간 권호의 연대
    - 제작사항
      - 제작일자
    - 발행사항
      - 첫 번째 발행지
      - 발행자명
      - 발행일자
    - 배포사항
      - 첫 번째 배포지(발행지를 알 수 없는 경우)

14) Glenn E. Patton, ed. Functional Requirements for Authority Data: A Conceptual Model(München: K.G. Saur, 2009).
15) 이창수, 앞의 책, pp. 41-42.

첫 번째 배포자명(발행자명을 알 수 없는 경우)

배포일자(발행일자를 알 수 없는 경우)

- 제조사항

  첫 번째 제조지(발행지와 배포지를 모두 알 수 없는 경우)

  첫 번째 제조자명(발행자명과 배포자명을 모두 알 수 없는 경우)

  제조일자(발행일자, 배포일자, 판권일자를 모두 알 수 없는 경우)

- 판권일자(발행일자와 배포일자를 모두 알 수 없는 경우)
- 총서사항

  총서의 본표제

  총서번호

  하위총서의 본표제

  하위총서 번호

- 구현형 식별기호(국제적으로 인정되는 식별기호 우선)

제3장 수록매체(carrier)의 기술

〈핵심 요소〉

- 수록매체유형
- 수량

  지도자료의 수량

  악보의 수량

  정지화상의 수량

  텍스트의 수량

  입체자료(3차원 형태)의 수량

제4장 입수와 접근 정보의 제공

제2부 저작과 표현형의 속성 기록

제5장 일반 지침

제6장 저작과 표현형의 식별

〈핵심 요소〉

- 저작의 표제

  저작의 채택 표제

- 저작의 형식
- 저작의 일자
- 저작의 원생산지
- 저작의 기타 식별특성
- 저작의 식별기호
- 내용유형
- 표현형의 일자
- 표현형의 언어
- 표현형의 기타 식별특성
- 표현형의 식별기호
- 음악저작의 표제

  음악저작의 채택 표제

- 연주매체
- 음악저작의 숫자 표시
- 음조
- 음악저작의 표현형에 관한 기타 식별특성
- 법률저작의 표제

  법률저작의 채택 표제

- 법률저작의 일자

  법률의 공포 일자

  조약의 조인 일자

- 법률저작의 기타 식별특성
- 조약의 조인국
- 종교저작의 표제

  종교저작의 채택 표제

- 종교저작의 표현형 일자
- 종교저작의 표현형에 관한 기타 식별특성
- 공식전언 표제

  공식전언을 위한 채택 표제

제7장 내용(content)의 기술

〈핵심 요소〉

- 비율

지도의 수평축척
지도의 수직축척

제3부 개인과 가족, 단체의 속성 기록
제8장 일반 지침
제9장 개인의 식별
〈핵심 요소〉
• 개인명
채택된 개인명
• 개인과 관련된 일자
출생 일자
사망 일자
개인의 활동 시기
• 개인의 직함
• 개인명의 완전형
• 개인과 관련된 기타 표시
• 개인의 활동 분야
• 직업
• 개인 식별기호
제10장 가족의 식별
〈핵심 요소〉
• 가족명
채택 가족명
• 가족유형
• 가족과 관련된 일자
• 가족과 관련된 장소
• 가족의 저명인물
• 가족 식별기호
제11장 단체의 식별
〈핵심 요소〉
• 단체명
채택 단체명
• 단체와 관련된 장소
회의장소 등
본부의 위치
• 단체와 관련된 일자
회의 일자 등
설립 일자
해체 일자
• 관련기관
• 회차 등
• 단체와 관련된 기타 표시
• 단체 식별기호

제4부 개념과 대상, 사건, 장소의 속성 기록
제12장 일반 지침*
제13장 개념의 식별*
제14장 대상의 식별*
제15장 사건의 식별*
제16장 장소의 식별

제5부 저작, 표현형, 구현형, 개별자료 간의 주요 관계 기록
제17장 일반 지침
〈핵심 요소〉
• 구현된 첫 번째 저작
• 구현된 첫 번째 표현형

제6부 자원과 관련된 개인이나 가족, 단체 간의 관계 기록
제18장 일반 지침
제19장 저작과 관련 있는 개인이나 가족, 단체
〈핵심 요소〉
• 창작자
• 저작과 관련 있는 기타 개인이나 가족, 단체
법률저작과 관련 있는 기타 개인이나 가족, 단체
종교저작과 관련 있는 기타 개인이나 가족, 단체

제20장 표현형과 관련 있는 개인이나 가족, 단체
제21장 구현형과 관련 있는 개인이나 가족, 단체
제22장 개별자료와 관련 있는 개인이나 가족, 단체

제7부 주제 관계 기록
제23장 일반 지침*

제8부 저작, 표현형, 구현형, 개별자료 간의 관계 기록
제24장 일반 지침
- 저작이나 표현형, 구현형, 개별자료 간의 관계를 기록하는 것은 선택사항

제25장 관련 저작
제26장 관련 표현형
제27장 관련 구현형
제28장 관련 개별자료

제9부 개인이나 가족, 단체 간의 관계 기록
제29장 일반 지침
- 개인이나 가족, 단체 간의 관계에 대한 기록은 선택사항

제30장 관련 개인
제31장 관련 가족
제32장 관련 단체

제10부 개념, 대상, 사건, 장소 간의 관계 기록
제33장 일반 지침*
제34장 관련 개념*
제35장 관련 대상*
제36장 관련 사건*
제37장 관련 장소*

(2) AACR2R과 KCR4에 대한 RDA의 목록기술상 차이점

RDA는 AACR2R이나 KCR4와 비교하여 볼 때, 목록기술에 있어 다음과 같은 차이점을 가지고 있다.[16)]

가. 용어

AACR2R과 KCR4에 쓰인 용어에 대해 RDA에서 쓰인 용어를 비교해 보면, 다음과 같다.

16) 김정현, 문지현, 김효숙, 『RDA의 이해』(광주: 전남대학교출판부, 2013), pp. 118-121.

AACR2R	KCR4	RDA
표목(heading)	접근점	접근점(access point)
통일표제(uniform title)	미규정	저작의 채택 표제(preferred title for the work)
부출기입(added entry)	미규정	접근점(access point)
통일표목(uniform heading)	미적용	전거형 접근점(authorized access point)
보라참조(see reference)	미규정	이형 접근점(variant access point)
도보라참조(see also reference)	미규정	관련 개체에 대한 전거형 접근점(authorized access point for the related attributes)

나. 본표제

정보원의 본표제에 오자가 있는 경우, KCR4(1.0.5.6)에서는 그대로 기재하고 그다음에 '[!]' 또는 '[sic]'를 부기하거나 '실은' 또는 'i.e.'를 앞에 적어 바른 꼴을 각괄호로 묶어 부기한다. AACR2R(1.0.F)에서는 그대로 기재하고 그다음에 [sic]를 부기하거나 'i.e.'를 관기하여 바른 꼴을 각괄호로 묶어 부기한다. RDA에서는 그대로 기록하고, 식별이나 접근에 중요하다고 생각될 경우에 수정된 표제를 이형표제로 기록한다.

'The wolrd of television'의 경우를 예로 들면, 다음과 같이 각각 기록한다.

[KCR4/AACR2] The wolrd[sic] of television
또는 The wolrd[i.e. world] of television
[RDA] 본표제: The wolrd of television
이형표제: The world of television

다. 자원의 범주

자원의 범주, 즉 자료유형표시(GMD)로 KCR4와 AACR2R에서는 자료의 내용과 매체 등을 혼용하고 있지만, RDA에서는 매체유형, 수록매체유형, 내용유형 등의 개념으로 구분하여 표시한다. 아래 예시에서 보는 바와 같이, 인터넷문서, 즉 전자자료인 'Born in slavery'를 KCR4와 AACR2에서는 자료유형표시로 단순하게 '[전자자료]' 또는 '[electronic resource]'로만 표시한 반면, RDA에서는 매체유형 'computer', 수록매체유형 'online resource', 내용유형 'computer dataset'으로 보다 세분하여 나타낸다.

'Born in slavery'(인터넷문서)의 경우를 예로 들면, 다음과 같이 각각 기록한다.

[KCR4/AACR2] Born in slavery [electronic resource]
[RDA] Born in slavery
computer
online resource
computer dataset

라. 책임표시

가) 책임표시의 앞 또는 뒤에 부기되어 있는 학위나 직함 등의 어구

책임표시의 앞 또는 뒤에 부기되어 있는 학위나 직함 및 이와 유사한 칭호, 경칭 등의 어구는 KCR4(1.1.6.2 9))와 AACR2(1.1F7)에서는 생략하지만, RDA에서는 정보원에 나타난 그대로 기록하며, 선택사항으로 본질적인 정보의 손실이 없이 생략할 수 있는 경우에 책임표시를 축약한다.
'by Dr. Harry Smith'의 경우를 예로 들면, 다음과 같이 각각 기록한다.

[KCR4/AACR2] by Harry Smith
[RDA] by Dr. Harry Smith
(선택적 생략 가능) by Harry Smith

나) 책임표시 4인 이상인 경우

AACR2R(1.1F5)에서는 첫 번째 책임표시만 기재하지만, KCR4(1.1.6.2 7))에서는 그 전부를 기재하는 것을 원칙으로 하고, RDA에서는 정보원에 나타난 그대로 기록한다. 선택사항으로 첫 번째를 제외하고 모두 생략하며, 생략된 내용은 각괄호로 처리한다.
'by Dr. Cornelius Snap, Michael Crackle, Robert Pop, Jr., and Rice Krispies'의 경우를 예로 들면, 다음과 같이 각각 기록한다.

[AACR2] by Cornelius Snap … [et al.]
[KCR4] by Cornelius Snap, Michael Crackle, Robert Pop, Jr., and Rice Krispies
(선택적 생략 가능) by Cornelius Snap … [et al.]
[RDA] by Dr. Cornelius Snap, Michael Crackle, Robert Pop, Jr., and Rice Krispies
(선택적 생략 가능) by Dr. Cornelius Snap [and three others]

마. 판사항

KCR4(1.2.1.2)에서는 서양어의 일반 어구는 소정의 표준약어 형식으로 고쳐서 기술하고, AACR2R(1.2B1, App. B)에서는 아라비아 서수의 표준약어 형식으로 기재하고 있지만, RDA에서는 정보원에 나타난 그대로 기록한다.

'Forth Supplemented Edition'의 경우를 예로 들면, 다음과 같이 각각 기록한다.

[KCR4/AACR2] 4th supplemented ed.
[RDA] Forth supplemented edition

바. 발행사항

발행지가 복수인 경우, 자국의 발행지와 상관없이 정보원에 기재된 순서대로 지명을 기술한다. 그리고 발행사항을 알 수 없는 경우, 목록자가 임의로 추정해서 기술하지 말고 아래의 예시와 같이 기술한다.

발행지와 발행처는 알 수 없으며, 발행년은 1960년경으로 추정되는 경우를 예로 들면, 다음과 같이 각각 기록한다.

[KCR4/AACR2] [S.l.] : [s.n.], [ca. 1960]
[RDA] place of publication not identified
publisher not identified
Data of publication not identified

사. 형태사항

형태사항의 기술에 있어서도 판사항에서와 같이 정보원에 나타난 용어를 그대로 사용하거나 인위적으로 약어를 사용하지 않는다. 즉, 쪽수나 장수는 'p.'와 같은 약어 대신에 pages, leaves, columns 등의 용어를 사용하며, 삽화의 경우에도 'ill.' 대신에 'illustration' 또는 'illustrations'와 같이 완전어로 기술한다. 또한 AACR2R에서는 음반이나 비디오디스크, 비디오카세트 등에 크기를 기술할 때 'in.'(인치)을 사용했지만, KCR4와 RDA에서는 모두 'mm'나 'cm'로 기재한다.

'323 pages, illustrations'의 경우를 예로 들면, 다음과 같이 각각 기록한다.

[KCR4/AACR2] 323 p. : ill.

[RDA] 323 pages : illustrations

아. 접근점

KCR4에서는 접근점의 형식에 대해서는 규정하지 않고 있다. AACR2R과 비교하여 볼 때, RDA에서는 성서 'Bible'에 대한 접근점을 'O.T.'와 'N.T.' 대신에 'Old Testament'와 'New Testament'와 같이 완전어로 기술하고, 신약성서나 구약성서의 하위 표제가 있을 경우에는 아래와 같이 'Bible' 다음에 하위표제를 바로 기술한다.

[AACR2R]	[RDA]
·Bible. N.T.	·Bible. New Testament.
·Bible. O.T.	·Bible. Old Testament.
·Bi ble. N.T. Luke.	·Bible. Luke.
·Bible. O.T. Genesis.	·Bible. Genesis.

2. 목록기술과 MARC

동양서와 서양서를 위한 MARC 형식과 목록규칙의 이중적인 적용, 그리고 MARC 형식과 목록규칙의 분리로 인해 목록의 실제에 있어서 번거로움이 많은 것이 사실이다. 따라서 이 책에서는 KCR4[17)]의 기술규칙을 적용하여 기술하되, KORMARC 통합서지용[18)](이하 KORMARC)의 규정 순서에 따른다. 또 서양서를 위한 MARC21[19)]의 필드를 KORMARC와 대비시켜 나란히 제시한다. 비도서자료 목록에서 많이 활용되는 필드를 중심으로 정리하며, 필요하면 AACR2의 2002년 개정판(AACR2R)[20)]의 규정도 함께 다룬다.

---

17) 韓國圖書館協會 目錄委員會 編,『韓國目錄規則 第4版』(서울: 韓國圖書館協會, 2003) ; 한국도서관협회 목록위원회 편.『韓國目錄規則 제4판 보유편: 전자책·전자저널 기술규칙』(서울: 韓國圖書館協會, 2013).

18) 『KS 문헌정보 - 한국문헌자동화목록형식 - 통합서지용』(음성: 국가기술표준원, 2014).

19) Library of Congress, Network Development and MARC Standards Office. MARC21 Format for Bibliographic Data. 1999 Edition, Update No. 1 (October 2001) through Update No. No. 18 (April 2014) (http://lcweb.loc.gov/marc/bibliographic/ecbdhome.html).

20) Anglo-American Cataloguing Rules, 2nd ed. 2002 rev., Chicago: American Library Association, 2002.

그럼, KCR4의 기술규칙에 따라 목록기술 방법을 살펴보자. 먼저 기술의 정보원에 대해 알아보고, 기술 구조와 각각의 요소의 기재 순서 및 구두법을 익혀 보자.

1) 기술의 정보원

KCR4에서의 '정보원의 우선순위'(1.0.3.1)[21]에 따르면, 기술은 원칙적으로 자료 자체에 나타난 정보 그대로 기재하며, 그 준거는 해당 자료에 따라, ① 자료 자체(카세트, 카트리지 포함), ② 딸림자료, ③ 자료 자체와 분리 가능한 용기(상자나 함)나 표지 등, ④ 자료 이외의 정보원 등의 순서로 기재한다.

그럼, 비도서자료의 유형별로 적용되는 정보원의 우선순위를 살펴보자.

(1) 정보원의 우선순위

가. 지도자료(3.0.3.1)

지도책은 단행본(2.0.3.1)의 규정에 준한다.

① 제자란(題字欄), 또는 이에 준하는 것

② 제자란 이외

③ 인쇄된 딸림자료나 보관용기, 지구의의 받침대 등

④ 지도자료 이외의 정보원

나. 악보(5.0.3.1)

① 표제면

② 판권기, 표지, 이표제면, 악보의 제1면

③ 기타 머리지면이나 용기

④ 악보 이외의 정보원

다. 녹음자료(6.0.3.1)

자료를 구성하는 부분에 표시된 문자정보를 우선으로 한다.

21) 이하 각 사항이나 설명 뒤의 원괄호 안의 숫자는 KCR4의 조항번호를 나타낸다.

① 디스크: 디스크와 레이블
② 테이프(open reel-to reel): 릴과 레이블
③ 테이프 카세트: 카세트와 레이블
④ 테이프 카트리지: 카트리지와 레이블
⑤ 롤: 레이블
⑥ 필름에 수록된 녹음자료: 용기와 레이블

라. 화상자료와 영상자료(7.0.3.1)

① 표제면이나 표제 프레임, 판권기, 표지, 제자란, 그림이나 사진 등의 뒷면
② 레이블
③ 딸림자료
④ 용기
⑤ 자료 이외의 정보원

마. 전자자료(8.0.3.1)

전자책(13.0.3.1)과 전자저널(14.0.3.1)은 그 이미지를 대상으로 각각 단행본(2.0.3.1)과 연속간행물(11.0.3.1)의 규정에 준하여 기술한다.

① 레이블
② 내부정보원(표제화면, 주 메뉴, 프로그램 설명, 첫 번째 화면, 파일의 헤더 등)
③ 파일의 제작자가 만든 참조 매뉴얼, 이용자 매뉴얼, 안내 지침서 등 딸림자료
④ 용기 및 용기에 부착된 레이블
⑤ 물리적으로 복수의 구성요소를 지닌 자료의 경우, 종합표제를 포함하고 있는 용기나 용기에 부착된 레이블
⑥ 기타 정보원

바. 입체자료(9.0.3.1)

① 자료에 직접 기재되어 있거나 레이블 또는 명(銘)에 표시된 정보
② 딸림자료(사용설명서, 해설서, 카탈로그 등)
③ 용기(상자, 함, 부대 등)
④ 자료 이외의 정보원

사. 마이크로자료(10.0.3.1)

① 마이크로필름이나 마이크로피시, 마이크로오패크: 표제 프레임(title frame)

② 아파추어 카드: 표제카드 또는 카드 자체

③ 헤더(header)

④ 카세트, 카트리지: 마이크로자료의 기타 부분

⑤ 육안으로 식별할 수 있는 딸림자료나 용기

⑥ 마이크로자료 이외의 정보원

(2) 기술사항별 정보원

기술사항은 다음과 같이 사항별로 그의 으뜸정보원을 잡아 그에 준거하여 기술한다. 다만 기술사항에 대응되는 으뜸정보원 이외에서 얻은 정보는 각괄호([ ])로 묶어 기재한다.

가. 지도자료(3.0.3.2)

① 표제와 책임표시사항, 판사항, 축척 및 좌표사항, 발행사항: 제자란, 또는 이를 대치하는 것

② 형태사항, 총서사항: 해당 지도자료 자체

③ 주기사항, 표준번호 및 입수조건사항: 어디에서나

나. 악보(5.0.3.2)

① 표제와 책임표시사항: 표제면, 다만 선장본(線裝本)으로 제책된 국악보에서는 권두(卷頭), 권수제(卷首題), 자서(自序), 권말(卷末), 제첨(題簽), 판심(版心)의 순으로 한다.

② 판사항, 발행사항, 총서사항: 표제면, 기타 머리지면, 악보의 제1면, 판권기

③ 악곡형식: 표제면, 기타 머리지면, 악보의 제1면, 판권기
선장본(線裝本)으로 제책된 국악보에서는 간기(刊記), 판권기, 서(序), 발(跋)

④ 형태사항: 악보 자체

⑤ 주기사항, 표준번호 입수조건사항: 어디에서나

다. 녹음자료(6.0.3.2)

① 표제와 책임표시사항: 으뜸정보원

② 판사항, 발행사항, 총서사항: 으뜸정보원, 인쇄된 딸림자료, 용기

③ 형태사항: 해당 자료 자체

④ 주기사항, 표준번호 및 입수조건사항: 어디에서나

라. 화상자료와 영상자료(7.0.3.2)

① 표제와 책임표시사항, 판사항, 발행사항, 총서사항: 표제면이나 표제 프레임, 판권기, 표지, 레이블, 화면, 제자란, 그림이나 사진 등의 뒷면, 딸림자료, 용기

② 형태사항, 주기사항, 표준번호 및 입수조건사항: 어디에서나

마. 전자자료(8.0.3.2)

전자책(13.0.3.2)과 전자저널(14.0.3.2)은 그 이미지를 대상으로 각각 단행본(2.0.3.2)과 연속간행물(11.0.3.2)의 규정에 준하여 기술한다.

① 표제와 책임표시사항, 판사항, 발행사항, 총서사항: 레이블, 내부정보원, 딸림자료, 용기

② 자료특성사항, 형태사항, 주기사항, 표준번호 및 입수조건사항: 어디에서나

바. 입체자료(9.0.3.2)

① 표제와 책임표시사항, 판사항, 자료특성사항, 발행사항, 총서사항: 레이블, 명(銘), 딸림자료, 용기

② 형태사항: 해당 지도자료 자체에서

③ 주기사항, 표준번호 및 입수조건사항: 어디에서나

사. 마이크로자료(10.0.3.2)

① 표제와 책임표시사항: 표제 프레임, 헤더

② 판사항: 표제 프레임, 헤더, 마이크로자료의 기타 부분, 딸림자료, 용기

③ 지도자료, 악보, 연속간행물에 고유한 데이터, 총서사항: 표제 프레임, 헤더, 마이크로자료의 기타부분, 딸림자료, 용기

④ 발행사항: 표제 프레임

⑤ 형태사항: 마이크로자료 자체

⑥ 주기사항, 표준번호 입수조건사항: 어디에서나

2) 기술 구조와 제 요소의 기재 순서 및 구두법

KCR4에서 비도서자료의 식별에 필요한 목록기술의 제 요소를 ISBD 구두법과 함께 순서대로 살펴보자(1.0.5.11).

① 표제와 책임표시사항

본표제, 별표제

[자료유형][22]

= 대등표제

: 표제관련정보*[23]

. 권차나 회차나 연차

, 권차나 회차나 연차 표제

/ 첫 번째 책임표시

, 동일 역할의 두 번째 이하 책임표시*

; 역할이 다른 책임표시*

② 판사항

. -- 판표시

/ 특정 판의 첫 번째 책임표시

, 동일 역할의 두 번째 이하 책임표시*

; 특정 판의 역할이 다른 책임표시*

, 부차적 판표시

/ 부차적 판의 책임표시

③ 자료특성사항

지도자료의 축척 및 좌표사항

---

22) 『한국목록규칙(KCR)』에서는 제4판(KCR4)에서 처음으로 도입된 것이다. ISBD와 AACR2에서는 'GMD(General Material Designation)', KCR4에서는 '자료유형표시'라 하며, '자료식별표시', '공통자료표시' 또는 '일반자료표시'라 하기도 한다. ISBD 통합판(2011)에서는 자료유형표시(GMD)를 폐지하고, 첫 번째 영역(0영역)으로 '내용형식과 매체유형 사항(Content form and media type area)'을 추가하였다.

23) 뒤에 *가 붙은 요소와 구두점은 그러한 요소가 두 개 이상 있을 경우, 이를 되풀이해서 사용한다.

. -- 축척표시

; 도법 표시

(경위도나 분점 표시)

악보의 종류에 관한 사항

. -- 악보의 종류 표시

전자자료의 자료 내용 및 크기 사항

. -- 자료의 내용

(자료의 크기)

입체자료의 축소 및 확대비율에 관한 사항

. -- 축소나 확대비율 표시

마이크로자료의 자료유형별 특성

. -- 마이크로자료에 수록된 지도자료나 악보, 연속간행물의 자료특성사항

연속간행물의 권호차, 연월차 사항

. --창간 권호차 또는 연월차

(창간 연월일)

-종간 권호차 또는 연월차

(종간 연월일)

; 변경된 권호차나 연월차

④ 발행사항

. -- 첫 번째 발행지

; 두 번째 이하의 발행지

: 발행처

, 발행년

(제작사항)

⑤ 형태사항

. -- 특정 자료종별과 자료의 수량

: 기타 형태사항

; 크기

+ 딸림자료

⑥ 총서사항

. -- (총서의 본표제

= 총서의 대등표제

: 총서의 표제관련정보

/ 총서의 책임표시

, 총서의 ISSN

; 총서의 권호

. 하위총서)

(둘 이상의 독립총서의 두 번째 이하의 총서)

⑦ 주기사항

⑧ 표준번호 입수조건사항

. -- 표준번호

= 등록표제

(장정)

: 입수조건표시

이상의 기술사항의 제 요소와 구두점을 서지 기술 형식으로 나타내면 다음과 같다.

본표제, 별표제 [자료유형] = 대등표제 : 표제관련정보. 권차나 회차나 연차, 권차나 회차나 연차표제 / 첫 번째 책임표시, 동일 역할의 두 번째 이하 책임표시 ; 역할이 다른 책임표시. -- 판표시 / 특정 판의 첫 번째 책임표시, 동일 역할의 두 번째 이하 책임표시 ; 특정 판의 역할이 다른 책임표시, 부차적 판표시 / 부차적 판의 책임표시. -- 자료특성사항. -- 첫 번째 발행지 ; 두 번째 이하의 발행지 : 발행처, 발행년 (제작사항). -- 특정자료종별과 자료의 수량 : 기타 형태사항 ; 크기 + 딸림자료. -- (총서의 본표제 = 총서의 대등표제 : 총서의 표제관련정보 / 총서의 책임표시, 총서의 ISSN ; 총서의 권호. 하위총서) (둘 이상의 독립총서의 두 번째 이하의 총서). -- 주기사항. -- 표준번호 = 등록표제 (장정) : 입수조건표시

3) 기술사항별 MARC의 가변길이필드 및 표시기호

(1) 가변길이필드 및 표시기호

KORMARC와 MARC21의 가변길이필드는 표시기호의 첫 번째 숫자에 따라 0에서 9까지의 블록으로 나누어진다. 각 블록은 레코드 내에서 데이터의 성격을 나타내

며, 각 블록의 의미는 다음과 같다. 쌍반점(;) 앞의 설명은 KORMARC의 것이고, 뒤의 것은 MARC21의 것이다.

0XX 제어정보, 식별정보, 분류기호 등 ; 0XX Control information, identification and classification numbers, etc.
1XX 기본표목 ; 1XX Main entries
2XX 표제와 책임표시사항(표제, 판사항, 발행사항) ; 2XX Titles and title paragraph (title, edition, imprint)
3XX 형태사항 등 ; 3XX Physical description, etc.
4XX 총서사항 ; 4XX Series statements
5XX 주기사항 ; 5XX Notes
6XX 주제명부출표목 ; 6XX Subject access fields
7XX 주제명이나 총서 이외의 부출표목, 연관저록필드 ; 7XX Added entries other than subject or series ; linking fields
8XX 총서부출표목, 소장정보 등 ; 8XX Series added entries, holdings, etc.
9XX 로컬필드 ; 9XX Reserved for local implementation

여기에서 표시기호의 뒷부분 두 자리의 숫자에는 일반적으로 다음의 의미가 있다.

X00 개인명 ; X00 Personal names
X10 단체명 ; X10 Corporate names
X11 회의명 ; X11 Meeting names
X30 통일표제 ; X30 Uniform titles
X40 표제명 ; X40 Bibliographic titles
X50 주제명 ; X50 Topical terms
X51 지명 ; X51 Geographic names

(2) 표시기호 및 식별기호 반복 사용

이 책에서는 표시기호의 반복 사용 가능 여부는 해당 표시기호에 한 번 이상 반복 가능한 경우에는 KORMARC에서는 '반복', MARC21에서는 'R', 그렇지 않은 경우에는 각기 '반복불가', 'NR'이라고 표시하였다. 식별기호의 반복 사용 가능 여부는 한 번 이상 반복 가능할 경우에만 해당 식별기호에 각기 '반복', 'R'이라 표시하였다.

(3) 표시기호 적용 수준

해당 표시기호의 적용 수준은 KORMARC에서만 '필수', '해당시필수', '재량'으로 표시하였다. 각각에 대한 설명은 다음과 같다.

① 필수: 해당되는 내용의 유무에 관계없이 반드시 적용해야 하는 표시기호이다. 001(제어번호), 003(제어번호 식별기호), 005(최종처리일시), 008(부호화정보필드), 040(목록작성기관), 245(표제와 책임표시사항), 300(형태사항, 원격 접근 전자자료 제외) 등의 필드가 이에 해당한다.
② 해당시필수: 해당되는 내용이 있는 경우, 반드시 적용해야 하는 표시기호이다.
③ 재량: 해당되는 내용이 있는 경우에도 적용 여부를 재량으로 정할 수 있는 표시기호이다.

(4) 로컬필드

일부 표시기호는 로컬에서의 사용을 위해 유보한다. 일반적으로 문자 '9'를 포함하는 표시기호는 블록의 의미 내에서 로컬이 필요로 하는 정보를 처리할 수 있는 로컬필드로 사용한다. 도서관 시스템 간 로컬필드의 통신은 통신되는 필드에 관한 모든 사항에 대하여 상호 합의를 바탕으로 한다.

제8장 리더와 디렉토리

제7장에서는 비도서자료의 목록규칙과 MARC에 대해 살펴보았다. 이번 제8장부터 제14장까지는 KORMARC를 중심으로 MARC21과 대비하여 구체적으로 알아본다.

먼저, 비도서자료의 유형과 종류 및 경우에 따른 표시 방법, 기호 등등을 각각의 필드별로 설명한다. 그리고 KORMARC와 MARC21에서 실제로 이를 사용한 예를 필드별로 보여 준다. 또한 비도서자료의 유형별에 따라 서지레코드의 실례도 각 장의 말미에 제시한다.

그럼, 먼저 리더와 디렉토리에 대해 알아보자.

1. 리더

리더는 레코드의 첫 번째 필드이며, 24자로 편성된 고정길이필드이다. 리더는 숫자나 레코드의 처리에 필요한 매개변수(parameter)를 정의하는 부호값으로 구성된다. 리더는 표시기호, 지시기호, 식별기호를 갖지 않으며, 각자의 위치에 의해 성격이 결정된다. 리더의 00～04, 10, 11, 12～16, 20～23번째 자리는 시스템에서 자동 생성된다. 리더의 구조는 다음과 같다.

레코드 길이	레코드 상태	레코드 유형	서지 수준	제어 유형	문자부호화 체계	지시기호 자릿수	식별기호 자릿수
00~04	05	06	07	08	09	10	11

데이터 기본번지	입력 수준	목록기술 형식	다권본 자원의 레코드 수준	엔트리 맵
12~16	17	18	19	20~23

그림 6 리더의 구조

각각의 구조를 살펴보기에 앞서, 이 책에서 필드를 설명하는 데 있어 표시 원칙을 언급해 둔다. 맨 앞의 빗금(/)은 구분을 위해 붙인 것이며, 쌍반점(;) 다음의 영문은 MARC21의 내용이다. 그리고 밑줄을 친 부분은 해당 MARC에만 있든지, 다르게 규정된 내용들이다. 장차 활용이 예상되는 RDA의 요소와 비교하여 보기 위하여 MARC의 각 필드의 식별기호가 이끄는 항목과 연관되는 RDA의 조항번호를 부기하였다. 식별기호에서 반복 사용이 가능한 경우에는 KORMARC에는 '[반복]', MARC21에는 '(R)'이라 부기하였다. 따라서 이러한 표시가 없는 것은 반복 사용이 불가능한 것이다. 빈칸을 나타내는 부호로 KORMARC에서는 'ɏ'를, MARC21에서는 '#'을 사용하였다. 또한 혼동을 방지하기 위해, 레코드의 예가 아닌 설명에서도 영문 단위와 숫자 사이는 MARC 기술 형식대로 띄어서 표기하였다. 기호 설명에서 '☞'나 '☜' 뒤의 내용은 설명을 덧붙인 것이며, 레코드의 예에서 '⇒' 뒤의 내용은 레코드 출력 결과를 나타낸 것이다.

그럼, 리더의 각각의 구조를 살펴보자.

/00~04 레코드 길이 ; 00~04 Logical record length

레코드 길이는 리더와 디렉토리 및 지시기호, 식별기호가 포함된 가변길이필드의 전체 길이를 합산하여 다섯 자리의 아라비아 숫자로 표시된다.

/05 레코드 상태 ; 05 Record status

레코드 상태는 한 자리로 표시하며, 파일 유지·갱신의 효율성을 위하여 해당 레코드의 처리 및 기존 레코드와의 관련 여부를 나타낸다.

a - 기존 레코드의 입력수준(리더 17 = 1 또는 2)을 완전수준으로 올린 레코드 ; a - Increase in encoding level

c - 수정된 레코드 ; c - Corrected or revised

d - 삭제되어야 할 레코드 ; d - Deleted

n - 신규 레코드 ; n - New

p - 출판시도서목록(Cataloging in Publication, CIP) 수준의 레코드를 완전수준으로 올린 레코드 ; p - Increase in encoding level from prepublication

/06 레코드 유형 ; 06 Type of record

레코드 형태는 한 자리로 표시하며, 자료의 형태를 나타낸다.

a - 문자자료 ; a - Language material

c - 필사악보 이외의 악보 ; c - Notated music

d - 필사악보 ; d - Manuscript notated music

e - 지도자료(구체 포함) ; e - Cartographic material

f - 필사지도 ; f - Manuscript cartographic material

g - 평면영사자료 ; g - Projected medium

i - 녹음자료(음악 이외) ; i - Nonmusical sound recording

j - 녹음자료(음악) ; j - Musical sound recording

k - 평면비영사자료 ; k - Two-dimensional nonprojectable graphic

m - 전자자료 ; m - Computer file

o - 키트 ; o - Kit

p - 복합자료 ; p - Mixed material

r - 입체자료(실물) ; r - Three-dimensional artifact or naturally occurring object

t - 필사문자자료 ; t - Manuscript language material

w - 고서

/07 서지수준 ; 07 Bibliographic level

서지수준은 한 자리로 표시하며, 사용되는 부호는 다음과 같다.

a - 모본에서 분리된 단행자료 성격의 구성요소 ; a - Monographic component part

☞ 연속간행물 한 호의 기사, 도서의 한 장(章[chapter])

b - 모본에서 분리된 연속간행자료 성격의 구성요소 ; b - Serial component part

☞ 연속간행물 한 호의 특정 기사가 계속적으로 나오는 것

c - 집서 ; c - Collection ☞ 문서

d - 집서의 하위단위 ; d - Subunit ☞ 문서

I - 갱신자료 ; i - Integrating resource

m - 단행자료/단일자료 ; m - Monograph/item

s - 연속간행물 ; s - Serial

/08 제어유형 ; 08 Type of control

b̸ - 특정 유형이 아님 ; # - No specific type

a - 문서(문서기술규칙) ; a - Archival

/09 문자부호화체계 ; 09 Character coding scheme

b̸ - KS X 1001 ; # - MARC-8

a - UCS/Unicode ; a - UCS/Unicode

z - KS X 1001, UCS/Unicode 이외의 문자부호

/10 지시기호 자릿수 ; 10 Indicator count

지시기호는 각 필드의 기능 및 데이터 처리에 필요한 사항을 지시하기 위하여 두 자릿수의 숫자로 구성된다. 따라서 지시기호의 자릿수는 두 자리, 즉 2가 된다.

/11 식별기호 자릿수 ; 11 Subfield code count

식별기호는 필드 내에서 각 데이터 요소의 식별을 위하여 한 자리의 구분기호와 한 자리의 데이터 요소 식별기호로 구성된다. 따라서 식별기호의 자릿수는 두 자리, 즉 2가 된다.

/12~16 데이터 기본번지 ; 12~16 Base address of data

데이터 기본번지는 제어 필드(표시기호 001)의 시작 위치를 다섯 자리로 나타낸다. 따라서 기본번지는 리더와 디렉토리에 소요된 자수에다 필드종단기호를 합한 숫자가 된다.

/17 입력수준 ; 17 Encoding level

입력수준은 한 자리로 표시하며, 레코드의 서지정보 또는 서지레코드 내에 있는 내용의 완전성 여부를 나타낸다.

ƀ - 완전수준 ; # - Full level

☞ 실물을 직접 보면서 작성한 완벽한 MARC 레코드일 때 사용된다.

1 - 완전수준이나 기존 목록을 근거로 입력한 경우 ; 1 - Full level, material not examined

2 - 중간수준 ; 2 - Less-than-full level, material not examined

☞ 자료를 직접 보고 작성하지 않은 경우

3 - 간략수준 ; 3 - Abbreviated level

4 - 핵심수준 ; 4 - Core level

5 - 예비수준 ; 5 - Partial (preliminary) level

7 - 최소수준 ; 7 - Minimal level

8 - 발행전수준 ; 8 - Prepublication level

☞ CIP 프로그램에 의해 작성된 레코드일 때 사용된다.

u - 미상 ; u - Unknown

z - 적용 불가 ; z - Not applicable

/18 목록기술형식 ; 18 Descriptive cataloging form

목록기술형식은 한 자리로 표시하며, 입력된 레코드가 어떤 목록기술규칙에 의하여 작성된 것인지를 나타낸다.

ɓ - ISBD 형식이 아닌 것 ; # - Non-ISBD

a - AACR2 ; a - AACR2

c - KCR3 이상

i - ISBD ; i - ISBD

k - KORMARC 기술규칙

; r - Provisional

u - 미상 ; u - Unknown

/19 다권본 자원의 레코드 수준 ; 19 Multipart resource record level

자료가 적용되는 레코드 수준 및 레코드 종속성을 나타내며, 서로 다른 상황의 레코드 처리를 용이하게 하는 정보이다. 예를 들어, 레코드는 개별자료들로 구성된 한 세트로 기술될 수도, 한 세트의 한 부분으로 기술될 수도 있다.

ɓ - 세분하지 않거나 해당되지 않음 ; # - Not specified or not applicable

a - 세트 ; a - Set

b - 독립표제를 지닌 부분 ; b - Part with independent title

c - 종속 표제를 지닌 부분 ; c - Part with dependent title

/20~23 엔트리 맵 ; 20~23 Entry map

/20 필드길이의 자릿수 ; 20 Length of the length-of-field portion

디렉토리에서 각 필드의 길이를 나타내는 자릿수로, 언제나 '4'가 된다.

/21 필드시작위치의 자릿수 ; 21 Length of the starting-character-position portion

디렉토리에서 필드시작위치를 나타내는 곳의 자릿수로, 언제나 '5'가 된다.

/22 실행 위치의 자릿수 ; 22 Length of the implementation-defined portion
디렉토리에서 실행 위치를 나타내는 곳의 자릿수로, 디렉토리 안에 포함되어 있지 않으므로 언제나 '0'이 된다.

/23 미지정 엔트리 맵 자릿수 ; 23 Undefined Entry map character position
정의되지 않았으므로 언제나 '0'이 된다.

2. 디렉토리

디렉토리는 책의 목차와 같은 것으로, 어떤 필드가 어느 위치에 나타나며 길이가 얼마인지를 지시해 주는 데이터가 기입된다. 각 표시기호에 대해서 한 개씩의 디렉토리 항목(directory entry)이 만들어지며, 이 디렉토리 항목은 '표시기호', '필드길이', '필드시작위치'의 세 부분으로 편성된다. 디렉토리 항목은 12자를 한 단위로 하며, 한 레코드에서 디렉토리 항목의 수는 입력된 표시기호의 수와 동일하다. 디렉토리는 컴퓨터로 자동 생성된다.

/00~02 표시기호 ; 00~02 Tag
해당 필드를 나타내는 세 자리 숫자로 구성되며, 001에서 999까지 사용할 수 있다.

/03~06 필드길이 ; 03~06 Field length
각각의 표시기호 아래 기입되는 필드의 자수로서, 지시기호·식별기호·데이터요소·필드종단기호를 모두 포함한다. 필드길이는 네 자리의 숫자로 표시한다.

/07~11 필드시작위치 ; 07~11 Starting character position
해당 필드가 데이터 기본번지(표시기호 001)로부터 시작하는 위치를 나타내는 것으로, 다섯 자리의 숫자로 표시한다.

디렉토리 항목에 따라 표시기호, 필드길이, 필드시작위치는 다음과 같이 나타나게 된다.

디렉토리 항목	표시기호	필드길이	필드시작위치
항목1	001	0013	00000
항목2	005	0015	00013
항목3	008	0041	00028
항목4	052	0011	00069
.	.	.	.
.	.	.	.
.	.	.	.

제9장 제어 필드와 숫자적 필드

먼저, 제9장에서는 제어 필드와 숫자적 필드에 대해 차례대로 살펴본다. 이는 KORMARC의 001 필드에서부터 090 필드에 이른다. 그럼, 각각의 필드를 살펴보자.

1. 제어 필드

1) 001 제어번호 [반복불가/필수]
; 001 Control Number (NR)

001 필드는 레코드를 작성·사용하거나 배포하는 기관에 의해 부여된 제어번호를 기술한다. 001 필드에 나타나는 시스템 제어번호가 어느 기관의 것인지 구별하기 위해 003 필드(제어번호 식별기호)에 해당 부호를 기술한다. 레코드를 받는 기관은 001 필드에 기록된 제어번호(003 필드의 제어번호 확인 부호와 함께)를 012 필드(국립중앙도서관 제어번호), 010 필드(미국의회도서관 제어번호), 035 필드(협력기관 제어번호) 중 해당 필드로 옮기고 자관의 제어번호를 이 필드에 입력할 수 있다. 제어번호는 그 레코드에 대한 으뜸키로서의 역할을 한다. 이 필드는 시스템에서 자동으로 부여되며, 지시기호나 식별기호를 사용하지 않는다.

2) 003 제어번호 식별기호 [반복불가/필수]
; 003 Control Number Identifier (NR)

003 필드는 001 필드(제어번호)에서 제시된 시스템 제어번호를 부여한 기관의 부호를 기술한다. 국내 도서관의 경우에는 "부속서 7. 한국도서관부호표"의 해당 부호를 기술하고 서지 유틸리티를 포함한 외국 도서관의 경우에는 그 기관명 부호를 MARC Code List for Organizations(www.loc.gov/marc/organizations)에 의거하여 기술한다. 001 필드의 기호들이 바뀔 때마다 기관들은 003 필드의 도서관부호가 001 필드의 번

호로 적용되었는지 반드시 확인해야 한다. 이 필드는 시스템에서 자동으로 부여되며, 지시기호나 식별기호를 사용하지 않는다.

3) 005 최종처리일시 [반복불가/필수] ; 005 Date and Time of Latest Transaction (NR)

가장 최근에 발생한 레코드 내의 데이터 변경일시를 14자리로 기술한다. 일자는 여덟 자리의 숫자로 yyyymmdd(네 자리는 연, 두 자리는 월, 두 자리는 일) 형식으로 표시하고, 시간은 여섯 자리의 숫자로 hhmmss(두 자리는 시, 두 자리는 분, 두 자리는 초) 형식으로 표시한다. 시간의 표시는 00부터 23까지를 사용한다. 최초 레코드 입력일자는 008/00~05 필드에 기술하며 변경되지 않는다. 이 필드는 시스템에서 자동으로 부여되며, 지시기호나 식별기호를 사용하지 않는다.

[KORMARC]

005 19990501141236 ☞ 1999년 5월 1일 오후 2시 12분 36초

4) 006 부호화정보필드—부가적 자료 특성 [반복/재량] ; 006 Fixed-Length Data Elements—Additional Material Characteristics (R)

006 필드는 KORMARC는 14자리(00~13), MARC21은 18자리(00~17)로 구성되며, 입력대상자료가 다중의 특성을 가지거나, 딸림자료가 있는 경우, 이에 관한 정보를 나타내기 위하여 사용한다. 첫 번째 자리(00)에는 형태가 다른 자료나 딸림자료의 자료형태를 표시하고, KORMARC 01~13자리에는 표시기호 008의 18~25, 29~31, 33~34자리의 내용을 표시하고, MARC21 01~17자리에는 표시기호 008의 18~27, 28~32, 33~34자리의 내용을 표시한다. 이 필드에서는 지시기호나 식별기호를 사용하지 않는다.

지도자료 ; Maps

/00 자료형태 ; 00 Form of material

e - 인쇄지도 ; e - Cartographic material

f - 필사지도 ; f - Manuscript cartographic material

/01~04 모형도 ; 01~04 Relief

/05~06 도법 ; 05~06 Projection

/07 미정의 ; 07 Undefined

/08 지도자료의 유형 ; 08 Type of cartographic material

/09~10 미정의 ; 09~10 Undefined

/11 색인 ; 14 Index

/; 15 Undefined

/12~13 형태상의 특징 ; 16~17 Special format characteristics

음악/녹음자료 ; Music

/00 자료형태 ; 00 Form of material

c - 필사악보 이외의 악보 ; c - Notated music

d - 필사악보 ; d - Manuscript notated music

i - 녹음자료(음악 이외) ; i - Nonmusical sound recording

j - 녹음자료(음악) ; j - Musical sound recording

/01~02 작곡형식 ; 01~02 Form of composition

/03 악보형식 ; 03 Format of music

/04 미정의 ; 04 Music parts

/05 이용대상자 수준 ; 05 Target audience

/06 개별자료 형태 ; 06 Form of item

/07~08 딸림자료 ; 07~12 Accompanying matter

/09 미정의

/10~11 녹음자료의 내용

/12~13 미정의 ; 13~14 Literary text for sound recordings

/; 15 Undefined

/; 16 - Transposition and arrangement

/; 17 - Undefined

전자자료 ; Computer files/Electronic resources

/00 자료형태 ; 00 Form of material

m - 전자자료 ; m - Computer file/Electronic resource

/01~04 미정의 ; 01~04 Undefined

/05 이용대상자 수준 ; 05 Target audience

/06 개별자료 형태 ; 06 Form of item

/07 미정의 ; 07~08 Undefined

/08 전자자료의 유형 ; 09 Type of computer file

/09~13 미정의 ; 10 Undefined

/; 11 - Government publication

/; 12~17 - Undefined

시청각자료 ; Visual materials

/00 자료형태 ; 00 Form of material

g - 평면영사자료 ; g - Projected medium

k - 평면비영사자료 ; k - Two-dimensional nonprojectable graphic

o - 키트 ; o - Kit

r - 입체자료(실물) ; r - Three-dimensional artifact or naturally occurring object

/01~03 영화나 비디오녹화자료의 상영시간 ; 01~03 Running time

/04 미정의 ; 04 Undefined

/05 이용대상자 수준 ; 05 Target audience

/06~08 미정의 ; 06~10 Undefined

/09 개별자료 형태 ; 12 Form of item

/10~11 미정의 ; 11 Government publication

/; 13~15 Undefined

/12 시청각자료의 유형 ; 16 Type of visual material

/13 기술수준 ; 17 Technique

복합자료 ; Mixed materials

/00 자료형태 ; 00 Form of material

p - 복합자료 ; p - Mixed material

/01~05 미정의 ; 01~05 Undefined

/06 개별자료 형태 ; 06 Form of item

/07~13 미정의 ; 07~17 Undefined

5) 007 형태기술필드 [반복/재량] ; 007 Physical Description Fixed Field (R)

형태기술필드는 자료의 형태사항에 관한 상세한 정보를 부호로써 알려 주기 위한 필드이다. 자료형태에 따라 그 길이가 2자리부터 23자리까지의 각기 다른 고정길이필드로 구성된다. 007 필드는 지시기호나 식별기호를 사용하지 않는다.

지도자료 ; Map

/00 자료범주표시 ; 00 Category of material

a - 지도자료 ; a - Map

/01 특정자료종별 ; 01 Specific material designation

d - 지도집 ; d - Atlas

g - 도표 ; g - Diagram

j - 지도 ; j - Map

k - 측면도 ; k - Profile

q - 모형 ; q - Model

r - 원격탐사도 ; r - Remote-sensing image

s - 단면도(Section) ; s - Section

u - 자료를 특정화하지 않음 ; u - Unspecified

y - 조감도 ; y - View

z - 기타 ; z - Other

| - 부호화하지 않음 ; | - No attempt to code

/02 미정의 ; 02 Undefined

/03 색채 ; 03 Color

a - 단색 ; a - One color

c - 천연색 ; c - Multicolored

| - 부호화하지 않음 ; | - No attempt to code

/04 물리적 매체(재질) ; 04 Physical medium

a - 종이 ; a - Paper

b - 목재 ; b - Wood

c - 석재 ; c - Stone

d - 금속 ; d - Metal

e - 합성수지(플라스틱, 비닐) ; e - Synthetic

f - 가죽 ; f - Skin

g - 섬유 ; g - Textiles

; i - Plastic

j - 유리 ; j - Glass

; l - Vinyl

; n - Vellum

p - 석고 ; p - Plaster

q - 유연성 염기 양화 사진 ; q - Flexible base photographic, positive

r - 유연성 염기 음화 사진 ; r - Flexible base photographic, negative

s - 비유연성 염기 양화 사진 ; s - Non-flexible base photographic, positive

t - 비유연성 염기 음화 사진 ; t - Non-flexible base photographic, negative

u - 미상 ; u - Unknown

; v - Leather

; w - Parchment

y - 기타 사진 매체 ; y - Other photographic medium

z - 기타 ; z - Other

| - 부호화하지 않음 ; | - No attempt to code

/05 복제유형 ; 05 Type of reproduction

f - 복제물 ; f - Facsimile

n - 적용 불가(복제물이 아닌 경우) ; n - Not applicable

u - 미상 ; u - Unknown

z - 기타 ; z - Other

| - 부호화하지 않음 ; | - No attempt to code

/06 제작/복제 내용 ; 06 Production/reproduction details

a - 청사진 ; a - Photocopy, blueline print

b - 사진복사 ; b - Photocopy

c - 교정용제판 ; c - Pre-production

d - 필름복사 ; d - Film

u - 미상 ; u - Unknown

z - 기타 ; z - Other

| - 부호화하지 않음 ; | - No attempt to code

/07 감광상태 ; 07 Positive/negative aspect

a - 양화 ; a - Positive

b - 음화 ; b - Negative

m - 음화, 양화 혼합 ; m - Mixed polarity

n - 적용 불가(복사나 필름이 아닌 경우) ; n - Not applicable

| - 부호화하지 않음 ; | - No attempt to code

원격탐사도 ; Remote-Sensing Image

/00 자료범주 ; 00 Category of material

r - 원격탐사도 ; r - Remote-sensing image

/01 특정자료종별 ; 01 Specific material designation

u - 자료를 특정화하지 않음 ; u - Unspecified

| - 부호화하지 않음 ; | - No attempt to code

/02 미정의 ; 02 Undefined

/03 탐사기 고도 ; 03 Altitude of sensor

a - 지표 ; a - Surface

b - 항공 ; b - Airborne

c - 우주공간 ; c - Spaceborne

n - 적용 불가 ; n - Not applicable

u - 미상 ; u - Unknown

z - 기타 ; z - Other

| - 부호화하지 않음 ; | - No attempt to code

/04 탐사기 각도 ; 04 Attitude of sensor

a - 저각도 경사각 ; a - Low oblique

b - 고각도 경사각 ; b - High oblique

c - 수직 ; c - Vertical

n - 적용 불가 ; n - Not applicable

u - 미상 ; u - Unknown

| - 부호화하지 않음 ; | - No attempt to code

/05 구름 비율 ; 05 Cloud cover

0 - 0~9% ; 0 - 0~9%

1 - 10~19% ; 1 - 10~19%

2 - 20~29% ; 2 - 20~29%

3 - 30~39% ; 3 - 30~39%

4 - 40~49% ; 4 - 40~49%

5 - 50~59% ; 5 - 50~59%

6 - 60~69% ; 6 - 60~69%

7 - 70~79% ; 7 - 70~79%

8 - 80~89% ; 8 - 80~89%

9 - 90~100% ; 9 - 90~100%

n - 적용 불가 ; n - Not applicable

u - 미상 ; u - Unknown

| - 부호화하지 않음 ; | - No attempt to code

/06 탑재기 유형 ; 06 Platform construction type

a - 기구 ; a - Balloon

b - 저고도 항공기 ; b - Aircraft-low altitude

c - 중고도 항공기 ; c - Aircraft-medium altitude

d - 고고도 항공기 ; d - Aircraft-high altitude

e - 유인우주선 ; e - Manned spacecraft

f - 무인우주선 ; f - Unmanned spacecraft

g - 지상관측장치 ; g - Land-based remote-sensing device

h - 수상관측장치 ; h - Water surface-based remote-sensing device

i - 수중관측장치 ; i - Submersible remote-sensing device

n - 적용 불가 ; n - Not applicable

u - 미상 ; u - Unknown

z - 기타 ; z - Other

| - 부호화하지 않음 ; | - No attempt to code

/07 탑재기 이용 범주 ; 07 Platform use category

a - 기상용 ; a - Meteorological

b - 지표면관찰용 ; b - Surface observing

c - 우주관찰용 ; c - Space observing

m - 혼합 이용 ; m - Mixed uses

n - 적용 불가 ; n - Not applicable

u - 미상 ; u - Unknown

z - 기타 ; z - Other

| - 부호화하지 않음 ; | - No attempt to code

/08 탐사기 유형 ; 08 Sensor type

a - 능동형 ; a - Active

b - 수동형 ; b - Passive

u - 미상 ; u - Unknown

z - 기타 ; z - Other

| - 부호화하지 않음 ; | - No attempt to code

/09~10 데이터 유형 ; 09~10 Data type

nn - 적용 불가 ; nn - Not applicable

uu - 미상 ; uu - Unknown

zz - 기타 ; zz - Other

|| - 부호화하지 않음 ; || - No attempt to code

가시광선

aa - 가시광선 ; aa - Visible light

적외선

da - 근적외선 ; da - Near infrared

db - 중적외선 ; db - Middle infrared

dc - 원적외선 ; dc - Far infrared

dd - 열적외선 ; dd - Thermal infrared

de - 단파적외선 ; de - Shortwave infrared(SWIR)

df - 반사적외선 ; df - Reflective infrared

dv - 조합 ; dv - Combinations

dz - 기타 적외선 데이터 ; dz - Other infrared data

극초단파(레이더)

ga - 측면관측항공기레이더 ; ga - Sidelooking airborne radar(SLAR)

gb - 합성개구레이더—단일주파수 ; gb - Synthetic aperture radar(SAR)—Single frequency

gc - 합성개구레이더—다중주파수 ; gc - SAR-multi—frequency(multichannel)

gd - 합성개구레이더—동 편파 ; gd - SAR—like polarization

ge - 합성개구레이더—교차편파 ; ge - SAR—cross polarization

gf - Infometric SAR ; gf - Infometric SAR

gg - Polarmetric SAR ; gg - Polarmetric SAR

gu - 수동적 방법의 극초단파 매핑 ; gu - Passive microwave mapping

gz - 기타 극초단파 데이터 ; gz - Other microwave data

자외선

ja - 원자외선 ; ja - Far ultraviolet

jb - 중자외선 ; jb - Middle ultraviolet

jc - 근자외선 ; jc - Near ultraviolet

jv - 자외선 조합 ; jv - Ultraviolet combinations

jz - 기타 자외선 데이터 ; jz - Other ultraviolet data

데이터 혼합(조합)

ma - 다중분광, 다중데이터 ; ma - Multi-spectral, multidata

mb - 다중시기 ; mb - Multi-temporal

mm - 다양한 데이터 유형의 조합 ; mm - Combination of various data types

음파 측정(탄성파)

pa - 수중음파탐지기—수중깊이 ; pa - Sonar—water depth

pb - 수중음파탐지기—해저지형 이미지, 측면 스캔 ; pb - Sonar—bottom topography images, sidescan

pc - 수중음파탐지기—해저지형, 지표면 근처 ; pc - Sonar—bottom topography, near-surface

pd - 수중음파탐지기—해저지형, 해저 근처 ; pd - Sonar—bottom topography, near-bottom

pe - 지진 측정 ; pe - Seismic surveys

pz - 기타 음파측정 데이터 ; pz - Other acoustical data

중력

ra - 중력 이상(일반) ; ra - Gravity anomalies(general)

rb - 고도 이상 ; rb - Free-air

rc - 부게 이상 ; rc - Bouger

rd - 지각평형 이상 ; rd - Isostatic

자기장

sa - 자기장 ; sa - Magnetic field

방사 측정(감마선)

ta - 방사 측정 ; ta - radiometric surveys

구체 ; Globe

/00 자료범주표시 ; 00 Category of material

d - 구체(球體) ; d - Globe

/01 특정자료종별 ; 01 Specific material designation

a - 천구의(天球儀) ; a - Celestial globe

b - 지구와 달 이외 행성의 위성 모델 ; b - Planetary or lunar globe

c - 지구의(地球儀) ; c - Terrestrial globe

e - 월구의(月球儀) ; e - Earth moon globe

u - 자료를 특정화하지 않음 ; u - Unspecified

z - 기타 ; z - Other

| - 부호화하지 않음 ; | - No attempt to code

/02 미정의 ; 02 Undefined

/03 색채 ; 03 Color

a - 단색 ; a - One color

c - 천연색 ; c - Multicolored

| - 부호화하지 않음 ; | - No attempt to code

/04 물리적 매체 ; 04 Physical medium

a - 종이 ; a - Paper

b - 목재 ; b - Wood

c - 석재 ; c - Stone

d - 금속재 ; d - Metal

e - 합성수지(플라스틱, 비닐) ; e - Synthetic

f - 가죽 ; f - Skin

g - 섬유 ; g - Textile

; i - Plastic

; l - Vinyl

; n - Vellum

p - 석고 ; p - Plaster

u - 미상 ; u - Unknown

; v - Leather

; w - Parchment

z - 기타 ; z - Other

| - 부호화하지 않음 ; | - No attempt to code

/05 복제유형 ; 05 Type of reproduction

f - 복제물 ; f - Facsimile

n - 적용 불가(복제물이 아닌 경우) ; n - Not applicable

u - 미상 ; u - Unknown

z - 기타 ; z - Other

| - 부호화하지 않음 ; | - No attempt to code

악보 ; Notated Music

/00 자료범주표시 ; 00 Category of material

q - 악보 ; q - Notated music

/01 특정자료종별 ; 01 Specific material designation

u - 자료를 특정화하지 않음 ; u - Unspecified

| - 부호화하지 않음 ; | - No attempt to code

녹음자료 ; Sound Recording

/00 자료범주표시 ; 00 Category of material

s - 녹음자료 ; s - Sound recording

/01 특정자료종별 ; 01 Specific material designation

d - 음반 ; d - Sound disc

e - 실린더 ; e - Cylinder

g - 녹음 카트리지 ; g - Sound cartridge

i - 사운드-트랙 필름 ; i - Sound-track film

q - 롤 ; q - Roll

s - 녹음 카세트 ; s - Sound cassette

t - 녹음-테이프 릴 ; t - Sound-tape reel

u - 자료를 특정화하지 않음 ; u - Unspecified

w - 전선녹음 ; w - Wire recording

z - 기타 ; z - Other

| - 부호화하지 않음 ; | - No attempt to code

/02 미정의 ; 02 Undefined

/03 속도 ; 03 Speed

a - 16 rpm ; a - 16 rpm (discs)

b - 33 1/3 rpm ; b - 33 1/3 rpm (discs)

c - 45 rpm ; c - 45 rpm (discs)

d - 78 rpm ; d - 78 rpm (discs)

e - 8 rpm ; e - 8 rpm (discs)

f - 1.4 m. per sec. ; f - 1.4 m. per second (discs)

h - 120 rpm ; h - 120 rpm (cylinders)

i - 160 rpm ; i - 160 rpm (cylinders)

k - 15/16 ips ; k - 15/16 ips (tapes)

l - 1 7/8 ips ; l - 1 7/8 ips (tapes)

m - 3 3/4 ips ; m - 3 3/4 ips (tapes)

o - 7 1/2 ips ; o - 7 1/2 ips (tapes)

p - 15 ips ; p - 15 ips (tapes)

r - 30 ips ; r - 30 ips (tape)

u - 미상 ; u - Unknown

z - 기타 ; z - Other

| - 부호화하지 않음 ; | - No attempt to code

/04 녹음재생형태 ; 04 Configuration of playback channels

m - 단음 ; m - Monaural

q - 4채널음 ; q - Quadraphonic, multichannel, or surround

s - 스테레오 ; s - Stereophonic

u - 미상 ; u - Unknown

z - 기타 ; z - Other

| - 부호화하지 않음 ; | - No attempt to code

/05 음구의 폭/높이 ; 05 Groove width/groove pitch

m - 미세형 ; m - Microgroove/fine

n - 적용 불가 ; n - Not applicable

s - 표준형 ; s - Coarse/standard

u - 미상 ; u - Unknown

z - 기타 ; z - Other

| - 부호화하지 않음 ; | - No attempt to code

/06 크기 ; 06 Dimensions

a - 3 in. ; a - 3 in. diameter

b - 5 in. ; b - 5 in. diameter

c - 7 in. ; c - 7 in. diameter

d - 10 in. ; d - 10 in. diameter

e - 12 in. ; e - 12 in. diameter

f - 16 in. ; f - 16 in. diameter

g - 4 3/4 in. ; g - 4 3/4 in. or 12 cm. diameter

j - 3 7/8 × 2 1/2 in. ; j - 3 7/8 × 2 1/2 in.

n - 적용 불가 ; n - Not applicable

o - 5 1/4 × 3 7/8 in. ; o - 5 1/4 × 3 7/8 in.

s - 2 3/4 × 4 in. ; s - 2 3/4 × 4 in.

u - 미상 ; u - Unknown

z - 기타 ; z - Other

| - 부호화하지 않음 ; | - No attempt to code

/07 테이프 폭 ; 07 Tape width

l - 1/8 in. ; l - 1/8 in.

m - 1/4 in. ; m - 1/4 in.

n - 적용 불가 ; n - Not applicable

o - 1/2 in. ; o - 1/2 in.

p - 1 in. ; p - 1 in.

u - 미상 ; u - Unknown

z - 기타 ; z - Other

| - 부호화하지 않음 ; | - No attempt to code

/08 테이프 트랙의 수 ; 08 Tape Configuration

a - 1트랙(Full) ; a - Full(1) track

b - 2트랙(Half) ; b - Half(2) track

c - 4트랙(표준 카세트) ; c - Quarter(4) track

d - 8트랙(상용 카트리지) ; d - Eight track

e - 12트랙 ; e - Twelve track

f - 16트랙 ; f - Sixteen track

n - 적용 불가 ; n - Not applicable

u - 미상 ; u - Unknown

z - 기타 ; z - Other

| - 부호화하지 않음 ; | - No attempt to code

/09 음반, 실린더, 테이프의 종류 ; 09 Kind of disc, cylinder or tape

a - 마스터 테이프 ; a - Master tape

b - 테이프 복제 마스터 ; b - Tape duplication master

d - 음반 마스터(음각) ; d - Disc master(negative)

i - 현장 녹음 ; i - Instantaneous(recorded on the spot)

m - 상업용 제작 ; m - Mass-produced

n - 적용 불가 ; n - Not applicable

r - Mother(양각) ; r - Mother(positive)

s - Stamper(음각) ; s - Stamper(negative)

t - 테스트 제작 ; t - Test pressing

u - 미상 ; u - Unknown

z - 기타 ; z - Other

| - 부호화하지 않음 ; | - No attempt to code

/10 재질 ; 10 Kind of material

a - 래커 ; a - Lacquer coating

b - 셀룰로오스 나이트레이트 ; b - Cellulose nitrate

c - 산화제1철 아세테이트테이프 ; c - Acetate tape with ferrous oxide

g - 래커 처리된 유리 ; g - Glass with lacquer

i - 래커 처리된 알루미늄 ; i - Aluminum with lacquer

l - 금속 ; l - Metal

m - 금속 및 플라스틱 ; m - Plastic with metal

n - 적용 불가 ; n - Not applicable

p - 플라스틱 ; p - Plastic

r - 래커 또는 산화제1철 처리된 종이 ; r - Paper with lacquer or ferrous oxide

s - 도료 ; s - Shellac

w - 왁스 ; w - Wax

u - 미상 ; u - Unknown

z - 기타 ; z - Other

| - 부호화하지 않음 ; | - No attempt to code

/11 음구의 깎임 종류 ; 11 Kind of cutting

h - 삼각골형 깎임 ; h - Hill-and-dale cutting

l - 측면 또는 측면수직형 깎임 ; l - Lateral or combined cutting

n - 적용 불가 ; n - Not applicable

u - 미상 ; u - Unknown

| - 부호화하지 않음 ; | - No attempt to code

/12 특수재생장치특성 ; 12 Special playback characteristics

a - 미국방송가협회(NAB) 표준 ; a - NAB(National Association of Broadcasters) standard

b - CCIR 표준 ; b - CCIR(Comité consultatif de la radiodiffusion) standard

c - 돌비 B(표준돌비) ; c - Dolby-B encoded

d - dbx(잡음 감소) ; d - dbx encoded

e - 디지털녹음(콤팩트디스크) ; e - Digital recording

f - 돌비 A ; f - Dolby-A encoded

g - 돌비 C ; g - Dolby-C encoded

h - CX ; h - CX encoded

n - 적용 불가 ; n - Not applicable

u - 미상 ; u - Unknown

z - 기타 ; z - Other

| - 부호화하지 않음 ; | - No attempt to code

/13 녹음/저장(capture) 기법 ; 13 Capture and storage technique

a - 직접 녹음(흡음판 사용) ; a - Acoustical capture, direct storage

b - 직접 녹음(흡음판 사용 안 함) ; b - Direct storage, not acoustical

d - 디지털 녹음 ; d - Digital storage

e - 아날로그 전기적 녹음 ; e - Analoge electrical storage

u - 미상 ; u - Unknown

z - 기타 ; z - Other

| - 부호화하지 않음 ; | - No attempt to code

평면영사자료 ; Projected Graphic

/00 자료범주표시 ; 00 Category of material

g - 평면영사자료 ; g - Projected graphic

/01 특정자료종별 ; 01 Specific material designation

c - 필름스트립 카트리지 ; c - Filmstrip cartridge

d - 필름슬립 ; d - Filmslip

f - 불특정 유형 필름스트립 ; f - Filmstrip, type unspecified

o - 필름스트립 롤 ; o - Filmstrip roll

s - 슬라이드 ; s - Slide

t - 트랜스페어런시(엑스레이 포함) ; t - Transparency

u - 자료를 특정화하지 않음 ; u - Unspecified

z - 기타 ; z - Other

| - 부호화하지 않음 ; | - No attempt to code

/02 미정의 ; 02 Undefined

/03 색채 ; 03 Color

a - 단색 ; a - One color

b - 흑백 ; b - Black-and-white

c - 천연색 ; c - Multicolored

h - 수작업에 의한 색 ; h - Hand colored

m - 혼합 ; m - Mixed

n - 적용 불가 ; n - Not applicable

u - 미상 ; u - Unknown

z - 기타 ; z - Other

| - 부호화하지 않음 ; | - No attempt to code

/04 감광유제 ; 04 Base of emulsion

d - 유리 ; d - Glass

e - 합성수지 ; e - Synthetic

j - 안전 필름 ; j - Safety film

k - 안전 필름을 제외한 필름 ; k - Film base, other than safety film

m - 혼합 ; m - Mixed collection

o - 종이 ; o - Paper

u - 미상 ; u - Unknown

z - 기타 ; z - Other

| - 부호화하지 않음 ; | - No attempt to code

/05 음향 유무 ; 05 Sound on medium or separate

b̸ - 무성 ; # - No sound(silent)

a - 매체 자체에 음향이 수록되어 있음 ; a - Sound on medium

b - 매체와 별도로 음향이 수록되어 있음 ; b - Sound separate from medium

u - 미상 ; u - Unknown

| - 부호화하지 않음 ; | - No attempt to code

/06 음향수록 매체 ; 06 Medium for sound

b̸ - 무성 ; # - No sound(silent)

a - 영화필름상의 광학 녹음트랙 ; a - Optical sound track on motion picture film

b - 영화필름상의 마그네틱 녹음트랙 ; b - Magnetic sound track on motion picture film

c - 카트리지상의 마그네틱 음향테이프 ; c - Magnetic audio tape in cartridge

d - 음반 ; d - Sound disc

e - 릴 상의 마그네틱 음향테이프 ; e - Magnetic audio tape on reel

f - 카세트상의 마그네틱 음향테이프 ; f - Magnetic audio tape in cassette

g - 영화필름상의 광학 및 마그네틱 녹음트랙 ; g - Optical and magnetic sound track on motion picture film

h - 비디오테이프 ; h - Videotape

i - 비디오디스크 ; i - Videodisc

u - 미상 ; u - Unknown

z - 기타 ; z - Other

| - 부호화하지 않음 ; | - No attempt to code

/07 필름의 폭 ; 07 Dimensions

a - 표준 8 mm ; a - Standard 8 mm. film width

b - 슈퍼 8 mm/싱글 8 mm ; b - Super 8 mm./single 8 mm. film width

c - 9.5 mm ; c - 9.5 mm. film width

d - 16 mm ; d - 16 mm. film width

e - 28 mm ; e - 28 mm. film width

f - 35 mm ; f - 35 mm. film width

g - 70 mm ; g - 70 mm. film width

j - 2 × 2 인치 또는 5 × 5 cm ; j - 2 × 2 in. or 5 × 5 cm. slide

k - 2 1/4 × 2 1/4 인치 또는 6 × 6 cm ; k - 2 1/4 × 2 1/4 in. or 6 × 6 cm. slide

s - 4 × 5 인치 또는 10 × 13 cm ; s - 4 × 5 in. or 10 × 13 cm. transparency

t - 5 × 7 인치 또는 13 × 18 cm ; t - 5 × 7 in. or 13 × 18 cm. transparency

v - 8 × 10 인치 또는 21 × 26 cm ; v - 8 × 10 in. or 21 × 26 cm. transparency w - 9 × 9 인치 또는 23 × 23 cm ; w - 9 × 9 in. or 23 × 23 cm. transparency

x - 10 × 10 인치 또는 26 × 26 cm ; x - 10 × 10 in. or 26 × 26 cm. transparency

y - 7 × 7 인치 또는 18 × 18 cm ; y - 7 × 7 in. or 18 × 18 cm. transparency

u - 미상 ; u - Unknown

z - 기타 ; z - Other

| - 부호화하지 않음 ; | - No attempt to code

/08 틀의 재질 ; 08 Secondary support material

b̸ - 틀 없음 ; # - No secondary support

c - 마분지 ; c - Cardboard

d - 유리 ; d - Glass

e - 합성수지 ; e - Synthetic

h - 금속 ; h - Metal

j - 금속과 유리 ; j - Metal and glass

k - 합성수지와 유리 ; k - Synthetic and glass

m - 혼합 ; m - Mixed collection

u - 미상 ; u - Unknown

z - 기타 ; z - Other

| - 부호화하지 않음 ; | - No attempt to code

평면비영사자료 : Nonprojected Graphic

/00 자료범주표시 ; 00 Category of material

k - 평면비영사자료 ; k - Nonprojected graphic

/01 특정자료종별 ; 01 Specific material designation

a - 활동카드 ; a - Activity card

c - 콜라주 ; c - Collage

d - 드로잉 ; d - Drawing

e - 회화 ; e - Painting

f - 사진복제품 ; f - Photomechanical print

g - 음화사진 ; g - Photonegative

h - 사진인쇄 ; h - Photoprint

i - 그림 ; i - Picture

j - 탁인(拓印) 예술품 ; j - Print

k - 포스터 ; k - Poster

l - 기술도면 ; l - Technical drawing

n - 차트 ; n - Chart

o - 플래시카드 ; o - Flash card

p - 엽서 ; p - Postcard

q - 아이콘 ; q - Icon

r - 방사선사진 ; r - Radiograph

s - 학습프린터 ; s - Study print

u - 자료를 특정화하지 않음 ; u - Unspecified

v - 불특정 유형 사진 ; v - Photograph, type unspecified

z - 기타 ; z - Other

| - 부호화하지 않음 ; | - No attempt to code

/02 미정의 ; 02 Undefined

/03 색채 ; 03 Color

a - 단색 ; a - One color

b - 흑백 ; b - Black-and-white

c - 천연색 ; c - Multicolored

h - 수작업에 의한 색 ; h - Hand colored

m - 혼합 ; m - Mixed

u - 미상 ; u - Unknown

z - 기타 ; z - Other

| - 부호화하지 않음 ; | - No attempt to code

/04 기본재료 ; 04 Primary support material

a - 캔버스 ; a - Canvas

b - 고급판지 ; b - Bristol board

c - 판지/도화지 ; c - Cardboard/illustration board

d - 유리 ; d - Glass

e - 합성수지 ; e - Synthetic

f - 가죽 ; f - Skin

g - 섬유 ; g - Textile

h - 금속 ; h - Metal

; i - Plastic

; l - Vinyl

m - 혼합 ; m - Mixed collection

; n - Vellum

o - 종이 ; o - Paper

p - 석고 ; p - Plaster

q - 골판지 ; q - Hardboard

r - 자기류(磁器類) ; r - Porcelain

s - 석재 ; s - Stone

t - 목재 ; t - Wood

u - 미상 ; u - Unknown

; v - Leather

; w - Parchment

z - 기타 ; z - Other

| - 부호화하지 않음 ; | - No attempt to code

/05 틀의 재질 ; 05 Secondary support material

b̸ - 틀 없음 ; # - No secondary support

a - 캔버스 ; a - Canvas

b - 고급판지 ; b - Bristol board

c - 판지/도화지 ; c - Cardboard/illustration board

d - 유리 ; d - Glass

e - 합성수지 ; e - Synthetic

f - 가죽 ; f - Skin

g - 섬유 ; g - Textile

h - 금속 ; h - Metal

; i - Plastic

; l - Vinyl

m - 혼합 ; m - Mixed collection

; n - Vellum

o - 종이 ; o - Paper

p - 석고 ; p - Plaster

q - 골판지 ; q - Hardboard

r - 자기류(磁器類) ; r - Porcelain

s - 석재 ; s - Stone

t - 목재 ; t - Wood

u - 미상 ; u - Unknown

; v - Leather

; w - Parchment

z - 기타 ; z - Other

| - 부호화하지 않음 ; | - No attempt to code

영화 ; Motion Picture

/00 자료범주표시 ; 00 Category of material

m - 영화 ; m - Motion picture

/01 특정자료종별 ; 01 Specific material designation

c - 필름 카트리지 ; c - Film cartridge

f - 필름 카세트 ; f - Film cassette

o - 필름 롤 ; o - Film roll

r - 필름 릴 ; r - Film reel

u - 자료를 특정화하지 않음 ; u - Unspecified

z - 기타 필름 형태 ; z - Other

| - 부호화하지 않음 ; | - No attempt to code

/02 미정의 ; 02 Undefined

/03 색채 ; 03 Color

b - 흑백 ; b - Black-and-white

c - 천연색 ; c - Multicolored

h - 수작업에 의한 색 ; h - Hand colored

m - 혼합 ; m - Mixed

n - 적용 불가(상이 없는 자료) ; n - Not applicable

u - 미상 ; u - Unknown

z - 기타 ; z - Other

| - 부호화하지 않음 ; | - No attempt to code

/04 스크린 형태 ; 04 Motion picture presentation format

a - 표준음향 아파추어 ; a - Standard sound aperture(reduced frame)

b - 아나몰픽이 아님(非歪像) ; b - Nonanamorphic(wide-screen)

c - 입체(3D) ; c - 3D

d - 아나몰픽(歪像) ; d - Anamorphic(wide-screen)

e - 기타 와이드 스크린 형태 ; e - Other wide-screen format

f - 표준무성 아파추어(full frame) ; f - Standard silent aperture(full frame)

u - 미상 ; u - Unknown

z - 기타 ; z - Other

| - 부호화하지 않음 ; | - No attempt to code

/05 음향 유무 ; 05 Sound on medium or separate

b̸ - 무성 ; # - No sound(silent)

a - 매체 자체에 음향이 수록되어 있음 ; a - Sound on medium

b - 매체와 별도로 음향이 수록되어 있음 ; b - Sound separate from medium

u - 미상 ; u - Unknown

| - 부호화하지 않음 ; | - No attempt to code

/06 음향수록 매체 ; 06 Medium for sound

b̸ - 무성 ; # - No sound(silent)

a - 영화필름상의 광학 녹음트랙 ; a - Optical sound track on motion picture film

b - 영화필름상의 마그네틱 녹음트랙 ; b - Magnetic sound track on motion picture film

c - 카트리지상의 마그네틱 음향테이프 ; c - Magnetic audio tape in cartridge

d - 음반 ; d - Sound disc

e - 릴상의 마그네틱 음향테이프 ; e - Magnetic audio tape on reel

f - 카세트상의 마그네틱 음향테이프 ; f - Magnetic audio tape in cassette

g - 영화필름상의 광학 및 마그네틱 녹음트랙 ; g - Optical and magnetic sound track on motion picture film

h - 비디오테이프 ; h - Videotape

i - 비디오디스크 ; i - Videodisc

u - 미상 ; u - Unknown

z - 기타 ; z - Other

| - 부호화하지 않음 ; | - No attempt to code

/07 필름의 폭 ; 07 Dimensions

a - 표준 8 mm ; a - Standard 8 mm.

b - 슈퍼 8 mm/싱글 8 mm ; b - Super 8 mm./single 8 mm.

c - 9.5 mm ; c - 9.5 mm.

d - 16 mm ; d - 16 mm.

e - 28 mm ; e - 28 mm.

f - 35 mm ; f - 35 mm.

g - 70 mm ; g - 70 mm.

u - 미상 ; u - Unknown

z - 기타 ; z - Other

| - 부호화하지 않음 ; | - No attempt to code

/08 음향의 재생상태 ; 08 Configuration of playback channels

k - 혼합 ; k - Mixed

m - 단음(모노럴) ; m - Monaural

n - 적용 불가(무성) ; n - Not applicable

q - 4채널, 다채널, 서라운드 ; q - Quadraphonic, multichannel, or surround

s - 스테레오 ; s - Stereophonic

u - 미상 ; u - Unknown

z - 기타 ; z - Other

| - 부호화하지 않음 ; | - No attempt to code

/09 제작요소 ; 09 Production elements

a - 작업용 필름 ; a - Workprint

b - 편집된 필름 ; b - Trims

c - 삭제된 필름 ; c - Outtakes

d - 편집용 인화필름 ; d - Rushes

e - 혼합 트랙 ; e - Mixing tracks

f - 타이틀 밴드/삽입자막 롤 ; f - Title bands/inter-title rolls

g - 프로덕션 롤 ; g - Production rolls

n - 적용 불가 ; n - Not applicable

z - 기타 ; z - Other

| - 부호화하지 않음 ; | - No attempt to code

/10 감광상태 ; 10 Positive/negative aspect

a - 양화 ; a - Positive

b - 음화 ; b - Negative

n - 적용 불가 ; n - Not applicable

u - 미상 ; u - Unknown

z - 기타 ; z - Other

| - 부호화하지 않음 ; | - No attempt to code

/11 복제단계 ; 11 Generation

d - 복제 ; d - Duplicate

e - 마스터 ; e - Master

o - 원판 ; o - Original

r - 표본인화 ; r - Reference print/viewing copy

u - 미상 ; u - Unknown

z - 기타 ; z - Other

| - 부호화하지 않음 ; | - No attempt to code

/12 필름의 기본재료 ; 12 Base of film

a - 미확인 안전체 ; a - Safety base, undetermined

c - 아세테이트 미확인 안전체 ; c - Safety base, acetate undetermined

d - 디아세테이트 안전체 ; d - Safety base, diacetate

i - 질산염체 ; i - Nitrate base

m - 질산안전 혼합체 ; m - Mixed base(nitrate and safety)

n - 적용 불가 ; n - Not applicable

p - 폴리에스테르 안전체 ; p - Safety base, polyester

r - 혼합 안전체 ; r - Safety base, mixed

t - 트리아세테이트 안전체 ; t - Safety base, triacetate

u - 미상 ; u - Unknown

z - 기타 ; z - Other

| - 부호화하지 않음 ; | - No attempt to code

/13 색채의 범주 ; 13 Refined categories of color

a - 3층 색채 ; a - 3 layer color

b - 2층 색채 단편색 ; b - 2 color, single strip

c - 색상 불명의 2색 ; c - Undetermined 2 color

d - 색상 불명의 3색 ; d - Undetermined 3 color

e - 3색 스트립 ; e - 3 strip color

f - 2색 스트립 ; f - 2 strip color

g - 적색 스트립 ; g - Red strip

h - 청색 또는 녹색 스트립 ; h - Blue or green strip

i - 시안 스트립 ; i - Cyan strip

j - 마젠타 스트립 ; j - Magenta strip

k - 황색 스트립 ; k - Yellow strip

l - SEN 2 ; l - SEN 2

m - SEN 3 ; m - SEN 3

n - 적용 불가 ; n - Not applicable

p - 세피아 톤 ; p - Sepia tone

q - 기타 색상 ; q - Other tone

r - 틴트 ; r - Tint

s - Tinted and toned ; s - Tinted and toned

t - 스텐실 컬러 ; t - Stencil color

u - 미상 ; u - Unknown

v - 수작업에 의한 색 ; v - Hand colored

z - 기타 ; z - Other

| - 부호화하지 않음 ; | - No attempt to code

/14 다채색 인화유형 ; 14 Kind of color stock or print

a - 염료흡인전사 인화필름 ; a - Imbibition dye transfer prints

b - 3 layer stock ; b - Three-layer stock

c - 3 layer stock, low fade ; c - Three layer stock, low fade

d - Duplitized stock ; d - Duplitized stock

n - 적용 불가 ; n - Not applicable

u - 미상 ; u - Unknown

z - 기타 ; z - Other

| - 부호화하지 않음 ; | - No attempt to code

/15 변질상태 ; 15 Deterioration stage

a - 변질상태 불분명 ; a - None apparent

b - 질산염: 의심스러운 냄새 ; b - Nitrate: suspicious odor

c - 질산염: 자극적인 냄새 ; c - Nitrate: pungent odor

d - 질산염: 갈색, 변색, 색바램, 탈색 ; d - Nitrate: brownish, discoloration, fading, dusty

e - 질산염: 끈적거림 ; e - Nitrate: sticky

f - 질산염: 거품, 기포 ; f - Nitrate: frothy, bubbles, blisters

g - 질산염: 응고 ; g - Nitrate: congealed

h - 질산염: 가루화 ; h - Nitrate: powder

k - 비질산염: 인지할 수 있는 정도의 손상(디아세테이트 냄새) ; k - Non-nitrate: detectable deterioration

l - 비질산염: 과도한 손상 ; l - Non-nitrate: advanced deterioration

m - 비질산염: 완전 손상 ; m - Non-nitrate: disaster

| - 부호화하지 않음 ; | - No attempt to code

/16 필름의 완전성 ; 16 Completeness

c - 완전 ; c - Complete

i - 불완전 ; i - Incomplete

n - 적용 불가 ; n - Not applicable

u - 미상 ; u - Unknown

| - 부호화하지 않음 ; | - No attempt to code

/17~22 필름검사일자 ; 17~22 Film inspection date

ccyymm(세기/연/월) ; ccyymm(century/year/month)

|||||| - 부호화하지 않음 ; |||||| - No attempt to code

비디오녹화자료 ; Videorecording

/00 자료범주표시 ; 00 Category of material

v - 비디오녹화자료 ; v - Videorecording

/01 특정자료종별 ; 01 Specific material designation

c - 비디오카트리지 ; c - Videocartridge

d - 비디오디스크 ; d - Videodisc

f - 비디오카세트 ; f - Videocassette

r - 비디오릴 ; r - Videoreel

u - 자료를 특정화하지 않음 ; u - Unspecified

z - 기타 ; z - Other

| - 부호화하지 않음 ; | - No attempt to code

/02 미정의 ; 02 Undefined

/03 색채 ; 03 Color

a - 단색 ; a - One color

b - 흑백 ; b - Black-and-white

c - 천연색 ; c - Multicolored

m - 혼합 ; m - Mixed

n - 적용 불가 ; n - Not applicable

u - 미상 ; u - Unknown

z - 기타 ; z - Other

| - 부호화하지 않음 ; | - No attempt to code

/04 비디오 녹화형식 ; 04 Videorecording format

a - 베타(1/2 in., 비디오카세트) ; a - Beta(1/2 in., videocassette)

b - VHS(1/2 in., 비디오카세트) ; b - VHS(1/2 in., videocassette)

c - U-matic(3/4 in., 비디오카세트) ; c - U-matic(3/4 in., videocasstte)

d - EIAJ(일본규격 1/2 in., 릴) ; d - EIAJ(1/2 in., reel)

e - Type C(1 in., 릴) ; e - Type C(1 in., reel)

f - Quadruplex(2 in., 릴) ; f - Quadruplex(1 in. or 2 in., reel)

g - 레이저 광 비디오디스크 ; g - Laserdisc

h - CED 비디오디스크 ; h - CED(Capacitance Electronic Disc) videodisc

i - 베타캠(1/2 in., 비디오카세트) ; i - Betacam(1/2 in., videocassette)

j - 베타캠 SP(1/2 in., 비디오카세트) ; j - Betacam SP(1/2 in., videocassette)

k - 슈퍼 VHS(1/2 in., 비디오카세트) ; k - Super-VHS(1/2 in., videocassette)

m - M-Ⅱ(1/2 in., 비디오카세트) ; m - M-II(1/2 in., videocassette)

o - D-2(3/4 in., 비디오카세트) ; o - D-2(3/4 in., videocassette)

p - 8 mm ; p - 8 mm.

q - Hi-8 mm ; q - Hi-8 mm.

s - 블루레이 디스크 ; s - Blu-ray disc

u - 미상 ; u - Unknown

v - DVD ; v - DVD

z - 기타 ; z - Other

| - 부호화하지 않음 ; | - No attempt to code

/05 음향 유무 ; 05 Sound on medium or separate

b̸ - 무성 ; # - No sound(silent)

a - 매체에 음향이 수록되어 있음 ; a - Sound on medium

b - 매체와 별도로 음향이 수록되어 있음 ; b - Sound separate from medium

u - 미상 ; u - Unknown

| - 부호화하지 않음 ; | - No attempt to code

/06 음향수록 매체 ; 06 Medium for sound

b̸ - 무성 ; # - No sound(silent)

a - 영화필름상의 광학녹음대 ; a - Optical sound track on motion picture film

b - 영화필름상의 자기녹음대 ; b - Magnetic sound track on motion picture film

c - 카트리지상의 자기음향테이프 ; c - Magnetic audio tape in cartridge

d - 음반 ; d - Sound disc

e - 릴 상의 자기음향테이프 ; e - Magnetic audio tape on reel

f - 카세트 상의 자기음향테이프 ; f - Magnetic audio tape in cassette

g - 영화필름상의 광학 및 자기녹음대 ; g - Optical and magnetic sound track on motion picture film

h - 비디오테이프 ; h - Videotape

i - 비디오디스크 ; i - Videodisc

u - 미상 ; u - Unknown

z - 기타 ; z - Other

| - 부호화하지 않음 ; | - No attempt to code

/07 필름의 폭 ; 07 Dimensions

a - 8 mm ; a - 8 mm.

m - 1/4 in. ; m - 1/4 in.

o - 1/2 in. ; o - 1/2 in.

p - 1 in. ; p - 1 in.

q - 2 in. ; q - 2 in.

r - 3/4 in. ; r - 3/4 in.

u - 미상 ; u - Unknown

z - 기타(비디오디스크에 해당) ; z - Other

| - 부호화하지 않음 ; | - No attempt to code

/08 음향의 재생상태 ; 08 Configuration of playback channels

k - 혼합 ; k - Mixed

m - 단음(모노럴) ; m - Monaural

n - 적용 불가(무성) ; n - Not applicable

q - 4채널, 다채널, 서라운드 ; q - Quadraphonic, multichannel, or surround

s - 스테레오 ; s - Stereophonic

u - 미상 ; u - Unknown

z - 기타 ; z - Other

| - 부호화하지 않음 ; | - No attempt to code

전자자료 ; Electronic Resource

/00 자료범주표시 ; 00 Category of material

c - 전자자료 ; c - Electronic resource

/01 특정자료종별 ; 01 Specific material designation

a - 테이프 카트리지 ; a - Tape cartridge

b - 칩 카트리지 ; b - Chip cartridge

c - 컴퓨터 광디스크 카트리지 ; c - Computer optical disc cartridge

d - 불특정 유형 컴퓨터 디스크 ; d - Computer disc, type unspecified

e - 불특정 유형 컴퓨터 디스크 카트리지 ; e - Computer disc cartridge, type unspecified

f - 테이프 카세트 ; f - Tape cassette

h - 테이프 릴 ; h - Tape reel

j - 마그네틱 디스크 ; j - Magnetic disk

k - 컴퓨터 카드 ; k - Computer card

m - 광자기 디스크 ; m - Magneto-optical disc

o - 광디스크 ; o - Optical disc

r - 원격 ; r - Remote

u - 자료를 특정화하지 않음 ; u - Unspecified

z - 기타 ; z - Other

| - 부호화하지 않음 ; | - No attempt to code

/02 미정의 ; 02 Undefined

/03 색채 ; 03 Color

a - 단색 ; a - One color

b - 흑백색 ; b - Black-and-white

c - 천연색 ; c - Multicolored

g - 회색조 ; g - Gray scale

m - 혼합 ; m - Mixed

n - 적용 불가 ; n - Not applicable

u - 미상 ; u - Unknown

z - 기타 ; z - Other

| - 부호화하지 않음 ; | - No attempt to code

/04 규격 ; 04 Dimensions

a - 3 1/2 in. ; a - 3 1/2 in.

e - 12 in. ; e - 12 in.

g - 4 3/4 in. 또는 12 cm ; g - 4 3/4 in. or 12 cm.

i - 1 1/8 × 2 3/8 in. ; i - 1 1/8 × 2 3/8 in.

j - 3 7/8 × 2 1/2 in. ; j - 3 7/8 × 2 1/2 in.

n - 적용 불가 ; n - Not applicable

o - 5 1/4 in. ; o - 5 1/4 in.

u - 미상 ; u - Unknown

v - 8 in. ; v - 8 in.

z - 기타 ; z - Other

| - 부호화하지 않음 ; | - No attempt to code

/05 음향 ; 05 Sound

b̸ - 무성 ; # - No sound(silent)

a - 유성 ; a - Sound

u - 미상 ; u - Unknown

| - 부호화하지 않음 ; | - No attempt to code

/06~08 이미지의 비트 깊이 ; 06~08 Image bit depth

001~999 - 정밀 비트 깊이 ; 001~999 - Exact bit depth

mmm - 복합 ; mmm - Multiple

nnn - 적용 불가 ; nnn - Not applicable

--- - 미상 ; u - Unknown

||| - 부호화하지 않음 ; ||| - No attempt to code

/09 파일 형식의 종수 ; 09 File formats

a - 동일한 종류의 파일 ; a - One file format

m - 여러 종류의 파일 ; m - Multiple file formats

u - 미상 ; u - Unknown

| - 부호화하지 않음 ; | - No attempt to code

/10 품질보증지표 ; 10 Quality assurance target(s)

a - 없음 ; a - Absent

n - 적용 불가 ; n - Not applicable

p - 있음 ; p - Present

u - 미상 ; u - Unknown

| - 부호화하지 않음 ; | - No attempt to code

/11 원시자료의 정보원 ; 11 Antecedent/Source

a - 원시자료로부터 재생산된 파일 ; a - File reproduced from original

b - 마이크로자료로부터 재생산된 파일 ; b - File reproduced from microform

c - 전자자료로부터 재생산된 파일 ; c - File reproduced from an electronic resource

d - 중간매개자료(마이크로자료 제외)로부터 재생산된 파일 ; d - File reproduced from an intermediate(not microform)

m - 혼합 ; m - Mixed

n - 적용 불가 ; n - Not applicable

u - 미상 ; u - Unknown

| - 부호화하지 않음 ; | - No attempt to code

/12 압축수준 ; 12 Level of compression

a - 압축하지 않음 ; a - Uncompressed

b - 무손실 압축 ; b - Lossless

d - 유손실 압축 ; d - Lossy

m - 혼합 압축 ; m - Mixed

u - 미상 ; u - Unknown

| - 부호화하지 않음 ; | - No attempt to code

/13 재포맷의 품질 ; 13 Reformatting Quality

a - 접근 ; a - Access

n - 적용 불가 ; n - Not applicable

p - 보존 ; p - Preservation

r - 대체물 ; r - Replacement

u - 미상 ; u - Unknown

| - 부호화하지 않음 ; | - No attempt to code

마이크로자료 ; Microform

/00 자료범주표시 ; 00 Category of material

h - 마이크로자료 ; h - Microform

/01 특정자료종별 ; 01 Specific material designation

a - 아파추어 카드 ; a - Aperture card

b - 마이크로필름 카트리지 ; b - Microfilm cartridge

c - 마이크로필름 카세트 ; c - Microfilm cassette

d - 마이크로필름 릴 ; d - Microfilm reel

e - 마이크로피시 ; e - Microfiche

f - 마이크로피시 카세트 ; f - Microfiche cassette

g - 마이크로오패크 ; g - Microopaque

h - 마이크로필름 슬립 ; h - Microfilm slip

j - 마이크로필름 롤 ; j - Microfilm roll

u - 자료를 특정화하지 않음 ; u - Unspecified

z - 기타 ; z - Other

| - 부호화하지 않음 ; | - No attempt to code

/02 미정의 ; 02 Undefined

/03 감광상태 ; 03 Positive/negative aspect

a - 양화 ; a - Positive

b - 음화 ; b - Negative

m - 양화, 음화 혼합 ; m - Mixed polarity

u - 미상 ; u - Unknown

| - 부호화하지 않음 ; | - No attempt to code

/04 규격 ; 04 Dimensions

a - 8 mm ; a - 8 mm.

d - 16 mm ; d - 16 mm.

f - 35 mm ; f - 35 mm.

g - 70 mm ; g - 70 mm.

h - 105 mm ; h - 105 mm.

l - 3 × 5 인치 또는 8 × 13 cm ; l - 3 × 5 in. or 8 × 13 cm.

m - 4 × 6 인치 또는 11 × 15 cm ; m - 4 × 6 in. or 11 × 15 cm.

o - 6 × 9 인치 또는 16 × 23 cm ; o - 6 × 9 in. or 16 × 23 cm.

p - 3 1/4 × 7 3/8 인치 또는 9 × 19 cm ; p - 3 1/4 × 7 3/8 in. or 9 × 19 cm.

u - 미상 ; u - Unknown

z - 기타 ; z - Other

| - 부호화하지 않음 ; | - No attempt to code

/05 축소비율의 범위 ; 05 Reduction ratio range

a - 저축소율 ; a - Low reduction ratio

b - 정상 축소율 ; b - Normal reduction

c - 고밀도 축소율 ; c - High reduction

d - 최고밀도 축소율 ; d - Very high reduction

e - 초고밀도 축소율 ; e - Ultra high reduction

u - 미상 ; u - Unknown

v - 다양한 축소율 ; v - Reduction rate varies

| - 부호화하지 않음 ; | - No attempt to code

/06~08 축소비율 ; 06~08 Reduction ratio

/09 색채 ; 09 Color

b - 흑백 ; b - Black-and-white

c - 천연색 ; c - Multicolored

m - 혼합 ; m - Mixed

u - 미상 ; u - Unknown

z - 기타 ; z - Other

| - 부호화하지 않음 ; | - No attempt to code

/10 감광유제 ; 10 - Emulsion on film

a - 실버 할리드 ; a - Silver halide

b - 디아조 ; b - Diazo

c - 베지큘라 ; c - Vesicular

m - 혼합 ; m - Mixed emulsion

n - 적용 불가 ; n - Not applicable

u - 미상 ; u - Unknown

z - 기타 ; z - Other

| - 부호화하지 않음 ; | - No attempt to code

/11 복제단계 ; 11 Generation

a - 제1세대(마스터) ; a - First generation(master)

b - 복제용 마스터 ; b - Printing master

c - 이용제공용 ; c - Service copy

m - 혼합 ; m - Mixed generation
u - 미상 ; u - Unknown
| - 부호화하지 않음 ; | - No attempt to code

/12 필름의 기본재료 ; 12 Base of film
a - 미확인 안전체 ; a - Safety base, undetermined
c - 아세테이트 미확인 안전체 ; c - Safety base, acetate undetermined
d - 디아세테이트 안전체 ; d - Safety base, diacetate
i - 질산염체 ; i - Nitrate base
m - 질산안전 혼합체 ; m - Mixed base(nitrate and safety)
n - 적용 불가 ; n - Not applicable
p - 폴리에스터 안전체 ; p - Safety base, polyester
r - 혼합 안전체 ; r - Safety base, mixed
t - 트리아세테이트 안전체 ; t - Safety base, triacetate
u - 미상 ; u - Unknown
z - 기타 ; z - Other
| - 부호화하지 않음 ; | - No attempt to code

키트 ; Kit

/00 자료범주표시 ; 00 - Category of material
o - 키트 ; o - Kit

/01 특정자료종별 ; 01 - Specific material designation
u - 자료를 특정화하지 않음 ; u - Unspecified
| - 부호화하지 않음 ; | - No attempt to code

형태를 구분할 수 없는 자료 ; Unspecified

/00 자료범주표시 ; 00 Category of material
z - 형태를 구분할 수 없는 자료 ; z - Unspecified

/01 특정자료종별 ; 01 Specific material designation
m - 다양한 형태자료 ; m - Multiple physical forms
u - 형태가 특정화되지 않은 자료 ; u - Unspecified
z - 기타 ; z - Other
| - 부호화하지 않음 ; | - No attempt to code

6) 008 부호화정보필드 [반복불가/필수]
; 008 Fixed-Length Data Elements—General Information (NR)

부호화정보필드는 40자리의 고정된 필드로, 레코드 전반 및 서지적인 특성에 대한 정보를 데이터 관리 및 검색에 편리하도록 부호화하여 나타낸다. 지시기호와 식별기호는 사용하지 않으며, KORMARC의 경우, 00~17, 26~28, 32, 35~39의 자리는 모든 형태의 자료에 동일하게 적용되고, 18~25, 29~31, 33~34의 자리는 각 자료의 특성에 따라 상이하게 정의된다. 한편 MARC21의 경우, 00~17, 35~39의 자리는 모든 형태의 자료에 동일하게 적용되고, 18~34의 자리는 각 자료의 특성에 따라 상이하게 정의된다.

공통 ; All Materials

/00~05 입력일자 ; 00~05 Date entered on file

해당 자료가 최초로 입력되는 일자를 여섯 자리로 표시하며, 처음 두 자리는 연도를 나타내고, 나머지 네 자리는 월과 일을 각각 두 자리씩 나누어 나타낸다. 입력일자는 컴퓨터로 자동 생성된다.

/06 발행년 유형 ; 06 Type of date/Publication status

발행년 유형 부호는 알파벳 한 자리로 표시하며, 뒤이어 기술되는 발행년 1(07~10), 발행년 2(11~14)에 따라 결정된다. 연도의 일부분을 알 수 없는 경우, 해당 자리에는 'u'로 표시하고, 적용할 수 없는 경우에는 모두를 빈칸(b̸)으로 채운다.

b - 기원전 연도 ; b - No dates given; B.C. date involved

'발행년 1'과 '발행년 2'를 모두 빈칸(b̸)으로 채운다.

c - 계속 간행되고 있는 간행물 ; c - Continuing resource currently published

'발행년 1'에는 최초 연도를, '발행년 2'에는 계속되고 있음을 표시하는 '9999'를 기술한다.

d - 종간된 간행물 ; d - Continuing resource ceased publication

'발행년 1'에는 창간 연도를, '발행년 2'에는 종간 연도를 기술한다.

e - 상세 발행일 ; e - Detailed date

'발행년 1'에는 연도 네 자리, '발행년 2'에는 월일을 각각 두 자리씩 기술하되, 일자를 알 수 없는 경우에는 빈칸(b̸)으로 채운다.

i - 수집된 자료의 전체 포괄 연도 ; i - Inclusive dates of collection

일괄 문서자료 따위의 '발행년 1'에는 수집된 자료의 가장 이른 연도를, '발행년 2'에는 자료의 가장 늦은 연도를 기술한다. 단일 연도인 경우에는 '발행년 1'과 '발행년 2'에 해당 연도를 모두 기술한다.

k - 수집된 자료 중 대다수 자료의 포괄 연도 ; k - Range of years of bulk of collection

개인문고처럼 의도적으로 수집된 자료의 가장 큰 부분을 차지하는 자료와 관련된 연도 또는 연도의 범위를 '발행년 1'과 '발행년 2'에 기술한다.

m - 복수연도 ; m - Multiple dates

다권자료의 발행 연도 범위를, '발행년 1'에는 시작 연도를, '발행년 2'에는 마지막 연도를 기술한다.

n - 발행년 불명 ; n - Dates unknown

발행 연도를 알 수 없는 경우, '발행년 1'과 '발행년 2'를 모두 'u'로 채운다.

p - 배포연도/제작연도 ; p - Date of distribution/release/issue and production/recording session when different

배포연도와 제작연도가 다른 경우, '발행년 1'에는 배포연도, '발행년 2'에는 제작연도를 기술한다.

q - 추정 연도 ; q - Questionable date

발행 연도가 어떤 기간에 걸쳐서 추정된 연도인 경우, '발행년 1'에는 시작 추정 연도, '발행년 2'에는 마지막 추정 연도를 기술한다.

r - 복제연도/원본연도 ; r - Reprint/reissue date and original date

'발행년 1'에는 복제연도를, '발행년 2'에는 원본연도를 기술한다. 원본의 발행 연도가 미확인되었을 때에는 '발행년 2'를 'u'로 채운다.

s - 단일연도 ; s - Single known date/probable date

배포, 출판, 개봉, 작성, 추정 연도가 단일 연도로 구성된 경우, '발행년 1'에는 해당 발행 연도를, '발행년 2'에는 빈칸으로 채운다.

t - 발행연도/판권연도 ; t - Publication date and copyright date

발행년과 판권년이 각각 다르게 나타날 경우, '발행년 1'에는 발행 연도를, '발행년 2'에는 저작권 표시 연도를 기술한다.

u - 간행 상태를 알 수 없음 ; u - Continuing resource status unknown

; | - No attempt to code

/07~10 발행년 1 ; 07~10 Date 1

'발행년 1'은 네 자리로 표시하며, 발행년 유형에서 정의된 내용에 따라 기술한다.

; 1~9 - Date digit

; # - Date element is not applicable

; u - Date element is totally or partially unknown

; | - No attempt to code

/11~14 발행년 2 ; 11~14 Date 2

'발행년 2'는 네 자리로 표시하며, 발행년 유형에서 정의된 내용에 따라 기술한다.

; 1~9 - Date digit

; # - Date element is not applicable

; u - Date element is totally or partially unknown

; | - No attempt to code

/15~17 발행국명 ; 15~17 Place of publication, production, or execution

발행국명은 두 자리 또는 세 자리로 표시하며, 해당 자료가 발행된 국가의 부호를 기술한다. 한국은 세 자리의 부호로 나타내며, 기타 각국은 두 자리의 부호를 좌측으로 맞추고 한 자리는 빈칸(b̸)으로 채운다. 이 자리에는 채움문자(|||)를 사용하지 않는다(KORMARC 발행국부호표(http://www.nl.go.kr/kormarc/c5/page1_1.jsp) 참조).

008/15~17 ulk

260 b̸b̸▼a서울 :▼b문화출판사,▼c1990

008/15~17 usb̸

260 b̸b̸▼a[New York] :▼bGardner & Co.,▼cc1899

/18~25 비도서자료의 유형별 데이터 요소 참조 ; 18~34 MARC21 유형별 데이터 요소

/26~27 한국대학부호

한국대학부호는 두 자리로 표시하며, 대학에서 간행한 자료에 대하여 기술한다. 해당 사항이 없을 경우, 빈칸(b̸)으로 나타낸다. 이 자리에는 채움문자(||)를 사용할 수 있다. 예를 들면, 경북대학교 SC, 서울대학교 AK가 있다(KORMARC 한국대학부호표[1] 참조)

/28 수정 레코드 ; 38 Modified record

수정 레코드는 한 자리로 표시하며, 레코드 생성 시 서지정보의 일부분이 단축되었거나, 입력이 불가능한 특수문자·수학기호·부호 등이 생략된 경우, 서지정보의 일부분 또는 전부를 기계적 제한으로 인하여 한글로 풀어서 입력하는 등 데이터의 단축 또는 변형이 발생하였을 때, 그 유형을 나타낸다.

b̸ - 변형 없음 ; # - Not modified

b - 문자를 빈칸(b̸)으로 입력한 경우

; d - Dashed-on information omitted

h - 한자를 한글로 입력한 경우

; o - Completely romanized/printed cards romanized

r - 로마자 이외의 문자를 로마자로 입력한 경우 ; r - Completely romanized/printed cards in script

s - 레코드의 단축 ; s - Shortened

---

1) KORMARC 한국대학부호표는 http://www.nl.go.kr/kormarc/c5/page1_2.jsp에서 참조.

x - 한자 이외의 외국 문자를 한글로 입력한 경우 ; x - Missing characters

| - 부호화하지 않음 ; | - No attempt to code

/29~31 비도서자료의 유형별 데이터 요소 참조

/32 목록전거 ; 39 Cataloging source

목록전거는 한 자리로 표시하며, 입력된 데이터가 어떤 목록에 따라 편성된 것인지 나타낸다.

b̸ - 국가서지작성기관 ; # - National bibliographic agency

a - 자관

c - 협력기관 ; c - Cooperative cataloging program

d - 기타기관 ; d - Other

u - 미상 ; u - Unknown

| - 부호화하지 않음 ; | - No attempt to code

/33~34 비도서자료의 유형별 데이터 요소 참조

/35~37 언어 ; 35~37 Language

언어는 세 자리로 표시하며, 해당 저작에 사용된 언어를 부호로서 나타낸다. 저작이 하나 이상의 언어로 쓰인 경우에는 우위를 차지하는 언어를 이 자리에 나타내고, 나머지 언어는 041 필드에 기술한다. 번역물에 대한 서지레코드를 구축할 경우에는 번역물의 언어에 대한 부호를 부여하고, 원본에 대한 언어부호는 041 필드의 ▼h에 기술한다. 보다 특수한 경우에는 다음의 부호들이 사용된다.2)

b̸b̸b̸ - 해당 정보 없음 ; ### - No information provided

mul - 복수 언어 ; mul - Multiple languages

복수 언어로 되어 있는 자료에서 특별히 두드러진 언어가 없거나 목록작성기관에서 특정 언어를 기술하지 않고자 할 때 적용한다.

sgn - 수화 ; sgn - Sign languages

zxx - 언어 콘텐츠 없음 ; zxx - No linguistic content

und - 미상 ; und - Undetermined

자료에 사용된 언어를 결정할 수 없을 경우에 사용한다.

||| - 부호화하지 않음 ; ||| - No attempt to code

/38~39 한국정부기관부호

한국정부기관부호는 두 자리로 표시하며. 한국정부기관에서 간행한 자료에 대하여 기술한다. 해당 사항이 없으면 빈칸으로 채운다. 고서는 적용하지 않는다. 이 부호를 사용하지 않기로 결정한 기관에서는 채움문자(||)를 적용한다. 예를 들면, 교육부는 'HA', 국립중앙도

---

2) KORMARC 언어구분부호표(http://www.nl.go.kr/kormarc/c5/page1_3.jsp) ; MARC21은 MARC Code List for Languages 참조.

서관는 'HB'로 표시한다(KORMARC 한국정부기관부호표(http://www.nl.go.kr/kormarc/c5/page1_4.jsp) 참조).

지도자료 ; Maps

/18~21 모형도(006/01~04) ; 18~21 Relief(006/01~04)

ƀ - 모형도가 아님 ; # - No relief shown

a - 등고선지도 ; a - Contours

b - 음영도 ; b - Shading

c - 경사도 ; c - Gradient and bathymetric tints

d - 고저도 ; d - Hachures

e - 수심도 ; e - Bathymetry/soundings

f - 지형선도 ; f - Form lines

g - 표고도 ; g - Spot heights

i - 그림으로 그린 모형도 ; i - Pictorially

j - 지형도 ; j - Land forms

k - 해심도/등심선 ; k - Bathymetry/isolines

m - 암각화 ; m - Rock drawings

z - 기타 ; z - Other

|||| - 부호화하지 않음 ; |||| - No attempt to code

/22~23 도법(006/05~06) ; 22~23 Projection(006/05~06)

ƀƀ - 특별한 도법이 아님 ; ## - Projection not specified

방위도법

aa - 아이토프 도법 ; aa - Aitoff

ab - 노믹 도법 ; ab - Gnomic

ac - 람베르트 방위각등적 도법 ; ac - Lambert's azimuthal equal area

ad - 정사영 도법 ; ad - Orthographic

ae - 등거리방위 도법 ; ae - Azimuthal equidistant

af - 입체 도법 ; af - Stereographic

ag - 일반수직측면도법 ; ag - General vertical near-sided

am - 변형평사도법 ; am - Modified stereographic for Alaska

an - 체임벌린 삼각투영도법 ; an - Chamberlin trimetric

ap - 극평사 도법 ; ap - Polar stereographic

au - 방위투영법 및 특정한 형식이 없는 방위도법 ; au - Azimuthal, specific type unknown

az - 기타 방위 투영식도법 ; az - Azimuthal, other

원통도법

ba - 갈 도법 ; ba - Gall

bb - 구디 단열도법 ; bb - Goode's homolographic

bc - 람베르트 원통등적 도법 ; bc - Lambert's cylindrical equal area

bd - 메르카토르 도법 ; bd - Mercator

be - 밀러 도법 ; be - Miller

bf - 몰바이데 도법 ; bf - Mollweide

bg - 정현곡선 도법 ; bg - Sinusoidal

bh - 횡축 메르카토르 도법 ; bh - Transverse Mercator

bi - 가우스-크루거 도법 ; bi - Gauss-Kruger

bj - 정거(正距)원통도법 ; bj - Equirectangular

; bk - Krovak

; bl - Cassini-Soldner

bo - 경사 메르카토르 도법 ; bo - Oblique Mercator

br - 로빈슨 투영 도법 ; br - Robinson

bs - 공간경사 메르카토르 도법 ; bs - Space oblique Mercator

bu - 특정한 형식이 없는 원통 도법 ; bu - Cylindrical, specific type unknown

bz - 기타 원통 도법 ; bz - Cylindrical, other

원추형도법

ca - 알버 등적 도법 ; ca - Albers equal area

cb - 본도법 ; cb - Bonne

cc - 람베르트 등각원추형 도법 ; cc - Lambert's conformal conic

ce - 등거(等距)원추형 도법 ; ce - Equidistant conic

cp - 다원추형 도법 ; cp - Polyconic

cu - 특정한 형식이 없는 원추형 도법 ; cu - Conic, specific type unknown

cz - 기타 원추형 도법 ; cz - Conic, other

기타도법

da - 아르마딜로 도법 ; da - Armadillo

db - 버터플라이 도법 ; db - Butterfly

dc - 엑케르트 도법 ; dc - Eckert

dd - 구디 상동투영도법 ; dd - Goode's homolosine

de - 밀러양극사각등각원추형 도법 ; de - Miller's bipolar oblique conformal conic

df - 그린텐 도법 ; df - Van Der Grinten

dg - 다이막시온 도법 ; dg - Dimaxion

dh - 심장형 도법 ; dh - Cordiform

dl - 람베르트 상사 원추 도법 ; dl - Lambert conformal

zz - 기타 도법 ; zz - Other

|| - 부호화하지 않음 ; || - No attempt to code

/24 미정의 ; 24 Undefined(006/07)

/25 지도자료의 유형(006/08) ; 25 Type of cartographic material(006/08)

a - 단매지도 ; a - Single map

b - 지도모음 ; b - Map series

c - 연속발행되는 지도 ; c - Map serial

d - 구체 ; d - Globe

e - 지도집 ; e - Atlas

f - 다른 자료의 별도부록으로 발행된 지도 ; f - Separate supplement to another work

g - 다른 자료에 함께 제본되어 있는 지도 ; g - Bound as part of another work

u - 미상 ; u - Unknown

z - 기타 ; z - Other

| - 부호화하지 않음 ; | - No attempt to code

/; 26~27 Undefined(006/09~10)

/; 28 Government publication(006/11)

; # - Not a government publication

; a - Autonomous or semi-autonomous component

; c - Multilocal

; f - Federal/national

; i - International intergovernmental

; l - Local

; m - Multistate

; o - Government publication-level undetermined

; s - State, provincial, territorial, dependent, etc.

; u - Unknown if item is government publication

; z - Other

; | - No attempt to code

/29 자료의 형태(006/09) ; 29 Form of item(006/12)

b̸ - 기타 ; # - None of the following

a - 마이크로필름 ; a - Microfilm

b - 마이크로피시 ; b - Microfiche

c - 마이크로오패크 ; c - Microopaque

d - 큰활자인쇄자료 ; d - Large print

f - 점자자료 ; f - Braille

o - 온라인 전자자료 ; o - Online

q - 직접 접근 전자자료 ; q - Direct electronic

r - 복제자료 ; r - Regular print reproduction

s - 전자자료 ; s - Electronic

| - 부호화하지 않음 ; | - No attempt to code

/30 미정의(006/10) ; 30 Undefined(006/13)

/31 색인(006/11) ; 31 Index(006/14)

0 - 색인이 없음 ; 0 - No index

1 - 색인이 있음 ; 1 - Index present

| - 부호화하지 않음 ; | - No attempt to code

/; 32 Undefined(006/15)

/33~34 형태상의 특징(006/12~13) ; 33~34 Special format characteristics(006/16~17)

b̸ - 형태상의 특징이 없는 자료 ; # - No specified special format characteristics

e - 수작업 지도 ; e - Manuscript

j - 엽서 지도 ; j - Picture card, post card

k - 달력 지도 ; k - Calendar

l - 퍼즐용 지도 ; l - Puzzle

n - 게임용 지도 ; n - Game

o - 벽지도 ; o - Wall map

p - 놀이카드용 지도 ; p - Playing cards

r - 가제식 지도 ; r - Loose-leaf

z - 기타 ; z - Other

|| - 부호화하지 않음 ; || - No attempt to code

음악/녹음자료 ; Music

/18~19 작곡형식(006/01~02) ; 18~19 Form of composition(006/01~02)

an - 축가, 국가 ; an - Anthems

bd - 발라드곡 ; bd - Ballads

bg - 블루그래스 음악 ; bg - Bluegrass music

bl - 블루스 ; bl - Blues

bt - 발레곡 ; bt - Ballets

ca - 샤콘느 ; ca - Chaconnes

cb - 기타 종교 성가 ; cb - Chants, Other religions

cc - 기독교 성가 ; cc - Chant, Christian

cg - 합주협주곡 ; cg - Concerti grossi

ch - 합창곡 ; ch - Chorales

cl - 합창 전주곡 ; cl - Chorale preludes

cn - 캐논 및 론도, 전칙곡(典則曲) ; cn - Canons and rounds

co - 협주곡 ; co - Concertos

cp - 다성의 샹송 ; cp - Chansons, polyphonic

cr - 캐럴 ; cr - Carols

cs - 우연성 작곡 ; cs - Chance compositions

ct - 칸타타 ; ct - Cantatas

cy - 컨트리 음악 ; cy - Country music

cz - 칸초나 ; cz - Canzonas

df - 무용음악 ; df - Dance forms

dv - 희유곡, 세레나데 ; dv - Divertimentos, serenades, cassations, divertissements, and notturni

fg - 둔주곡 ; fg - Fugues

fl - 플라멩코 ; fl - Flamenco

fm - 해외민속음악 ; fm - Folk music

ft - 환상곡 ; ft - Fantasias

gm - 복음성가 ; gm - Gospel music

hy - 찬가 ; hy - Hymns

jz - 재즈 ; jz - Jazz

국악

ka - 제례악

kb - 연례악

kc - 거동음악

kd - 가사

ke - 시조

kf - 판소리

kg - 단가

kh - 병창

ki - 통속민요

kj - 잡가

kk - 토속민요

kl - 산조

km - 시나위

kn - 봉장취

ko - 농악

kp - 향제 대풍류

kq - 삼현육각

kr - 불교음악

ks - 무속음악

kt - 연희

ku - 한국가곡

kv - 한국대중음악

mc - 음악풍자희극 ; mc - Musical revues and comedies

md - 연가 ; md - Madrigals

mi - 미뉴에트 ; mi - Minuets

mo - 경문가 ; mo - Motets

mp - 영화음악 ; mp - Motion picture music

mr - 행진곡 ; mr - Marches

ms - 미사곡 ; ms - Masses

mu - 복합형식 ; mu - Multiple forms

mz - 마주르카 ; mz - Mazurkas

nc - 야상곡 ; nc - Nocturnes

nn - 적용 불가 ; nn - Not applicable

op - 오페라 ; op - Operas

or - 오라토리오 ; or - Oratorios

ov - 서곡 및 전주곡 ; ov - Overtures

pg - 표제음악 ; pg - Program music

pm - 예수 수난곡 ; pm - Passion music

po - 폴로네즈 ; po - Polonaises

pp - 해외대중음악 ; pp - Popular music

pr - 전주곡 ; pr - Preludes

ps - 파사칼리아 ; ps - Passacaglias

pt - 합창곡 ; pt - Part-songs

pv - 파반 ; pv - Pavans
rc - 록음악 ; rc - Rock music
rd - 론도 ; rd - Rondos
rg - 랙타임음악 ; rg - Ragtime music
ri - 리체르카레(기교적 작곡) ; ri - Ricercars
rp - 랩소디 ; rp - Rhapsodies
rq - 진혼곡 ; rq - Requiems
sd - 스퀘어댄스곡 ; sd - Square dance music
sg - 가곡 ; sg - Songs
sn - 소나타 ; sn - Sonatas
sp - 교향시 ; sp - Symphonic poems
st - 연습곡 ; st - Studies and exercises
su - 조곡 ; su - Suites
sy - 교향곡 ; sy - Symphonies
tc - 토카타 ; tc - Toccatas
tl - 극장 오페라 ; tl - Teatro lirico
ts - 트리오 소나타 ; ts - Trio-sonatas
uu - 미상 ; uu - Unknown
vi - 비안시코 ; vi - Villancicos
vr - 변주곡 ; vr - Variations
wz - 왈츠 ; wz - Waltzes
za - 사르수엘라 ; za - Zarzuelas
zz - 기타 ; zz - Other
|| - 부호화하지 않음 ; || - No attempt to code

/20 악보형식(006/03) ; 20 Format of music(006/03)

a - 총보 ; a - Full score
b - 미니어처 악보/학습용 악보 ; b - Full score, miniature or study size
c - 건반악기 반주보 ; c - Accompaniment reduced for keyboard
d - 성악보 ; d - Voice score with accompaniment omitted
e - 콘덴스 스코어/지휘용 피아노 스코어 ; e - Condensed score or piano-conductor score
g - 클로즈 스코어 ; g - Close score
<u>h - 국악보</u>
<u>9 - 합창보</u> ; <u>h - Chorus score</u>
i - 콘덴스 스코어 ; i - Condensed score

j - 연주자-지휘자용 파트보 ; j - Performer-conductor part

; k - Vocal score

; l - Score

m - 복수총보 ; m - Multiple score formats

n - 적용 불가 ; n - Not applicable

u - 미상 ; u - Unknown

z - 기타 ; z - Other

| - 부호화하지 않음 ; | - No attempt to code

/21 악보 파트보 ; 21 Music parts(006/04)

b̸ - 파트보가 없거나 세분하지 않는 경우 ; # - No parts in hand or not specified

d - 기악/성악 파트보 ; d - Instrumental and vocal parts

e - 기악 파트보 ; e - Instrumental parts

f - 성악 파트보 ; f - Vocal parts

n - 적용 불가 ; n - Not applicable

u - 미상 ; u - Unknown

| - 부호화하지 않음 ; | - No attempt to code

/22 이용대상자 수준(006/05) ; 22 Target audience(006/05)

b̸ - 일반이용자용 ; # - Unknown or unspecified

a - 취학전 아동 ; a - Preschool

b - 초등학생 ; b - Primary

c - 중학생 ; c - Pre-adolescent

d - 고등학생 ; d - Adolescent

e - 성인용 ; e - Adult

f - 특수계층 ; f - Specialized

; g - General

j - 아동용 ; j - Juvenile

z - 미상 또는 세분하지 않는 경우

| - 부호화하지 않음 ; | - No attempt to code

/23 자료의 형태(006/06) ; 23 Form of item(006/06)

b̸ - 기타 ; # - None of the following

a - 마이크로필름 ; a - Microfilm

b - 마이크로피시 ; b - Microfiche

c - 마이크로오패크 ; c - Microopaque

d - 큰활자인쇄자료 ; d - Large print

f - 점자자료 ; f - Braille

o - 온라인 전자자료 ; o - Online

q - 직접 접근 전자자료 ; q - Direct electronic

r - 복제자료 ; r - Regular print reproduction

s - 전자자료 ; s - Electronic

| - 부호화하지 않음 ; | - No attempt to code

/<u>24~25 딸림자료(006/07~08)</u> ; <u>24~29 Accompanying matter(006/07~12)</u>

b̸ - 딸림자료 없음 ; # - No accompanying matter

a - 음반목록 ; a - Discography

b - 서지 ; b - Bibliography

c - 주제색인 ; c - Thematic index

d - 가사, 대본 ; d - Libretto or text

e - 작곡가나 저작자의 소개 ; e - Biography of composer or author

f - 연주자의 소개 ; f - Biography of performer or history of ensemble

g - 악기에 관한 기술자료/사료 ; g - Technical and/or historical information on instruments

h - 음악작품의 기술자료 ; h - Technical information on music

i - 음악작품의 사료 ; i - Historical information

k - 민족음악 자료 ; k - Ethnological information

r - 교재 ; r - Instructional materials

s - 악보 ; s - Music

z - 기타 ; z - Other

| - 부호화하지 않음 ; | - No attempt to code

/<u>29 미정의</u>

/30~31 녹음자료의 내용(006/10~11) ; 30~31 Literary text for sound recordings(006/13~14)

b̸ - 음악녹음자료 ; # - Item is a music sound recording

a - 자서전 ; a - Autobiography

b - 전기 ; b - Biography

c - 회의록 ; c - Conference proceedings

d - 희곡, 연극 ; d - Drama

e - 수필 ; e - Essays

f - 소설 ; f - Fiction

g - 보고서 ; g - Reporting

h - 역사 ; h - History

i - 사용법 ; i - Instruction

j - 언어교육 ; j - Language instruction

k - 희극 ; k - Comedy

l - 강연, 연설 ; l - Lectures, speeches

m - 회고록 ; m - Memoirs

n - 적용 불가 ; n - Not applicable

o - 설화 ; o - Folktales

p - 시 ; p - Poetry

r - 리허설 ; r - Rehearsals

s - 소리 ; s - Sounds

t - 면담 ; t - Interviews

z - 기타 ; z - Other

| - 부호화하지 않음 ; | - No attempt to code

/; 32 Undefined(006/15)

/33 조 옮김 및 편곡(006/12) ; 33 Transposition and arrangement(006/16)

b̸ - 조 옮김/편곡이 아니거나 세분화하지 않는 경우 ; # - Not arrangement or transposition or not specified

a - 조 옮김 ; a - Transposition

b - 편곡 ; b - Arrangement

c - 조 옮김과 편곡 둘 다인 경우 ; c - Both transposed and arranged

n - 적용 불가 ; n - Not applicable

u - 미상 ; u - Unknown

| - 부호화하지 않음 ; | - No attempt to code

/34 미정의(006/13) ; 34 Undefined(006/17)

시청각자료 ; Visual Materials

/18~20 영화나 비디오녹화자료의 상영시간(006/01~03) ; 18~20 Running time for motion pictures and videorecordings(006/01~03)

000 - 상영시간이 세 자리를 초과할 경우(999분을 초과할 경우) ; 000 - Running time exceeds three characters

001~999 - 상영시간 ; 001~999 - Running time

nnn - 적용 불가(영화나 비디오녹화자료가 아닌 경우) ; nnn - Not applicable

--- - 상영시간 미상 ; --- - Unknown

||| - 부호화하지 않음 ; ||| - No attempt to code

/21 미정의(006/04) ; 21 Undefined(006/04)

/22 이용대상자 수준(006/05) ; 22 Target audience(006/05)

b̸ - 일반이용자용 ; # - Unknown or not specified

a - 취학전 아동 ; a - Preschool

b - 초등학생 ; b - Primary

c - 중학생 ; c - Pre-adolescent

d - 고등학생 ; d - Adolescent

e - 성인용 ; e - Adult

f - 특수계층(시각, 청각, 발달 등의 장애자용) ; f - Specialized

; g - General

j - 아동용 ; j - Juvenile

z - 미상 또는 세분하지 않는 경우

| - 부호화하지 않음 ; | - No attempt to code

/23~25 미정의(006/06~08) ; 23~27 Undefined(006/06~10)

/; 28 Government publication(006/11)

; # - Not a government publication

; a - Autonomous or semi-autonomous component

; c - Multilocal

; f - Federal/national

; i - International intergovernmental

; l - Local

; m - Multistate

; o - Government publication-level undetermined

; s - State, provincial, territorial, dependent, etc.

; u - Unknown if item is government publication

; z - Other

; | - No attempt to code

/29 자료의 형태(006/09) ; 29 Form of item(006/12)

b̸ - 기타 ; # - None of the following

a - 마이크로필름 ; a - Microfilm

b - 마이크로피시 ; b - Microfiche

c - 마이크로오패크 ; c - Microopaque

d - 큰활자인쇄자료 ; d - Large print

f - 점자자료 ; f - Braille

o - 온라인 전자자료 ; o - Online

q - 직접 접근 전자자료 ; q - Direct electronic

r - 복제자료 ; r - Regular print reproduction

s - 전자자료 ; s - Electronic

| - 부호화하지 않음 ; | - No attempt to code

/30~31 미정의(006/10~11) ; 30~32 Undefined(006/13~15)

/33 시청각자료의 유형(006/12) ; 33 Type of visual material(006/16)

평면영사자료

f - 필름스트립 ; f - Filmstrip

m - 영화 ; m - Motion picture

s - 슬라이드 ; s - Slide

t - 트랜스페어런시 ; t - Transparency

v - 비디오녹화자료 ; v - Videorecording

평면비영사자료

a - 예술품 원본 ; a - Art original

c - 예술품 복제자료 ; c - Art reproduction

i - 그림 ; i - Picture

k - 그래픽 ; k - Graphic

l - 기술도면 ; l - Technical drawing

n - 차트 ; n - Chart

o - 플래시 카드 ; o - Flash card

입체자료(실물)

a - 예술품 원본 ; a - Art original

c - 예술품 복제자료 ; c - Art reproduction

d - 디오라마 ; d - Diorama

g - 게임 ; g - Game

p - 마이크로스코프 슬라이드 ; p - Microscope slide

q - 모형 ; q - Model

r - 실물 ; r - Realia

w - 장난감 ; w - Toy

키트

b - 키트 ; b - Kit

기타

z - 기타 ; z - Other

| - 부호화하지 않음 ; | - No attempt to code

/34 기술수준(006/13) ; 34 Technique(006/17)

a - 애니메이션 ; a - Animation

c - 애니메이션과 실연 ; c - Animation and live action

l - 실연 ; l - Live action

n - 적용 불가 ; n - Not applicable

u - 미상 ; u - Unknown

z - 기타 ; z - Other

| - 부호화하지 않음 ; | - No attempt to code

전자자료 ; Computer Files

/18~21 미정의(006/01~04) ; 18~21 Undefined(006/01~04)

b̸ - 미정의

| - 부호화하지 않음

/22 이용대상자 수준(006/05) ; 22 Target audience(006/05)

b̸ - 일반이용자용 ; # - Unknown or not specified

a - 취학전 아동 ; a - Preschool

b - 초등학생 ; b - Primary

c - 중학생 ; c - Pre-adolescent

d - 고등학생 ; d - Adolescent

e - 성인용 ; e - Adult

f - 특수계층(시각, 청각, 발달 등의 장애자용) ; f - Specialized

; g - General

j - 아동용 ; j - Juvenile

z - 미상 또는 세분하지 않는 경우

| - 부호화하지 않음 ; | - No attempt to code

/23 개별자료의 형태(006/06) ; 23 Form of item(006/06)

b̸ - 미상 또는 세분화하지 않는 경우 ; # - Unknown or not specified

o - 온라인 전자자료 ; o - Online

q - 직접 접근 전자자료 ; q - Direct electronic

| - 부호화하지 않음 ; | - No attempt to code

/24 미정의(006/07) ; 24~25 Undefined(006/07~08)

/25 전자자료의 유형(006/08) ; 26 Type of computer file(006/09)

a - 수치 정보(통계자료 포함) ; a - Numeric data

b - 컴퓨터 프로그램 ; b - Computer program

c - 설명자료(그림이나 그래프 정보) ; c - Representational

d - 문자 ; d - Document

e - 서지데이터 ; e - Bibliographic data

f - 폰트 ; f - Font

g - 게임 ; g - Game

h - 음향 ; h - Sound

I - 양방향 멀티미디어 ; i - Interactive multimedia

j - 온라인 시스템 또는 서비스 ; j - Online system or service

m - 조합 ; m - Combination

u - 미상 ; u - Unknown

z - 기타 ; z - Other

| - 부호화하지 않음 ; | - No attempt to code

/; 27 Undefined(006/10)

/; 28 Government publication(006/11)

; # - Not a government publication

; a - Autonomous or semi-autonomous component

; c - Multilocal

; f - Federal/national

; i - International intergovernmental

; l - Local

; m - Multistate

; o - Government publication-level undetermined

; s - State, provincial, territorial, dependent, etc.

; u - Unknown if item is government publication

; z - Other

; | - No attempt to code

/29~31 미정의(006/09~11) ; 29~34 Undefined(006/12~17)

/33~34 미정의(006/12~13)

복합자료 ; Mixed Materials

/18~22 미정의 ; 18~22 Undefined(006/01~05)

/23 개별자료의 형태(006/06) ; 23 Form of item(006/06)

b̸ - 해당 없음 ; # - None of the following

a - 마이크로필름 ; a - Microfilm

b - 마이크로피시 ; b - Microfiche

c - 마이크로오패크 ; c - Microopaque

d - 큰활자인쇄자료 ; d - Large print

f - 점자자료 ; f - Braille

o - 온라인 전자자료 ; o - Online

q - 직접 접근 전자자료 ; q - Direct electronic

r - 복제자료 ; r - Regular print reproduction

s - 전자자료 ; s - Electronic

| - 부호화하지 않음 ; | - No attempt to code

/24~25, 29~31, 33~34 미정의(006/07~13) ; 24~34 Undefined(006/07~17)

2. 숫자적 필드

숫자적 필드는 각종 숫자와 부호로 구성되는 정보를 나타내며, 지시기호와 식별기호[3]가 사용된다.

1) 020 국제표준도서번호 [반복/해당시필수] ; 020 International Standard Book Number(ISBN) (R)

020 필드에는 국제표준도서번호(ISBN), 가격, 그리고 잘못된 ISBN 등을 기술한다. 한 저작의 각기 다른 판(edition)에 대하여 각각의 ISBN이 부여되었거나, 다권본 또는 총서의 각 권과 전체에 대하여 각각의 ISBN이 부여된 경우, 이 필드를 반복 사용한다.

제1지시기호 ; First Indicator - Undefined

b̸ - 낱권 번호

1 - 세트 번호

제2지시기호 - 미정의 ; Second Indicator - Undefined

3) 이하 모든 식별기호의 반복 사용 여부는 반복 사용이 가능한 것만 KORMARC에서는 [반복], MARC21에서는 (R)을 부기하였다. 따라서 이 표시가 없는 것은 반복 사용이 불가능한 것이다.

식별기호 ; Subfield Codes

▼a - 국제표준도서번호 ; $a - International Standard Book Number ☞【RDA: 2.15】

▼c - 입수조건 ; $c - Terms of availability ☞【RDA: 4.2】

▼g - 부가기호

▼z - 취소/사용하지 않는 국제표준도서번호 [반복] ; $z - Canceled/invalid ISBN (R) ☞【RDA: 2.15】

▼6 - 대체문자 연결 ; $6 - Linkage

▼8 - 필드 링크와 일련번호 [반복] ; $8 - Field link and sequence number (R)

[KORMARC]

020 ␢␢▼a890000056X▼g03180 :▼c \ 3800 ⇒ ISBN 89-00-00056-X 03180 : ₩3800

020 1␢▼a8932303460 (세트) ⇒ ISBN 89-323-0346-0 (세트)

[MARC21]

020 ##$a0914378260 (pbk. : v. 1) :c5.00

020 ##$a0877790019 (black leather)$z0877780116 :$c$14.00

[KCR4]

- **표준번호(1.8.1)**

기술대상자료에 복수의 표준번호가 표시되어 있는 경우, 그 자료에 해당되는 표준번호만을 기술한다. 다만 두 번째 이하의 표준번호를 나타낼 필요가 있는 경우에는 온점 빈칸 이중붙임표 빈칸(. --)을 앞세워 기술한다. 표준번호의 식별을 위하여 장정 형태나 권차 등의 정보를 해당 표준번호 다음 원괄호(( )) 속에 부기할 수 있다. 표준번호에 잘못 인쇄된 숫자가 있음이 확인되었을 경우에는 이를 정정해서 기재하고, 그다음에 '고침', 또는 'corrected'이란 어구를 원괄호(( ))로 묶어 부기한다.

- **입수조건 표시(1.8.3)**

가격, 비매품, 회원배포, 관내자료 등의 정보가 기재되어 있는 경우, ISBN 다음에 이를 기술한다. 가격은 자료에 표시된 정가를 기재하며, 정가와 특가가 아울러 표시되어 있는 것은 특가를 원괄호(( ))로 묶어 정가 다음에 부기한다. 가격의 화폐 단위 명칭은 공식적인 표준부호를 사용하여 가격 앞에 기재한다. 그 밖에 입수에 참고되는 사항은 간결한 어구로 기재한다.

020 ㅂㅂ ▼a0684142570 (pbk.) : ▼c$6.95 ⇒ ISBN 0-684-14257-0 (pbk.) : $6.95

020 ㅂㅂ ▼al96207400033 : ▼cTW$5 ⇒ ISBN 962-07-40003-3 : TW$5

2) 022 국제표준연속간행물번호 [반복/해당시필수]
; 022 International Standard Serial Number (R)

제1지시기호 ; First Indicator - Level of international interest

- ㅂ - 세분하지 않음 ; # - No level specified
- 1 - 국제수준의 계속자료 ; 0 - Continuing resource of international interest
- 2 - 국제수준의 계속자료가 아님 ; 1 - Continuing resource not of international interest

제2지시기호 - 미정의 ; Second Indicator - Undefined

식별기호 ; Subfield Codes

- ▼a - 국제표준연속간행물번호 ; $a - International Standard Serial Number ☞【RDA: 2.15】
- ▼l - ISSN-L ; $l - ISSN-L
- ▼m - 취소된 ISSN-L [반복] ; $m - Canceled ISSN-L (R)
- ▼y - 부정확한 국제표준연속간행물번호 [반복] ; $y - Incorrect ISSN (R) ☞【RDA: 2.15】
- ▼z - 취소된 국제표준연속간행물번호 [반복] ; $z - Canceled ISSN (R) ☞【RDA: 2.15】
- ▼2 - 정보원 ; $2 - Source
- ▼6 - 대체문자 연결 ; $6 - Linkage
- ▼8 - 필드 링크와 일련번호 [반복] ; $8 - Field link and sequence number (R)

[KORMARC]

022 ㅂㅂ▼a0046-225X ▼y0046-2254 ⇒ ISSN 0046-225X ISSN (부정확) 0046-2254

022 ㅂㅂ▼a0018-5817 ▼z0018-5811 ⇒ ISSN 0018-5817 ISSN (취소) 0018-5811

[MARC21]

022 ##$a0376-4583

022 0#$a0145-0808$z0361-7106

3) 024 기타 표준부호 [반복/해당시필수]

; 024 Other Standard Identifier (R)

제1지시기호 - 표준부호의 유형 ; First Indicator - Type of standard number or code

0 - 국제표준녹음자료부호(ISRC) ; 0 - International Standard Recording Code

1 - 세계상품부호(UPC) ; 1 - Universal Product Code

2 - 국제표준악보번호(ISMN) ; 2 - International Standard Music Number

3 - International Article Number(IAN코드) ; 3 - International Article Number

4 - Serial Item and Contribution Idenifier(SICI) ; 4 - Serial Item and Contribution Identifier

7 - ▼2에 부호의 정보원을 직접 입력하는 경우 ; 7 - Source specified in subfield $2

8 - 형태를 알 수 없는 표준부호 ; 8 - Unspecified type of standard number or code

제2지시기호 - 기호/번호의 일치 여부 ; Second Indicator - Difference indicator

b̸ - 제공된 정보가 없음 ; # - No information provided

0 - 인쇄된 것과 기계적으로 인식한 것이 차이가 없음 ; 0 - No difference

1 - 인쇄된 것과 기계적으로 인식한 것이 차이가 있음 ; 1 - Difference

식별기호 ; Subfield Codes

▼a - 표준부호 ; $a - Standard number or code ☞【RDA: 2.15】

▼c - 입수조건 ; $c - Terms of availability ☞【RDA: 4.2】

▼d - 표준부호의 부가기호 ; $d - Additional codes following the standard number or code ☞【RDA: 2.15】

▼z - 취소/사용하지 않는 부호 [반복] ; $z - Canceled/invalid standard number or code (R) ☞【RDA: 2.15】

▼2 - 표준번호/기호의 정보원 ; $2 - Source of number or code

▼6 - 대체문자 연결 ; $6 - Linkage

▼8 - 필드 링크와 일련번호 [반복] ; $8 - Field link and sequence number (R)

[KORMARC]

024 10 ▼a070993005955 ▼d35740 ⇒ UPC 0 70993 00595 5 35740

[MARC21]

024 0#$aFRZ039101231

024 10$a070993005955$d35740

4) 028 녹음, 녹화, 음악 관련 발행처 번호 [반복/해당시필수] ; 028 Publisher Number (R)

악보나 음반, 비디오녹화자료, 인쇄된 악보, 음악 관련 자료에 대하여 발행처가 부여한 정형화된 발행처 번호를 기술한다. 단, 정형화되지 않는 발행처 번호는 500 필드(일반주기)에 기술한다. 발행자 번호 혹은 플레이트 번호 등이 악보에 기재되어 있는 경우에 '발행자 번호' 또는 'Publisher's no.', '플레이트 번호' 또는 'Pl. no.' 등 적절한 도입어를 앞세워 해당 번호를 기술한다(KCR4 5.7.3.19).

제1지시기호 - 발행처 부여 번호의 유형 ; First - Type of publisher number
  0 - 발행 번호 ; 0 - Issue number
  1 - 매트릭스 번호 ; 1 - Matrix number
  2 - 플레이트 번호 ; 2 - Plate number
  3 - 기타 음악자료 번호 ; 3 - Other music number
  4 - 비디오녹화자료 번호 ; 4 - Videorecording number
  5 - 기타 발행처 번호 ; 5 - Other publisher number
  8 - 표출어를 생성하지 않음
제2지시기호 - 주기/부출 표시 ; Second - Note/added entry controller
  0 - 주기로 표시하지 않고 부출하지 않음 ; 0 - No note, no added entry
  1 - 주기로 표시하고 부출함 ; 1 - Note, added entry
  2 - 주기로 표시하고 부출하지 않음 ; 2 - Note, no added entry
  3 - 주기로 표시하지 않고 부출함 ; 3 - No note, added entry
식별기호 ; Subfield Codes
  ▼a - 발행처 번호 ; $a - Publisher number ☞【RDA: 2.15, 2.15.2, 2.15.3】
  ▼b - 발행처 번호의 정보원 ; $b - Source
  ; $q - Qualifying information (R)
  ▼6 - 대체문자 연결 ; $6 - Linkage
  ▼8 - 필드 링크와 일련번호 [반복] ; $8 - Field link and sequence number (R)

[KORMARC]

028 30 ▼a3891 ▼bEdition Peters

028 81 ▼aIssue number: M4X-31427 ▼bColumbia

[MARC21]

028 02$aK2 31158$bEMI Music Canada$q(on label)

028 42$a440 073 032-9$bDeutsche Grammophon$q(set and guide)

5) 033 사건 일시와 장소 [반복/재량] ; 033 Date/Time and Place of an Event (R)

033 필드는 녹음이나 촬영, 공연, 방송, 발견 등 어떤 일이 일어난 일시와 장소를 기술한다. 이 필드의 내용을 주기 형태로 나타내고자 할 경우에는 518 필드(촬영/녹음 일시와 장소 주기)에 기술한다.

제1지시기호 - 일시의 유형 ; First - Type of date in subfield $a

b/ - 일시에 대한 정보 없음 ; # - No date information

0 - 단일 일시 ; 0 - Single date

1 - 다수 일시 ; 1 - Multiple single dates

2 - 일시의 범위 ; 2 - Range of dates

제2지시기호 - 사건의 유형 ; Second - Type of event

b/ - 해당 정보 없음 ; # - No information provided

0 - 포착 ; 0 - Capture

1 - 방송 ; 1 - Broadcast

2 - 발견 ; 2 - Finding

식별기호 ; Subfield Codes

▼a - 정형화된 일시 [반복] ; $a - Formatted date/time (R)

▼b - 지역부호 [반복] ; $b - Geographic classification area code (R)

▼c - 지역세분부호 [반복] ; $c - Geographic classification subarea code (R)

▼p - 사건 발생지 [반복] ; $p - Place of event (R)

▼0 - 전거레코드 제어번호 [반복] ; $0 - Record control number (R)

▼2 - 용어의 정보원 [반복] ; $2 - Source of term (R)

▼3 - 자료 범위 지정 ; $3 - Materials specified (NR)

▼6 - 대체문자 연결 ; $6 - Linkage

▼8 - 필드 링크와 일련번호 [반복] ; $8 - Field link and sequence number (R)

[KORMARC]

033 01 ▼a195410171930-0700

033 00 ▼a19941015 ▼b49130

[MARC21]

033 01$a195410171930-0700[A television program.]

033 11$a198709071900-0400$a198710012030-0400[A radio program.]

6) 034 지도 제작의 수치데이터 부호 [반복/해당시필수] ; 034 Coded Cartographic Mathematical Data (R)

축척, 도법, 경위도(좌표) 등 지도 제작상의 수치데이터를 부호 형식으로 기술한다. 천체도는 적위, 적경, 분점 등도 기술한다. 이 필드는 255 필드(지도 제작의 수치데이터)의 정보에 기초하며, 각각의 255 필드에 대응하여 034 필드를 생성한다.

제1지시기호 - 축척의 유형 ; First - Type of scale, Specifies the type of scale information given.

0 - 축척표시 없음 ; 0 - Scale indeterminable/No scale recorded

1 - 단일 축척 ; 1 - Single scale

3 - 축척이 범위로 표시된 경우 ; 3 - Range of scales

제2지시기호 ; Second - Type of ring

b̸ - 미정의 ; # - Not applicable

0 - 외계 원형 ; 0 - Outer ring

1 - 배제 원형 ; 1 - Exclusion ring

식별기호 ; Subfield Codes

▼a - 축척의 종류 ; $a - Category of scale

a - 직선비례 축척 ; a - Linear scale

b - 각 축척 ; b - Angular scale

z - 기타 축척 ; z - Other type of scale

▼b - 등비수평 축척 [반복] ; $b - Constant ratio linear horizontal scale (R)

▼c - 등비수직 축척 [반복] ; $c - Constant ratio linear vertical scale (R)

▼d - 좌표—최서경선 ; $d - Coordinates—westernmost longitude

▼e - 좌표—최동경선 ; $e - Coordinates—easternmost longitude

▼f - 좌표—최북위선 ; $f - Coordinates—northernmost latitude

▼g - 좌표—최남위선 ; $g - Coordinates—southernmost latitude

▼h - 각 축척 [반복] ; $h - Angular scale (R)

▼j - 적위—북방계 ; $j - Declination—northern limit

▼k - 적위—남방계 ; $k - Declination—southern limit

▼m -적경—동방계 ; $m - Right ascension—eastern limit

▼n - 적경—서방계 ; $n - Right ascension—western limit

▼p - 분점 ; $p - Equinox

▼r - 지구로부터의 거리 ; $r - Distance from earth

▼s - G—원형 위도 [반복] ; $s - G—ring latitude (R)

▼t - G—원형 경도 [반복] ; $t - G—ring longitude (R)

▼x - 시작일 ; $x - Beginning date

▼y - 종료일 ; $y - Ending date

▼z - 외계 물체명 ; $z - Name of extraterrestrial body

▼0 - 전거레코드 제어번호 또는 표준번호 [반복] ; $0 - Authority record control number or standard number (R)

▼2 - 지도 데이터 정보원 ; $2 - Source

▼3 - 자료 범위 지정 ; $3 - Materials specified

▼6 - 대체문자 연결 ; $6 - Linkage

▼8 - 필드 링크와 일련번호 [반복] ; $8 - Field link and sequence number (R)

[KORMARC]

034 3b̸ ▼aa ▼b18000 ▼b28000

034 1b̸aa ▼b22000000 ▼dW1800000 ▼eE1800000 ▼fN0840000 ▼gS0700000

[MARC21]

034 1#aadE079.533265$eE086.216635$fS012.583377$gS020.419532

034 0#abjN0300000$kN0300000$m021800$n021800

7) 036 컴퓨터 데이터 파일의 원 연구번호 [반복불가/재량] ; 036 Original Study Number for Computer Data Files (NR)

036 필드에는 컴퓨터 데이터 파일 작성자가 부여한 원 연구번호(Original study

number)를 기술한다. 이는 데이터 파일의 식별번호로, 흔히 파일이 생성될 때 부여되고, 가능하면 기록된 데이터의 일부로 파일에 포함된다. 배포자가 부여한, 문서 식별을 위한 번호나 주문번호는 037 필드(입수처)에 기술한다.

지시기호 - 미정의 ; Indicators - Undefined
식별기호 ; Subfield Codes
▼a - 원연구번호 ; $a - Original study number
▼b - 번호 부여 기관 ; $b - Source agency assigning number
▼6 - 대체문자 연결 ; $6 - Linkage
▼8 - 필드 링크와 일련번호 [반복] ; $8 - Field link and sequence number (R)

[KORMARC]

036 ⱈⱈ▼aKIF 2003-5▼b한국금융연구원

036 ⱈⱈ▼aNLK 2003-1▼b국립중앙도서관

[MARC21]

036 ##$aCNRS 84115$bCentre national de la recherche scientifique.

036 ##$aCPS 495441$bCenter for Political Studies, University of Michigan, Ann Arbor.

8) 037 입수처 [반복/재량]
; 037 Source of Acquisition (R)

주문이나 복제를 의뢰하는 데 필요한 재고번호나 주문번호, 입수처 또는 번호 부여 기관, 가격, 발행 형식 등의 정보를 기술한다.

지시기호 - 미정의 ; Indicators - Undefined
식별기호 ; Subfield Codes
▼a - 재고번호/주문번호 ; $a - Stock number ☞【RDA: 2.15】
▼b - 재고번호/주문번호 부여 기관 ; $b - Source of stock number/acquisition ☞【RDA: 4.3】
▼c - 입수 조건 [반복] ; $c - Terms of availability (R) ☞【RDA: 4.2】
▼f - 발행형식 [반복] ; $f - Form of issue (R)

▼g - 부가적 형식 특성 [반복] ; $g - Additional format characteristics (R)

▼n - 주기 [반복] ; $n - Note (R)

▼6 - 대체문자 연결 ; $6 - Linkage

▼8 - 필드 링크와 일련번호 [반복] ; $8 - Field link and sequence number (R)

[KORMARC]

037 ꠸꠸ ▼a1998-02-3 ▼b호고당 ▼c \ 1,500,000

037 ꠸꠸ ▼b국립중앙도서관 ▼c \ 20,000(국내 단체) ▼c \ 25,000(해외 단체) ▼c \ 10,000 (국내 개인) ▼c \ 15,000(해외 개인)

[MARC21]

037 ##$bU.S. Geological Survey, Denver, Colo. 80255

037 ##$aPB-363547$bNTIS$fpaper copy$c4.00fmicrofiche$c$3.00

9) 040 목록작성기관 [반복불가/필수] ; 040 Cataloging Source (NR)

040 필드에는 최초로 목록을 작성하였거나, 데이터를 입력하였거나, 또는 기존의 레코드를 수정한 기관의 부호를 기술한다. 국내 도서관인 경우에는 KORMARC '한국도서관부호표'의 해당 부호를 기술하고, 외국의 도서관인 경우에는 MARC21의 'MARC Code List for Organization'에 의거하여 기술한다.

지시기호 - 미정의 ; Indicators - Undefined

식별기호 ; Subfield Codes

▼a - 최초의 목록작성기관 ; $a - Original cataloging agency

▼b - 목록언어 ; $b - Language of cataloging

▼c - 입력 기관 ; $c - Transcribing agency

▼d - 수정 기관 [반복] ; $d - Modifying agency (R)

▼e - 기술규칙 ; $e - Description conventions (R)

▼6 - 대체문자 연결 ; $6 - Linkage

▼8 - 필드 링크와 일련번호 [반복] ; $8 - Field link and sequence number (R)

[KORMARC]

040 ␢␢ ▼a011001 ▼bkor ▼c011001 ▼d121008

008/32 ␢ [목록전거: 국가서지작성기관]

[MARC21]

040 ##aMtcMt[Cataloging produced and input by the Montana State Library.]

040 ##$aDLC$cDLC[Cataloging produced and input by the Library of Congress.]

10) 041 언어부호 [반복/해당시필수]
; 041 Language Code (R)

041 필드에는 다수 언어로 된 자료나 번역물을 포함한 자료에 대하여 008/35~37 필드(언어)의 언어부호가 완전한 정보를 제공하지 못할 때 사용하는 세 자리 문자부호이다. 부호는 KORMARC 언어구분부호표를 적용한다. MARC21의 경우는 전술한 MARC Code List for Languages를 적용한다.

제1지시기호 - 번역물 표시 ; First Indicators - Translation indication

␢ - 해당 정보 없음 ; # - No information provided

0 - 번역물이 아니거나 번역물을 포함하고 있지 않는 경우 ; 0 - Item not a translation/ does not include a translation

1 - 번역물이거나 번역물이 포함된 경우 ; 1 - Item is or includes a translation

제2지시기호 - 부호의 정보원 ; Second Indicators - Source of code

␢ - 언어구분표 ; # - MARC language code

7 - 식별기호 ▼2에 명시된 정보원 ; 7 - Source specified in subfield $2

식별기호

▼a - 본문언어/사운드트랙(sound track) 언어 [반복] ; $a - Language code of text/sound track or separate title (R)

▼b - 요약문/초록 언어 [반복] ; $b - Language code of summary or abstract (R)

▼d - 노래 또는 말로 된 본문의 언어 [반복] ; $d - Language code of sung or spoken text (R)

▼e - 가사의 언어 [반복] ; $e - Language code of librettos (R)

▼f - 내용목차의 언어 [반복] ; $f - Language code of table of contents (R)

▼g - 가사 이외 딸림자료의 언어 [반복] ; $g - Language code of accompanying material other than librettos (R)

▼h - 원저작의 언어 [반복] ; $h - Language code of original (R)

▼j - 자막의 언어 [반복] ; $j - Language code of subtitles or captions (R)

▼k - 중역의 언어 ; $k - Language code of intermediate translations (R)

▼m - 가사 이외 딸림자료의 원어 [반복] ; $m - Language code of original accompanying materials other than libretto (R)

▼n - 가사의 원어 [반복] ; $n - Language code of original libretto (R)

▼2 - 부호의 정보원 ; $2 - Source of code

▼6 - 대체문자 연결 ; $6 - Linkage

▼8 - 필드 링크와 일련번호 [반복] ; $8 - Field link and sequence number (R)

[KORMARC]

041 0ƀ ▼akor ▼aeng ▼afre ▼ager ☜ 본문이 한국어, 영어, 불어, 독일어로 되어 있음

041 1ƀ ▼akor ▼heng ☜ 영어로 된 원 저작을 한글로 번역

[MARC21]

041 ##$adut$afre$ager$aita$aspa$beng

041 07aenafrait2[Code for ISO 639-1]

11) 043 지역부호 [반복불가/해당시필수] ; 043 Geographic Area Code (NR)

043 필드에는 입력되는 자료가 특정 지역과 관계되는 경우나 지역명이 주제명으로 사용될 때 지역구분부호를 기술한다. 부호의 구성은 일곱 자리로 고정되며, 대지역명에서 소지역명순으로 기술한다. 일곱 자리 중 사용되지 않는 자리에는 붙임표(-)를 삽입한다. 한국지역구분부호는 KORMARC 한국지역구분부호표의 숫자 부호를 기술하고 외국지역구분부호는 KORMARC 외국지역구분부호표의 알파벳 부호를 기술한다.[4] 한국지역구분부호표의 ( ) 속에 있는 알파벳 부호는 데이터를 외국에 전송할

4) 한국지역구분부호표는 KSC 5618-1990 「지역코드」의 '대분류 및 중분류코드'를, 외국지역구분부호표는 미국의회도서관 편, Geographic Area Codes를 기초로 작성하였다. 한국지역구분부호는 한국지역구분부호표의 다섯 자리의 숫자 부호를 기술하고, 외국에 데이터를 전송할 때에는 1~4자수 위치는 KORMARC 외국지역구분부호표를 적

때 사용된다. MARC21의 경우는 MARC Code List for Geographic Areas('Network Development and MARC Standards Office. MARC Code List for Geographic Areas. 2006 Edition'(http://www.loc.gov/marc/geoareas))를 적용한다.

지시기호 - 미정의 ; Indicators - Undefined

식별기호 ; Subfield Codes

▼a - 지역구분부호 [반복] ; $a - Geographic area code (R)

; $b - Local GAC code (R)

; $c - ISO code (R)

▼0 - 전거레코드 제어번호 또는 표준번호 [반복] ; $0 - Authority record control number or standard number (R)

; $2 - Source of local code (R)

▼6 - 대체문자 연결 ; $6 - Linkage

▼8 - 필드 링크와 일련번호 [반복] ; $8 - Field link and sequence number (R)

[KORMARC]

043 ƀƀ▼a49000--

043 ƀƀ▼a22000--

[MARC21]

043 ##$an-us---$ae-fr---$aa-ja---

043 ##$as-bl---$bs-bl-ba$2BlRjBN

12) 044 발행/제작국명 부호 [반복불가/해당시필수] ; 044 Country of Publishing/Producing Entity Code (NR)

044 필드는 발행자 또는 제작자가 둘 이상이어서 008/15~17(발행국명)의 기술만으로 불충분할 경우, 전체 발행국 또는 제작국의 부호를 기술한다. KORMARC 발행

용하고 5~7자수 위치는 KORMARC 한국지역구분부호표 중 ( ) 속의 알파벳 부호를 기술한다. 외국 지역인 경우에는 외국지역구분부호표를 적용하여 1~4자수 위치까지만 전개하여 기술한다.

국부호표를 적용한다. MARC21의 경우는 MARC Code List for Countries('Network Development and MARC Standards Office. MARC Code List for Countries'(http://www.loc.gov/marc/countries))를 적용한다.

지시기호 - 미정의 ; Indicators - Undefined

식별기호 ; Subfield Codes

▼a - 발행/제작국명 부호 [반복] ; $a - MARC country code (R)

; $b - Local subentity code (R)

; $c - ISO country code (R)

; $2 - Source of local subentity code (R)

▼6 - 대체 문자 연결 ; $6 - Linkage

▼8 - 필드 링크와 일련번호 [반복] ; $8 - Field link and sequence number (R)

[KORMARC]

044 ƀƀ ▼ait ▼afr ▼asp

044 ƀƀ ▼atjk ▼aja

[MARC21]

044 ##aatbxna$2ausmarc

044 ##aatbqea$2ausmarc

13) 045 연대 부호 [반복불가/재량] ; 045 Time Period of Content (NR)

045 필드에는 내용이 특정 연대에 한정되어 기술된 자료의 연대범위를 나타낸다. 연대범위는 발행연도와는 관계없이 그 자료가 지니고 있는 연대의 범주를 의미한다.

제1지시기호 - 식별기호 ▼b 또는 ▼c의 연대 유형 ; First Indicator - Type of time period in subfield $b or $c

ƀ - 식별기호 ▼b 또는 ▼c가 없는 경우 ; # - Subfield $b or $c not present

0 - 단일연도 ; 0 - Single date/time
1 - 복수연도 ; 1 - Multiple single dates/times
2 - 범위연도 ; 2 - Range of dates/times

제2지시기호 - 미정의 ; Second Indicator - Undefined

식별기호 ; Subfield Codes

▼a - 연대 부호 [반복] ; $a - Time period code (R)

▼b - 기원전 9999년부터 서기까지의 형식화된 연대 부호 [반복] ; $b - Formatted 9999 B. C. through C. E. time period (R)

▼c - 기원전 9999년까지의 형식화된 연대 부호 [반복] ; $c - Formatted pre-9999 B. C. time period (R)

▼6 - 대체문자 연결 ; $6 - Linkage

▼8 - 필드 링크와 일련번호 [반복] ; $8 - Field link and sequence number (R)

[KORMARC]

045 2ƀ ▼bc2333 ▼bc0195

045 1ƀ ▼bd1972 ▼bd1975

[MARC21]

045 1#$bd1972$bd1975

045 2#$bd186405$bd186408

14) 046 특별한 연도 부호 [반복/재량] ; 046 Special Coded Dates (R)

하나 또는 그 이상 기원전 및 부정확한 연도가 포함되어 있어 008/06~14(발행년 유형, 발행년 1, 발행년 2)에 연도를 기술할 수 없는 자료의 연도를 046 필드에 기술한다.

지시기호 - 미정의 ; Indicators - Undefined

식별기호 ; Subfield Codes

▼a - 발행년 유형 ; $a - Type of date code

부호 ; Codes

i - 수집된 자료의 전체 포괄 연도 ; i - Inclusive dates of collection

k - 수집된 자료 중 대다수 자료의 포괄연도 ; k - Bulk of collection

m - 복수연도 ; m - Multiple dates

n - 발행년 불명 ; n - Unknown date

p - 배포연도/제작연도 ; p - Distribution/release/issue and production/recording session dates

q - 추정연도 ; q - Questionable date

r - 복제연도/원본연도 ; r - Reissue and original dates

s - 단일연도 ; s - Single known/probable date

t - 발행연도/판권연도 ; t - Publication and copyright dates

x - 부정확한 연도 ; x - Incorrect dates

▼b - 발행년 1(기원전) ; $b - Date 1, B. C. date

▼c - 발행년 1(기원후) ; $c - Date 1, C. E. date

▼d - 발행년 2(기원전) ; $d - Date 2, B. C. d

▼e - 발행년 2(기원후) ; $e - Date 2, C. E. date

▼j - 수정일 ; $j - Date resource modified

▼k - 시작일 또는 생성일 ; $k - Beginning or single date created

▼l - 종료일 ; $l - Ending date created

▼m - 유효기간 시작일 ; $m - Beginning of date valid

▼n - 유효기간 종료일 ; $n - End of date valid

; $o - Single or starting date for aggregated content

; $p - Ending date for aggregated content

▼2 - 연도 부호의 정보원 ; $2 - Source of date

▼6 - 대체문자 연결 ; $6 - Linkage

▼8 - 필드 링크와 일련번호 [반복] ; $8 - Field link and sequence number (R)

[KORMARC]

046 ƀƀ ▼ak ▼b1000 ▼d500

046 ƀƀ ▼ai ▼b99 ▼e99

[MARC21]

046 ##$m20011008$n20011027

046 ##$j2001-07-12$2[Code for W3CDTF]

15) 047 작곡형식 부호 [반복불가/재량]
; 047 Form of Musical Composition Code (R)

작곡형식을 나타내는 부호로서 008 필드 음악/녹음자료의 작곡형식(008/18~19)이 복합형식(mu)일 때 기술하며, 008/18~19에 제시된 것을 적용한다.

제1지시기호 - 미정의 ; First Indicator - Undefined
제2지시기호 - 미정의 ; Second Indicator - Source of code
b̸ - MARC 작곡 부호 ; # - MARC musical composition code
7 - 식별기호 ▼2에 기술된 특정 정보원 ; 7 - Source specified in subfield $2
식별기호 ; Subfield Codes
▼a - 작곡형식 부호 [반복] ; $a - Form of musical composition code (R)
▼2 - 작곡형식 부호의 정보원 ; $2 - Source of code
▼8 - 필드 링크와 일련번호 [반복] ; $8 - Field link and sequence number (R)

[KORMARC]

047 b̸b̸ ▼aor ▼act [오라토리오와 칸타타]

[MARC21]

047 #7$argg$2[code for controlled list]

047 ##aoract

16) 048 악기나 성악 부호 [반복/재량]
; 048 Number of Musical Instruments or Voices Code (R)

048 필드는 음악 작품의 연주매체를 기술한다. 따라서 여기서는 악기나 성악 부호의 여러 유형들을 위한 부호들이 소개된다. 또한 이 필드는 악기나 성악 부호 다음에 바로 나오는 두 자리 숫자로 부(part)의 수를 표시한다. 출판물, 필사본 악보, 녹음자료 등 하나의 작품에서 다른 연주매체가 사용되었을 경우에는 필드를 반복하여 사용한다.

제1지시기호 - 미정의 ; First Indicator - Undefined

제2지시기호 - 미정의 ; Second Indicator - Source of code

b̸ - MARC 부호 ; # - MARC code

7 - 식별기호 ▼2에 사용된 정보원 ; 7 - Source specified in subfield $2

식별기호 ; Subfield Codes

▼a - 연주자 또는 앙상블 [반복] ; $a - Performer or ensemble (R)

▼b - 독주자 또는 독창자 [반복] ; $b - Soloist (R)

▼2 - 악기/성악 부호의 정보원 ; $2 - Source of code

▼8 - 필드 링크와 일련번호 [반복] ; $8 - Field link and sequence number (R)

[KORMARC]

048 b̸b̸ ▼aka01 ▼asa01 ▼asc01 *[피아노 트리오]*

048 b̸b̸ ▼boe01 ▼aoa *[오케스트라와 함께 한 댄스밴드용 콘체르토]*

[MARC21]

048 #7$bvso01$atth01$atch01$akor01$2[code for controlled list]

048 #7$apcg01$apct01$apxy02$apta01$2[code for controlled list]

KORMARC 악기 및 성악 부호 ; MARC21 Instruments or Voices Codes

ba 취주악—혼 ; ba Brass—Horn

bb 취주악—트럼펫 ; bb Brass—Trumpet

bc 취주악—코넷 ; bc Brass—Cornet

bd 취주악—트롬본 ; bd Brass—Trombone

be 취주악—튜바 ; be Brass—Tuba

bf 취주악—바리톤 ; bf Brass—Baritone

bn 취주악—구분하지 않음 ; bn Brass—Unspecified

bu 취주악—미상 ; bu Brass—Unknown

by 취주악—민족 ; by Brass—Ethnic

bz 취주악—기타 ; bz Brass—Other

ca 합창—혼성 ; ca Choruses—Mixed

cb 합창—여성 ; cb Choruses—Women's

cc 합창—남성 ; cc Choruses—Men's

cd 합창—어린이 ; cd Choruses—Children's

cn 합창—구분하지 않음 ; cn Choruses—Unspecified

cu 합창—미상 ; cu Choruses—Unknown

cy 합창—민족 ; cy Choruses—Ethnic

ea 전자—신디사이저 ; ea Electronic—Synthesizer

eb 전자—테이프 ; eb Electronic—Tape

ec 전자—컴퓨터 ; ec Electronic—Computer

ed 전자—옹드 마르트노 ; ed Electronic—Ondes Martenot

en 전자—구분하지 않음 ; en Electronic—Unspecified

eu 전자—미상 ; eu Electronic—Unknown

ez 전자—기타 ; ez Electronic—Other

ka 키보드—피아노 ; ka Keyboard—Piano

kb 키보드—오르간 ; kb Keyboard—Organ

kc 키보드—하프시코드 ; kc Keyboard—Harpsichord

kd 키보드—클라비코드 ; kd Keyboard—Clavichord

ke 키보드—콘티누오 ; ke Keyboard—Continuo

kf 키보드—첼레스트 ; kf Keyboard—Celeste

kn 키보드—구분하지 않음 ; kn Keyboard—Unspecified

ku 키보드—미상 ; ku Keyboard—Unknown

ky 키보드—민족 ; ky Keyboard—Ethnic

kz 키보드—기타 ; kz Keyboard—Other

oa 대합주곡—완전교향악단 ; oa Larger ensemble—Full orchestra

ob 대합주곡—실내교향악단 ; ob Larger ensemble—Chamber orchestra

oc 대합주곡—현악단 ; oc Larger ensemble—String orchestra

od 대합주곡—밴드 ; od Larger ensemble—Band

oe 대합주곡—댄스악단 ; oe Larger ensemble—Dance orchestra

of 대합주곡—취주악단 ; of Larger ensemble—Brass band

on 대합주곡—구분하지 않음 ; on Larger ensemble—Unspecified

ou 대합주곡—미상 ; ou Larger ensemble—Unknown

oy 대합주곡—민족 ; oy Larger ensemble—Ethnic

oz 대합주곡—기타 ; oz Larger ensemble—Other

pa 타악기—팀파니 ; pa Percussion—Timpani

pb 타악기—실로폰 ; pb Percussion—Xylophone

pc 타악기—마림바 ; pc Percussion—Marimba

pd 타악기—드럼 ; pd Percussion—Drum

pn 타악기—구분하지 않음 ; pn Percussion—Unspecified

pu 타악기—미상 ; pu Percussion—Unknown

py 타악기—민족 ; py Percussion—Ethnic

pz 타악기—기타 ; pz Percussion—Other

sa 현악(활로 켜는)—바이올린 ; sa Strings, bowed—Violin

sb 현악(활로 켜는)—비올라 ; sb Strings, bowed—Viola

sc 현악(활로 켜는)—첼로 ; sc Strings, bowed—Violoncello

sd 현악(활로 켜는)—더블베이스 ; sd Strings, bowed—Double bass

se 현악(활로 켜는)—비올 ; se Strings, bowed—Viol

sf 현악(활로 켜는)—7현 비올라 ; sf Strings, bowed—Viola d'amore

sg 현악(활로 켜는)—고대 현악기 ; sg Strings, bowed—Viola da gamba

sn 현악(활로 켜는)—구분하지 않음 ; sn Strings, bowed—Unspecified

su 현악(활로 켜는)—미상 ; su Strings, bowed—Unknown

sy 현악(활로 켜는)—민족 ; sy Strings, bowed—Ethnic

sz 현악(활로 켜는)—기타 ; sz Strings, bowed—Other

ta 현악(퉁기는)—하프 ; ta Strings, plucked—Harp

tb 현악(퉁기는)—기타 ; tb Strings, plucked—Guitar

tc 현악(퉁기는)—류트 ; tc Strings, plucked—Lute

td 현악(퉁기는)—만돌린 ; td Strings, plucked—Mandolin

tn 현악(퉁기는)—구분하지 않음 ; tn Strings, plucked—Unspecified

tu 현악(퉁기는)—미상 ; tu Strings, plucked—Unknown

ty 현악(퉁기는)—민족 ; ty Strings, plucked—Ethnic

tz 현악(퉁기는)—기타 ; tz Strings, plucked—Other

va 성악—소프라노 ; va Voices—Soprano

vb 성악—메조소프라노 ; vb Voices—Mezzo Soprano

vc 성악—알토 ; vc Voices—Alto

vd 성악—테너 ; vd Voices—Tenor

ve 성악—바리톤 ; ve Voices—Baritone
vf 성악—베이스 ; vf Voices—Bass
vg 성악—카운터테너 ; vg Voices—Counter tenor
vh 성악—고음 ; vh Voices—High voice
vi 성악—중음 ; vi Voices—Medium voice
vj 성악—저음 ; vj Voices—Low voice
vn 성악—구분하지 않음 ; vn Voices—Unspecified
vu 성악—미상 ; vu Voices—Unknown
vy 성악—민족 ; vy Voices—Ethnic

wa 목관악기—플루트 ; wa Woodwinds—Flute
wb 목관악기—오보에 ; wb Woodwinds—Oboe
wc 목관악기—클라리넷 ; wc Woodwinds—Clarinet
wd 목관악기—바순 ; wd Woodwinds—Bassoon
we 목관악기—피콜로 ; we Woodwinds—Piccolo
wf 목관악기—잉글리시 혼 ; wf Woodwinds—English horn
wg 목관악기—베이스 클라리넷 ; wg Woodwinds—Bass clarinet
wh 목관악기—리코더 ; wh Woodwinds—Recorder
wi 목관악기—색소폰 ; wi Woodwinds—Saxophone
wn 목관악기—구분하지 않음 ; wn Woodwinds—Unspecified
wu 목관악기—미상 ; wu Woodwinds—Unknown
wy 목관악기—민족 ; wy Woodwinds—Ethnic
wz 목관악기—기타 ; wz Woodwinds—Other

zn 악기를 구분하지 않음 ; zn Unspecified instruments
zu 미상 ; zu Unknown

17) 056 한국십진분류기호(KDC) [반복/해당시필수]

지시기호 - 미정의
식별기호
▼a - 한국십진분류기호 [반복]
▼b - 도서기호

▼2 - 판표시

▼8 - 필드 링크와 일련번호 [반복]

[KORMARC]

056 ƀƀ ▼a437.041

056 ƀƀ ▼a810.099 ▼a998.81 ▼24

18) 082 듀이십진분류기호 [반복/재량] ; 082 Dewey Decimal Classification Number (R)

제1지시기호 - 판의 유형 ; First Indicator - Type of edition

0 - 완전판 ; 0 - Full edition

1 - 요약판 ; 1 - Abridged edition

7 - 식별기호 ▼2에 기술된 판 ; 7 - Other edition specified in subfield $2

제2지시기호 - 분류기호 부여 정보원 ; Second Indicator - Source of classification number

ƀ - 정보를 제공하지 않음 ; # - No information provided

0 - LC에서 부여 ; 0 - Assigned by LC

1 - 국립중앙도서관에서 부여

4 - LC 및 국립중앙도서관 이외의 기관에서 부여 ; 4 - Assigned by agency other than LC

식별기호 ; Subfield Codes

▼a - 듀이십진분류기호 [반복] ; $a - Classification number (R)

▼b - 도서기호 ; $b - Item number

▼m - 표준규정 또는 임의규정 표시 ; $m - Standard or optional designation

▼q - 부여 기관 ; $q - Assigning agency

▼2 - 판표시 ; $2 - Edition number

▼6 - 대체문자 연결 ; $6 - Linkage

▼8 - 필드 링크와 일련번호 [반복] ; $8 - Field link and sequence number (R)

[KORMARC]

082 0ƀ ▼a355.021 ▼220

082 0ƀ ▼a345.55700924 ▼aB ▼a920 ▼222

[MARC21]

082 04$a388.0919$222

082 04$a343.73068$a347.30368$220

19) 090 자관 청구기호 [반복/해당시필수]
; 09X Local Call Numbers

지시기호 - 미정의

식별기호

▼a - 분류기호

▼b - 도서기호

▼c - 권·연차기호

▼8 - 필드 링크와 일련번호 [반복]

[KORMARC]

090 ƀƀ ▼a613.78 ▼b기933ㄷ ▼c6

090 ƀƀ ▼a001.305 ▼b동16도$c1-

■ 서지레코드의 실례 [1] 낱장지도

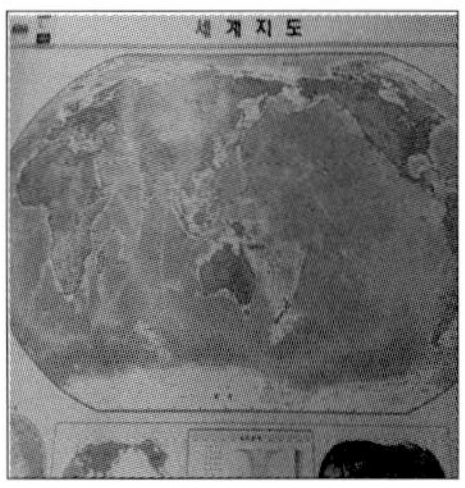

[KORMARC/KCR4]

007 ajƀcanun

008 120119s2011ƀƀƀƀulkƀƀƀƀƀƀƀaƀƀƀƀƀ0aƀƀkorƀƀ

056 ƀƀ▼a989▼26

245 00▼a세계 지도▼h[지도자료] /▼d국토지리정보원

255 ƀƀ▼a축척 1:33,000,000 ;▼b로빈슨 도법

260 ƀƀ▼a서울 :▼b국토지리정보원,▼c2011

300 ƀƀ▼a지도 1매 :▼b천연색 ;▼c70 × 104 cm

650 ƀ8▼a지도(자료)[地圖]

650 ƀ8▼a세계지도[世界地圖]

710 ƀƀ▼a한국.▼b국토해양부.▼b국토지리정보원

■ 서지레코드의 실례 [2] map

[MARC21/AACR2R]

007 aj#aafbn

008 140108s1914#nyua###a#####0###eng#d

082 04$a912$223

100 1#$aBlaeu, Willem Janszoon,$d1571-1638.

245 10$aWorld map, 1605$h[cartographic material] /$cWillem Jansz. Blaeu ; facsimile of the unique copy belonging to the Hispanic Society of America ; in eighteen sheets with key plate and text by Edward Luther Stevenson.

260 ##$aNew York :$bHispanic Society of America, 1914.

300 ##$a1 map in 19 sheets ;$c244 × 134 cm.

336 ##$acartographic image$bcri$2rdacontent

337 ##$aunmediated$bn$2rdamedia

338 ##$asheet$bnb$2rdacarrier

490 1#$aHispanic Society of America. Publication ;$vno. 85

500 ##$aCover title.

500 ##$aTitle across upper border of map: "Nova universi terrarum orbis mappa ex optimis quibusque geographicis hydrographicisq[ue] tabulis summâ industriâ accurattissimè delineata, duobus planispheriis graphicè depicta à Guliel Janssonio Alcmar."

500 ##$aPrinted on Van Gelder hand-made paper.

500 ##$aAccompanied by E.L. Stevenson's Willem Janszoon Blaeu ... A sketch of the life and work ... New York: The Society, 1914, in which a full description of the map is given, p. 51-59.

650 #0$aWorld maps$vEarly works to 1800$vFacsimiles.

650 #0$aEarly maps$vFacsimiles.

700 1#$aStevenson, Edward Luther,$d1858-1944.

830 #0$aPublication (Hispanic Society of America) ;$vno. 85.

■ 서지레코드의 실례 [3] world map

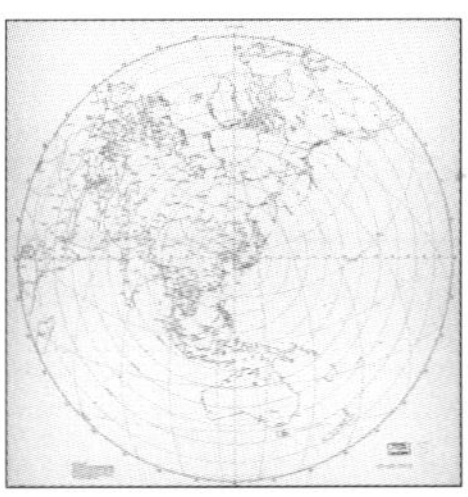

[MARC21/AACR2R]

007 aj#canzn

008 140325s1968####dcu####ae#a##f##0###eng#d

082 04$a912$223

110 1#$aUnited States.$bCentral Intelligence Agency.

245 10$aAzimuthal equidistant projection centered on Seoul, 37°34′N., 127°

00′E. 10-68$h[cartographic material]

255 ##$aScale 1:32,000,000 ;$bazimuthal equidistant proj.

260 ##$a[Washington :$bCentral Intelligence Agency,$c1968]

300 ##$a1 map :$b2 col. ;$c80 × 75 cm.

336 ##$acartographic image$bcri$2rdacontent

337 ##$aunmediated$bn$2rdamedia

338 ##$asheet$bnb$2rdacarrier

500 ##$aShows radial distances.

500 ##$a"58329."

530 ##$aAvailable also through the Library of Congress Web site as a raster image.

650 #0$aAzimuthal equidistant projection (Cartography)$vMaps.

650 #0$aWorld maps.

651 #0$aSeoul (Korea)$xDistances, etc.$vMaps.

752 ##$aEarth.

852 ##$aLibrary of Congress$bGeography and Map Division$eWashington, D.C. 20540-4650 USA$ndcu

856 41$dg3201b$fct002683$uhttp://hdl.loc.gov/loc.gmd/g3201b.ct002683$qc

■ 서지레코드의 실례 [4] 지도책

[KORMARC/KCR4]

007 adƀcanun

008 040427s2004ƀƀƀƀulkƀƀƀƀƀƀƀeƀƀƀƀƀ0aƀƀkorƀƀ

020 ƀƀ▼a895757252X▼g14900 :▼c₩25000

020 ƀ1▼a8957572511 (세트)

056 ƀƀ▼a989.11▼26

245 00▼a초정밀 전국지도▼h[지도자료] /▼d동아지도 제작

255 ƀƀ▼a축척 1:75,000

260 ƀƀ▼a서울 :▼b랜덤하우스 중앙,▼c2004

300 ƀƀ▼a지도책 1책 (363 p.) :▼b천연색 ;▼c26 × 35 cm

490 10▼aMap 4U ;▼v1

500 ƀƀ▼a국토지리정보원이 간행한 국가 기본도 1:50,000 축척 지형도를 1:75,000으로 축소하여 컴퓨터로 제작한 것임

650 ƀ8▼a지도(자료)[地圖]

650 ƀ8▼a지도책[地圖冊]

651 ƀ8▼a대한민국(국명)[大韓民國]

710 ƀƀ▼a동아지도

830 ƀ0▼aMap 4U▼h[지도자료] ;▼v1

■ 서지레코드의 실례 [5] atlas

[MARC21/AACR2R]

007 ad#canzn

008 010328s2000####ko########e#####1###eng#d

020 ##$a8939000609

020 ##$a9788939000605

082 04$a912.519$223

245 00$aAtlas of Korea$h[cartographic material] /$ceditors, Young-Han Park ... [et al.].

255 ##$aaScales differ.

260 ##$aSeoul :$bSung Ji Mun Hwa Co.,$c2000.

300 ##$a1 atlas (136 p.) :$bcol. maps ;$c31 cm.

336 ##$acartographic image$bcri$2rdacontent

337 ##$aunmediated$bn$2rdamedia

338 ##$avolume$bnc$2rdacarrier

504 ##$aIncludes index.

651 #0$aKorea (South)$vMaps.

651 #0$aKorea (North)$vMaps.

700 1#$aPark, Young-han.

856 41$3Table of contents$uhttp://www.riss.kr/Keris_abstoc.do?no=07939980.

■ 서지레코드의 실례 [6] 악보

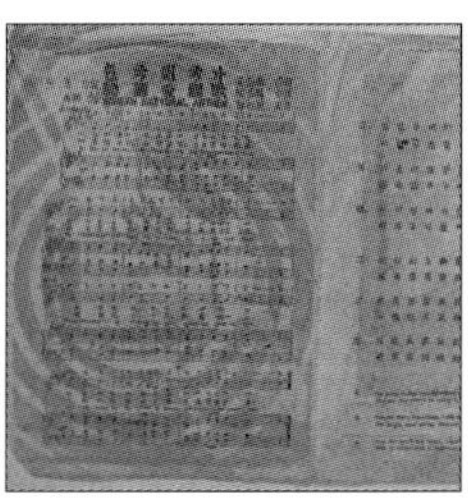

[KORMARC/KCR4]

007 qu

008 140422s1945ƀƀƀƀccƀandƀƀƀƀƀƀƀƀƀƀƀƀaƀƀkorƀƀ

041 1ƀ▼akor▼achi▼aeng

056 ƀƀ▼a673.911▼26

245 00▼a한국 애국가▼h[악보] =▼xKorean national anthem /▼d安益泰 作曲

250 ƀƀ▼a韓中英文中國版

254 ƀƀ▼a총보

260 ␢␢▼a重慶 :▼b音樂月刊社,▼c1945

300 ␢␢▼a성악보 1부 :▼b사진 ;▼c18 cm

500 ␢␢▼a한자표제: 韓國愛國歌

500 ␢␢▼a등록문화재 제576호, 2013년 12월 20일 지정

520 ␢␢▼a표지면에는 "韓中英文中國版韓國愛國歌"라는 제목이 있으며, 제목 왼쪽에 '金九題'와 '金九之印'이라는 장서인과 김구의 친필로 '一九四五十月十八日'이 써 있고, 안쪽에는 애국가 악보와 가사가 적혀 있으며, 한국어, 중국어, 영어 가사를 순서대로 배열해 놓았고, 뒷면에는 김구 주석의 사진이 중앙에 있고, 사진 아래에는 애국가의 창작 과정이 소개되어 있다. 대한민국 임시정부가 한국의 국가를 중국에 처음 소개한 자료이며, 애국가의 역사성을 비롯해 변천 과정과 법적 지위 등을 연구하는 데 중요한 가치를 지닌 악보임

600 18▼a김구(독립운동가)[金九],▼d1876-1949

650 ␢8▼a애국가[愛國歌]

700 1␢▼a안익태,▼d1906-1965

■ 서지레코드의 실례 [7] music score

[MARC21/AACR2R]

007 qu

008 140423t20132012sp#zaa##bdehi#n####spa#d

024 2#$a9790901319288

024 3#$a9790901319288

041 1#$aspa$espa$gspa$geng$mspa

082 04$a784.2$223

100 1#$aMarqués, Pedro Miguel,$d1843-1918,$ecomposer.

245 13$aEl anillo de hierro$h[music] :$bdrama lírico en tres actos /$cPedro Miguel Marqués ; libreto: Marcos Zapata ; edición crítica: Luis Remartínez.

264 #1$aMadrid :$bICCMU, Instituto Complutense de Ciencias Musicales, $c[2013]

264 #4$c©2012

300 ##$a1 score (xlix, 396 p.) ;$c30 cm.

336 ##$anotated music$bntm$2rdacontent

337 ##$aunmediated$bn$2rdamedia

338 ##$avolume$bnc$2rdacarrier

490 1#$aMusica Hispana (Instituto Complutense de Ciencias Musicales). Serie A, Musica lirica ;$v93

500 ##$aZarzuela in three acts.

500 ##$aIncludes preface, biographical information on the composer, and program notes in Spanish with English translation.

504 ##$aIncludes bibliographical references.

546 ##$aSpanish words; also printed separately as text.

546 ##$bStaff notation.

650 #0$aZarzuelas$vScores.

650 #0$aZarzuelas$vLibrettos.

700 1#$aZapata, Marcos,$elibrettist.

700 1#$aRemartínez, Luis,$eeditor.

700 12$iContains (work):$aZapata, Marcos.$tAnillo de hierro.

830 #0$aMúsica hispana (Instituto Complutense de Ciencias Musicales).$nSerie A,$pMúsica lírica ;$v93.

제10장 기본표목과 표제

제10장에서는 기본표목과 표제에 대해 차례대로 살펴본다. 이는 KORMARC의 100 필드에서부터 247 필드에 이른다. 그럼, 각각의 필드를 살펴보자.

1. 기본표목

MARC상에서는 표제기본표목인 경우는 여기에 기입하지 않고 245 필드에 제1지시기호 0(표제를 부출하지 않음)을 사용하여 해결하고 있다. 기본표목은 AACR2R(2002년)에 따라 설명하기로 한다. KORMARC 통합서지용에서는 기본표목(1XX)은 저자명기본표목(저자주 기입) 방식의 목록규칙(KCR2, AACR2)에서 사용하되, 표제기본표목(서명주 기입) 방식의 목록규칙(ISBD, KCR3, KCR4, KORMARC 기술규칙)에서는 원칙적으로 사용하지 않는 것으로 설명하고 있다. 따라서 이 책에서는 동양자료의 경우, KORMARC 통합서지용과 KCR4를 적용하여 기본표목을 적용하지 않았다. 단, 청구기호 구성의 경우는 AACR2R(2002년)에 따라 기본표목의 개념을 살리되, 레코드의 기입은 부출표목(7XX) 중에서 제일 첫 번째에 두도록 하였다.

1) 100 기본표목—개인명 [반복불가/해당시필수]
; 100 Main Entry—Personal Name (NR)

제1지시기호 - 개인명의 유형 ; First Indicator - Type of personal name entry element

0 - 성으로 시작하지 않는 이름 ; 0 - Forename

1 - 성으로 시작하는 이름 ; 1 - Surname

3 - 가계명(家系名) ; 3 - Family name

제2지시기호 - 미정의 ; Second Indicator - Undefined

식별기호 ; Subfield Codes

▼a - 개인명 (성과 이름) ; $a - Personal name ☞【RDA: 9.2.2, 10.2.2】

▼b - 이름(명)에 포함되어 세계(世系)를 지칭하는 숫자 ; $b - Numeration ☞【RDA: 9.2.2】

▼c - 이름과 관련된 정보(직위, 칭호 및 기타 명칭, 역조(歷朝), 국명(國名), 한국 및 중국의 세계(世系)) [반복] ; $c - Titles and words associated with a name (R) ☞【RDA: 9.4, 9.6, 9.15, 9.16, 10.5, 10.7】

▼d - 생몰년 ; d - Dates associated with a name ☞【RDA: 9.3, 10.4】

▼e - 역할어 [반복] ; $e - Relator term (R) ☞【RDA: 18.5】

▼f - 저작 연도 ; $f - Date of a work ☞【RDA: 6.4, 6.10】

▼g - 기타 정보 ; $g - Miscellaneous information ☞【RDA: 10.6】

▼j - 속성 한정어 [반복] ; $j - Attribution qualifier (R)

▼k - 형식부표목 [반복] ; $k - Form subheading (R) ☞【RDA: 6.12】

▼l - 저작의 언어 ; $l - Language of a work ☞【RDA: 6.11】

▼n - 책·권차, 편차 [반복] ; $n - Number of part/section of a work (R) ☞【RDA: 6.2.2】

▼p - 저작의 편제 [반복] ; $p - Name of part/section of a work (R) ☞【RDA: 6.2.2】

▼q - 이름의 완전형 ; $q - Fuller form of name ☞【RDA: 9.5】

▼t - 저작의 표제 ; $t - Title of a work ☞【RDA: 6.2.2, 6.3, 6.4, 6.5, 6.6】

▼u - 소속 ; $u - Affiliation ☞【RDA: 9.13】

▼0 - 전거레코드 제어번호 [반복] ; $0 - Authority record control number (R)

▼4 - 역할어 부호 ; $4 - Relator code (R)

▼6 - 대체문자 연결 ; $6 - Linkage

▼8 - 필드 링크와 일련번호 [반복] ; $8 - Field link and sequence number (R)

[KORMARC]

100 0ƀ ▼a나폴레옹 ▼bIII, ▼c프랑스 왕, ▼d1808-1873

100 0ƀ ▼a고종, ▼c고려, ▼c제23대 왕, ▼d1192-1259

[MARC21]

100 1#$aLe Conte, John Eatton,$d1784-1860.

100 1#$aSmith, Elizabeth$q(Ann Elizabeth)

2) 110 기본표목—단체명 [반복불가/해당시필수] ; 110 Main Entry—Corporate Name (NR)

지시기호 - 미정의 ; First Indicators - Type of corporate name entry element
; 0 - Inverted name
; 1 - Jurisdiction name
; 2 - Name in direct order
; Second Indicators - Undefined

식별기호 ; Subfield Codes

▼a - 기본요소 ; $a - Corporate name or jurisdiction name as entry element
☞【RDA: 11.2.2, 11.3.3, 11.4.3, 11.4.4, 11.7】

▼b - 하위 기관 [반복] ; $b - Subordinate unit (R) ☞【RDA: 11.2.2】

▼c - 회의 개최지 ; $c - Location of meeting (R) ☞【RDA: 11.3.2, 11.5】

▼d - 회의 일자나 조약 체결 일자 ; $d - Date of meeting or treaty signing (R)
☞【RDA: 11.4.2, 6.4】

▼e - 역할어 ; $e - Relator term (R) ☞【RDA: 18.5】

▼f - 저작 연도 ; $f - Date of a work ☞【RDA: 6.4, 6.10】

▼g - 기타정보 ; $g - Miscellaneous information

▼k - 형식부표목 [반복] ; $k - Form subheading (R) ☞【RDA: 6.12】

▼l - 저작의 언어 ; $l - Language of a work ☞【RDA: 6.11】

▼n - 분과 및 부회의 회차 [반복] ; $n - Number of part/section/meeting (R)
☞【RDA: 6.2.2, 11.6】

▼p - 저작의 편제 [반복] ; $p - Name of part/section of a work (R) ☞【RDA: 6.2.2】

▼t - 저작의 표제 ; $t - Title of a work ☞【RDA: 6.2.2, 6.3, 6.4, 6.5, 6.6】

▼u - 소속기관 ; $u - Affiliation

▼0 - 전거레코드 제어번호 [반복] ; $0 - Authority record control number (R)

▼4 - 역할어 부호 ; $4 - Relator code (R)

▼6 - 대체문자 연결 ; $6 - Linkage

▼8 - 필드 링크와 일련번호 [반복] ; $8 - Field link and sequence number (R)

[KORMARC]

110 ␢␢▼a고려대학교.▼b아세아문제연구소

110 ␢␢▼a한국.▼b대통령 (1963-1979 : 박정희)

[MARC21]

110 1#$aUnited States.$bCongress.$bJoint Committee on the Library.

110 2#$aNew York Public Library.$kManuscript$pAulendorf Codex.

3) 111 기본표목—회의명 [반복불가/해당시필수]
; 111 Main Entry—Meeting Name (NR)

지시기호 - 미정의 ; First Indicators - Type of meeting name entry element

; 0 - Inverted name

; 1 - Jurisdiction name

; 2 - Name in direct order

; Second Indicators - Undefined

식별기호 ; Subfield Codes

▼a - 회의명 ; a - Meeting name or jurisdiction name as entry element
☞【RDA: 11.2.2, 11.3.3, 11.4.3, 11.4.4, 11.7】

▼c - 회의장소 ; $c - Location of meeting (R) ☞【RDA: 11.3.2, 11.5】

▼d - 회의일자 ; $d - Date of meeting ☞【RDA: 11.4.2, 6.4】

▼e - 하위단위 [반복] ; $e - Subordinate unit (R) ☞【RDA: 11.2.2】

▼f - 저작 연도 ; $f - Date of a work ☞【RDA: 6.4, 6.10】

▼g - 기타 정보 ; $g - Miscellaneous information

▼j - 역할어 [반복]; $j - Relator term (R) ☞【RDA: 18.5】

▼k - 형식부표목 [반복] ; $k - Form subheading (R) ☞【RDA: 6.12】

▼l - 저작의 언어 ; $l - Language of a work ☞【RDA: 6.11】

▼n - 분과 및 부회의 회차 [반복] ; $n - Number of part/section/meeting (R)
☞【RDA: 6.2.2, 11.6】

▼p - 회차표제 [반복] ; $p - Name of part/section of a work (R) ☞【RDA: 6.2.2】

▼q - 관할 구역명 다음에 오는 회의명 ☞【RDA: 11.2.2】; $q - Name of meeting following jurisdiction name entry element

▼t - 저작의 표제 ; $t - Title of a work ☞【RDA: 6.2.2, 6.3, 6.4, 6.5, 6.6】

▼u - 소속 ; $u - Affiliation

▼0 - 전거레코드 제어번호 [반복] ; $0 - Authority record control number (R)

▼4 - 역할어 부호 [반복] ; $4 - Relator code (R)

▼6 - 대체문자 연결 ; $6 - Linkage

▼8 - 필드 링크와 일련번호 [반복] ; $8 - Field link and sequence number (R)

[KORMARC]

111 ƀƀ ▼a국제동방학자회의 ▼d(1965 : ▼c서울)

111 ƀƀ ▼a전국대학원심포지움 ▼d(1974 : ▼c연세대학교)

[MARC21]

111 2#$aGovernor's Conference on Aging (N.Y.)$d(1982 :$cAlbany, N.Y.)

111 1#$aParis.$qPeace Conference,$d1919.

4) 130 기본표목—통일표제 [반복불가/해당시필수] ; 130 Main Entry—Uniform Title (NR)

130 필드는 통일표제가 기본표목으로 채택될 경우에 사용한다. 통일표제는 특정 저작의 판이나 번역서 등이 여러 가지 다른 표제로 나타날 때 하나의 표제를 기본표목으로 선정, 이 저작의 레코드를 한자리에 모으기 위하여 사용한다. 130 필드가 기술되면 100, 110, 111 필드는 기술될 수 없다.

제1지시기호 - 미정의 ; First Indicators - Nonfiling characters

; 0~9 - Number of nonfiling characters[1)]

제2지시기호 - 관제 및 관사 출력형태 ; Second Indicators - Undefined

0 - 그대로 인쇄

1 - 원괄호를 제외하고 인쇄[2)]

식별기호 ; Subfield Codes

▼a - 통일표제 ; a - Uniform title ☞【RDA: 6.2.2, 6.3, 6.4, 6.5, 6.6】

▼d - 조약 체결일자 [반복] ; $d - Date of treaty signing (R) ☞【RDA: 6.4】

---

1) 제1지시기호의 배열에서 무시되는 문자수는 서양어의 관사를 배열에서 무시함으로써 검색하는 데 편리하게 하기 위한 것이다. KORMARC에서는 원괄호로 묶어서 표기하고 인쇄 시에는 원괄호를 제외하도록 하고 있으나, MARC21에서는 배열에서 무시되는 문자수를 관사의 글자 수에다가 띄어 쓴 한 칸을 더하여 검색 시의 첫 부분이 시작하는 위치를 지정한 것이다. 예컨대 'A'는 '2', 'An'은 '3', 'The'는 '4'가 된다.

2) 알파벳 문자로 된 통일표제가 정관사 또는 부정관사로 시작되는 경우에 적용한다. 입력 시에는 정관사나 부정관사를 원괄호(( ))로 묶어 입력하고, 출력될 때에는 좌괄호(()와 우괄호())만 빼고 출력되며, 색인파일 작성 시에는 원괄호(( ))로 묶인 전체를 제외하고 작성한다.

(예) 입력: 130 ƀ1 ▼a(The) plays of Oscar Wilde
출력: The plays of Oscar Wilde
색인: Plays of Oscar Wilde

▼f - 저작 연도 ; $f - Date of a work ☞【RDA: 6.4, 6.10】

▼g - 기타정보 ; $g - Miscellaneous information

▼h - 자료유형표시 ; $h - Medium ☞【RDA: 6.9】

▼k - 형식부표목 [반복] ; $k - Form subheading (R) ☞【RDA: 6.12】

▼l - 저작의 언어 ; $l - Language of a work ☞【RDA: 6.11】

▼m - 연주 수단 [반복] ; $m - Medium of performance for music (R) ☞【RDA: 6.15】

▼n - 권차 [반복] ; $n - Number of part/section of a work (R) ☞【RDA: 6.2.2, 6.16】

▼o - 편곡 ; $o - Arranged statement for music ☞【RDA: 6.12】

▼p - 권차표제 [반복] ; $p - Name of part/section of a work (R) ☞【RDA: 6.2.2】

▼r - 음악자료의 장·단조 ; $r - Key for music ☞【RDA: 6.17】

▼s - 판 ; $s - Version ☞【RDA: 6.12】

▼t - 저작의 표제 ; $t - Title of a work

▼0 - 전거레코드 제어번호 ; $0 - Authority record control number (R)

▼6 - 대체문자 연결 ; $6 - Linkage

▼8 - 필드 링크와 일련번호 [반복] ; $8 - Field link and sequence number (R)

[KORMARC]

130 ɓ0 ▼a춘향전

130 ɓ0 ▼a불전. ▼p법화경. ▼l한국어 (국한문)

[MARC21]

130 0#$aGone with the wind (Motion picture).$hSound recording.

130 0#$aConcertos,$mviolin,string orchestra,$rD major.

2. 표제 및 표제관련사항

1) 240 통일표제 [반복불가/재량] ; 240 Uniform Title (NR)

240 필드에는 한 자료의 표제가 여러 가지로 다르게 간행되는 경우에 이를 한자리에 모으기 위해 특정 표제를 통일표제로 삼아 기술한다. 통일표제를 기본표목으로 채택

한 경우에는 표시기호 130을 적용하고, 기본표목이 아닌 기술사항으로 통일표제를 채택한 경우에 이 필드에 기술한다. 통일표제가 240 필드에 기술될 때에는 기본표목으로 100(개인명), 110(단체명) 또는 111(회의명) 필드가 채택되어 있는 경우이다. 한 레코드 내에서는 표시기호 '130'과 '240'을 중복 사용하지 않는다. 각괄호([ ])는 관례상 레코드 내에 입력하지 않고 240 필드에 의해 내용 출력 시 시스템에서 자동 생성한다.

제1지시기호 - 표제의 출력 ; First Indicators - Uniform title printed or displayed

0 - 표제를 출력하지 않음 ; 0 - Not printed or displayed

1 - 표제를 출력함 ; 1 - Printed or displayed

제2지시기호 - 관제 및 관사 출력형태 ; Second Indicators - Nonfiling characters

0 - 그대로 인쇄 ; 0~9 - Number of nonfiling characters

1 - 원괄호를 제외하고 인쇄

식별기호 ; Subfield Codes

▼a - 통일표제 ; $a - Uniform title ☞【RDA: 6.2.2, 6.3, 6.4, 6.5, 6.6】

▼d - 조약 체결 일자 [반복] ; $d - Date of treaty signing (R) ☞【RDA: 6.4】

▼f - 저작 연도 ; $f - Date of a work ☞【RDA: 6.4, 10】

▼g - 기타 정보 ; $g - Miscellaneous information ☞【RDA: 6.22】

▼h - 자료유형표시 ; $h - Medium ☞【RDA: 6.9】

▼k - 형식부표목 [반복] ; $k - Form subheading (R) ☞【RDA: 6.12】

▼l - 저작의 언어 ; $l - Language of a work ☞【RDA: 6.11】

▼m - 연주 수단 [반복] ; $m - Medium of performance for music (R) ☞【RDA: 6.15】

▼n - 권차 [반복] ; $n - Number of part/section of a work (R) ☞【RDA: 6.2.2, 6.16】

▼o - 편곡 ; $o - Arranged statement for music ☞【RDA: 6.12】

▼p - 권차표제 [반복] ; $p - Name of part/section of a work (R) ☞【RDA: 6.2.2】

▼r - 음악자료의 장조 ; $r - Key for music ☞【RDA: 6.17】

▼s - 판 ; $s - Version ☞【RDA: 6.12】

▼0 - 전거레코드 제어번호 [반복] ; $0 - Authority record control number (R)

▼6 - 대체문자 연결 ; $6 - Linkage

▼8 - 필드 링크와 일련번호 [반복] ; $8 - Field link and sequence number (R)

[KORMARC]

240 10 ▼a사씨남정기 ⇒ [사씨남정기]

240 10 ▼aMacbeth ⇒ [Macbeth]

[MARC21]

240 10$aTreaties, etc.$gPoland,$d1948 Mar. 2.$kProtocols, etc.,$d1951 Mar. 6

240 10$aVariations,$mpiano, 4 hands,$nK. 501,$rG major

2) 242 목록작성기관에서 번역한 표제 [반복/재량] ; 242 Translation of Title by Cataloging Agency (R)

242 필드에는 목록작성기관에서 번역한 표제를 기술한다. 이 필드는 번역된 표제가 대등표제로 나타나지 않은 경우에만 사용하며, 대등표제는 245 필드에 기술한다.

제1지시기호 - 표제의 부출 ; First Indicators - Title added entry

0 - 표제를 부출하지 않음 ; 0 - No added entry

1 - 표제를 부출함 ; 1 - Added entry

2 - 관제를 포함해서 표제를 부출함[3)]

제2지시기호 - 관제 및 관사 출력 형태 ; Second Indicators - Nonfiling characters

0 - 그대로 인쇄 ; 0 - No nonfiling characters

1 - 원괄호를 제외하고 인쇄 ; 1~9 - Number of nonfiling characters

식별기호 ; Subfield Codes

▼a - 표제 ; $a - Title ☞【RDA: 2.3.6】

▼b - 표제관련정보 ; $b - Remainder of title ☞【RDA: 2.3.6】

▼d - 책임표시 ; $c - Statement of responsibility, etc.

▼h - 자료유형표시 ; $h - Medium

▼n - 권차 또는 편차 [반복] ; $n - Number of part/section of a work (R) ☞【RDA: 2.3.6】

▼p - 권제 또는 편제 [반복] ; $p - Name of part/section of a work (R) ☞【RDA: 2.3.6】

▼y - 번역표제의 언어부호 ; $y - Language code of translated title

▼6 - 대체문자 연결 ; $6 - Linkage

▼8 - 필드 링크와 일련번호 [반복] ; $8 - Field link and sequence number (R)

3) 이 경우, 관제를 포함하거나 제외한 표제 모두가 검색된다. 표제기본표목을 적용하는 경우에도 관제를 포함한 표제를 부출하는 경우에는 '2'를 적용한다.

[KORMARC]

242 10 ▼a일본의 노사관계와 임금 ▼ykor

245 00 ▼a日本の勞使關係と賃金 / ▼d西岡孝男

[MARC21]

242 00$aLand surveying and agriculture equipment.$yeng

242 14$aThe Mirror.$yeng

3) 243 종합통일표제 [반복불가/재량] ; 243 Collective Uniform Title (NR)

243 필드에는 다작 저자의 저작을 집중하기 위해 사용되는 종합통일표제를 기술한다. 이 표제는 동일 저자의 다수의 저작을 모으고자 할 때 적용하며, 목록자에 의해 작성된다. 종합통일표제는 개인명(100 필드), 단체명(110 필드) 또는 회의명(111 필드) 아래 기입되는 서지레코드일 경우에 적용한다.

제1지시기호 - 표제의 출력 ; First Indicators - Uniform title printed or displayed
- 0 - 표제를 출력하지 않음 ; 0 - Not printed or displayed
- 1 - 표제를 출력함 ; 1 - Printed or displayed

제2지시기호 - 관제 및 관사 출력형태 ; Second Indicators - Nonfiling characters
- 0 - 그대로 인쇄 ; 0~9 - Number of nonfiling characters
- 1 - 원괄호를 제외하고 인쇄

식별기호 ; Subfield Codes
- ▼a - 통일표제 ; $a - Uniform title ☞【RDA: 6.2.2, 6.3, 6.4, 6.5, 6.6】
- ▼d - 조약 체결 일자 [반복] ; $d - Date of treaty signing (R) ☞【RDA: 6.4】
- ▼f - 저작 연도 ; $f - Date of a work ☞【RDA: 6.4, 10】
- ▼g - 기타 정보 ; $g - Miscellaneous information ☞【RDA: 6.22】
- ▼h - 자료유형표시 ; $h - Medium ☞【RDA: 6.9】
- ▼k - 형식부표목 [반복] ; $k - Form subheading (R) ☞【RDA: 6.12】
- ▼l - 저작의 언어 ; $l - Language of a work ☞【RDA: 6.11】
- ▼m - 연주 수단 [반복] ; $m - Medium of performance for music (R) ☞【RDA: 6.15】
- ▼n - 권차 [반복] ; $n - Number of part/section of a work (R) ☞【RDA: 6.2.2, 6.16】

▼o - 편곡 ; $o - Arranged statement for music ☞【RDA: 6.12】

▼p - 권차표제 [반복] ; $p - Name of part/section of a work (R) ☞【RDA: 6.2.2】

▼r - 음악자료의 장조 ; $r - Key for music ☞【RDA: 6.17】

▼s - 판 ; $s - Version ☞【RDA: 6.12】

▼6 - 대체문자 연결 ; $6 - Linkage

▼8 - 필드 링크와 일련번호 [반복] ; $8 - Field link and sequence number (R)

[KORMARC]

243 10 ▼a소설집. ▼f1917

[MARC21]

243 10$aWorks.$f1983

243 10$aOrchestra music.$kSelections

4) 245 표제와 책임표시사항 [반복불가/필수] ; 245 Title Statement (NR)

245 필드에는 표제와 책임표시사항을 기술한다. 표제는 '본표제, or, 별표제 [GMD] = 대등표제 : 표제관련정보'의 순으로 기술한다. KORMARC 기술규칙에서는 부표제와 잡제를 구분하였으나, KCR4에서는 부표제와 잡제를 구분하지 않고 표제관련정보로 묶어 하나로 표기하고 있다. KORMARC에서는 책임표시는 첫 번째 저자와 두 번째 이하 저자로 구분하여 기술하고, 본표제(▼a에만 제2지시기호 '1'의 영향을 미침)에 정관사나 부정관사가 있는 경우에는 이를 원괄호로 묶어 기술한다. 대등표제는 로마자의 대문자법과 구두법을 제외하고는 있는 그대로 기술한다. 대등표제의 첫 글자가 관사나 관제로 시작되는 경우, 원괄호로 묶지 않고 있는 그대로 기술하고, 필요시 246 필드에 부출한다. MARC21에서는 식별기호는 본표제 앞에는 '$a'를 사용하고, 대등표제나 표제관련정보 앞에는 '$b'를 한 번만 사용한다. 책임표시도 첫 번째 저작자에 한해서만 '$c'를 한 번 사용한다. 즉, KORMARC과는 달리 '$a', '$b', '$c' 모두 반복 사용이 불가능하며, 대등표제, 두 번째 이하 저작자에 대한 별도의 식별기호가 없이 대등표제는 표제관련정보와 동일한 '$b'를, 두 번째 이하 저작자는 첫 번째 저작자와 함께 '$c'를 한 번만 사용한다. AACR2R에서는 KCR4와는 달리 저자가 4인 이상일 경

우에 책임표시에서 첫 저자만 나타내고, 나머지 저자는 '... [et al.]'을 부가하고 생략한다(AACR2R 1.1F5). 또한 표제를 기본표목으로 하고 첫 저자만 부출한다. KORMARC의 경우는 목록규칙으로 KCR4를 적용하였으므로 관제를 포함해서 표제를 부출하는 경우(제1지시기호 '2')를 제외한 이 책의 모든 KORMARC 관련 예시는 표제기본표목으로 처리하여 245 필드의 제1지시기호를 표제를 부출하지 않는 '0'으로 기입하였다.

제1지시기호 - 표제의 부출 ; First Indicators - Title added entry

0 - 표제를 부출하지 않음(표제기본표목인 경우) ; 0 - No added entry

1 - 표제를 부출함 ; 1 - Added entry

2 - 관제를 포함해서 표제를 부출함

제2지시기호 - 관제 및 관사 출력형태 ; Second Indicators - Nonfiling characters

0 - 그대로 인쇄	0 - No nonfiling characters
1 - 원괄호를 제외하고 인쇄	1~9 - Number of nonfiling characters

식별기호 ; Subfield Codes

▼a - 본표제 [반복]; $a - Title ☞【RDA: 2.3.2】

▼b - 표제관련정보 [반복] ; $b - Remainder of title ☞【RDA: 2.3.3, 2.3.4, 2.3.5】

; $c - Statement of responsibility, etc. ☞【RDA: 2.4.2, 2.4.3】

▼d - 첫 번째 책임표시 [반복]

▼e - 두 번째 이하의 책임표시 [반복]

▼f - 수집된 자료의 전체 포괄연도 ; $f - Inclusive dates

▼g - 수집된 자료 중 대다수 자료의 포괄연도 ; $g - Bulk dates

▼h - 자료유형표시 ; $h - Medium

▼k - 형식 [반복] ; $k - Form (R) ☞【RDA: 6.12】

▼n - 권차 또는 편차 [반복] ; $n - Number of part/section of a work (R) ☞【RDA: 2.3.2】

▼p - 권제 또는 편제 [반복] ; $p - Name of part/section of a work (R) ☞【RDA: 2.3.2】

▼s - 판(version) ; $s - Version

▼x - 대등표제 [반복]

▼6 - 대체문자 연결 ; $6 - Linkage

▼8 - 필드 링크와 일련번호 [반복] ; $8 - Field link and sequence number (R)

[KORMARC]

245 00 ▼a바이엘 지도법 : ▼b레슨 포인트 33가지 / ▼d田丸信明 저 ; ▼e한원섭 편역

245 01 ▼a(The) magic reader 피아노 교본. ▼n2 / ▼d루이즈 걸 저 ; ▼e[음악춘추사 편]

[MARC21]

245 00$aMap of Nelson, Richmond, Motueka :$bscale 1:20000.

245 00$aFocus on grammar$h[electronic resource] :$bbasic level.

[KCR4]

245 □□ ▼a본표제, 별표제 ▼h[자료유형] = ▼x대등표제 : ▼b표제관련정보. ▼n권차 또는 편차, ▼p권제 또는 편제 / ▼d첫 번째 책임표시, ▼e동일 역할의 두 번째 이하의 책임표시 ; ▼e역할이 다른 책임표시

● **본표제**

〈공통〉

본표제는 해당 자료의 으뜸정보원에 기재된 형식 그대로 기재한다. 다만 표제의 일부분이 '두줄쓰기'로 되어 있는 것은 '한줄쓰기'로 고쳐 쓴다(1.1.1.2).

① 본표제는 축약할 수 없다. 다만 표제가 완전형과 축약형으로 동시에 기재된 경우에는 활자의 크기와 기재 순서에 따라 채기한다. 본표제로 채기되지 않은 표제는 주기한다.

② 단일 언어나 문자로 된 표제는 으뜸정보원에 기재된 활자의 크기와 기재 순서 등을 고려하여 본표제를 채택한다.

③ 복수의 언어나 문자로 기재된 두 종 이상의 표제를 지니고 있는 경우에는 본문의 언어나 문자와 일치되는 것을 본표제로 채택하고, 그 판별이 어려운 것은 활자의 크기나 기재순서를 고려하여 결정한다. 다만 한국어 표제로 한글형과 한자형(국한문형 포함)의 양자가 있을 경우에는 본문의 문자와 일치되는 것을 본표제로 채택하고, 그 판별이 어려울 경우에는 한글형을 채택한다.

④ 한국어 표제와 외국어 표제가 기재되어 있고, 본문 중에 한국어의 기술이 일부 있는 경우에는 한국어 표제를 본표제로 기술한다. 다만 외국어로 된 표제가 한국어 표제보다 활자의 크기, 기재 순서로 보아 더 분명히 표시된 경우에는 외국어 표제를 본표제로 채택한다.

⑤ 본표제가 소정의 으뜸정보원에 기재되지 않은 자료에서는 해당 자료의 다른 부분이나 참고자료 등의 다른 정보원에서 이를 찾아내어 각괄호([ ])로 묶어 보기한다. 표제가 없는 자료에서는 해당 자료의 주제 내용에 합당한 표제를 새로 만들어 각괄호([ ])로 묶어 보기한다. 이 경우에는 본표제의 출처가 된 정보원을 주기한다.

⑥ 본표제 앞이나 위에 기재되어 있는 문구로서 총서표제, 대등표제, 원표제, 저작자, 발행처, 회차, 권호차, 연월차, 판차, 간행빈도 등의 요소에 옮겨 기술하도록 규정된 것을 제외하고는 이를 관제[4]로 취급하며, 그 관제가 본표제에 종속되어 있을 때에는 이를 원괄호로 묶어 본표제 앞에 기술한다. 다만 본표제 앞에 기재되어 있지 않은 관제적 성격의 어구는 표제관련정보로 보아 기술하되, 식별상 중요한 어구가 아닌 경우에는 이를 주기할 수 있다.

245 20 ▼a(컴퓨터로 즐기는) 도스게임 26가지

245 00 ▼a先物의 世界 :$b파생금융상품전문지

⑦ 저작자명이나 판표시, 발행처명 등이 본표제 속에 포함되어 문법적으로나 형태적으로 본표제를 이루는 불가분의 요소인 경우에는 이 전체를 본표제로 기술한다.

245 00 ▼a咸錫憲人生論

⑧ 표제면상에 책임표시가 표제로 굳어진 고전물이거나 본표제가 인명이나 단체명만으로 구성된 경우에는 이를 본표제로 기술한다.

245 00 ▼a莊子

245 01 ▼a(The) British Museum

⑨ 종합표제나 대표표제가 기재된 자료에서는 이 종합표제나 대표표제를 본표제로 기재하고, 수록된 각 저작의 표제는 주기한다.

245 00 ▼a겨울나기 : ▼b李外秀中篇小說

---

4) KORMARC 기술규칙에서는 본표제 앞이나 위에 나타나 있는 문구가 본표제에 종속되어 있을 때(초기에는 10자 미만)에는 이를 관칭으로 간주하고 원괄호로 묶어 본표제 앞에 기술하고, 본표제 앞이나 위에 나타나 있는 문구가 본표제와 독립적일 때(초기에는 10자 이상)에는 관제로 간주하고, 이를 주기사항에 '관제'란 표출어를 앞세워 기술하도록 하였다(1.1라1).

⑩ 종합표제나 대표표제 없이 각 저작의 표제와 책임표시만 열기(列記)하고 있는 자료에서는, 개별표제와 그와 관련된 책임표시를 서로 짝지어 으뜸정보원에 표시된 순서대로 기재한다. 이때 각 표제와 책임표시 사이는 온점(.)으로 구분한다. 다만 필요에 따라 단일 저자의 네 저작 이상의 합집은 첫 저작만 기재하고 나머지는 생략하며, 두 저자나 세 저자의 합집은 개개 저자의 한 저작씩만 기재하며, 네 저자 이상의 합집은 열기된 것 중의 첫 저작만 기재하고 나머지는 생략한다. 생략 부분은 동양서의 경우에는 석점줄임표(...) 없이 '외' 또는 '外'를, 서양서의 경우에는 석점줄임표(...) 다음 'et al.'을 각괄호([ ])로 묶어 표시한다. 필요에 따라 주기사항에 개별표제 전체를 기재할 수 있다.

245 00 ▼a사람의 아들 ; ▼a塞下曲 / ▼d李文烈
245 00 ▼a孤獨의 여름 : ▼b安章煥中篇小說 / ▼d安章煥. ▼a여자를 찾습니다 : ▼b金周榮中篇小說 / ▼d金周榮

⑪ 별표제는 본표제의 일부분으로 간주하여 그 말미에 '일명'(一名), 'or' 또는 이의 상등어를 앞세워 적는다. '일명'이나 'or'의 앞뒤에는 쉼표(,)를 치며, 로마자 표제일 경우에는 별표제의 첫 자를 대문자로 적는다. '일명'이나 'or'의 표시를 목록자가 채기하였을 경우에는 각괄호([ ])로 묶어 보기한다.

245 00 ▼a端宗大王實記, 一名, 莊陵血史
246 30 ▼a莊陵血史

⑫ 두 권 이상으로 구성된 자료에서 권책에 따라 표제가 다른 것은 같은 것끼리 묶어 독립저록을 한다. 권책에 따라 표제의 변동이 있다는 사실을 주기한다.

245 00 ▼a조선말큰사전, ▼n1-2 / ▼d조선어학회 지음
500 ƀƀ ▼a전질 6권 중, 권 3-6은 "큰사전"으로 개제됨

245 00 ▼a큰사전, ▼n3-6 / ▼d한글학회 지음
500 ƀƀ ▼a전질 6권중 권1과 2의 표제저자표시: 조선말큰사전 / 조선어학회 지음

⑬ 신판이나 별책으로 나온 속편이나 보유, 색인 등의 표제가 전판이나 정편, 본편의 표제와 다를 경우에는 별책의 표제를 본표제로 한다. 이때 정편이나 본편의 표제는 주기한다.

245 00 ▼a韓國史新論 / ▼d李基白 著

500 ƀƀ ▼a초판표제: 國史新論

⑭ 권차, 연차, 회차를 제외하고 표제에 포함된 숫자나 특수문자는 그 전체를 본표제로 기술한다.

245 00 ▼a수학 II

245 00 ▼aX마스캐롤

⑮ 양서의 표제에 온점(.) 없이 특정 문자나 두문자(initial)가 표제에 포함된 경우, 이들 문자 사이에 빈칸을 두지 않고 연결하여 기술한다. 그러나 이들 문자나 두문자 사이를 온점으로 구분한 경우에는 이 온점을 포함해서 기술하되, 온점 다음에 빈칸을 두지 않는다.

245 00 ▼aALA rules for filing catalog cards

245 00 ▼aT.U.E.I. occasional papers in industrial relations

〈지도자료〉 (3.1.1)

① 축척표시 등 식별상 필요한 숫자와 불가분의 관계에 있는 표제는 이를 포함한 표제를 본표제로 기술한다.

245 □□ ▼a1 : 250,000 地勢圖

② 자료의 어느 부위에도 표제의 표시가 없는 경우에는 대상지명을 나타내는 어구가 포함되도록 하여 본표제를 보기한다.

245 □□ ▼a[설악산 등반지도]

③ 종합표제나 대표표제가 없이, 자료를 구성하는 둘 이상의 지도에 개별표제가 기재된 경우에는 이 표제를 자료에 표시된 순서대로 기술한다.

245 □□ ▼a南海岸 觀光案內圖 ; ▼a智異山 登山案內圖

④ 종합표제나 대표표제 없이 다수의 지도자료로 구성된 경우, 이들 모두를 기술하기 어려우면 대상지명을 포괄하는 표제를 종합표제로 보기(補記)한다.

245 □□ ▼a[서울특별시 區別 道路地圖]

⑤ 독립적으로 간행된 편(編)이나 부록 등의 표제로, 본편을 구성하는 공통표제와 편이나 부록 등의 종속표제로 구성된 표제는 공통표제를 본표제로, 종속표제는 편제로 기술한다.

245 □□ ▼a5만 분의 1 전국관광도로지도. ▼p대전

〈악보〉 (5.1.1)

① 악곡형식이나 장르명, 기타 곡명만으로 된 표제, 또는 이와 연주 수단으로 구성된 표제를 기술한다. 이때, 조(調), 작품번호, 작곡연도나 연주 수단은 본표제의 일부로 취급한다.

245 □□ ▼a피아노 소곡 1956 작품14

245 □□ ▼a교향곡 제3번 가장조 작품번호 56

② 식별상 필요한 숫자나 문자가 표제와 불가분의 관계에 있는 경우, 이를 본표제의 일부로 기술한다.

245 □□ ▼aViolin-Sonaten 1, 2, 3

③ 독립적으로 간행된 부편이나 부록 등의 표제로서, 본편의 표제에 종속된 부편이나 부록의 표제로 구성된 표제를 본표제로 기술한다.

245 □□ ▼a프랑스고전가곡집. 메조 알토 편

④ 본표제와 불가분의 관계에 있는 책임표시, 발행처, 기타 서지사항은 본표제의 일부로 기술한다.

〈녹음자료〉 (6.1.1)

245 □□ ▼a젊은이를 위한 제주민요선집
245 □□ ▼a초기가곡과 심청아리아

① 으뜸정보원 이외에서 채기하였거나 용기에서 본표제를 채기한 경우에는 이를 각괄호로 묶어 기재하고, 그 출처를 주기에 기술한다.

245 □□ ▼a[Trios, piano, strings, no. 2, op. 66, C minor]
주기에 → Title from container

〈화상자료와 영상자료〉 (7.1.1)

① 미술작품의 경우, 현대 작품은 처음 전시 때 붙여진 표제, 통칭이나 전래되어 온 표제, 소장기관이 부여한 표제를 본표제로 삼는다.

245 □□ ▼a金剛全圖
245 □□ ▼a舞踊塚狩獵圖

② 광고필름은 제품명이나 서비스명과 함께 '광고', 'advertisement'라는 어구를 본표제 다음에 보기하고, 전체를 각괄호([ ])로 묶어 기술한다.

[대한항공 광고]

③ 미발행자료나 뉴스필름의 경우, 화면에 제시된 중요한 요소(장소, 사건일시, 촬영일시, 인물, 주제 등)는 제시된 순서대로 기술한다.

245 □□ ▼a[Phantom jet landing at R.A.F. Leuchars, July 1971]

④ 신문이나 잡지, 사진집, 전람회 등에서 발표된 사진은 발표 시 작가가 사용한 표제나 설명서(caption) 중에서 사진의 내용을 나타내는 어구를 선정하여 본표제로 한다. 미발표(미공개)된 사진인 경우에는 피사체나 내용을 기초로 표제를 만들어 보기한다.

245 □□ ▼a益齊 李齊賢影幀

⑤ 복제화는 복제화의 표제를 본표제로 기술한다. 원화의 일부를 복제한 경우에는 이 사실을 부기한다.

⑥ 표제가 없는 포스터는 화면에 표시된 문자정보 중에서(문자의 대소를 불문하고) 포스터의 내용을 나타내는 어구를 선정하여 본표제로 한다.

⑦ 화상자료의 전집(컬렉션)은 널리 알려진 전집명을 본표제로 하거나 또는 그 내용을 나타내는 표제를 보기한다.

245 □□ ▼a[Dance posters]

〈입체자료〉 (9.1.1)

① 입체자료에서는 첫 번째 전시 때 부여된 표제, 통칭이나 전래되어 온 표제, 소장기관이 부여한 표제를 본표제로 한다.

245 □□ ▼a慶州南山三花嶺石造彌勒三尊像 本尊像

245 □□ ▼a영조대왕의 도포

② 현대 미술작품에서 일반적인 형식으로 표제와 작품번호를 부여한 경우에는 이 번호를 본표제의 일부로 취급한다.

245 □□ ▼a작품 3

③ 기술대상자료의 어디에도 본표제가 표시되어 있지 않은 경우에는 자료의 형식이나

용도 및 내용 등을 나타내는 용어들을 적절히 결합하여 새로 만든 표제를 각괄호([ ])로 묶어 보기한다.

245 □□ ▼a[여성의류]

● **자료유형**

기술대상자료의 유형을 제시하여 이용의 편의를 제공하기 위한 것으로(1.1.2.0), KCR4의 각 장에서 규정하고 있는 자료유형을 적용함을 원칙으로 한다. 다만 포괄적인 유형을 적용할 경우에는 다음과 같이 자료를 구분하여 사용할 수 있다(1.1.2.1).

단행본(book) → 제2장(2.1.2): 적용하지 않음
지도자료(cartographic material) → 제3장(3.1.2.1): 지도자료, map, 지구의, globe
고서와 고문서(antiquarian and manuscript) → 제4장(4.1.2): 적용하지 않음
악보(music) → 제5장(5.1.2.1): 악보, music
녹음자료(sound recording) → 제6장(6.1.2.1): 녹음자료, sound recording
화상자료(graphic material) 및 영상자료(videorecording) → 제7장(7.1.2.1): 화상자료, graphic material, 영화, motion picture, 비디오녹화자료, videorecording
전자자료(electronic resource) → 제8장(8.1.2.1): 전자자료, electronic resource
입체자료(three-dimensional artefacts and realia) → 제9장(9.1.2.1): 입체자료, 3D
마이크로자료(microform) → 제10장(8.1.2.1): 마이크로자료, microform
연속간행물(serial) → 제11장(11.1.2): 인쇄형태에는 적용하지 않으며, 기타 형태의 자료유형은 해당 매체유형에 따름
점자자료(braille) → 제12장(12.1.2.1): 점자자료, braille

자료유형의 기술 방법은 다음과 같다(1.1.2.2).

① 자료유형은 본표제 다음에 각괄호([ ])로 묶어 기재한다. 종합표제 대신 개별저작의 표제를 기술한 경우에는 마지막 표제 다음에 기재한다.

245 00 ▼a아리랑 ▼h[녹음자료]

245 00 ▼a문화재를 배웁시다 ▼h[전자자료]

245 00 ▼a南海岸 觀光案內圖 ; ▼a智異山 登山案內圖 [지도자료]

② 복제본의 경우, 해당 복제물의 자료유형을 기재한다(예: 지도를 슬라이드로 복제한 경우, 슬라이드로 자료유형을 표시한다).

③ 두 가지 이상의 자료의 유형을 기술할 필요가 있을 경우에는 그 주된 유형을 기재하고, 나머지를 원괄호(( ))로 묶어 부기할 수 있다.

▼h[악보(점자자료)]

④ 인쇄자료 중 문자로 쓰인 자료(단행본, 고서와 고문서, 인쇄형식의 연속간행물 등)는 자료유형표시를 생략할 수 있으며, 단일유형의 목록만을 유지하는 경우에도 이를 생략할 수 있다.

● **대등표제**

본표제와 상이한 언어나 문자로 기재된 표제로서, 다원적 검색을 지원하기 위해 기술한다(1.1.3.0). 본표제로 채택된 표제와 다른 언어나 문자로 으뜸정보원에 기재된 표제를 대등표제로 한다(1.1.3.1). 대등표제는 본표제 다음에 기재하되, 로마자의 대문자법과 구두법을 제외하고는 있는 그대로 기술한다(1.1.3.2).

245 00 ▼a韓美大辭典 = ▼xNew Korean-English dictionary

245 00 ▼a세계를 간다 ▼h[비디오녹화자료] = ▼xVideo world tour guide

① 본문이 한글(또는 국한문 혼용)인 간행물에 한글표제와 그에 상응하는 한자표제가 기재되어 있는 경우, 한자표제는 대등표제로 기재하지 않는다. 다만 두 표제가 서로 달리 발음되는 경우에는 한자표제를 대등표제로 본다.

245 00 ▼a한글갈 = ▼x正音學

245 00 ▼a쟈치가

500 ƀƀ ▼a漢字書名: 雌雉歌

② 대등표제가 둘 이상인 경우에는 활자의 크기나 기재 순서에 따라 첫 번째 대등표제만 기재하고, 두 번째 이하의 대등표제는 '대등표제'란 도입어구를 사용하여 주기사항에 기재한다. 로마자로 번자된 대등표제가 있는 경우에는 이를 주기사항에 기재한다.

245 00 ▼a거문고산조 ▼h[녹음자료] = ▼x玄琴散調

246 11 ▼aKomungo sanjo

③ 대등표제가 완전형과 축약형으로 동시에 기재된 경우에는 활자의 크기와 기재 순서에 따라 채기한다. 채택되지 않은 대등표제는 주기사항에 '대등표제'란 도입어구를 앞세워 기재한다.

245 00 ▼a토익 = ▼xTOEIC

246 11 ▼aTest of English for international communication

④ 대등표제가 길어서 표제와 책임표시사항에 기술하기 부적당한 경우에는 주기사항에 '대등표제'란 도입어구를 앞세워 기재할 수 있다.

⑤ 악보에서 본표제의 일부로 취급되는 연주 수단이나 조, 작곡연도, 기타 번호가 으뜸정보원에 두 가지 이상의 상이한 언어나 문자로 기재되어 있는 경우, 두 번째 기재된 표제를 대등표제로 기술하고, 나머지 대등표제는 주기한다(5.1.3.2).

245 00 ▼aKonzert Nr. 1 fr Klarinette und Orchester, Es-Dur [악보] = ▼xEb-major

246 11 ▼aMib-majeur

⑥ 녹음자료에서 레이블 이외의 용기나 딸림자료에 표시된 대등표제는 주기하거나 대등표제로 기술할 수 있다. 본표제가 외국어로 기재된 경우, 용기나 딸림자료에 기재된 한국어 표제는 주기한다(6.1.3.2).

● **표제관련정보**

본표제를 설명하거나 보완하는 성격의 부차적 표제를 제시하기 위한 것으로(1.1.4.0), 본표제를 보완하거나 설명하는 표제를 그 범위로 한다(1.1.4.1). 표제관련정보는 대등표제 다음에 기재한다. 다만 본표제와 대등표제의 표제관련정보가 다른 경우에는 각각을 짝지어 기재한다. 대등표제가 없는 경우에는 본표제 다음에 기재하며, 본표제가 별표제를 수반하고 있는 경우에는 별표제 다음에 기재한다(1.1.4.2).

245 00 ▼a華麗한 地獄, 一名, 카인의 市場 : ▼b長篇小說

245 00 ▼a지오 = ▼xGeo : ▼b지구와 인간을 생각하는 잡지

① 저작의 성격이나 양식, 내용을 표현하는 사항(예: 시집, 수필집, 장편소설, 회고록, 자서전 등)이 저자명에 덧붙여 복합어구(양서의 경우는 표제관련정보와 저자명이 'of'나 'from' 등(또는 이의 외국어 상등어)에 의해서 연결된 어구)를 구성하는 경우, 이를 본표제로 채택하지 않은 경우에는 그 전체를 하나로 보아 표제관련정보로 기재한다.

245 00 ▼a정다운 사람들 : ▼b李鳳順에세이

245 00 ▼a내일을 위한 證言 : ▼b許政回顧錄

② 표제관련정보의 기재 순서는 으뜸정보원에 기재된 순서나 활자의 크기에 따라 기재하되, 책임표시의 성격을 띤 표제를 맨 나중에 기재한다.

245 00 ▼a天國의 階段 : ▼b그리고 다시는 울지 않았다 : ▼b崔仁浩장편소설

③ 너무 긴 표제관련정보는 주기사항에 옮겨 적거나, 적당히 줄여 적을 수 있다. 이때 축약은 본래의 의미를 잃지 않는 범위 내에서 어느 부위이든 간에 줄일 수 있다.

245 00 ▼a스탠드의 명심판 : ▼b ... 판례식 룰해석

④ 지도자료에서 본표제에 지명이 포함되지 않았고 표제관련정보에도 지명이 포함되지 않은 경우, 해당 지명을 표현하는 단어나 간략한 어구를 표제관련정보로 각괄호([ ])로 묶어 부기한다(3.1.4.2).

245 00 ▼a동식물도감 [지도자료] : ▼b[제주도]

245 00 ▼aVegetation [map] : ▼b[in Botswana]

⑤ 악보에서 악곡형식이나 곡명만으로 구성된 본표제와, 형식이나 곡명이 연주 수단과 연결되어 조나 작품번호, 작곡연도가 본표제의 일부가 되는 경우, 이들 표시 중 대등표제(또는 본표제)에만 표시되어 있는 요소는 표제관련정보로 기술한다. 대등표제 또는 별표제 이외의 표제(속칭이나 관용표제)는 표제관련정보로 기술한다(5.1.4.1). 동일 작곡자의 둘 이상의 작품인 경우, 각각의 표제에 공통되는 표제관련정보는 마지막 표제 다음에 이어서 기술한다(5.1.4.2).

245 00 ▼a피아노협주곡 변로단조 [악보] = ▼xKlavierkonzert b Moll : ▼bop. 23

245 00 ▼a소나타 제1번 G장조 [악보] = ▼xSonata no. 1 G-major : ▼bHob. XVI/8

⑥ 영화나 비디오녹화자료가 예고편인 경우에는 '예고편' 또는 'trailer'라는 어구를 각괄호([ ]) 안에 표제관련정보로 기재한다(7.1.4.2).

245 00 ▼a은행나무침대 ▼h[영화] : ▼b[예고편]

⑦ 입체자료에서 작품번호가 본표제의 일부로 포함된 경우를 제외하고는 이를 표제관련정보로 기재한다(9.1.4.2).

● **권차, 회차, 연차 표시**

권차를 가진 저작의 권차매김 및 소장권차의 범위를 제공하기 위한 것으로(1.1.5.0), 다권본, 총서, 단행본적 성격을 띤 연속간행물의 권차, 회차, 연차와 그 표제를 기술한다(1.1.5.1). 기술 방법은 다음과 같다(1.1.5.2).

① 권차, 회차, 연차는 식별상 그 표시가 필요할 경우, 주기사항에 기술한다. 다만 그것이 영본(零本)이거나, 어쩌다 발행되는 자료이거나, 그 도서관에 완질을 갖추지 않을 예정에 있는 자료이거나, 또는 일괄해서 저록으로 작성하지 않고 권책별로 작성하는 경우에는 그 차서를 표제 다음에 온점을 앞세워 기재할 수 있다.[5] 다만 서지적 권차 없이 책차표시

5) KORMARC 기술규칙에서는 권차, 회차, 연차 등은 책임(저자)표시 뒤, 판사항 앞에 온점을 앞세워 기술함을 원칙

만 있는 경우에는 책차를 권차로 간주하여 기술한다.

245 00 ▼a註解 月印千江之曲. ▼n上

245 00 ▼a杜詩諺解. ▼n卷之 15-16

② 권차가 아라비아 숫자 이외의 수를 의미하는 로마 숫자(I, II, III…), 한자(一, 二, 三…), 한글 어구(첫째, 둘째, 셋째…) 등으로 쓰인 경우에는 그에 상응하는 아라비아 숫자로 기술한다.

245 00 ▼a禪門拈頌集說話. ▼n冊1-3 / ▼d慧諶(高麗) 集 ; ▼e覺雲(高麗) 撰

③ 회차와 연차가 모두 표시되어 있는 것은 회차 다음에 연차를 원괄호(( ))에 넣어 기재한다.

245 00 ▼a李箱文學賞受賞作品集. ▼n제2회 (1978)

④ 다권본으로 구성된 자료에서 종합표제 이외에 각 권의 표제가 표시되어 있는 경우, 권의 표제는 권차와 함께 주기한다. 또한 각 권에 따른 책임표시가 기재되어 있는 경우에는 해당 권의 표제와 책임표시를 짝지어 기술한다.

245 00 ▼a퍼펙트 에어로빅 ▼h[비디오녹화자료]

300 ϸϸ ▼a비디오카세트 2개

505 00 ▼nVol. 1. ▼t상체 가꾸기 -- ▼nvol. 2. ▼t하체 가꾸기

⑤ 전질(全帙) 중 일부가 결권되어 그 소장 권차표시가 번잡한 경우, 이를 주기사항으로 돌려 기재할 수 있다. 이 경우에는 형태사항의 권차표시는 소장본의 권책 수를 기재한 다음, 완질본의 총 권책 수를 정확히 아는 경우에 이를 원괄호(( ))로 묶어 부기하고, 주기사항에 소장 권차를 열기한다.

으로 하고 있다(1.6나).

245 00 ▼a眞西山讀書記乙集上大學衍義

300 ꝢꝢ ▼a24卷 6冊(全43卷 12冊)

590 ꝢꝢ ▼a所藏本: 卷1-3 (冊1), 卷4-7 (冊2), 卷8-11 (冊3), 卷20-24 (冊6), 卷25-28 (冊7), 卷29-32 (冊8)

● **책임표시**

책임표시는 저작의 지적 · 예술적 내용의 창조 또는 구현(연주 등을 포함)에 책임이 있거나 기여한 개인이나 단체를 그 역할과 관련된 어구와 함께 기재하여, 저작의 식별요소로 삼기 위한 것으로(1.1.6.0), 원칙적으로 본문의 저작자나 원작자를 범위로 한다. 일반적으로 책임표시의 범위에 포함되는 인명이나 단체명에는 그 저작에서의 역할어가 기재되어 있는 것이 보통이며, ① 저작자나 편(찬)자, 작곡자, 화가, 제작자, 역자, 각색자, ② 단체의 종합의지 또는 행정자료 등에서는 해당 단체, ③ 후원자로서의 단체 등이 포함된다(1.1.6.1). 책임표시의 기술 방법은 다음과 같다(1.1.6.2).

① 책임표시와 저작역할어는 으뜸정보원에 쓰인 용자와 어순 그대로 표제 다음에 기술하되, 단체명에 대해서는 조직 단위별로 띄어 쓴다. 한국어의 관형형으로 된 저작역할어는 명사형으로 고쳐 적는다.

245 00 ▼a세계지도 [지도자료] / 김명택, 조동규 편

245 00 ▼a예루살렘入城記 / ▼d閔泳珪 著

② 자료의 으뜸정보원 이외의 다른 부분에서 취한 책임표시는 각괄호([ ]) 속에 기재한다. 그러나 그 자료 이외의 정보원에서 얻은 책임표시는 주기사항에 기재한다.

245 00 ▼aObiter dicta / ▼d[A. Birrell]

③ 저작역할어가 적혀 있지 않은 자료에서 저작역할이 지음(저, by, von, par 등)의 뜻이 분명한 경우에는 저작역할어 없이 그대로 기재한다.

245 00 ▼a도레판화성경 / ▼d구스타브 도레

④ 부차적 책임표시가 있거나 표제의 문맥상 책임표시에 저작역할어의 표시 없이는 그 관계가 모호하다고 판단될 경우에는 동서는 책임표시 다음에, 양서는 책임표시 앞에 적당한 어구를 각괄호([ ])로 묶어 보기한다. 저작역할어의 일부를 보기하는 경우에는 자료에 나타나 있는 저작역할어와 동일한 문자로 한다.

245 00 ▼a우리에게 희망은 있는가 / ▼d버트런드 럿셀 [지음] ; ▼e李克燦 옮김

245 00 ▼aMorte Arthure / ▼d[edited by] John Finlayson

⑤ 본표제나 표제관련정보 중에 포함된 저작자명일지라도 이를 책임표시에 다시 기재한다.

245 00 ▼a素月의 名詩 : ▼b 칼러版 / ▼d金素月 著

⑥ 언어가 다른 둘 이상의 외국어 또는 외국 문자의 책임표시를 지닌 경우에는 본표제의 언어나 문자와 일치되는 책임표시를 기재하고, 나머지는 주기사항에 기재할 수 있다. 다만 한국어 본문이 있는 자료로서, 그 자료상에 한국어 또는 한국 문자의 책임표시가 있는 것은, 비록 표제면에 외국어 또는 외국 문자로만 책임표시가 쓰여 있다 할지라도, 그 한국어 또는 한국 문자(한글, 한자 순)로 쓰인 책임표시를 채택하고, 필요에 따라 외국어 또는 외국 문자의 책임표시를 주기사항에 기재하거나 그의 기재를 생략할 수 있다.

245 00 ▼a韓美大辭典 = ▼xNew Korean-English dictionary / ▼dS.E. 마틴, ▼e李敭河, ▼e張聖彦 編

500 ƀƀ ▼a영어저작자표시: by Samuel E. Martin, Yang Ha Lee, Sung-Un Chang

⑦ 으뜸정보원에 기재된 책임표시나 부차적 역할의 책임표시는 그 전부를 기재하는 것을 원칙으로 한다.[6] 다만, 도서관에 따라 책임표시 중 일부 또는 대표만을 기재하고, 나머지 책임표시의 기재는 생략할 수 있다. 이때 동양서는 석점줄임표 없이 '외' 또는 '外'자를,

6) KORMARC 기술규칙에서는 동일한 저작역할을 한 저자가 4인 미만일 경우, 첫 번째 저자와 두 번째 이하 저자 사이의 구두점으로 쉼표(,)가 아닌 쌍반점(;)을 사용하도록 하고 있다(1.5다1).

서양서는 석점줄임표 다음에 'et al.'을 각괄호 ([ ])로 묶어 표시한다. 생략된 저작자는 필요에 따라 주기사항에 기술할 수 있다.

245 00 ▼a建築計劃各論 / ▼d金正秀, ▼e金熙春, ▼e劉熙俊, ▼e尹道根, ▼e李廷德 共著
245 00 ▼a建築計劃各論 / ▼d金正秀 [外]著

⑧ 으뜸정보원에 저작의 역할을 달리하는 두 종 이상의 책임표시가 기재되어 있는 경우, 저자를 우선 기술하고 나머지는 그 정보원에 표시되어 있는 순차나 활자의 크기에 따라 구분하여 기재한다. 감수자, 교열자, 해제자(해설자), 원문기고자와 같은 부차적 역할의 책임표시는 책임표시의 맨 나중에 기재하거나 주기사항에 기재한다.

245 00 ▼a방랑시인 아치와 전생이 클레오파트라였던 어느 고양이의 세상 이야기 / ▼d돈마르 키스 글 ; ▼eH. 텔리먼 그림 ; ▼e장유친 옮김

⑨ 책임표시의 앞 또는 뒤에 부기되어 있는 학위나 직함 및 이와 유사한 칭호, 경칭과 성과 명을 갖춘 이름으로 그 앞 또는 뒤에 표시된 국명, 본관, 자, 호와, 단체명의 앞이나 뒤에 표시된 법인형태나 업종명을 나타내는 어구는 석점줄임표(...) 없이 그의 기재를 생략한다.

245 00 ▼a오늘의 世界 / ▼d林漢永 著
(정보원에는: 林漢永博士 著)
245 00 ▼a文酒半生記 / ▼d梁柱東 著
(정보원에는: 无涯梁柱東 著)

그러나 다음의 경우는 예외적으로 포함하여 기재한다.

㉠ 문법적으로 칭호나 경칭이 필요한 경우

… prólogo del Excmo. Sr. D. Manuel Fraga Iribarne

㉡ 생략하면 성 또는 명의 한 요소만 남게 되는 경우

… / ▼dby Miss Jane
… / ▼dby Dr. Johnson

ⓒ 칭호나 경칭이 식별에 필요한 경우

… / ▼dby Mrs. Charles H. Gibson

ⓔ 칭호가 서양인의 작위 또는 이에 준하는 것일 경우

… / ▼dby Sir Richard Acland

… / ▼dby Baroness Orczy

⑩ 종합표제나 대표표제가 없는 합집에서 각 저작의 표제와 책임표시를 열기하고 있는 경우에는 각 저작에 관련된 책임표시를 그 표제와 짝지어 기재한다.

⑪ 양서에서 저작역할어 'by'(또는 이의 외국어 상등어)에 의해서 연결된 책임표시 앞에 놓인 명사형의 어구는 이를 책임표시의 구성요소로 보지 않고, 일반적으로 표제관련정보로 간주하여 처리한다.

245 00 ▼aCharacters from Dickens : ▼bdramatised adaptations / ▼dby Barry Campbell

245 00 ▼aUnderwater acoustics : ▼ba report / ▼dby the National Environment Research Council Working Group

그러나 그 어구가 그 저작의 성격이나 내용을 나타내기보다는 책임표시에 적힌 개인이나 단체의 역할을 가리키는 어구일 경우에는 이를 저작역할어로 간주하여 책임표시에 포함시켜 기재한다.

245 00 ▼aRoman Britain / ▼dresearch and text by Colin Barham

245 00 ▼aBook of bores / ▼ddrawings by Michael Health

⑫ 인명이나 단체명이 아닌 일반어로만 구성된 책임표시도 이를 기술한다.

245 00 ▼aKorean phrases / ▼dby a group of students with a Korean resource person

〈녹음자료〉 (6.1.6)

① 녹음자료의 책임표시는 다음의 역할을 한 인물을 그 범위로 한다.

㉠ 수록작품의 저자나, 작사자, 대본작가, 작곡자 등 직접 책임을 지닌 인물

㉡ 개작자(원작과 동일한 매체 여부와 무관)

㉢ 기록이나 자연의 소리 등의 채록자(collector)나 수록자

㉣ 연주의 감독이나 지휘 책임을 지닌 개인

㉤ 주자나 취입자(가수)

㉥ 대중음악의 제작자(프로듀서)

245 00 ▼a초기가곡과 심청아리아 ▼h[녹음자료] / ▼d윤이상

245 00 ▼a한국의 작곡가 ▼h[녹음자료] / ▼d기획: KBS 문화사업단

② 고전음악이나 연설녹음자료 등에서 작품의 연주나 제작, 해설에 국한된 개인이나 단체는 주기한다. 아울러 연주그룹(앙상블)명과 그 단원명이 으뜸정보원에 기재된 경우, 이 정보가 중요하다고 판단되면 이들 명칭이나 이름을 주기하고, 그렇지 않은 경우에는 그의 기재를 생략한다.

245 00 ▼aQuartet in F major ▼h[sound recording] / ▼dRavel

주기에 → Budapest String Quartet(J. Roisman and A. Schneider, violins ; B. Kroyt, viola ; M. Schneider, cello)

③ 종합표제나 대표표제가 없는 자료에서는 개별표제와 그와 관련된 책임표시를 서로 짝지어 자료에 기재된 순서대로 기술한다.

245 00 ▼aPrelude, the afternoon of a faun / ▼dClaude Debussy. ▼aPeer Gynt (Suite) no. 1-2 / ▼dEdvard Grieg. ▼aTill Eulenspiegels lustige Streiche / ▼dRichard Strauss ▼h[sound recording]

④ 표제와 책임표시와의 관계가 불분명한 경우에는 이를 분명히 하기 위해 적절한 어구를 부기할 수 있다.

245 00 ▼aBorn to run ▼h[sound recording] / ▼d[written and performed] Bruce Springsteen

〈화상자료와 영상자료〉 (7.1.6)

① 화상자료와 영상자료의 책임표시에서 화가, 디자이너, 작도자, 촬영자, 카피라이터, 조각가, 기획자, 주최자, 후원자, 감독, 연출자 및 원저작자 등을 범위로 한다. 다만 연기자나 배우 등은 책임표시의 범위에서 제외한다(7.1.6.1).

245 00 ▼a仁谷幽居圖 ▼h[화상자료] / ▼d鄭敾

〈입체자료〉 (9.1.6)

① 입체자료의 예술적 내용의 창조와 구현 및 제작에 참여한 인물과 단체를 그 범위로 한다.

245 00 ▼a두상-B ▼h[입체자료] / ▼d김종영 [작]

245 00 ▼a모자상 ▼h[입체자료] / ▼d권진규 [작]

② 공예품이나 박물자료, 역사자료, 민속문화재 등 유형문화재의 제작에 참여한 인물을 분명하게 알 수 없는 경우에는 책임표시를 생략한다.

245 00 ▼a慶州九黃里金製如來坐像 ▼h[입체자료]

245 00 ▼a은장도 ▼h[입체자료]

5) 246 여러 형태의 표제 [반복/해당시필수]
; 246 Varying Form of Title (R)

246 필드에는 여러 형태의 표제(표지표제, 책등표제 등)가 다른 표제 관련 필드에서 기술될 수 없는 경우, 그 표제를 기술한다. 관련 표제는 개별자료 상에 나타나 있을 수도 있고, 나타나 있지 않을 수도 있다. 이들 다양한 표제는 245 필드의 표제와 다른 경우와 개별자료를 식별하는 데 도움이 되는 경우에만 246 필드에 기술된다. 여러 형태의 표제는 주기로서 화면 표시되거나 인쇄되는 경우, 일반적으로 표출어를 앞세우되, 제2지시기호에 의해 생성된다. 종합표제 없이 여러 저작으로 이루어진 자료의 경우, 246 필드는 본표제로서 채택된 표제와 관련된 표제, 대개 정보의 으뜸정보원에서 이름을 딴 첫 번째 저작물에 대해서만 적용된다. 기타 관련된 표제는 740 필드(부출표

목—비통제 관련/분출 표제)나 기타 7XX 필드(부출표목) 중 하나에 기술된다. 246 필드의 첫머리에 알파벳 문자의 관사(The, La, Der 등)가 오는 경우, 관사로 배열해야 하는 경우를 제외하고는 생략하고 기술한다.

제1지시기호 - 주기 제어/표제 부출 ; First Indicators - Note/added entry controller
  0 - 주기함, 표제를 부출하지 않음 ; 0 - Note, no added entry
  1 - 주기함, 표제를 부출함 ; 1 - Note, added entry
  2 - 주기하지 않음, 표제를 부출하지 않음 ; 2 - No note, no added entry
  3 - 주기하지 않음, 표제를 부출함 ; 3 - No note, added entry
제2지시기호 - 표출어 제어/표제 유형 ; Second Indicators - Type of title
  ƀ - 표출어를 생성하지 않음 ; # - No type specified
  0 - 검색을 위한 부분표제(주기를 생성하지 않음) ; 0 - Portion of title
  1 - 대등표제 ; 1 - Parallel title
  2 - 식별표제 ; 2 - Distinctive title
  3 - 기타표제 ; 3 - Other title
  4 - 표지표제 ; 4 - Cover title
  5 - 부표제지표제 ; 5 - Added title page title
  6 - 권두표제 ; 6 - Caption title
  7 - 난외표제 ; 7 - Running title
  8 - 책등표제 ; 8 - Spine title
  9 - 원표제
식별기호 ; Subfield Codes
  ▼a - 본표제/간략표제 ; $a - Title proper/short title ☞【RDA: 2.3.6, 2.3.3, 2.3.8】
  ▼b - 표제관련정보 ; $b - Remainder of title ☞【RDA: 2.3.6, 2.3.5, 2.3.8】
  ▼f - 권·연차표시 ; $f - Date or sequential designation
  ▼g - 기타 정보 ; $g - Miscellaneous information
  ▼h - 자료유형표시 ; $h - Medium
  ▼i - 설명어구 표시 ; $i - Display text
  ▼n - 권차·편차 ; $n - Number of part/section of a work (R) ☞【RDA: 2.3.6, 2.3.3, 2.3.8】
  ▼p - 권제·편제 ; $p - Name of part/section of a work (R) ☞【RDA: 2.3.6, 2.3.3, 2.3.8】
  ▼5 - 필드 적용 기관 ; $5 - Institution to which field applies
  ▼6 - 대체문자 연결 ; $6 - Linkage
  ▼8 - 필드 링크와 일련번호 [반복] ; $8 - Field link and sequence number (R)

[KORMARC]

246 12 ▼a주부, 그 막힘과 트임, ▼f제6호 ⇒ 식별표제: 주부, 그 막힘과 트임, 제6호

246 19 ▼aRevolution of love and balance ⇒ 원표제: Revolution of love and balance

[MARC21]

246 13$aCalifornia State Assembly file analysis

246 1#$iTitle on container:$aNew Brunswick royal gazette

여러 형태 표제의 종류

- **검색을 위한 부분표제**(Access for portion of title) - **제2지시기호** '0'

  검색(접근)이나 부출 기입을 위하여 필요로 하는 표제를 기술한다. 245 필드 내의 저작의 일부를 나타내는 표제(▼p)나 별표제(▼a), 본표제의 일부분으로써 그 표제에 의하여 검색(접근)을 할 필요가 있는 경우 등, 표제가 아래와 같을 때 제2지시기호로 '0'을 사용한다. 제2지시기호가 '0'인 경우에는 '$f'를 사용하지 않는다.

  - 간행물에 표제가 오자로 나와 있어 '[실은]'이란 어구를 사용한 경우
  - 신문에서와 같이 자주 변동되는 표제
  - 표제 내에 '&', '-', 심볼, 구두점, 숫자, 날짜, 복합어 등이 있는 경우

    245 11▼a(The) miner & workman's advocate

    246 30▼aMiner and workman's advocate
  - ▼b에 두문자표제(Initial title)가 기재되어 있는 경우
  - 표제의 일부분으로도 검색할 필요가 있는 경우

- **대등표제**(Parallel title) - **제2지시기호** '1'

  표제와 책임표시사항에서 채기되지 않은 대등표제를 나타낼 필요가 있는 경우, 이를 주기한다(11.7.3.4 1). 대등표제는 원칙적으로 245 필드에 기술한다. 그러나 여러 종류의 대등표제가 있을 경우에는 가장 으뜸이 되는 대등표제만 245 필드의 ▼x에 기술하고 나머지는 246 필드에 기술한다.

- **식별표제**(Distinctive title) - **제2지시기호** '2'

  식별표제(KCR4에서는 개별표제라 지칭하고 있다) 매권 또는 매호마다 나타나는 고유표제 이외의 특별한 표제로, 주로 연차간행물, 연감 또는 특별한 주제를 가지고 있는 회의록에서 주로 나타나며, 그 출판물이 식별표제에 의하여 구분되어야 할 필요가 있을 때에 한하여 주기한다(11.7.3.4 2). 따라서 항상 해당 권·연차표시(▼f)를 식별표제 다음에 기술한

다. 해당 연속간행물의 모두 또는 대부분의 호에 식별표제가 있는 경우에는 246 필드 대신에 500 필드(일반주기)에 기술한다.

- **기타표제**(Other title) - **제2지시기호** '3'
  다른 제2지시기호의 하나로 전개되지 않았거나, 식별기호 ▼i에 주어진 특정 표출어가 사용되지 않는 표제를 나타내고자 할 때 기타표제로 기술한다. 기타표제로는 발행인명란 표제(Masthed title), 약표제(Half-title), 제본자표제(Binder's title) 등이 있다. 다만, 판권기표제는 제2지시기호 빈칸(ƀ) '▼i판권기표제: '로 기술한다.

- **표지표제**(Cover title) - **제2지시기호** '4'
  표지표제는 표지가 정보 채택의 으뜸전거가 아닌 경우에만 기술한다. 즉 속표제지가 따로 있고, (이것이 으뜸전거인 경우) 그 표제와 겉표지의 표제가 서로 다른 경우에 겉표지의 표제를 여기에 기술한다.

- **부표제지 표제**(Added title page title) - **제2지시기호** '5'
  부표제지에 나타나 있는 표제는 245 필드의 표제와 서로 다를 경우에만 기술한다. 보통 둘 이상의 언어로 된 표제지를 게재하고 있으며, 그 표제들이 각각 다른 경우에 해당한다.

- **권두표제**(Caption title) - **제2지시기호** '6'
  본문의 첫 머리에 나타나 있는 표제가 245 필드의 표제와 다를 경우에는 이를 기술한다.

- **난외표제**(Running title) - **제2지시기호** '7'
  간행물의 각 페이지의 상단 또는 하단 여백에 나타나 있는 표제가 245 필드의 표제와 다를 경우에는 이를 기술한다.

- **책등표제**(Spine title) - **제2지시기호** '8'
  간행물의 책등에 나타나 있는 표제가 245 필드의 표제와 다를 경우에는 이를 기술한다.

- **원표제**(Orignal title) - **제2지시기호** '9'
  번역서의 원표제나 대역간행물인 경우, 원본의 표제를 '원표제' 또는 'Original title'이라는 도입어구를 앞세워 기술한다(1.7.3.5 2)). 통합서지용에서는 507 필드를 종전에 '원저자, 원표제에 관한 주기'로 사용하던 것을 MARC21과 같이 '그래픽자료의 축척 주기'로 사용한다. 따라서 원표제는 246 필드의 제2지시기호 '9'를 사용하여 접근점 부여나 주기가 되고, 원저자는 700 필드를 사용하여 접근점을 부여하며, 주기가 필요하면 500 필드를 사용한다. MARC21에서는 원표제를 통일표제로 취급하여 240 필드에 기술한다.

6) 247 변경 전 표제나 표제변동 [반복/해당시필수] ; 247 Former Title (R)

247 필드에는 변경 전 표제나 표제의 변동에 관한 사항을 기술한다. 이 필드는 해당 자료와 관련된 모든 표제를 하나의 목록레코드에 기술할 때, 즉 통합기술방식(008/34가 '1')으로 목록을 작성하는 경우에 사용한다. 247 필드의 첫머리에 알파벳문자의 관사(The, La, Der 등)가 오는 경우, 관사로 배열해야 하는 경우를 제외하고는 생략하고 기술한다.

제1지시기호 - 표제 부출 ; First Indicator - Title added entry
  0 - 표제를 부출하지 않음 ; 0 - No added entry
  1 - 표제를 부출함 ; 1 - Added entry
제2지시기호 - 주기 제어 ; Second Indicator - Note controller
  0 - 주기함 ; 0 - Display note
  1 - 주기하지 않음 ; 1 - Do not display note
식별기호 ; Subfield Codes
  ▼a - 본표제/간략표제 ; $a - Title ☞【RDA: 2.3.7】
  ▼b - 표제관련정보 ; $b - Remainder of title ☞【RDA: 2.3.7】
  ▼f - 권·연차표시 ; $f - Date or sequential designation ☞【RDA: 2.3.7】
  ▼g - 기타정보 ; $g - Miscellaneous information
  ▼h - 자료유형표시 ; $h - Medium
  ▼n - 권차·편차 [반복] ; $n - Number of part/section of a work (R) ☞【RDA: 2.3.7】
  ▼p - 권제·편제 [반복] ; $p - Name of part/section of a work (R) ☞【RDA: 2.3.7】
  ▼x - ISSN ; $x - International Standard Serial Number
  ▼6 - 대체문자 연결 ; $6 - Linkage
  ▼8 - 필드 링크와 일련번호 [반복] ; $8 - Field link and sequence number (R)

[KORMARC]

247 10 ▼a엘레강스, ▼f제1권 제1호 (1976년 4월)-제8권 제7호 (1983년 7월)

[MARC21]

247 10$aEverywoman's magazine$fv. 1-24, Jan. 1948-57.

247 10$aJournalism bulletin$fMar. 1924-Nov. 1927

■ 서지레코드의 실례 [8] 녹음 카세트

[KORMARC/KCR4]

007 ssbmlsnjmcmznue

008 130930s1999bbbbulkzzzbabbbbbbbzzabbkorbb

020 bb▼a8943303939

020 1b▼a8943303912 (세트)

056 bb▼a813.8▼26

245 00▼a엄마 엄마, 이야기해 주세요▼h[녹음자료].▼n2 /▼d글쓴이: 이규희 ;▼e수창음반 제작

260 bb▼a서울 :▼b보림,▼c1999

300 bb▼a녹음 카세트 1개 (55분) :▼b아날로그, 스테레오 +▼e교재 1책

505 00▼n1.▼t호랑이 뱃속에서 만난 친구▼g(5:50) --▼n2.▼t바닷물이 짠 이유▼g(9:00) --▼n3.▼t세상을 만든 거인▼g(7:33) --▼n4.▼t호랑이 잡으러 갑시다!▼g(5:07) --▼n5.▼t재주 많은 여섯 형제▼g(7:42) --▼n6.▼t토끼와 호랑이▼g(10:01) --▼n7.▼t세쌍둥이별▼g(9:05)

511 8b▼a이야기 들려준 이: 색동어머니회

650 8b▼a동화(이야기)[童話]

700 1b▼a이규희

710 bb▼a수창음반

■ 서지레코드의 실례 [9] sound cassette

[MARC21/AACR2R]

007 ss#lsnjmcmznue

008 131003s1995####us#nnnna#######zz###eng#d

020 ##$a059067840X

082 04$a823.914▼223

100 1#$aBrowne, Anthony.

245 10$aI like books▼h[sound recording] /$cby Anthony Browne ; music composed by Jeff Waxman.

260 ##$a[New York] :$bScholastic,$c1995.

300 ##$a1 sound cassette (126 min.) :$banalog.

336 ##$aspoken word$bspw$2rdacontent

337 ##$aaudio$bs$2rdamedia

338 ##$aaudiocassette$bss$2rdacarrier

500 ##$aScholastic Cassettes.

511 0#$aNarrated by Eric Goldin.

700 1#$aWaxman, Jeff.

■ 서지레코드의 실례 [10] 음반—LP

[KORMARC/KCR4]

007 sdƀbsmennmuuu

008 080924s1991ƀƀƀƀulkkfnƀƀƀƀƀƀƀƀaƀƀkorƀƀ

028 01▼aSOER-054

056 ƀƀ▼a679.312▼26

245 00▼a명창 임방울(林芳蔚) 판소리 선집▼h[녹음자료] =▼xPansori selection of Lim Bang Wool /▼d임방울

260 ƀƀ▼a서울 :▼b서울음반,▼c1991

300 ƀƀ▼a음반 1매 :▼b아날로그, 33 1/3회전, 스테레오 ;▼c30 cm

490 10▼a불멸의 명음반 ;▼v3

505 00▼nA.1.▼t쑥대머리 --▼nA.2.▼t편시춘 --▼nA.3.▼t용왕탄식 --▼nA.4.▼t용왕구신 --▼nA.5.▼t토끼화상 --▼nA.6.▼t고고천변 --▼nA.7.▼t토끼와 자라 --▼nB.1.▼t추억 --▼nB.2.▼t명기명창 --▼nB.3.▼t호남가 --▼nB.4.▼t가난타령 --▼nB.5.▼t흥보비난데 --▼nB.6.▼t옥중상봉

650 ƀ8▼a판소리

700 1ƀ▼a임방울

830 ƀ0▼a불멸의 명음반▼h[녹음자료] ;▼v3

■ 서지레코드의 실례 [11] sound disc—LP

[MARC21/AACR2R]

007 sd#bsmennmpluu

008 140303s1984####gw#syn#############ger#d

082 04$a784.2$223

100 1#$aBeethoven, Ludwig van,$d1770-1827.

240 10$aSymphonies,$nno. 6, op. 68,$rF major

245 10$aSymphonie nr. 6 F-dur op. 68 "Pastorale"$h[sound recording] = Symphony no. 6 in F major, op. 68 /$dLudwig van Beethoven.

246 31$aSymphony no. 6 in F major, op. 68$h[sound recording]

260 ##$a[Hamburg] :$bPolydor Unternational GmbH,$cp1984.

300 ##$a1 sound disc :$banalog, 33 1/3 rpm, stereo ;$c12 in.

336 ##$aperformed music$bprm$2rdacontent

337 ##$aaudio$bs$2rdamedia

338 ##$aaudio disc$bsd$2rdacarrier

505 00$n1.$tSatz: erwachen heiterer empfindungen bei der ankunft auf dem lande

(allgro ma nono troppo) --$tSatz: szene am bach (andante molto mosso) --$n2.$tSatz: lustiges beisammensein der landleute (allegro) --$tSatz: gewitter·sturm (allegro) --$tSatz: hirtengesang·frohe und dankbare Gefühle nach dem sturm (allegretto)

511 0#$aBerliner Philharmoniker ; Herbert von Karajan, conductor.

650 #0$aSymphonies.

700 1#$aKarajan, Herbert von.

710 2#$aBerliner Philharmoniker.

제11장 판 · 자료특성 · 발행 · 형태 사항 등

제11장에서는 판사항, 자료특성사항, 발행사항, 형태사항, 그 밖의 사항에 대해 살펴본다. 이는 KORMARC의 250 필드에서 386 필드에 이른다. 그럼, 각각의 필드를 살펴보자.

1. 판사항

1) 250 판사항 [반복불가/해당시필수] ; 250 Edition Statement (R)[1)]

지시기호 - 미정의 ; Indicators - Undefined

식별기호 ; Subfield Codes

▼a - 판표시 ; $a - Edition statement ☞【RDA: 2.5.6】

▼b - 해당 판의 저작자표시 등 ; $b - Remainder of edition statement ☞【RDA: 2.5.3~2.5.9】

; $3 - Materials specified

▼6 - 대체문자 연결 ; $6 - Linkage

▼8 - 필드 링크와 일련번호 [반복] ; $8 - Field link and sequence number (R)

[KORMARC]

250 ␢␢▼a깁고고침[판]

250 ␢␢▼a제3판 개정증보 / ▼b김성남

[MARC21]

250 ##$a4th ed. /$brevised by J.G. Le Mesurier and E. McIntosh, Repr. with corrections.

250 ##$aCanadian ed. =$bÉd. canadienne.

1) MARC21에서는 2013년 4월부터 판사항을 반복 사용 가능하도록 하였다.

[KCR4]

> 250 ƀƀ ▼a판표시 / ▼b특정 판의 첫 번째 책임표시, 동일 역할의 두 번째 이하 책임표시 ; 특정 판의 역할이 다른 책임표시, 부차적 판표시 / 부차적 판의 책임표시

● **판표시**

기술대상자료가 속한 특정 판을 제시하기 위한 것으로(1.2.1.0), 일반적으로 서수와 판, 또는 다른 판과의 차이를 표현한 '개정(改訂)'이나 '신(新)' 등과 같은 어구와 '판'이라는 용어를 범위로 한다. 인쇄원판은 동일하지만 특정 판으로 표시된 것은 판표시의 범위에 포함한다(예: 縮刷版, 新裝版, 私家版). '판'(版)자가 붙은 어구이되, 다른 판과의 내용적 형태적인 변이를 가리키는 것이 아니고, 주제를 같이하는 다른 자료에 비한 그 저작의 특성을 설명하는 어구일 경우에는, 그 쓰임새('한줄쓰기', '두줄쓰기', 활자의 크기 등)를 참작하여, 표제관련정보 또는 표제의 일부로 처리한다(예: 컬러판, 최신판). 쇄차는 판표시의 범위에서 제외한다(1.2.1.1). 표제나 표제관련정보의 일부로 가곡(집)의 성역(聲域)이 표시된 경우에는 이를 판표시로 한다(5.2.1.1). 판표시는 해당 자료의 으뜸정보원에 표시되어 있는 용자 그대로 기재한다. 다만 한국 토박이말의 셈수를 제외한 모든 숫자는 아라비아 숫자로 통일하여 기재하며, 서양어의 일반어구는 소정의 표준약어 형식으로 고쳐 기재한다(1.2.1.2).

① '판'(版, 또는 이의 상등어, 예: edition) 자가 기재되지 않은 판표시는 그에 대한 적절한 문자를 각괄호([ ]) 속에 보기한다.

250 ƀƀ ▼a보유수정[판]

250 ƀƀ ▼a增補改譯[版]

② 복제본의 으뜸정보원에 영인판(본) 또는 복사판(본)임을 나타내는 어구가 있을 경우, 이를 판표시로 기술한다.

250 ƀƀ ▼a景印[版]

250 ƀƀ ▼a複寫版

③ '增補', '新增', '影印' 등, 판을 지칭하는 어구가 표제에 포함되어 있거나 저작역할어가 판을 나타낼 때에도 판표시를 반복하여 기술한다.

245 00 ▼a龍文鞭影 / ▼d蕭良有 著 ; ▼e楊臣諍 增訂 ; ▼e陳士龍 外編

250 ѢѢ ▼a木版本(增訂)

④ 판표시가 언어나 문자를 달리해서 두 종 이상 있을 경우에는 본문의 언어나 문자와 일치되는 것을 채택하여 기재하고 나머지의 표시는 그의 기재를 생략한다.

⑤ 판표시가 정보원에 표시되지 않은 경우라도 이전 판이나 다른 판과 현저한 차이가 있을 경우에는 판을 나타내는 적절한 어구를 각괄호([ ])로 묶어 판표시를 한다. 다만 고서와 고문서는 별도의 규정(4.2.1.2)에 준하여 기술한다.

250 ѢѢ ▼a[訂正版]

250 ѢѢ ▼a金屬活字本(癸未字)

⑥ 쇄차표시는 원칙적으로 기재하지 않는다. 그러나 쇄차를 밝힐 필요가 있을 경우에는 이를 기재하되, 판표시가 있으면, 그다음에 이어서 기재한다. 동서에서, 표시되어 있는 '版'자가 실제로는 '刷'의 뜻을 지니고 있을 경우에는 이를 판표시로 기재한 다음, '실은'이라는 어구를 앞세워 각괄호 속에 보기한다.

250 ѢѢ ▼a5판 [실은 5쇄]

250 ѢѢ ▼a增補改正14版 [실은 14刷]

⑦ 종합표제가 없는 합집의 표제면에 열기된 저작 중의 하나 이상에 그 저작에 대한 판표시가 있는 것은, 이를 판사항에 기재하지 않고 주기사항에 기재한다.

⑧ 특수한 포맷이나 형태를 표현하는 판표시가 있는 것은 이를 판표시로 기술한다.

250 ѢѢ ▼a대활자판

⑨ 특정 언어 및 지역에 의한 판표시가 있는 것은 이를 판표시로 기술한다.

250 ㄅㄅ ▼a중국어판

250 ㄅㄅ ▼a북미판

● 특정 판의 책임표시

기술대상자료가 속한 특정 판과 관련된 개인이나 단체를 제시하기 위한 것으로(1.2.2.0), 기술대상자료의 특정 판에 관련된 저작자 등을 그 범위로 한다(1.2.2.1). 특정 판의 판표시 다음에 기재하며, 기술 방법은 전술한 표제와 책임표시사항의 기술 방법(1.1.6.2)에 따른다(1.2.2.2). 특정 판(해당 판)에 관련된 책임표시가 복수의 언어 또는 문자로 쓰여 있을 경우에는 본문의 언어나 문자와 일치되는 것을 채택하여 기재하고 나머지 책임표시는 그의 기재를 생략한다.

250 ㄅㄅ ▼a新訂8版 / ▼b日本圖書館協會分類委員會 改訂

● 부차적 판표시

계층구조를 지닌 판표시(예: 특정 판의 부차적 판)에서 상위 판의 한 판이거나 별도의 명칭을 지닌 부차적 판을 개별화하기 위한 것으로, 특정 판의 판표시를 유지하면서 또 다른 명칭의 부차적인 종류의 판표시를 범위로 한다. 부차적 판표시는 으뜸정보원에 표시된 형식 그대로 기재한다(1.2.3).

● 부차적 판의 책임표시

기술대상자료가 속한 특정 판의 부차적인 판과 관련된 개인이나 단체를 제시하기 위한 것으로, 부차적 판에 관련된 저작자 등을 그 범위로 하며, 부차적 판표시 다음에 기재한다(1.2.4).

250 ㄅㄅ ▼aRev. ed. / ▼bwith revisions, an introduction, and a chapter on writing by E.B. White, 2nd ed. / with the assistance of Eleanor Gould Packard

2. 자료특성사항

KCR4의 자료특성사항에는 특정 자료의 간행상의 특성이나 기타 특이한 사항을 기재하며(1.3.0), 단행본과 고서 및 고문서, 녹음자료, 화상 및 영상자료를 제외한 자료에서 다음과 같은 사항을 자료특성사항으로 한다(1.3.1).

- 지도자료: 축척 및 좌표에 관한 사항
- 악보: 악보의 종류에 관한 사항
- 전자자료: 자료 내용 및 크기 사항
- 마이크로자료: 자료유형별 특성
- 연속간행물: 권호차, 연월차에 관한 사항
- 입체자료: 축소 및 확대비율에 관한 사항

자료의 특성을 기술하는 방법은 KCR4의 해당 자료의 장에서 별도로 규정하며(1.3.2), 특정 자료가 복수의 특성을 지닌 경우, 자료유형(1.1.2.1)의 기술에 따라 대응되는 사항을 기술한다(1.3.3). 254 필드(악보의 표현형식), 255 필드(지도 제작의 수치데이터), 256 필드(컴퓨터 파일 특성) 등이 자료특성사항과 관련되는 필드이다. AACR2R에서는 지도자료, 악보, 전자자료, 계속자료, 마이크로자료 등에서 자료특성사항이 적용된다(AACR2R 1.3).

1) 254 악보의 표현형식 [반복불가/해당시필수]
; 254 Musical Presentation Statement (NR)

254 필드에는 인쇄·필사된 악보의 표현형식을 기술한다. 악보의 표현형식은 동일 저작의 다른 판과의 차이점을 판과 같은 형식으로, '총보', '파트보', '연습곡악보', '총보와 파트보', '파트보모음'과 같이 기술한다. 이 필드는 녹음자료에는 적용되지 않는다.

지시기호 - 미정의 ; Indicators - Undefined

식별기호 ; Subfield Codes

▼a - 악보의 표현형식 ; $a - Musical presentation statement ☞【RDA: 2.5.2~2.5.9】

▼6 - 대체문자 연결 ; $6 - Linkage

▼8 - 필드 링크와 일련번호 [반복] ; $8 - Field link and sequence number (R)

[KORMARC]

254 ▼a연습곡 악보

254 ▼a총보와 파트보

[MARC21]

254 ##$aComposer's facsimile study score.

254 ##$aPartition, réproduction du manuscrit de l'auteur.

[KCR4]

악보의 종류 표시는 음악작품의 악보형식이나 판형의 표시, 예컨대 총보, 파트보, 총보와 파트보, 미니어추어 스코어 등을 범위로 한다. 그러나 음악 자체에 어떤 변경을 가한 의미의 표시는 제외한다(5.3.1.1). 으뜸정보원에 악보의 표현형식을 나타내는 정보가 기재된 경우, 표시된 그대로 기술한다. 다만 표제와 책임표시사항 등 다른 기술사항에 악보의 종류가 포함된 경우에는 이를 생략한다. 악보의 종류가 두 가지 이상의 언어나 문자로 표시된 경우에는 본표제의 언어나 문자와 일치하는 것을 기술하되, 일치하는 것이 없을 경우, 기재된 최초의 것을 기술한다. 소정의 정보원 이외에서 악보의 종류를 채기한 경우에는 이를 각괄호([ ])로 묶어 기술하되, 그 정보원을 주기할 수 있다(5.3.1.2).

254 ▼a지휘자용 총보

254 ▼a[미니어추어 스코어]

2) 255 지도 제작의 수치데이터 [반복/해당시필수] ; 255 Cartographic Mathematical Data (R)

255 필드에는 축척, 도법, 경위도 등 지도 제작과 관련된 수치데이터를 기술한다. 천체도에 있어서는 적위(赤緯) 표현과 적위 데이터, 그리고 우측 적경(赤經) 데이터와

분점(分點)을 기술한다. 부호 형태의 수치데이터는 034 필드(지도 제작의 수치데이터 부호)에 기술한다.

지시기호 - 미정의 ; Indicators - Undefined

식별기호 ; Subfield Codes

▼a - 축척표시 ; $a - Statement of scale ☞【RDA: 7.25.3~7.25.5】

▼b - 도법표시 ; $b - Statement of projection ☞【RDA: 7.26】

▼c - 경위도표시 ; $c - Statement of coordinates ☞【RDA: 7.4.2】

▼d - 적위(赤緯) ; $d - Statement of zone ☞【RDA: 7.4.4】

▼e - 분점(分點) ; e - Statement of equinox ☞【RDA: 7.5, 7.6】

▼f - 외계 G—원형 간좌표 ; $f - Outer G-ring coordinate pairs ☞【RDA: 7.4.3】

▼g - 배제 G—원형 간좌표 ; $g - Exclusion G-ring coordinate pairs ☞【RDA: 7.4.3】

▼6 - 대체문자 연결 ; $6 - Linkage

▼8 - 필드 링크와 일련번호 [반복] ; $8 - Field link and sequence number (R)

[KORMARC]

255 ɓɓ ▼a축척 1:36,000 ; ▼b횡단 메르카토르도법

255 ɓɓ ▼a축척 1:744,080. 수직축척 1:96,000

[MARC21]

255 ##$aScale 1:22,000,000 ;$bconic proj.$c(E 72°--E 148°/N 13°--N 18°).

255 ##$aScales vary$d(Zones +90° to +81° to 63°, -81° to 98° ;$eeq. 1950).

[KCR4]

기술대상인 지도의 제작기법을 제시한 축척이나 도법(圖法), 대상 지역의 범위(좌표)를 기술한다(3.3.0).

● **축척표시**

축척표시에는 수평방향의 축척표시, 수직방향의 축척표시(입체적 축척표시), 천체도(天體圖)의 축척표시가 있다. 이들 축척이 본표제나 표제관련정보의 일부로 기재되어 있는

경우에도 이를 축척표시에 기술한다(3.3.1.1). 지도자료의 축척은 '축척' 또는 'Scale'이라는 어구를 앞세워 축소율(1:)로 기술한다(3.3.1.2).

① 으뜸정보원이나 딸림자료 이외에서 채기한 축척은 각괄호([ ])로 묶어 기술한다.

255 ꝁꝁ ▼a축척 [1:63,360]
255 ꝁꝁ ▼aScale [1:50,000]

② 축척표시가 도시(圖示)되었거나 어구로 기재된 경우, 혹은 축척이 특정 조건에 한정되어 있는 경우에는 이를 일반 축소율로 환산하여 각괄호([ ])로 묶어 기술하고, 필요에 따라 이들 표시는 부기한다.

255 ꝁꝁ ▼a축척 [1:126,720]
255 ꝁꝁ ▼a축척 [1:250,000] 또는 1 ㎝=2.5 km

③ 으뜸정보원이나 딸림자료, 혹은 자료 자체에서도 축척에 관한 사항을 발견할 수 없는 경우에는 '축척불명' 또는 'Scale not given'이라고 기술한다.

255 ꝁꝁ ▼a[축척불명]

④ 하나의 기술대상 지도 내에 축척이 여러 개 기재되어 있는 경우, 축소율이 큰 축척과 작은 축척을 붙임표(-)로 연결하여 기술한다.

255 ꝁꝁ ▼a축척 1:15,000-25,000

⑤ 한 자료에 축척이 서로 다른 지도를 수록하고, 그 축척이 두 가지인 경우에는 두 개의 축척을 비율이 큰 것을 앞세워 기술한다. 세 가지 이상인 경우에는 '축척다양' 또는 'Scales vary'라고 기재한다.

255 ꝁꝁ ▼a축척 1:100,000과 1:200,000
255 ꝁꝁ ▼a[축척다양]

⑥ 천체도, 상상도, 조감도 및 비선형 축척 지도자료인 경우에는 그 자료에 표시된 축척을 기술한다. 축척에 따라 제작된 지도가 아닌 경우에는 '축척지도 아님' 또는 'Not drawn to scale'이라는 어구를 기재한다.

255 ꝟꝟ ▼a축척 2 ㎝당 1피트

255 ꝟꝟ ▼a[축척지도 아님]

⑦ 모형도나 입체도인 경우, 수평축척 다음에 수직축척을 기재한다.

255 ꝟꝟ ▼a축척 1:744,080. 수직축척 1:96,000

● **도법표시**

기술대상 자료나 용기, 딸림자료에 도법이 기재되어 있는 경우에만 기술한다(3.3.2.1). 도법표시는 도법의 명칭을 기술한다. 축척표시 다음에 으뜸정보원이나 딸림자료에 기재되어 있는 형식 그대로 빈칸 쌍반점 빈칸(;)을 앞세워 기술한다. 로마자로 된 자료에서는 도법을 의미하는 용어를 표준약어로 사용할 수 있다(3.3.2.2).

; ▼b횡축 메르카토르도법

; ▼b람베르트 등각원추형도법

● **경위도, 분점표시**

경위도, 분점표시에는 경위도표시, 천체도의 경위도표시, 천체도의 분점표시가 있다(3.3.3.1). 경위도표시는 지도자료가 대상으로 하는 지역의 최대범위를 축척표시 또는 도법표시에 계속하여 원괄호(( ))로 묶어 기술한다(3.3.3.2).

① 경위도표시는 그리니치 본초자오선으로부터 취한 도(°), 분(′), 초(″)로 기재하되, 각 좌표 앞에는 동서남북의 방위를 지칭하는 기호(E, W, S, N)를 앞세운다. 경도와 위도 사이는 빗금(/)으로 구분하고, 경도와 경도, 위도와 위도 사이는 붙임표(-)로 구분한다. 즉, '지도의 최서단(경도)-지도의 최동단(경도)/지도의 최북단(위도)-지도의 최남단(위도)'의 형식으로 기술한다.

▼c(E 79°-E 86°/N 20°-N 12°)

▼c(E 15° 50′00″-E 17° 30′ 45″/N 1° 30′ 12″-S 2° 30′ 35″)

② 천체도의 경위도표시는 적도 좌표에서의 위도(赤緯)와 경도(赤經)에 의한 천체의 범위를 '존' 또는 'Zone'이라는 어구를 앞세워 기술한다. 북반구는 '+', 남반구는 '−', 동쪽과 서쪽의 적위는 '시'와 '분'으로 표시한다. 적위는 천체도의 중심 또는 북단과 남단에서의 천체의 위치를 각도로 기술하고, 적경은 천체도의 중심 또는 동단과 서단에서의 천체의 자오선 통과 시각을 지방 항성시로 기술한다.

▼c(존 +30°, 2시 18분) → 적위 북방한계선 30° 2시 18분

▼c(Zone -25°, -85°) → 적위 남방한계선 25°와 남방한계선 85°

③ 천체도의 분점은 '분점' 또는 'eq.'라는 어구를 앞세워 원괄호(( ))로 묶어 기술한다.

▼e(분점 1950)

▼e(eq. 1971)

3) 256 컴퓨터 파일 특성 [반복불가/해당시필수] ; 256 Computer File Characteristics (NR)

256 필드에는 전자자료의 내용(전자 데이터, 전자 프로그램, 전자 데이터 및 프로그램)과 크기를 기술한다. 자료의 크기는 내용 다음의 원괄호 속에 파일이나 명령문, 레코드, 바이트의 수를 기술한다. 이때 데이터의 경우는 레코드나 바이트의 수(또는 개략적인 수)를, 프로그램의 경우는 명령문(statement)이나 바이트의 수를, 복수의 구성요소의 파일인 경우는 레코드나 바이트, 명령문의 수를 각 요소별로 기술한다(KCR4 8.3.2).

지시기호 - 미정의 ; Indicators - Undefined

식별기호 ; Subfield Codes

▼a - 컴퓨터 파일 특성 ; $a - Computer file characteristics ☞【RDA: 3.19.2, 3.19.4, 3.4】

▼6 - 대체문자 연결 ; $6 - Linkage

▼8 - 필드 링크와 일련번호 [반복] ; $8 - Field link and sequence number (R)

[KORMARC]

256 ␢␢▼a전자 데이터 (550레코드)

256 ␢␢▼a전자 프로그램 (2파일 : 4300, 1250바이트)

[MARC21]

256 ##$aComputer data (2 files : 876,000, 775,000 records).

256 ##$aComputer programs (2 files : 4300, 1250 bytes).

3. 발행사항

발행사항으로는 기술대상자료의 발행이나 출판, 필사, 공개, 배포, 발매 등 좁은 의미의 출판과 관련된 사항과, 제작이나 인쇄 등에 관한 사항을 기재한다. 즉, 자료로서의 성립 배경이나 판의 고유한 식별, 입수 가능성, 자료의 제작과 관련된 사항을 포함한다(1.4.0). 복제본은 해당 자료(마이크로 자료)의 발행사항을 기술하고, 원본의 발행사항은 주기한다(1.4.0.2, 10.4.0.2).

1) 260 발행, 배포, 간사 사항 [반복/해당시필수] ; 260 Publication, Distribution, etc. (Imprint) (R)

제1지시기호 - 발행사항의 순차 ; First Indicator - Sequence of publishing statements

␢ - 적용 불가/제공되는 정보 없음/최초 출판사 ; # - Not applicable/No information provided/Earliest available publisher

2 - 중간발행처 ; 2 - Intervening publisher

3 - 현행/최근 발행처 ; 3 - Current/latest publisher

제2지시기호 - 미정의 ; Second Indicator - Undefined

식별기호 ; Subfield Codes

▼a - 발행지, 배포지 등 [반복] ; $a - Place of publication, distribution, etc. (R)

☞【RDA: 2.7.2, 2.7.3, 2.8.2, 2.8.3, 2.9.2, 2.9.3, 4.3】

▼b - 발행처, 배포처 등 [반복] ; $b - Name of publisher, distributor, etc. (R)

☞【RDA: 2.7.4, 2.7.5, 2.8.4, 2.8.5, 2.9.4, 2.9.5】

▼c - 발행년, 배포년 등 [반복] ; $c - Date of publication, distribution, etc. (R)

☞【RDA: 2.7.6, 2.8.6, 2.9.6, 2.11】

▼e - 제작지 또는 인쇄지 [반복] ; $e - Place of manufacture (R) ☞【RDA: 2.10.2, 2.10.3】

▼f - 제작처 또는 인쇄처 [반복] ; $f - Manufacturer (R) ☞【RDA: 2.10.4, 2.10.5】

▼g - 제작년 또는 인쇄년 [반복] ; $g - Date of manufacture (R) ☞【RDA: 2.10.6】

▼3 - 자료 범위 지정 ; $3 - Materials specified

▼6 - 대체문자 연결 ; $6 - Linkage

▼8 - 필드 링크와 일련번호 [반복] ; $8 - Field link and sequence number (R)

[KORMARC]

260 ƀƀ ▼a서울 : ▼b을유문화사 : ▼b문화공보부 [배포], ▼c1987

260 ƀƀ ▼a[발행지불명] : ▼b[발행처불명], ▼c1977 ▼e(서울 : ▼f대광인쇄소)

[MARC21]

260 ##$a[S.l.] :$bInsight Press,$c1981.

260 ##$aBelfast [i.e. Dublin :$bs.n.],$c1946 [reprinted 1965]

[KCR4]

260 □ƀ ▼a첫 번째 발행지 ; 두 번째 이하의 발행지 : ▼b발행처 ; ▼a배포지 : ▼b배포처, ▼c발행년 ▼e(제작지 또는 인쇄지 : ▼f제작처 또는 인쇄처, ▼g제작년 또는 인쇄년)

● **발행지, 배포지**

기술대상자료의 발행이나 배포, 제작과 관련된 지명이나 국명을 제시하기 위한 것으로(1.4.1.0), 자료에 기재된 발행처의 소재지명을 그 범위로 한다(1.4.1.1). 발행지는 그 자료에 기재된 발행처의 소재지명을 시(또는 이와 유사한 행정단위, 예: '府', '都'), 읍, 군(또는 이의 상등어, 예: 중국의 '縣')을 단위로 기재한다(1.4.1.2).

① 발행지명은 그 자료에 쓰인 문자나 철자나 문법적 격이나 활용형 그대로 기재하고, 식별상 필요한 경우에는 현재 통용되는 다른 이름을 각괄호([ ])로 묶어 보기한다.

260 ␢␢ ▼a漢城

260 ␢␢ ▼a황성[서울]

② 시의 경우는 행정구역의 단위명칭(예: '시', '광역시', '특별시')을 제외하고, 그 밖의 경우(예: '邑', '郡', '道' 등)는 단위명칭을 포함하여 기술한다.

260 ␢␢ ▼a高靈郡

260 ␢␢ ▼a江原道

③ 이름이 잘 알려져 있지 않은 발행처의 소재지명은 필요에 따라 시 · 읍 · 군 단위 이하의 주소도 적어 준다. 이때 그 주소는 그 쓰인 말의 어순에 따라 적되 으뜸정보원에서 취택된 것일 경우에는 원괄호(( ))로, 그 밖의 경우에는 각괄호([ ])로 묶어 표시한다.

260 ␢␢ ▼a서울(中區墨井洞 18-27)

260 ␢␢ ▼aLondon [37 Pond Street, N.W.3]

④ 동명이지를 구분하거나, 식별상 필요한 경우에는, 그보다 상위 단위의 도명이나 국명을 그 지명 다음에 부기한다. 이때 부기되는 지명을 동서는 원괄호(( ))로 묶어 기재하고 양서는 쉼표(,)를 앞세워 기재한다.

260 ␢␢ ▼a고성(강원도)

260 ␢␢ ▼aCambridge, Mass.

⑤ 하나의 발행처에 둘 이상의 발행지명이 표시된 경우에는, 중요하게 기재되었거나 맨 처음에 표시된 발행지명을 기재한다. 외국지명이 먼저 기재되어 있고 우리나라의 지명이 그다음에 기재된 것은 첫 번째 발행지에 이어 우리나라의 지명을 병기한다. 이 밖에 복수의 상이한 언어로 기재된 발행지명은 본문의 언어와 일치하는 발행지를 기재한다.

260 ␢␢ ▼a大邱

(발행지가 大邱, 서울의 순으로 열기되어 있는 경우)

260 ₩₩ ▼a東京 ; ▼a釜山

(발행지가 東京, 釜山의 순으로 열기되어 있는 경우)

⑥ 발행지불명의 자료에 배포지가 기재된 경우에는 배포지를 발행지 대신 기재할 수 있다. 발행지와 배포지가 모두 표시되어 있는 경우에는 원칙적으로 발행지만 기재한다.

⑦ 발행지가 표시되지 않은 경우에는 추정되는 지명을 각괄호([ ])로 묶어 보기하고, 그 추정된 발행지가 불확실한 것일 경우에는 그 지명에 물음표(?)를 덧붙여서 이를 각괄호([ ])로 묶어 기재한다.

260 ₩₩ ▼a[大邱]

260 ₩₩ ▼a[서울?]

⑧ 발행지명은 확인할 수 없으나, 그보다 상위 단위의 도명이나 국명을 추정할 수 있는 경우에는 그 도명이나 국명을 발행지로 기재한다.

260 ₩₩ ▼a[日本]

260 ₩₩ ▼a[경기도]

⑨ 도명이나 국명마저도 추정하기 어려운 것은, '발행지불명'이나 '發行地不明' 또는 'S.l.'을 각괄호([ ])로 묶어 기재한다. 다만 미발행(상업용으로 발행되지 않은) 녹음자료의 경우에는 발행지를 생략하며, 이때 '발행지불명'이나 'S.l'의 어구도 생략한다(6.4.1.2).

260 ₩₩ ▼a[발행지불명]

(발행처명이나 표제저작사항이 한글 표기인 경우)

260 ₩₩ ▼a[發行地不明]

(발행처명이나 표제저작사항이 한자 표기인 경우)

260 ₩₩ ▼a[S.l.]

(양서인 경우)

⑩ 복제본의 발행지는 복제처의 소재지명을 기술한다.

⑪ 미간행자료(고서와 고문서, 원화, 입체자료(실물 포함), 미간행 필름이나 영상자료(영화나 비디오), 미간행 녹음자료, 미간행 전자자료, 미간행 악보, 미간행 마이크로자료 등)에는 제작사항(1.4.4)을 적용한다.

● **발행처, 배포처**

기술대상자료의 발행이나 배포, 제작과 관련된 개인이나 단체를 제시하기 위한 것으로(1.4.2.0), 기술대상자료의 출판과 배포, 공개, 발행의 책임을 지닌 개인이나 단체를 그 범위로 한다(1.4.2.1). 해당 자료에 표시되어 있는 발행처명 그대로 발행지명 다음에 기재한다. 발행처명이 약칭 또는 축약형으로 쓰인 것은 식별상 모호성이 없는 한 그대로 기재한다(1.4.2.2).

260 ꝥꝥ ▼a서울 : 동양레코드사

260 ꝥꝥ ▼a서울 : 中央地圖文化社

① 발행처명의 앞이나 뒤에 있는 다음과 같은 어구는 식별상 모호성이 없는 한, 이를 빼고 기재한다.

㉠ 발행처명의 앞에 붙어 있는 법인형태 또는 업종명 등을 가리키는 말

: ▼b한국도서관협회

(자료에는 '사단법인 한국도서관협회')

: ▼b學園社

(자료에는 '株式會社 學園社')

: ▼b靑藍

(자료에는 '도서출판 靑藍')

: ▼b범한서적

(자료에는 '범한서적주식회사')

㉡ 서양어로 발행처명의 뒷부분의 어구 중 'Incorporated', 'Limited' 등의 법인형태를 가리키는 말과, 'and Company', 'and Son' 등의 어구는 그 기재를 생략한다.

② 복수의 발행처가 기재된 경우에는 중요하게 표시되었거나 맨 처음 기재된 발행처명을 기재함을 원칙으로 한다.

260 ɓɓ ▼a광주 : ▼b국립광주박물관

(자료에는 '국립광주박물관'과 '元曉寺'의 두 발행처명이 표시되어 있음)

260 ɓɓ ▼aLondon : ▼bW.H. Allen

(자료에는 'W.H. Allen'과 'Macmillan'의 두 발행처명이 표시되어 있음)

③ 발행처명이 표제와 책임표시사항에 포함된 경우에도 발행처명을 반복해서 기재한다.

260 ɓɓ ▼a서울 : ▼b연세대학교 대학원, ▼c1982

245 00 ▼a연세대학교대학원요람 / ▼d연세대학교 대학원 편집

④ 발행처의 하위 지회나 연구회에서 발행된 자료에서는 그 하위 지회나 연구회를 발행처로 기재한다.

: ▼b한국교육학회 교육철학연구회

⑤ 배포지와 배포처, 보급지와 보급처, 인쇄지와 인쇄처는 원칙적으로 기재하지 않는다. 그러나 발행지와 발행처를 대체하거나 중요하다고 인정되는 경우에는 이를 기재하고, 그 역할어인 '배포', '보급', '인쇄' 등을 부기한다. 발행처의 역할어 중 '발행', '출판', '간행', 'published by' 등의 어구는 '배포', '보급', '인쇄' 등 그 기능을 달리하는 것과 짝을 이룰 때만 기재하고, 그 밖의 경우는 그의 기재를 생략한다. 발행처는 국외이고 배포처가 국내인 녹음자료에서 배포처와 함께 국내용 발매번호가 기재되어 있는 경우에는 발행처와 배포처(발매처)를 모두 기재한다(6.4.2.2).

260 ɓɓ ▼aNew York, N.Y. : ▼bNonesuch Records, ▼cp1985 ; ▼a서울 : ▼b아이 에프 씨 [발매]

주기에 → 레이블의 발매번호: 79101-2

260 ɓɓ ▼a釜山 : ▼b東亞大學校 出版部 발행 ; ▼a서울 : ▼b太學社 [普及]

⑥ 양서에서 발행처의 표시가 준 문장형식으로 표현되어 있을 경우에는, 'Published by'로 시작되는 것만 제외하고, 있는 그대로 기술한다.

: ▼bpublished for the Royal Asiatic society Korea Branch by Seoul Computer Press

: ▼bdistributed by New York Graphic Society

⑦ 발행처명이 불명인 경우, '발행처불명' 또는 '發行處不明'이나 's.n.'을 각괄호([ ])로 묶어 기재한다.

260 ␢␢ ▼a東京 : ▼b[發行處不明]

260 ␢␢ ▼aParis : ▼b[s.n.]

260 ␢␢ ▼a[발행지불명 : ▼b발행처불명]

260 ␢␢ ▼a[S.l. : ▼bs.n.]

⑧ 발행지나 발행처를 배포지나 배포처로 대체하여 기술하는 경우, [배포]와 같은 역할어를 보기한다. 이러한 어구가 배포처명과 결합되어 있는 경우에는 기재된 형식 그대로 기술하고, 기재되어 있지 않은 경우에는 간결한 어구를 보기한다. 녹음자료에서 발행처가 자료에 기재되어 있지 않은 경우에도 레이블명이 있으면 이 레이블명을 발행처로 기술한다. 레이블명이 없으면 필요에 따라 적절한 어구를 보기한다(6.4.2.2).

260 ␢␢ ▼aLondon : ▼bConstable [distributor]

260 ␢␢ ▼a[서울] : ▼b서울시스템 수입발매

⑨ 복제본에서는 복제처를 발행처로 기술한다.

⑩ 미간행 자료[고서와 고문서, 원화, 입체자료(실물 포함), 미간행 필름이나 영상자료(영화나 비디오), 미간행 녹음자료, 미간행 전자자료, 미간행 악보, 미간행 마이크로자료 등]에서는 제작사항(1.4.4)을 적용한다.

● **발행년, 배포년**

기술대상자료의 발행이나 배포, 제작과 관련된 일자를 제시하기 위한 것으로(1.4.3.0),

기술대상자료의 발행년(인쇄년 포함)이나 배포년을 범위로 하며(1.4.3.1), 발행년은 기술대상자료에 기표제면에 기재되어 있는 최신 기년을 연 단위로 하여 아라비아 숫자로 기술한다. 이때 서력 기년이 아닌 기년도 그대로 기재하고 이 기년을 서력으로 환산한 햇수를 발행년 다음의 각괄호([ ]) 속에 기재하되, '年'이란 날짜의 단위어와 서기의 연호는 그의 기재를 생략하고 그 밖의 연호는 있는 그대로 기재한다(1.4.3.2).

, ▼c1915(대정4)

(자료에는 '구쥬강싱 일쳔구빅십오년륙월'과 '대졍ㅅ년륙월'이 나란히 병기되어 있음)

, ▼c檀紀4289[1956]

(자료에는 '檀紀四二八九年二月二八日發行')

, ▼canno 18[1939]

(자료에는 'anno XVIII')

① 자료에 표시된 발행년이 분명히 잘못 표시된 경우에는 그것을 있는 그대로 옮겨 적고 그의 옳은 것을 각괄호([ ])로 묶어 그다음에 부기한다.

, ▼c1892[실은 1982]

, ▼c1697[i.e. 1967]

② 발행년이 배포년과 다를 경우에는 필요에 따라 그 배포년을 발행년 다음에 부기한다.

260 ƀƀ ▼a서울 : ▼bKBS영상사업단, ▼c1994, ▼c1995 [배포]

260 ƀƀ ▼aLondon : ▼bMacmillan, ▼c1971 ▼c[distributed 1973]

③ 발행년과 배포년이 다르고 발행처와 배포처도 서로 다를 경우에는 그 햇수를 각각 발행처와 배포처에 짝지어 기재한다.

260 ƀƀ ▼aLondon : ▼bEducational Records, ▼c1973 ; ▼aNew York : ▼bEdcorp [distributor], ▼c1975

④ 발행처와 배포처는 다른데 발행년과 배포년이 같을 경우에는 그 햇수를 발행처와 배포처를 다 기재한 다음에 기술한다.

260 ɓɓ ▼aNew York : ▼bAmerican Broadcasting Co. [production company] : ▼bReleased by Xerox Films, ▼c1973

⑤ 복수의 기년이 병기되어 있는 것으로 그중에 서기를 포함하고 있는 것은 서력기년을 채기하고 나머지 것은 필요에 따라 원괄호(( ))로 묶어 부기하며, 양자 또는 모두 중에 서기를 포함하고 있지 않은 것은 그 자료에 쓰인 최초의 것만 채기하고, 나머지는 그의 기재를 생략한다.

, ▼c1970(昭和45)

, ▼c단기4290[1957]

⑥ 권책에 따라 발행년이 다른 것은 그 발행기간의 햇수 사이를 붙임표(–)로 연결하여 기재한다.

, ▼c단기4290[1957]-4294[1961]

, ▼c1947-1957

⑦ 판권년을 기술할 경우에는 그 햇수 앞에 'c'(녹음자료는 'p')자를 관기하여 기재하며, 발행년과 판권년이 다른 경우에는 발행년을 먼저 적고, 그다음에 판권년을 기재한다. 발행년과 판권년와 같이 둘 이상의 발행년 관련 연도가 나타나 있는 경우에도 하나의 식별기호 ▼c에 기술한다.

, ▼cc1981

, ▼c1987, c1986

, ▼c1989, p1986

⑧ 발행년이 2년 이상 걸치는 경우에는 최초 발행년과 최종 발행년을 붙임표(–)로

연결하여 기재하고, 간행 중인 자료는 최초 발행년만을 기재하고 붙임표를 친 다음 비워 둔다.

, ▼c1981-

, ▼c昭和56 [1981]-

⑨ 발행년(인쇄년) 또는 판권년의 표시가 없는 것은 서문 · 발문 · 후기 등에 표시된 날짜(년)를 기재하되, 동서는 날짜 뒤에 '序', '跋', '後記' 등이라 부기하고, 양서는 날짜 앞에 이의 상등어구(예: pref., introd.)를 관기한다.

, ▼c1980 序

, ▼c1981 跋

, ▼cpref. 1980

, ▼cintrod. 1981

⑩ 발행년(인쇄년)과 판권년, 서 · 발 · 후기 등의 날짜 표시도 없는 것은 본문 또는 참고문헌에서 추정되는 발행년을 각괄호([ ])로 묶어 기재한다.

기술	추정의 상황
, ▼c[1981]	그 해가 확실하다고 볼 때
, ▼c[1980 혹은 1981]	그 해나 그다음 해가 확실하다고 볼 때
, ▼c[1980 or 1981]	그 해나 그다음 해가 확실하다고 볼 때(양서)
, ▼c[1979?]	추정되는 해
, ▼c[1965-1972 사이]	그 연간의 해라고 볼 때
, ▼c[between 1965 and 1972]	그 연간의 해라고 볼 때(양서)
, ▼c[1979경]	대강 짐작되는 해
, ▼c[ca. 1979]	대강 짐작되는 해(양서)
, ▼c[197-]	그 십년대의 어느 해가 확실하다고 볼 때
, ▼c[197-?]	그 십년대의 어느 해로 추정할 때
, ▼c[18--]	그 세기의 어느 해가 확실하다고 불 때

, ▼c[18--?] 그 세기의 어느 해로 추정할 때

⑪ 복제본에서는 복제연도를 발행년으로 기술한다.

⑫ 미간행 자료[고서와 고문서, 원화, 입체자료(실물 포함), 미간행 필름이나 영상자료(영화나 비디오), 미간행 녹음자료, 미간행 전자자료, 미간행 악보, 미간행 마이크로자료 등]에서는 제작사항(1.4.4)을 적용한다.

● 제작사항

기술대상 자료의 제작과 관련된 사항을 제시하기 위한 것으로(1.4.4.0), 기술대상 자료가 미간행자료이거나 발행사항이 불명인 자료, 그리고 제작에 관한 정보가 중요하다고 판단되는 자료에 적용하며, 제작사항에는 제작지와 제작처, 제작년(녹화일자나 녹음일자)을 포함한다(1.4.4.1). 기술 방법은 다음과 같다(1.4.4.2).

① 미간행자료의 경우에는 제작지와 제작처, 제작년의 순으로 기재하되, 제작처 다음에 '제작'이라는 어구를 각괄호([ ])로 묶어 부기한다.

② 발행년 불명인 경우에 제작년을 기재하고, '제작'(製作)이라는 어구를 부기한 다음, 필요할 경우에 제작지, 제작처를 원괄호(( ))로 묶어 기술할 수 있다.

, ▼g1963 製作 ▼e(東京 : ▼f鹿島硏究所出版會)

원화나 사진, 설계도 등에서는 제작년(대)이나 촬영년만을 '제작', '촬영'이라는 어구를 부기하여 기술한다(7.4.4.2).

, ▼g17-- 제작

, ▼g1943년 촬영

민속공예품이나 가구, 문화재, 출토품 또는 배포를 목적으로 하지 않는 자료에서는 제작지, 제작처, 제작년의 순으로 기술하고 '제작'이란 어구를 원괄호 속에 기술한다. 제작사항이 불명인 경우는 추정되는 제작년을 기술한다(9.4.4.2).

, ▼g1970 (제작)

, ▼g8세기 (제작)

, ▼g1850년대 (제작)

, ▼g조선시대 (제작)

③ 제작사항이 발행사항과 서로 다르고 서지 기술상 중요한 요소로 판단될 경우에는 이를 발행사항 다음 원괄호(( ))로 묶어 기술할 수 있다.

260 ꝥꝥ ▼aLondon : ▼bArts Council of Great Britan, ▼c1976 ▼e(Twickenham : ▼fCTD Printers, ▼g1974)

2) 264 생산, 발행, 배포, 제작, 저작권 표시 [반복/재량] ; 264 Production, Publication, Distribution, Manufacture, and Copyright Notice (R)

264 필드에는 저작의 발행, 인쇄, 배포, 간행, 발표, 생산 등과 관련된 표시사항을 기술한다, 이 필드에 있는 정보는 260 필드에 있는 정보와 유사하며, 내용표준이나 기관 정책에서 기능 간의 차이점을 구분하고 있는 경우에 유용하다.

제1지시기호 - 생산, 발행, 배포, 제조, 저작권 표시의 순서 ; First Indicator - Sequence of statements

ꝥ - 적용 불가/해당 정보 없음/최초 ; # - Not applicable/No information provided/Earliest

2 - 중간 ; 2 - Intervening

3 - 현행/최근 ; 3 - Current/latest

제2지시기호 - 개체의 기능 ; Second Indicator - Function of entity

0 - 생산 ; 0 - Production

1 - 발행 ; 1 - Publication

2 - 배포 ; 2 - Distribution

3 - 제작 ; 3 - Manufacture

4 - 저작권 표시 연도 ; 4 - Copyright notice date

식별기호 ; Subfield Codes

▼a - 생산지, 발행지, 배포지, 제작지 [반복] ; $a - Place of production, publication, distribution, manufacture (R)

☞【RDA: 2.7.2, 2.7.3, 2.8.2, 2.8.3, 2.9.2, 2.9.3, 2.10.2, 2.10.3】

▼b - 생산처, 발행처, 배포처, 제작처 [반복] ; $b - Name of producer, publisher, distributor, manufacturer (R)

☞【RDA: 2.7.4, 2.7.5, 2.8.4, 2.8.5, 2.9.4, 2.9.5, 2.10.4, 2.10.5】

▼c - 생산년, 발행년, 배포년, 제작년 또는 저작권 표시 연도 [반복] ; $c - Date of production, publication, distribution, manufacture, or copyright notice (R)

☞【RDA: 2.7.6, 2.8.6, 2.9.6, 2.10.6, 2.11】

▼3 - 자료 범위 지정 ; $3 - Materials specified

▼6 - 대체문자 연결 ; $6 - Linkage

▼8 - 필드 링크와 일련번호 [반복] ; $8 - Field link and sequence number (R)

[MARC21]

264 #1$aBoston : $b[publisher not identified], $c2010.

264 #4$cⓅ1983

264 #4$ccopyright 2005

4. 형태사항 등

1) 300 형태사항 [반복/필수] ; 300 Physical Description (R)

300 필드에는 해당 자료의 수량과 특정자료종별, 물리적 특성, 크기 및 기타 형태적인 상세정보와 딸림자료 등을 기술한다. 자료 자체를 보지 않고도 해당 자료의 형태와 딸림자료의 수량을 파악할 수 있고, 이 밖에 자료관리와 보존에 필요한 사항을 제시하기 위한 것이다(1.5.0). 복합매체와 같이 구성하는 자료가 물리적으로 서로 다른 특성을 지닌 경우, 이 필드를 반복하여 사용할 수 있다. 원격 접근 전자자료에 대해서는 형태사항을 기술하지 않되(8.5.0), 원격 접근 전자책(13.5)과 전자저널(14.5)은 크기를 제외하고 단행본이나 연속간행물의 규정에 준하여 기술한다.

지시기호 - 미정의 ; Indicators - Undefined

식별기호 ; Subfield Codes

▼a - 특정자료종별과 수량 [반복] ; $a - Extent (R) ☞【RDA: 3.4, 3.19.4, 7.22】

▼b - 기타 물리적 특성 ; $b - Other physical details

☞【RDA: 3.6, 3.7, 7.15, 7.17, 3.15, 7.18, 3.16, 3.11, 3.17, 3.18, 3.19.3, 3.9, 3.14, 3.8】

▼c - 크기 [반복] ; $c - Dimensions (R) ☞【RDA: 3.5, 3.12】

▼e - 딸림자료 ; $e - Accompanying material ☞【RDA: 27.1】

▼f - 단위의 유형 [반복] ; $f - Type of unit (R)

▼g - 단위의 크기 [반복] ; $g - Size of unit (R) ☞【RDA: 3.5】

▼3 - 자료 범위 지정 ; $3 - Materials specified

▼6 - 대체문자 연결 ; $6 - Linkage

▼8 - 필드 링크와 일련번호 [반복] ; $8 - Field link and sequence number (R)

[KORMARC]

300 ƀƀ▼a전자책 2책(xii, 210 ; iv, 310 p.) : ▼b삽화

300 ƀƀ▼a전자 광디스크 (CD-ROM) 1매 ; ▼c12 cm

[MARC21]

300 ##$a65 prints :$brelief process ;$c29 × 22 cm.

300 ##$3records$a1$fbox$g2 × 4 × 3 1/2 ft.

[KCR4]

300 ƀƀ▼a특정자료종별과 자료의 수량 : ▼b기타 형태사항 ; ▼c크기 + ▼e딸림자료

● 특정자료종별과 자료의 수량

기술대상자료가 속한 특정자료종별과 자료의 수량(개수)을 범위로 한다. 자료의 종별에 따라 자료의 수량 이외에 구성단위의 수량이나 연주시간, 재생시간 등을 기재할 수 있다(1.5.1.1). 구성요소의 수량이나 재생시간은 수량 다음의 원괄호 속에 기술하고, 재생시간이 기재되지 않은 경우에는 추정시간을 기재한다. 간행이 완결되지 않은 자료에 대해서는 수량을 기재할 공간을 비워 두고 특정자료종별만을 기재한다(1.5.1.2).

지도자료

지도자료에서는 다음과 같은 특정자료종별을 사용할 수 있다(3.5.1.1).

단면도: map section

도표: diagram

원격탐사도: remote-sensing image

지구의: globe

지도: map

지도책: atlas

지형모형: relief model

전망도: view

천구의: celestial globe

천체도: celestial map

측면도: profile

규정된 특정자료종별에 수량으로 지도책은 책 수를, 낱장의 지도자료는 매수를, 지형모형, 지구의, 천구의 등은 개수를 아라비아 숫자로 기술한다(3.5.1.2).

① 기술대상자료를 구성하는 지도가 너무 많거나 정확한 숫자를 확인할 수 없는 경우에는 추정되는 숫자를 기재한다.

300 ▯▯ ▼a지도 약 420매

300 ▯▯ ▼aca. 800 maps

② 지도자료의 매수와 수록 도수(圖數)가 일치하지 않는 경우에는 필요에 따라 지도의 매수 다음에 도수를 부기한다.

300 ▯▯ ▼a지도 1매 (6도)

300 ▯▯ ▼a단면도 3매 (8도)

③ 지도책인 경우에는 필요에 따라 책 수 뒤에 면수와 도수를 부기한다.

300 ▯▯▼a지도책 1책 (330 p.)

300 ▯▯▼a1 atlas (xvii, 37 p., 74 leaves of plates)

악보

악보에서는 다음과 같은 특정자료종별을 사용한다(5.5.1.1).

성악보	vocal score
합주보	
클로즈 스코어	close score
합창보	chorus score
콘덴스 스코어	condensed score
총보	score
파트보	part
피아노 스코어	pianoscore
미니어추어 스코어	iniature score
피아노[바이올린 등] 지휘용 파트보	piano [violin, etc.] conductor part

수량의 경우, 해당 악보의 책수를 기술하고, 쪽수나 장수를 원괄호로 묶어 부기할 수 있다(5.5.1.2).

① 서로 다른 특정자료종별로 구성된 악보이거나, 총보와 파트보가 독립되어 있는 경우, 각 특정자료종별 사이에 빈칸 덧셈표 빈칸(+)으로 연결하여 기술한다.

300 ▯▯▼a총보 1책 (119 p.) + 파트보 45부

300 ▯▯▼a1 score (23 p.) + 1 piano conductor part (8 p.) + 16 parts

② 특정자료종별에 해당되지 않는 특별한 종류의 악보(예: 피아노 반주용 가곡집, 가집(歌集), 피아노 독주곡, 무반주 기악작품 등)는 적절한 용어를, 적절한 용어를 찾기 어려운

경우에는 '악보'라는 어구 다음에 책수 대신 해당 쪽수나 장수를 기술한다.

300 ƀƀ ▼a악보 119 p.

300 ƀƀ ▼a악보 2책 (226 p.)

③ 쪽수가 두 종 이상으로 나뉜 악보는 각 쪽수를 쉼표로 구분하여 기술한다. 쪽수 매김이 복잡한 경우에는 이를 '1책'으로 기술한다.

300 ƀƀ ▼a1 score (vi, 27 p.)

④ 쪽수 매김이 없는 악보는 전체 쪽수를 세어서 그 수를 각괄호([ ]) 속에 기술한다.

⑤ 가제식 악보에 쪽수 매김이 있더라도 쪽수 대신 '악보 1책 (가제식)' 또는 '파트보 2부 (가제식 1책)'식으로 기술한다.

⑥ 간행이 완결되지 않은 자료에 대해서는 특수자료종별만 기재하고 그 수량은 공백으로 한다.

⑦ 필사악보인 경우에는 '필사' 또는 'ms.'라는 어구를 앞세워 기재한다.

300 ƀƀ ▼a필사악보 1책

300 ƀƀ ▼a1 ms. score

⑧ 발행자에 의해서 발행된 총보와 파트보의 수를 기재한다.

300 ƀƀ ▼a1 score and part

500 ƀƀ ▼aPart printed on p. 5 of the score

녹음자료

녹음자료에서는 다음과 같은 특정자료종별을 적용한다(6.5.1.1).

녹음 카트리지	sound cartridge
녹음 카세트	sound cassette

음반	sound disc
녹음테이프 릴	sound tape reel
사운드 트랙 필름	sound track film

필요에 따라서 다음 용어를 사용할 수 있다.

녹음 시트	sound sheet
녹음 필름	sound film
녹음 롤	sound roll
오르간 롤	organ roll
피아노 롤	piano roll

사운드 트랙 필름에는 릴(reel)이나 카세트(cassette) 등과 같은 용어를 적절히 부기하여 기술한다.

300 ᄊᄊ ▼a1 sound track film reel

① 녹음 카세트, 녹음 카트리지, 녹음 릴에는 수량을 표시하는 단위어를 '개'(個)로 하고, 음반에는 '매'를 사용한다. 로마자로 수량을 표시하는 경우에는 단위어의 기재를 생략한다. 다만, 간행이 완결되지 않은 녹음자료에 대해서는 특정자료종별과 수량의 단위어만을 기술하고, 수량은 빈칸으로 남겨 둔다(6.5.1.2).

300 ᄊᄊ ▼a음반 1매
300 ᄊᄊ ▼a녹음 카세트 2개
300 ᄊᄊ ▼a녹음 릴 1개

② 녹음자료 전체의 재생시간을 원괄호(( )) 속에 부기한다. 이때 재생시간이 5분 이상인 경우에는 분까지, 5분 이하인 경우에는 초까지 기재한다. 기술대상자료에 전체 재생시간이 기재되지 않고, 각 내용작품의 시간이 표시된 경우에는 그 합계를 기술한다. 다만 기술대상자료에 재생시간이 전혀 기재되지 않은 경우에는 이를 생략할 수 있다.

300 ▯▯ ▼a음반 1매 (50분)

300 ▯▯ ▼a녹음 카세트 2개 (각 40분)

300 ▯▯ ▼a녹음 릴 1개 (약 90분)

합집에 포함된 각 작품의 재생시간은 내용 주기에 기술한다.

③ 녹음자료에 수록된 개개의 작품을 독립된 저록으로 기술하는 경우, 해당 자료가 수록된 위치를 다음과 같이 기술한다.

㉠ 각 요소가 연속된 번호로 연결된 경우,

300 ▯▯ ▼a음반 1매 중 제1면 (13분)

300 ▯▯ ▼a녹음테이프 릴 4개 중 제3번

300 ▯▯ ▼a사운드 트랙 필름 릴 3개 중 제2릴 (약 15분)

300 ▯▯ ▼a녹음 카세트 4개중 제3-4번 (67분)

㉡ 연속된 번호로 연결되지 않은 경우,

300 ▯▯ ▼a음반 2매 중 한면

300 ▯▯ ▼a녹음테이프 릴 3개 중 1개

㉢ 재생시간을 수량 다음의 원괄호(( )) 속에 기술한다.

300 ▯▯ ▼aon reel 2 of 3 sound track film reels (ca. 15 min.)

300 ▯▯ ▼aon cassettes 3-4 of 4 sound cassettes (67 min.)

화상자료와 영상자료

특정자료종별은 다음과 같은 용어를 사용한다(7.5.1.1).

그림	picture
그림엽서	postcard
궤도	wall chart

방사선사진	radiograph
복제화	art reproduction, art print
사진	photograph
설계도	technical drawing
슬라이드	slide
원화	art original
입체사진	stereograph
차트	chart
트랜스페어런시	transparency
판화	engraving
포스터	poster
플래시카드	flash card
플립차트	flip chart
필름스트립	filmstrip
필름슬립	filmslip
필름 카트리지	film cartridge
필름 카세트	film cassette
필름 릴	film reel
필름 루프	film loop
비디오 카트리지	video cartridge
비디오카세트	video cassette
비디오디스크	video disc
비디오 릴	video reel

① 특정자료종별과 자료의 수량을 기술하되 수량은 '매', '개', '점', '권', '축' 등 적절한 단위어를 사용한다. 다만 간행이 완결되지 않은 자료에 대해서는 특정자료종별만을 기재하고 그 수량은 공백으로 한다(7.5.1.2).

300 ƀƀ ▼a원화 1점

300 ƀƀ ▼a궤도 1권

300 ẞẞ ▼a사진 23매

300 ẞẞ ▼a판화 1매

300 ẞẞ ▼a포스터 2매

300 ẞẞ ▼a필름 카트리지 1개

300 ẞẞ ▼a필름 카세트 2개

300 ẞẞ ▼a비디오카세트 3개

300 ẞẞ ▼a비디오디스크 1매

300 ẞẞ ▼a비디오릴 1개

300 ẞẞ ▼a영화 릴 2개

300 ẞẞ ▼a슬라이드 11매

300 ẞẞ ▼a1 film cartridge

300 ẞẞ ▼a3 videocassettes

② 슬라이드는 프레임의 크기를 원괄호 속에 기술하되, 더블(double)일 때는 그 기재를 생략한다.

300 ẞẞ ▼a슬라이드 31매

③ 필름슬립이나 필름스트립은 프레임의 수를 원괄호 속에 기술한다. 더블프레임으로 구성된 경우, '더블' 또는 'double'이라는 용어를 프레임과 함께 기술할 수 있다.

300 ẞẞ ▼a필름스트립 1개 (36프레임)

300 ẞẞ ▼a필름스트립 1개 (약 100프레임)

300 ẞẞ ▼a1 filmstrip (10 double fr.)

④ 플립차트(flip chart)에서는 장수를 원괄호 속에 기술한다.

300 ẞẞ ▼a플립차트 1개 (8장)

⑤ 트랜스페어런시는 겹친 수를 원괄호 속에 기술한다.

300 ▯▯ ▼a트랜스페어런시 2매 (10겹)

⑥ 필요에 따라 카트리지나 릴 등의 매체명을 결합하여 사용할 수 있다.

300 ▯▯ ▼a필름스트립 카트리지 1개
300 ▯▯ ▼a입체사진 릴 2개

⑦ 재생시간은 분단위로 원괄호(( )) 속에 기술한다. 이때 재생시간이 5분 이상인 경우에는 분까지, 5분 이하인 경우에는 초까지 기재한다. 다만 정지화상으로 구성된 비디오디스크의 경우에는 재생시간 대신 프레임 수를 기재할 수 있다.

300 ▯▯ ▼a필름 루프 1개 (4분 30초)
300 ▯▯ ▼a필름 카세트 2개 (각 25분)
300 ▯▯ ▼a비디오디스크 1매 (80분)
300 ▯▯ ▼a비디오디스크 1매 (45,876프레임)
300 ▯▯ ▼a비디오릴 1개 (약 75분)
300 ▯▯ ▼a1 film loop (4 min., 30 sec.)
300 ▯▯ ▼a2 film cassettes (25 min. each)
300 ▯▯ ▼a1 videodisc (80 min.)
300 ▯▯ ▼a1 videodisc (45,876 fr.)
300 ▯▯ ▼a1 videoreel (ca. 75 min.)

⑧ 분립저록하는 경우, 해당 자료의 수록위치를 기술한다.

300 ▯▯ ▼a필름 릴 2개 중 제1릴 (13분)
300 ▯▯ ▼a비디오카세트 4개 중 제3-4번 (50분)
300 ▯▯ ▼aon reel 2 of 2 film reels (13 min.)
300 ▯▯ ▼aon cassettes 3-4 of 4 videocassettes (50 min.)

전자자료

전자자료의 경우, 특정자료종별에 따라 다음의 용어를 부기하며, 전자 광디스크의 경우, 특정 포맷을 알 수 있을 때는 원괄호(( )) 속에 포맷을 기술한다(8.5.1.2). 전자자료의 경우, 디스크 및 카드류는 '매', 카트리지와 카세트류는 '개'를 단위어로 사용한다. 원격 접근 전자책은 특정자료종별과 '책'이라는 단위어를 사용하고 원괄호 안에 자료 자체에 매겨진 쪽수나 장수를 기술하며(13.5.1.2), 전자저널은 특정자료종별과 동서는 '책', 양서는 'v.' 또는 'no.'이라는 단위어를 사용하여 기술한다(14.5.1.2).

전자 광디스크	electronic optical disc
전자 디스크	electronic disk
전자 디스크 카트리지	electronic disk cartridge
전자 칩 카트리지	electronic chip cartridge
전자 카드	electronic card
전자 테이프 릴	electronic tape reel
전자 테이프 카세트	electronic tape cassette
전자 테이프 카트리지	electronic tape cartridge
전자책	e-book
전자저널	e-journal

300 ꝥꝥ ▼a전자 광디스크 (CD-ROM) 3매

300 ꝥꝥ ▼a전자 광디스크 (CD-I) 1매

300 ꝥꝥ ▼a전자 광디스크 (포토 CD) 2매

300 ꝥꝥ ▼a전자책 1책(xvi, 139 p.)

300 ꝥꝥ ▼a전자저널 120책

300 ꝥꝥ ▼a3 electronic optical discs (CD-ROM)

300 ꝥꝥ ▼a1 electronic optical disc (CD-I)

300 ꝥꝥ ▼a2 electronic optical discs (Photo CD)

300 ꝥꝥ ▼a2 e-books (vii, 980 p.)

300 ꝥꝥ ▼a103 v. of e-journal

입체자료

입체자료의 특정자료종별은 해당 기관에서 부여한 종별 및 수량을 표현하는 용어를 기술한다(9.5.1.1). 다음과 같이 자료의 종별이나 형식에 따라 해당되는 한글 단위어를 특정자료종별과 그 수량 다음에 기술한다. 다만 아래 단위어를 적용할 수 없는 경우에는 적절한 단위어를 사용할 수 있다(9.5.1.2).

동(棟): 건물(建物)

기(基): 석탑(石塔), 석등(石燈), 비(碑), 부도(浮屠), 대(臺), 조각(彫刻), 등대(燈臺)

구(軀): 입상(立像) - 신상(神像), 불상(佛像), 초상(肖像) 등

좌(坐): 좌상(坐像) - 신상(神像), 불상(佛像), 보살(菩薩) 등

구(口): 종(鐘)

판(板): 경판(經板)

점(点): 기타, 벽화, 병풍, 지석(誌石), 토우(土偶), 가마, 의류, 표본, 향로, 병, 거울, 장신구, 토기(도자기), 석기(石器), 골각기(骨角器), 등자(子), 사리함, 문진, 탈(가면 등), 은장도, 대접 등

300 ꝁꝁ ▼a은장도 1점

300 ꝁꝁ ▼a등자 1점

300 ꝁꝁ ▼a판목 31판

300 ꝁꝁ ▼a대접 1점

300 ꝁꝁ ▼a종 1구

300 ꝁꝁ ▼a사리함 1점

300 ꝁꝁ ▼a거울 3점 (青銅神獸鏡 1, 宜子孫獸帶鏡 1, 獸帶鏡 1)

300 ꝁꝁ ▼a병풍 1점 (8폭)

300 ꝁꝁ ▼a모형기관차 1점 (기관차 1량, 객차 5량, 화차 2량, 레일 60개)

300 ꝁꝁ ▼a의류 1점

마이크로자료

마이크로자료의 경우에는 다음과 같은 용어를 사용한다(10.5.1.1). 마이크로필름 릴, 마이크로필름 카트리지, 마이크로필름 카세트에는 '개', 아파추어 카드, 마이크로피시, 마

이크로오패크에는 '매'를 단위어로 사용한다. 필름의 수량이 확인 가능한 경우에는 그 수량을 부기한다. 마이크로피시의 경우, 프레임(frame) 수를 확인할 수 있는 경우, 원괄호(( )) 속에 그 수를 부기한다. 개별표제로 저록하는 경우에는 해당 자료의 위치를 기술한다(10.5.1.2).

아파추어 카드	aperture card
마이크로필름	microfilm
마이크로피시	microfiche
마이크로오패크	microopaque

300 ƀƀ ▼a마이크로필름 릴 1개

300 ƀƀ ▼a마이크로필름 릴 3개 중 제2번

300 ƀƀ ▼a마이크로필름 카세트 2개

300 ƀƀ ▼a마이크로필름 카세트 4개 중 제3번

300 ƀƀ ▼a마이크로필름 카트리지 1개

300 ƀƀ ▼a마이크로오패크 3매

300 ƀƀ ▼a아파추어카드 10매

300 ƀƀ ▼a마이크로피시 2매 (170프레임)

300 ƀƀ ▼a마이크로피시 3매 (각 120프레임)

300 ƀƀ ▼a마이크로피시 5매중 제2번

300 ƀƀ ▼a1 microfilm reel

300 ƀƀ ▼a2 microfilm cassettes

300 ƀƀ ▼a5 microfiches

300 ƀƀ ▼a10 aperture cards

300 ƀƀ ▼a2 microfiches (170 fr.)

300 ƀƀ ▼a3 microfiches (ca. 120 fr. each)

300 ƀƀ ▼aon no. 3 of 4 microfilm cassettes

300 ƀƀ ▼aon 3 of 5 microopaques

300 ƀƀ ▼aon reel 2 of 3 microfilm reels

● 기타 형태사항

기술대상자료의 재생 특성, 음향, 재생속도, 색채, 제작상의 기법 등 수량과 크기 이외의 기타 형태에 관한 사항을 제시하기 위한 것이다(1.5.2.0).

지도자료

채색, 종이 이외의 재질, 대지(또는 받침대)의 순서로 기술한다(3.5.2.2).

① 채색은 전부 또는 일부가 채색지도인 경우에 기술한다. 지도 이외의 내용(경계 등)이 채색되어 있는 경우에는 이를 무시한다.

300 ƀƀ ▼a지도 1매 : ▼b천연색
300 ƀƀ ▼a지도 4매 : ▼b2색
300 ƀƀ ▼a지구의 1개 : ▼b천연색
300 ƀƀ ▼a지도 10매 : ▼b일부 천연색
300 ƀƀ ▼a1 map : ▼bcol.
300 ƀƀ ▼a4 maps : ▼b2 col.
300 ƀƀ ▼a10 maps : ▼bsome col.
300 ƀƀ ▼a1 globe : col.

② 재질은 지도자료의 구성 재질을 나타낼 필요가 있는 경우(종이 이외의 재질로 만들어진 경우) 기술한다.

300 ƀƀ ▼a지도 1매 : ▼b천연색, 플라스틱
300 ƀƀ ▼a지도 4매 : ▼b천연색, 비단
300 ƀƀ ▼a지구의 1개 : ▼b천연색, 목재
300 ƀƀ ▼a1 map : ▼bcol., plastic
300 ƀƀ ▼a1 globle : ▼bcol., wood

③ 지도자료의 대지나 구체의 받침대에 관한 내용을 기술한다.

300 ЫЫ ▼a지도 1매 : ▼b천연색, 아마포대지

300 ЫЫ ▼a지구의 1개 : ▼b천연색, 목재, 황동받침대

300 ЫЫ ▼a천구의 1개 : ▼b플라스틱, 금속받침대

300 ЫЫ ▼a1 map ▼b col., mounted on linen

300 ЫЫ ▼a1 globe : ▼bcol., wood, mounted on brass stand

300 ЫЫ ▼a1 celestial globe : ▼bplastic, mounted on metal stand

녹음자료

녹음자료를 재생할 때 필요한 사항으로서 녹음방식, 재생속도, 음구특성(아날로그 디스크), 트랙의 수(테이프), 채널 수, 녹음 및 재생 특성 등을 그 범위로 하며(6.5.2.1), 그 기술 방법은 다음과 같다(6.5.2.20).

① 녹음방식: 음반과 테이프는 '아날로그', 'analog' 또는 '디지털', 'digital'로, 사운드트랙 필름은 '광학', 'optical' 또는 '자기', 'magnetic'으로 기술한다.

300 ЫЫ ▼a음반 1매 (50분) : ▼b아날로그

300 ЫЫ ▼a음반 1매 (40분) : ▼b디지털

300 ЫЫ ▼a녹음 카세트 1개 (58분) : ▼b아날로그

300 ЫЫ ▼a녹음 카세트 2개 (각 50분) : ▼b디지털

300 ЫЫ ▼a사운드 트랙 필름 릴 1개 (약 10분) : ▼b자기

300 ЫЫ ▼a1 sound disc (50 min.) : ▼banalog

300 ЫЫ ▼a1 sound disc (40 min.) : ▼bdigital

300 ЫЫ ▼a2 sound cassettes (40 min. each) ▼b digital

300 ЫЫ ▼a1 sound track film reel (ca. 10 min.) : ▼bmagnetic

② 재생속도: 매체별로 다음과 같이 기재한다. 다만 표준속도인 경우에는 재생속도를 생략한다.

㉠ 음반

– 아날로그 음반은 분당 회전속도를 '회전', 'rpm'으로 기술한다.

300 ɓɓ ▼a음반 1매 (50분) : ▼b아날로그, 33 1/3 회전

300 ɓɓ ▼a1 sound disc (50 min.) : ▼banalog, 33 1/3 rpm

– 디지털 음반은 초당 미터를 'm/초' 또는 'm/s'로 기술한다. 단 표준속도인(1.4 m/초)인 경우에는 기술하지 않는다.

300 ▼a1 sound disc (56 min) : ▼bdigital, stereo

㉡ 테이프

아날로그 테이프는 초당 센티미터를 'cm/초'로 기술한다. 또한 카세트나 카트리지의 표준재생속도(카세트는 4.76 ㎝/초, 카트리지는 9.5 ㎝/초)는 기술하지 않는다.

300 ɓɓ ▼a녹음 카세트 1개 (58분) : ▼b아날로그, 3.33 ㎝/초

300 ɓɓ ▼a2 sound cassettes (40 min. each) : ▼banalog

※ 변환표

1 7/8 ips = 4.76 ㎝/초

3 3/4 ips = 9.5 ㎝/초

7 1/2 ips = 19 ㎝/초

4 3/4 in. = 12 ㎝

10 in. = 25 ㎝

12 in. = 30 ㎝

㉢ 사운드 트랙 필름은 초당 재생 프레임 수를 '프레임/초' 또는 'fps'로 기술한다.

300 ɓɓ ▼a사운드 트랙 필름 릴 1개 (약 10분) : ▼b자기, 24 프레임/초

300 ɓɓ ▼a1 sound track film reel (ca. 10 min.) : ▼bmagnetic, 24 fps

③ 음구특성: 아날로그 음반의 표준규격 이외의 음구는 방향을 기술한다.

300 ▼a음반 1매 (15분) : ▼b아날로그, 78회전, 버티칼

300 ▼a1 sound disc (7 min.) : ▼banalog, 78 rpm, microgroove

④ 트랙 수: 테이프는 트랙 수를 기술한다. 카세트와 카트리지의 표준 트랙 수(카세트는 4트랙, 카트리지는 8트랙)는 기재하지 않는다.

300 bb ▼a녹음 릴 1개 (31분) : ▼b아날로그, 38 ㎝/초., 2 트랙

300 bb ▼a녹음 카세트 1개 (50분) : ▼b아날로그 2 트랙

300 bb ▼a사운드 트랙 필름 릴 1개 (약 10분) : ▼b자기, 25 프레임/초, 중앙트랙

300 bb ▼a1 sound tape reel (ca. 60 min.) : ▼banalog, 7 1/2 ips, 2 tracks

⑤ 채널 수: 채널 수를 '모노', 'mono.' 또는 '스테레오', 'stereo.' 또는 '4채널', 'quad.'로 구분하여 기재한다.

300 bb ▼a음반 1매 (40분) : ▼b디지털, 스테레오

300 bb ▼a녹음테이프 릴 1개 (약 60분) : ▼b아날로그, 3.33 ㎝/초, 2 트랙, 모노

300 bb ▼a음반 2매 (60분) : ▼b아날로그, 33 1/3 회전, 모노, 스테레오

300 bb ▼a1 sound disc (40 min.) : ▼bdigital, stereo.

300 bb ▼a1 sound tape reel (ca. 60 min.) : ▼banalog, 7 1/2 ips, 2 tracks, mono.

300 bb ▼a2 sound discs (60 min.) : ▼banalog, 33 1/3 rpm, mono., stereo.

⑥ 녹음 및 재생 특성: 녹음이나 재생에 관련된 특성이 녹음자료나 용기에 표준용어로 기재되어 있는 경우, 이를 기술한다. 표준 용어는 다음과 같다.

돌비처리	Dolby processed
NAB 표준	NAB standard
DBX 암호	DBX encoded
크롬산화물	chromium dioxide tape

300 bb ▼a녹음 카세트 1개 (58분) : ▼b아날로그, 스테레오, 돌비처리

300 ƀƀ ▼a2 sound cassettes (40 min. each) : ▼banalog, stereo., Dolby processed, chromium dioxide tape

화상자료

매체의 특성, 색채, 보관용기에 관한 정보순으로 기재한다(7.5.2.2 1)).

① 원화: 표현매체(유채, 파스텔, 초크)와 그 바탕재료의 종류(캔버스, 섬유, 종이, 마포, 견포, 판 등)를 기술한다.

300 ƀƀ ▼a원화 1점 : ▼b絹本

300 ƀƀ ▼a1 art original : ▼boil on canvas

② 판화: 판화의 묘화 과정을 일반적인 용어(조판, 석판)나 특정어(동판, 착색석판)로 기술한다.

300 ƀƀ ▼a판화 1점 : ▼b목판

300 ƀƀ ▼a2 art prints : ▼bengraving

③ 복제화: 복제방식(그라비어, 콜로타이프 등)을 기술한다.

300 ƀƀ ▼a복제화 1점 : ▼b그라비어

300 ƀƀ ▼a포스터 1매 : ▼b콜로타이프

300 ƀƀ ▼a1 art reproduction : ▼bphotogravure

④ 차트와 플립차트: 양면을 사용한 경우, 이를 기술한다.

300 ƀƀ ▼a1 flip chart (8 sheets) : ▼bdouble sided

⑤ 필름스트립과 필름슬립, 플래시카드, 슬라이드: 음향이 수록된 경우, 이를 기술한다.

300 ƀƀ ▼a필름스트립 1개 (41프레임) : ▼b유성

⑥ 사진: 극성과 색채를 기술하되, 극성은 음화인 경우에만 기술한다.

300 ␢␢ ▼a사진 3매 : ▼b음화, 천연색

⑦ 도면: 복제방식을 기술한다.

300 ␢␢ ▼a도면 1매 : ▼b청사진

⑧ 원화와 도면, 방사선사진 이외의 화상자료의 색채(컬러, 흑백, 청백 등)를 기술한다.

300 ␢␢ ▼a그림엽서 1조 (6매) : ▼b천연색

300 ␢␢ ▼a판화 1점 : ▼b흑백

300 ␢␢ ▼a사진 1매 : ▼b흑백

300 ␢␢ ▼a포스터 3매 : ▼b천연색

300 ␢␢ ▼a1 art print : ▼bengraving, tinted

300 ␢␢ ▼a7 posters : ▼bblue and white

⑨ 기술대상자료가 특정한 용기에 보관되어 있는 경우, 이를 원괄호(( ))에 넣어 기술한다.

300 ␢␢ ▼a원화 1점 : ▼b絹本 (액자)

300 ␢␢ ▼a사진 1매 : ▼b흑백 (액자)

영상자료

영사특성, 녹화특성, 음향특성, 색채, 영사속도(재생속도)에 관한 정보 순으로 기재한다(7.5.2.2 2)).

① 영화필름은 화면의 종횡이 표준비(3:4)가 아닌 영화필름이나 특수한 영사기술(시네라마, 파나비전, 멀티프로젝터 등)을 필요로 하는 경우, 이를 기술한다.

300 ␢␢ ▼a필름 릴 14개 (157분) : ▼b파나비전

300 ㅸㅸ ▼a14 film reels (157 min.) : ▼bCinemascope

② 필름카트리지나 카세트는 상표명이나 영사 형식을 기술한다. 녹음 재생에 동조(同調)해서 화면이 자동 이행되는 슬라이드나 필름스트립은 그 동조 방식을 기술한다.

300 ㅸㅸ ▼a필름카트리지 1개 (6분) : ▼b大澤톤세프트루프

300 ㅸㅸ ▼a슬라이드 23매 (15분) : ▼b팔레스 싱크로

③ 비디오녹화자료는 기록이나 재생 방식을 기술한다.

300 ㅸㅸ ▼a비디오 디스크 1매 (65분) : ▼bLD

④ 사운드 트랙이 있는 영화는 '광학녹음' 또는 '자기녹음'이라고 기술한다.

300 ㅸㅸ ▼a필름 릴 1개 (28분) : ▼b광학녹음

⑤ 동조녹음이 있는 필름은 '동조녹음'이라고 기술하고 그 양식을 주기한다.

⑥ 영화필름은 음향의 유무에 따라 '무성', 'si.' 또는 '유성', 'sd'라고 기술한다.

300 ㅸㅸ ▼a필름카세트 1개 (3분) : ▼b무성

⑦ 해당 자료의 음향이 모노가 아닌 경우는 녹음 채널 수를 기술한다.

300 ㅸㅸ ▼a비디오카세트 1개 (59분) : ▼b베타, 스테레오

⑧ 색채는 '흑백', 'b&w' 또는 '천연색', 'col.'로 구분하여 기술한다.

300 ㅸㅸ ▼a필름 릴 1개 (10분) : ▼b유성, 천연색

300 ㅸㅸ ▼a1 film reel (10 min.) : ▼bsd., col.

다만 천연색과 흑백이 섞여 있는 경우에는 다음과 같이 기술한다.

300 ꝑꝑ ▼a1 film reel (30 min.) : ▼bsd., col. with b&w sequences

300 ꝑꝑ ▼a1 videocassette (24 min.) : ▼bsd., b&w with col. introductory

⑨ 영사속도는 영화필름에만 적용한다. 필름의 영사속도는 초당 영사 프레임 수를 '프레임/초' 또는 'fps'라는 용어를 사용하여 기재한다. 다만 표준영사속도(광학녹음의 영화필름: 초당 24프레임, 자기녹음 영화필름: 초당 18프레임, 무성영화필름: 초당 16프레임)인 경우에는 이를 기술하지 않는다.

300 ꝑꝑ ▼a필름 릴 1개 (12분) : ▼b무성, 천연색, 12 fps

300 ꝑꝑ ▼a1 film reel (1 min., 17 sec.) ▼b:si., col., 25 fps

전자자료

전자자료의 경우, 특정자료종별과 수량 이외에 음향이나 색채, 디스크의 면수, 기록밀도, 섹터에 관한 사항을 기타 형태사항으로 한다(8.5.2.1). 음향이 수록된 경우에는 '유성' 또는 'sd.', 흑백 이외의 경우에는 '천연색' 또는 'col.'이라는 용어를 기술한다. 기록밀도인 경우, 비트/인치(bpi)나 바이트/섹터, 디스크 면수의 경우, 면(single, double), 트랙 수의 경우, 트랙(track), 섹터 수의 경우, 섹터(sector) 등의 물리적 특성이 중요하게 기재된 경우에는 적절한 단위어를 사용하여, 색채 다음에 계속하여 기술한다(8.5.2.2). 원격 접근 전자책(13.5.2)과 전자저널(14.5.2)은 삽화류를 기재한다.

300 ꝑꝑ ▼a전자 디스크 1매 : ▼b유성, 천연색, 단면, 단밀도, 소프트섹터

300 ꝑꝑ ▼a전자 디스크 카트리지 2개 : ▼b유성, 천연색

300 ꝑꝑ ▼a전자 테이프 릴 2개 : ▼b6250비트/인치

300 ꝑꝑ ▼a전자책 1책(212 p.) : ▼b삽화

300 ꝑꝑ ▼a1 electronic chip cartridge : ▼bsd.

300 ꝑꝑ ▼a2 electronic disk cartridges : ▼bsd., col.

300 ꝑꝑ ▼a1 electronic disk : ▼bsd., col., single sided, single density, soft sectored

300 ꝑꝑ ▼a2 electronic tape reels : ▼b6250 bpi

입체자료

제작상의 기법이나 재질 등의 형태적 특성을 다음과 같은 순서로 기술한다(9.5.2.2).

① 재료: 입체자료의 재질을 기술한다. 재질을 알 수 없는 경우에는 이를 생략할 수 있다. 다만 재질이 유리인 마이크로스코프 슬라이드(microscope slide)는 그 기재를 생략한다.

300 ƀƀ ▼a등자 1점 : ▼b철제

300 ƀƀ ▼a거울 1점 : ▼b동제

300 ƀƀ ▼a불상 1구 : ▼b금제

300 ƀƀ ▼a문진 1점 : ▼b유리

300 ƀƀ ▼a종 1구 : ▼b동제

300 ƀƀ ▼a은장도 1점 : ▼b은제

300 ƀƀ ▼a2 models (various pieces) : ▼bpolystyrene

300 ƀƀ ▼a1 microscope slide : ▼bplastic

② 색채: 입체자료의 색채를 '천연색'이나 '흑백' 또는 적절한 색을 기술한다.

300 ƀƀ ▼a불상 1구 : ▼b동제, 청동색

300 ƀƀ ▼a병풍 1점 (8폭) : ▼b천연색

300 ƀƀ ▼a종 1구 : ▼b청동색

300 ƀƀ ▼a문진 1점 : ▼b유리, 천연색

300 ƀƀ ▼a청자 1점 : ▼b청색

300 ƀƀ ▼a1 model : ▼bwood, blue

300 ƀƀ ▼a1 bowl : ▼bporcelain, blue and white

300 ƀƀ ▼a1 model : ▼bbalsa wood and paper, b&w

③ 입체자료가 특정한 용기에 넣어져 있는 경우에는 용기의 명칭을 기술한다.

300 ƀƀ ▼a인형 1점 : ▼b종이, 유리 상자에 보관

마이크로자료

마이크로자료의 경우, 기술대상 자료에 필요한 기타 형태사항을 극성, 삽화, 색채의 순으로 기술한다. 극성은 마이크로자료가 음화일 때에만 '음화' 또는 'negative'라고 기재하고, 양화일 때에는 그 기재를 생략한다. 마이크로자료에 삽화가 포함된 경우, 필요하다면 이를 기술한다. 마이크로자료의 전부나 일부에 색채가 있는 경우, 이를 기술한다(10.5.2.2).

300 ▯▯ ▼a마이크로필름 릴 1개 : ▼b음화, 삽화

300 ▯▯ ▼a마이크로피시 2매 : ▼b전부삽화

300 ▯▯ ▼a마이크로피시 1매 : ▼b삽화, 악보

300 ▯▯ ▼a마이크로피시 1매 : ▼b주로 악보

300 ▯▯ ▼a마이크로피시 2매 : ▼b삽화, 천연색

300 ▯▯ ▼a마이크로피시 1매 : ▼b천연색 삽화

300 ▯▯ ▼a마이크로피시 1매 : ▼b천연색 지도

300 ▯▯ ▼a1 microfilm reel : ▼bnegative, ill.

300 ▯▯ ▼a2 microfiches : ▼ball ill.

300 ▯▯ ▼a1 microfiche : ▼bill., music

300 ▯▯ ▼a1 microfiche : ▼bchiefly music

300 ▯▯ ▼a1 microfilm reel : ▼bcol.

300 ▯▯ ▼a2 microfiches : ▼bcol. & ill.

300 ▯▯ ▼a1 microfiche : ▼bcol. ill.

300 ▯▯ ▼a1 microfiche : ▼bcol. maps

● 크기

기술대상자료의 표지나 외형의 물리적인 크기(높이, 폭, 직경 등)를 센티미터 단위로 기재하되, 센티미터 미만은 올려 기재한다. 높이가 10센티미터 미만의 것은 밀리미터 단위로 기재한다. 복수의 구성요소로 이루어진 자료에서 크기가 다른 경우에는 최소와 최대 크기를 붙임표(–)로 연결하여 기재한다. 다만 대부분의 크기가 동일하고 일부만이 크기가 다른 것은 대부분의 크기를 기재하고, 일부분의 크기는 주기한다(1.5.3.2).

〈지도자료〉

지도자료의 크기는 자료의 유형에 따라 다음과 같이 기술한다(3.5.3.2).

① 평면지도는 지도의 내곽경계선을 기준으로 세로×가로를 센티미터 단위로 기재한다. 경계선이 없거나 있더라도 불규칙적인 경우에는 지도 자체의 세로와 가로에서 가장 긴 길이를 기준으로 기재하되 이를 측정하기 어려운 경우에는 인쇄된 용지의 세로와 가로를 '전지' 또는 'on sheet'라는 어구를 덧붙여 기재한다.

300 ＼ ▼a지도 1매 : ▼b천연색 ; ▼c45 × 65 ㎝

300 ＼ ▼a지도 1매 : ▼b천연색 ; ▼c전지 55 × 80 ㎝

300 ＼ ▼a1 map : ▼bcol. ; ▼c45 × 65 ㎝

300 ＼ ▼a1 map : ▼bcol. ; ▼con sheet 55 × 80 ㎝

② 평면상의 원형지도는 직경의 크기를 '직경' 또는 'in diam.'이라는 어구를 덧붙여 기재한다.

300 ＼ ▼a지도 1매 : ▼b천연색 ▼c;직경 45 ㎝

300 ＼ ▼a1 map : ▼bcol. ; ▼c45 ㎝ in diam.

③ 크기가 다른 용지에 인쇄된 경우로서 그 크기가 두 가지이면 각각의 크기를 '와' 또는 'and'로 연결하여 기재한다. 그러나 세 가지 이상의 크기로 이루어진 경우에는 가장 큰 크기를 기재하고 '혹은 그 미만' 또는 'or smaller'라는 어구를 덧붙여 기재한다.

300 ＼ ▼a지도 1매 (2도) : ▼b천연색 ; ▼c20 × 30 ㎝와 25 × 35 ㎝

300 ＼ ▼a지도 1매 (4도) : ▼b천연색 ; ▼c45 × 35 ㎝ 혹은 그 미만

300 ＼ ▼a지도 60매 ; ▼c44 × 55 ㎝와 48 × 75 ㎝

300 ＼ ▼a지도 60매 : ▼b천연색 ; ▼c60 × 90 ㎝ 혹은 그 미만

300 ＼ ▼a1 map on two sheets : ▼bcol. ; ▼c20 × 30 ㎝ and 25 × 35 ㎝

300 ＼ ▼a1 map on 4 sheets : ▼bcol. ; ▼c45 × 35 ㎝ or smaller

300 ＼ ▼a60 maps ; ▼c44 × 55 ㎝ and 48 × 75 ㎝

300 ＼ ▼a60 maps : ▼bcol. ; ▼c60 × 90 ㎝ or smaller

④ 인쇄된 지도의 크기가 용지의 절반 이하인 경우에는 용지의 크기도 '전지' 또는 'on sheet'라는 어구를 덧붙여 기재한다.

300 ㅂㅂ ▼a지도 1매 : ▼b천연색 ; ▼c20 × 31 ㎝, 전지 45 × 65 ㎝

300 ㅂㅂ ▼a1 map : ▼bcol. ; ▼c20 × 31 ㎝, on sheet 45 × 65 ㎝

⑤ 접어서 표지가 나오는 지도인 경우에는 폈을 때의 크기와 함께 접었을 때의 용지의 크기도 '접으면' 또는 'folded to'라는 어구를 덧붙여 기재한다.

300 ㅂㅂ ▼a지도 1매 : ▼b천연색 ; ▼c9 × 20 ㎝, 전지 40 × 60 ㎝, 접으면 21 × 10 ㎝

300 ㅂㅂ ▼a1 map : ▼bcol. ; ▼c9 × 20 ㎝, on sheet 40 × 60 ㎝, folded to 21 × 10 ㎝

⑥ 지도책의 크기는 2.5.3.2의 규정에 준하여 기술한다.

300 ㅂㅂ ▼a지도책 1책 (320 p.) : ▼b천연색지도 ; ▼c45 × 20 ㎝

300 ㅂㅂ ▼a1 atlas (xii, 100, 32 p.) : ▼b100 col. maps ; ▼c29 ㎝

⑦ 지형모형의 크기는 세로×가로를 센티미터 단위로 기재하며, 높이(depth)를 덧붙일 수 있다.

300 ㅂㅂ ▼a지형모형 1개 : ▼b천연색, 플라스틱 ; ▼c45 × 35 × 2 ㎝

300 ㅂㅂ ▼a1 relief model : ▼bcol., plastic ; ▼c45 × 35 × 2 ㎝

⑧ 지구의의 크기는 그 직경을 '직경' 또는 'in diam.'이라는 어구를 덧붙여 기재한다.

300 ㅂㅂ ▼a지구의 1개 : ▼b연색, 목재, 금속받침대 ; ▼c직경 35 ㎝

300 ㅂㅂ ▼a1 globe : ▼bcol., wood, on metal stand ; ▼c35 ㎝ in diam.

⑨ 지도자료가 용기에 보관되어 있는 경우에는 자료 자체의 크기와 함께 보관용기의 크기도 덧붙여 기술할 수 있다. 보관용기의 크기는 세로×가로를 센티미터 단위로 기재하며, 높이(depth)를 덧붙일 수 있다.

300 ##▼a지도 5매 : ▼b천연색 ; ▼c40 × 50 ㎝, 접으면 20 × 10 ㎝, 플라스틱케이스 25 × 20 ㎝

300 ##▼a지구의 1개 : ▼b목재, 금속받침대 ; ▼c직경 35 ㎝, 상자 40 × 40 × 40 ㎝

300 ##▼a5 maps : ▼bcol. ; ▼c40 × 50 ㎝, folded to 20 × 10 ㎝, in plastic case 25 × 20 ㎝

300 ##▼a1 globe : ▼bwood, on metal stand ; ▼c35 ㎝, in diam., in box 40 × 40 × 40 ㎝

〈녹음자료〉

녹음자료는 재생장치에 장착되어 사용되기 때문에 상자나 음반케이스(재킷) 등의 용기 대신 자료 자체의 크기를 센티미터 단위로 소수점 아래 두 자리까지 기술한다. 다만 둘 이상의 구성요소로 이루어진 자료에서 크기가 다른 경우에는 최소 크기와 최대 크기를 붙임표(-)로 연결하여 기술한다(6.5.3.2).

① 음반은 직경을, 릴(reel)은 직경과 테이프의 폭을 기술한다.

300 ##▼a음반 1매 (20분) : ▼b아날로그, 33 1/3 회전, 스테레오 ; ▼c30 ㎝

300 ##▼a음반 5매 : ▼b아날로그, 33 1/3 회전, 스테레오 ; ▼c25-30 ㎝

300 ##▼a음반 1매 (46분) : ▼b디지털, 스테레오 ; ▼c12 ㎝

300 ##▼a1 sound disc(20 min.) : ▼banalog, 33 1/3 rpm, stereo. ; ▼c30 ㎝

300 ##▼a5 sound discs : ▼banalog, 33 1/3 rpm, stereo. ; ▼c25-30 ㎝

300 ##▼a1 sound disc(46 min.) : ▼bdigital, stereo. ; ▼c12 ㎝

300 ##▼a녹음테이프 릴 1개(60분) : ▼b아날로그, 3.33 ㎝/초, 2 트랙, 모노 ; ▼c18 ㎝., 테이프 1.3 ㎝

300 ##▼a1 sound tape reel(60 min.) : ▼banalog, 4.76 cm/s, 2 tracks, mono. ; ▼c18 ㎝, 테이프 1.3 ㎝

300 ##▼a3 sound tape reels(ca. 60 min. each) : ▼banalog, 4.75 cm/s, 4 tracks, stereo. ; ▼c13-18 ㎝, 테이프 1.3 ㎝

② 사운드 트랙 필름은 필름의 폭을 밀리미터 단위로 기재한다.

300 ʙʙ ▼a사운드 트랙 필름 릴 1개 (약 10분) : ▼b자기, 25 프레임/초, 중앙트랙 ; ▼c16 mm

300 ʙʙ ▼a1 sound track film reel (ca. 10 min.) : ▼bmagnetic, 25 fps, centre track ; ▼c16 mm

③ 녹음 카트리지와 카세트는 세로와 가로의 길이를 ×로 연결하여 기술하되, 표준규격의 크기(카세트는 10 × 6.4 × 1.2 ㎝ 또는 7.3 × 5.4 × 1.05 ㎝, 카트리지는 13.5 × 10 × 2.2 ㎝)는 기술하지 않는다.

300 ʙʙ ▼a녹음 카세트 1개 (58분) : ▼b아날로그, 스테레오, 돌비 처리 ; ▼c18.4 × 10.2 cm, 6 mm. 테이프

300 ʙʙ ▼a1 sound cassette (58 min.) : ▼banalog, stereo. ; ▼c18.4 × 10.2 cm., 6 mm. tape

④ 녹음테이프의 폭은 밀리미터 단위로 소수점 아래 한 자리까지 기술한다. 다만 테이프의 폭이 표준규격의 것(릴은 6.3 mm, 카세트는 3.8 mm, 카트리지는 6.3 mm)은 기술하지 않는다.

⑤ 롤은 크기를 기재하지 않는다.

⑥ 음반의 모양이 표준이 아닌 경우(원형이 아닌 경우), 형태사항에서는 연주면의 크기를 기술하고, 실제 외형의 크기는 주기한다.

300 ʙʙ ▼a음반 1매 (12분) : ▼b아날로그, 45 rpm, 스테레오 ; ▼c17.5 ㎝

주기에 → '디스크는 정방형, 20 × 20 ㎝'

〈화상자료〉

화상자료는 높이 × 폭으로 기술한다(7.5.3.2 1)).

300 ʙʙ ▼a원화 1점 : ▼b絹本, 천연색 ; ▼c39 × 107 ㎝

300 ʙʙ ▼a포스터 1매 : ▼b천연색 ; ▼c73 × 104 ㎝

300 ʙʙ ▼a원화 1점 : ▼b麻布 ; ▼c45 × 52 ㎝

300 ƀƀ ▼a24 photographs : ▼bb&w ; ▼c 13 × 8 ㎝

① 필름스트립과 필름슬립: 필름의 폭을 밀리미터 단위로 기술한다.

300 ƀƀ ▼a1 filmstrip (50 fr.) ▼b:col. ; ▼c35 mm

② 입체사진: 크기를 기술하지 않는다.

③ 원화와 복제화, 트랜스페어런시: 프레임이나 대지를 제외한 자료의 높이와 폭을 센티미터 단위로 기술한다.

300 ƀƀ ▼a1 art print : ▼blithograph, col. ; ▼c28 × 36 ㎝

④ 슬라이드: 5 × 5 ㎝의 슬라이드는 크기를 기술하지 않는다.

300 ƀƀ ▼a1 slide : ▼bcol. ; ▼c7 × 7 ㎝

300 ƀƀ ▼a슬라이드 1매 : ▼b천연색

⑤ 도면, 궤도: 폈을 때의 높이와 넓이를 기술한 다음, 접었을 때의 크기를 계속하여 기술한다.

300 ƀƀ ▼a1 wall chart : ▼bcol. ; ▼c244 × 26 ㎝. folded to 30 × 26 ㎝

〈영상자료〉

영상자료는 특정자료종별에 따라 다음과 같이 기술한다(7.5.3.2 2)).

① 둘 이상의 구성요소로 이루어진 자료에서 크기가 다른 경우에는 최소 크기와 최대 크기를 붙임표(-)로 연결하여 기재한다.

② 영화필름, 필름스트립은 필름의 폭을 밀리미터 단위로 기재한다.

300 ƀƀ ▼a필름 릴 2개 (각 10분) : ▼b유성, 흑백 ; ▼c16-35 mm

300 ꝑꝑ ▼a필름카세트 1개 (21분) : ▼b무성, 천연색 ; ▼c표준 8 mm

300 ꝑꝑ ▼a2 film reels (10 min., each) : ▼bsd., b&w ; ▼c16-35 mm

300 ꝑꝑ ▼a1 film cassette (21 min.) : ▼bsi., col. ; ▼cstandard 8 mm

300 ꝑꝑ ▼a1 filmstrip (50 fr.) : ▼bcol. ; ▼c35 mm

③ 비디오테이프는 테이프의 폭을 밀리미터 단위(또는 인치)로 기재한다.

300 ꝑꝑ ▼a비디오카세트 1개 (30분) : ▼b유성, 천연색 ; ▼c12.5 mm

300 ꝑꝑ ▼a1 videocassette (30 min.) : ▼bsd., col. ; ▼c1/2 in.

④ 비디오디스크는 디스크의 직경을 센티미터(또는 인치) 단위로 기재한다.

300 ꝑꝑ ▼a비디오디스크 1매 (약 20분) : ▼b유성, 흑백 ; ▼c30 ㎝

300 ꝑꝑ ▼a비디오디스크 1매 (38분) : ▼b무성, 흑백 ; ▼c30 ㎝

300 ꝑꝑ ▼a1 videodisc (ca. 20 min.) : ▼bsd., b&w ; ▼c20 ㎝

300 ꝑꝑ ▼a1 videodisc (38 min.) : ▼bsi., b&w ; ▼c30 ㎝

〈전자자료〉

전자자료의 경우, 매체의 유형에 따라 디스크는 직경을 센티미터 단위로 기술한다. 다만 단위로서 인치를 관용으로 사용하는 경우에는 이를 사용할 수 있다. 카트리지는 길이를 인치 단위로, 카세트는 길이와 높이를 인치 단위로 기술한다. 릴의 크기는 기술하지 않는다. 기타 매체의 크기는 적절한 용어를 사용하여 센티미터 단위로 기술한다. 크기가 다른 복수의 매체로 구성된 경우에는 작은 크기와 큰 크기를 붙임표로 연결하여 기술한다(8.5.3.2). 원격 접근 전자책(13.5.3)과 전자저널(14.5.3)은 크기를 적용하지 않는다.

300 ꝑꝑ ▼a전자 광디스크 (CD-ROM) 1매 ; ▼c12 ㎝

300 ꝑꝑ ▼a전자 디스크 1매 ; ▼c3.5 in.

300 ꝑꝑ ▼a전자 칩 카트리지 1개 ; ▼c3 1/2 in.

300 ꝑꝑ ▼a전자 테이프 카세트 2개 ; ▼c3 7/8 × 2 1/2 in.

300 ␢␢ ▼a전자 카드 1매 ; ▼c9 × 6 ㎝

300 ␢␢ ▼a전자 디스크 3매 ; ▼c3 1/2-5 1/4 in.

300 ␢␢ ▼a1 electronic chip cartridge ; ▼c3 1/2 in.

300 ␢␢ ▼a2 electronic tape cassettes ; ▼c3 7/8 × 2 1/2 in.

300 ␢␢ ▼a1 electronic card ; ▼c9 × 6 ㎝

300 ␢␢ ▼a2 electronic disks : ▼bcol. ; ▼c5 1/4 in.

300 ␢␢ ▼a1 electronic optical disc : ▼bcol. ; ▼c4 3/4 in.

300 ␢␢ ▼a3 electronic disks ; ▼c3 1/2-5 1/4 in.

〈입체자료〉

기술대상자료의 크기를 세로 × 가로 × 높이나 직경을 센티미터 단위로 기술한다 (9.5.3.2).

300 ␢␢ ▼a조각 1기 : ▼b동상 ; ▼c200 × 38 ×80 ㎝

300 ␢␢ ▼a조각 1기 : ▼b대리석 ; ▼c20 × 50 × 100 ㎝

300 ␢␢ ▼a판목 31판 : ▼b목재 ; ▼c51 × 83 × 4 ㎝

① 기술대상자료의 특정 부분을 대표하여 기술할 수 있다.

300 ␢␢ ▼a바늘 1점 :▼b도제 ;▼c직경 37 ㎝

300 ␢␢ ▼a가마 1점 :▼b철제 ;▼c높이 19, 구경 12, 몸통의 직경 25, 최대직경 40 ㎝

300 ␢␢ ▼a불상 1구 :▼b금제 ;▼c높이 13 ㎝

300 ␢␢ ▼a마애불상 1좌 :▼b대리석 ; ▼c높이 280 ㎝

300 ␢␢ ▼a종 1구 :▼b철제 ;▼c높이 103 ㎝

300 ␢␢ ▼a사리함 1점 :▼b동제 ; ▼c높이 17 ㎝

② 입체자료의 크기에 부피나 두께를 덧붙여 기술할 수 있다.

300 ␢␢ ▼a거울 1점 : ▼b철제 ; ▼c직경 21, 두께 1 ㎝

③ 입체자료의 크기에 중량을 그램 단위로 덧붙여 기술한다.

300 ▯▯ ▼a거울 1점 : ▼b동제 ; ▼c직경 12 ㎝, 125 g

300 ▯▯ ▼a종 1구 : ▼b동제 ; ▼c직경 89 ㎝, 12500 g

〈마이크로자료〉

마이크로자료의 크기는 유형별로 다음과 같이 기술한다(10.5.3.2).

① 마이크로필름은 필름의 폭을 밀리미터 단위로 기재한다. 표준크기(직경 7.5 ㎝)인 경우는 그 기재를 생략한다.

300 ▯▯ ▼a마이크로필름 릴 1개 : ▼b음화, 삽화 ; ▼c16 mm

300 ▯▯ ▼a1 microfilm reel : ▼bnegative, ill. ; ▼c16 mm

300 ▯▯ ▼a1 microfilm cartridge ; ▼c35 mm

② 마이크로피시의 높이와 폭이 표준크기(10.5 × 14.8 ㎝)가 아닌 경우는 세로 × 가로를 센티미터 단위로 기재한다.

300 ▯▯ ▼a마이크로피시 1매 : ▼b천연색 ; ▼c12 × 17 ㎝

300 ▯▯ ▼a마이크로피시 2매 (95 프레임) : ▼b삽화, 천연색 ; ▼c11 × 15-12 × 17 ㎝

300 ▯▯ ▼a1 microfiche : ▼bcol. ill. ; ▼c12 × 17 ㎝

300 ▯▯ ▼a2 microfiches (95 fr.) : ▼bcol. & ill. ; ▼c11 × 15-12 × 17 ㎝

③ 아파추어카드는 대지(臺紙)의 세로 × 가로를 센티미터 단위로 기재한다.

300 ▯▯ ▼a아파추어카드 5매 ; ▼c9 × 19 ㎝

300 ▯▯ ▼a아파추어카드 1매 : ▼b음화, 삽화 ; ▼c8 × 19 ㎝

300 ▯▯ ▼a5 aperture cards ; ▼c9 × 19 ㎝

④ 마이크로오패크는 세로 × 가로를 센티미터 단위로 기재한다.

300 ꞥꞥ ▼a마이크로오패크 3매 ; ▼c8 × 13 ㎝

300 ꞥꞥ ▼a3 microopaques ; ▼c8 × 13 ㎝

● **딸림자료**

딸림자료에 관한 사항을 제시하기 위한 것으로(1.5.4.0), 모체물과 함께 사용되도록 간행된 자료로서 예컨대 교과서의 해답서나 지도책, 인쇄물에 첨부된 전자자료 등이 해당한다(1.5.4.1). 형태사항 말미에 딸림자료의 유형과 수량 등을 기재한다(1.5.4.2).

① 딸림자료의 형태사항을 자세히 기술할 필요가 있는 것은 자료의 유형 다음에 원괄호(( ))로 묶어 기재한다.

300 ꞥꞥ ▼a필름스트립 1개 (70프레임) : ▼b천연색 ; ▼c35 mm + ▼e1 v. (39 p. ; 22 cm)

300 ꞥꞥ ▼a음반 1매 (20분) : ▼b아날로그, 33 1/3 회전, 스테레오 ; ▼c30.5 ㎝ + ▼e팜플렛 1책 (11 p. : 천연색삽화 ; 32 ㎝)

② 딸림자료의 기술내용이 길 경우에 간략히 기술하고, 상세한 내용을 주기할 수 있다.

300 ꞥꞥ ▼a340 p. ; ▼c23 cm + ▼e지침서 1책 (24 p. : 삽화 ; 19 cm)

500 ꞥꞥ ▼a딸림자료는 고등학교 3학년 수학교사를 위한 지침서임

③ 딸림자료가 그 모체물의 표지안쪽 포켓 등에 들어 있는 것은 주기사항에 그 소재위치를 기술한다.

500 ꞥꞥ ▼a슬라이드가 포켓에 들어 있음

500 ꞥꞥ ▼aSlides in pocket

④ 부록이나 별책, 특별호와 같은 딸림자료가 독립된 개별 표제를 갖고 있으며 내용상 독립성이 있는 경우는 부록 등의 개별표제를 본표제로 채택하여 독립저록을 작성할 수 있다.

2) 306 재생/연주시간 [반복불가/재량]
; 306 Playing Time (NR) ☞【RDA: 7.22】

306 필드에는 음악/녹음자료 또는 시청각자료의 재생시간이나 악보의 연주시간을 정형화된 숫자로 기술한다. 음악이 아닌 녹음자료의 경우, 전체 재생시간은 300 필드(형태사항)의 식별기호 ▼a에 기술하며, 부분의 재생시간은 505 필드(내용 주기)에 기술한다. 306 필드에는 전체 재생시간이나 부분 재생시간 중 좀 더 유용하다고 판단되는 것을 기술한다.

지시기호 - 미정의 ; Indicators - Undefined

식별기호 ; Subfield Codes

- ▼a - 재생/연주시간 [반복] ; a - Playing time (R) ☞【RDA: 7.22】
- ▼6 - 대체문자 연결 ; $6 - Linkage
- ▼8 - 필드 링크와 일련번호 [반복] ; $8 - Field link and sequence number (R)

[KORMARC]

306 ƀƀ ▼a003100 ▼a001839

500 ƀƀ ▼a연주시간: 31:00 ; 18:39

306 ƀƀ ▼a004600

300 ƀƀ ▼a음반 1매 (46분) : ▼b아날로그, 33 1/3 회전, 스테레오 ; ▼c30 cm

[MARC21]

306 ##$a002016

306 ##$a003100$a001839

3) 336 내용유형 [반복/재량]
; 336 Content Type (R) ☞【RDA: 6.9】

336 필드는 어떤 저작이 표현된 커뮤니케이션의 형식을 나타낸다. 자원의 일반적

인 내용유형을 나타내는 리더/06(레코드 유형)과 함께 사용된다. 내용유형 및 좀 더 구체적인 내용유형은 정보원(예: rdacontent)의 용어 리스트를 참조하여 이 필드에 표현할 수 있다.

지시기호 - 미정의 ; Indicators - Undefined

식별기호 ; Subfield Codes

▼a - 내용유형 용어 [반복] ; $a - Content type term (R) ☞【RDA: 6.9】

▼b - 내용유형 부호 [반복] ; $b - Content type code (R) ☞【RDA: 6.9】

▼2 - 정보원 ; $2 - Source

▼3 - 자료범위 지정 ; $3 - Materials specified

▼6 - 대체문자 연결 ; $6 - Linkage

▼8 - 필드 링크와 일련번호 [반복] ; $8 - Field link and sequence number (R)

[MARC21]

336 $atwo-dimensional moving image$btdi$2rdacontent

336 $btxt$2rdacontent$3liner notes

RDA에서의 내용유형 용어와 그 부호를 MARC21 리더/06의 부호와 연관시켜서 나타내면 다음과 같다(Term and Code List for RDA Content Types(http://www.loc.gov/standards/valuelist/rdacontent.html) 참조).

내용유형(336 $a)	부호(336 $b)	리더/06
cartographic dataset	crd	e or f
cartographic image	cri	e or f
cartographic moving image	crm	e or f
cartographic tactile image	crt	e or f
cartographic tactile three-dimensional form	crn	e or f
cartographic three-dimensional form	crf	e or f
computer dataset	cod	m
computer program	cop	m
notated movement	ntv	a or t
notated music	ntm	c or d

내용유형(336 $a)	부호(336 $b)	리더/06
performed music	prm	j
sounds	snd	i
spoken word	spw	i
still image	sti	k
tactile image	tci	k
tactile notated music	tcm	c or d
tactile notated movement	tcn	a or t
tactile text	tct	a or t
tactile three-dimensional form	tcf	r
text	txt	a or t
three-dimensional form	tdf	r
three-dimensional moving image	tdm	g
two-dimensional moving image	tdi	g
other	xxx	o or p
unspecified	zzz	

4) 337 매체유형 [반복/재량] ; 337 Media Type (R) ☞【RDA: 3.2】

매체유형은 자원의 내용을 보고, 재생하고, 작동하는 등에 필요한 매개 장치의 일반적 유형을 나타낸다. 007/00 필드(자료범주표시)에 기술된 부호화된 매체유형에 대한 별법이나 추가 기술로 사용된다. 매체유형 및 좀 더 구체적인 매체유형은 정보원(예: rdamedia)의 용어 리스트를 참조하여 337 필드에 나타낼 수 있다.

지시기호 - 미정의 ; Indicators - Undefined

식별기호 ; Subfield Codes

▼a - 매체유형 용어 [반복] ; a - Media type term (R) ☞【RDA: 3.2】

▼b - 매체유형 부호 [반복] ; $b - Media type code (R) ☞【RDA: 3.2】

▼2 - 정보원 ; $2 - Source

▼3 - 자료범위 지정 ; $3 - Materials specified

▼6 - 대체문자 연결 ; $6 - Linkage

▼8 - 필드 링크와 일련번호 [반복] ; $8 - Field link and sequence number (R)

[MARC21]

337 $avideo$bv$2rdamedia

337 $aunmediated$2rdamedia$3liner notes

RDA에서의 매체유형 용어와 그 부호를 MARC21 007/00 필드와 연관시켜 나타내면 다음과 같다(Term and Code List for RDA Media Types(http://www.loc.gov/standards/valuelist/rdamedia.html) 참조).

매체유형(337 $a)	부호(337 $b)	007/00
audio	s	s - sound recording
computer	c	c - electronic resource
microform	h	h - microform
microscopic	p	
projected	g	g - projected graphic m - motion picture
stereographic	e	
unmediated	n	t - text k - non-projected graphic
video	v	v - video recording
other	x	z - unspecified
unspecified	z	z - unspecified

5) 338 수록매체유형 [반복/재량]
; 338 Carrier Type (R) ☞【RDA: 3.3】

수록매체유형은 자원의 내용을 보고, 재생하고, 작동하는 등에 필요한 매개장치를 나타내는 매체유형과 결합하여 저장매체의 형식과 수록매체의 보관함을 반영한다. 007/01 필드(특정자료표시)에 기술된 부호화된 수록매체유형에 대한 별법이나 추가 기술로 사용된다. 수록매체유형 및 좀 더 구체적인 수록매체유형은 정보원(예: rdacarrier)의 용어 리스트를 참조하여 338 필드에 나타낼 수 있다.

지시기호 - 미정의 ; Indicators - Undefined

식별기호 ; Subfield Codes

▼a - 수록매체유형 용어 [반복] ; $a - Carrier type term (R) ☞【RDA: 3.3】

▼b - 수록매체유형 부호 [반복] ; $b - Carrier type code (R) ☞【RDA: 3.3】

▼2 - 정보원 ; $2 - Source

▼3 - 자료범위 지정 ; $3 - Materials specified

▼6 - 대체문자 연결 ; $6 - Linkage

▼8 - 필드 링크와 일련번호 [반복] ; $8 - Field link and sequence number (R)

[MARC21]

338 $aaudio disc$2rdacarrier

338 $asheet$2rdacarrier$3liner notes

RDA에서의 매체유형별로 수록매체유형의 용어와 그 부호를 MARC21 007/01과 연관시켜서 나타내면 다음과 같다(Term and Code List for RDA Carrier Types (http://www.loc.gov/standards/valuelist/rdacarrier.html)).

매체유형(337 $a)	수록매체 유형(338 $a)	부호(338 $b)	007/01
Audio	audio cartridge	sg	g - 007/01(Sound recording)
	audio cylinder	se	e - 007/01(Sound recording)
	audio disc	sd	d - 007/01(Sound recording)
	sound track reel	si	i - 007/01(Sound recording)
	audio roll	sq	q - 007/01(Sound recording)
	audiocassette	ss	s - 007/01(Sound recording)
	audiotape reel	st	t - 007/01(Sound recording)
	other	sz	z - 007/01(Sound recording)
Computer	computer card	ck	k - 007/01(Electronic resource)
	computer chip cartridge	cb	b - 007/01(Electronic resource)
	computer disc	cd	d - 007/01(Electronic resource)
	computer disc cartridge	ce	e - 007/01(Electronic resource)
	computer tape cartridge	ca	a - 007/01(Electronic resource)
	computer tape cassette	cf	f - 007/01(Electronic resource)

매체유형(337 $a)	수록매체 유형(338 $a)	부호(338 $b)	007/01
Computer	computer tape reel	ch	h - 007/01(Electronic resource)
	online resource	cr	r - 007/01(Electronic resource)
	other	cz	z - 007/01(Electronic resource)
Microform	aperture card	ha	a - 007/01(Microform)
	microfiche	he	e - 007/01(Microform)
	microfiche cassette	hf	f - 007/01(Microform)
	microfilm cartridge	hb	b - 007/01(Microform)
	microfilm cassette	hc	c - 007/01(Microform)
	microfilm reel	hd	d - 007/01(Microform)
	microfilm roll	hj	j - 007/01(Microfilm)
	microfilm slip	hh	h - 007/01(Microform)
	microopaque	hg	g - 007/01(Microform)
	other	hz	z - 007/01(Microform)
Microscopic	microscope slide	pp	p - 008/33(Visual Materials)
	other	pz	no code
	film cartridge	mc	c - 007/01(Motion picture)
	film cassette	mf	f - 007/01(Motion picture)
	film reel	mr	r - 007/01(Motion picture)
	film roll	mo	o - 007/01(Motion picture)
	filmslip	gd	d - 007/01(Projected graphic)
	filmstrip	gf	f - 007/01(Projected graphic)
	filmstrip cartridge	gc	c - 007/01(Projected graphic)
	overhead transparency	gt	t - 007/01(Projected graphic)
	slide	gs	s - 007/01(Projected graphic)
	other	mz	z - 007/01(Motion picture) z - 007/01(Projected graphic)
Stereographic	stereograph card	eh	h - 007/01(Non-projected graphic)
	stereograph disc	es	s - 007/01(Projected graphic)
	other	ez	no code
Unmediated	card	no	no code
	flipchart	nn	no code
	roll	na	no code

매체유형(337 $a)	수록매체 유형(338 $a)	부호(338 $b)	007/01
Unmediated	sheet	nb	no code
	volume	nc	no code
	object	nr	r - Bibliographic Leader/06
	other	nz	no code
Video	video cartridge	vc	c - 007/01(Videorecording)
	videocassette	vf	f - 007/01(Videorecording)
	videodisc	vd	d - 007/01(Videorecording)
	videotape reel	vr	r - 007/01(Videorecording)
	other	vz	z - 007/01(Videorecording)
Unspecified	unspecified	zu	u - 007/01(Unspecified)

6) 340 물리적 매체 유형 [반복/해당시필수] ; 340 Physical Medium (R)

자료의 물리적 특성에 관한 문장형 정보를 기술한다. 물리적 특성을 부호로 나타낼 경우에는 007 필드(형태기술필드)를 사용한다. 일반적으로 그 자료를 이용하는 데 기술적 지식이 요구되거나 특수한 관리나 저장을 필요로 하는 것과 같은 자료일 때, 그 물리적 특성을 나타내기 위하여 사용된다.

지시기호 - 미정의 ; Indicators - Undefined

식별기호 ; Subfield Codes

▼a - 자료의 기본재질과 외형 [반복] ; $a - Material base and configuration (R) ☞【RDA: 3.6】

▼b - 크기 [반복] ; $b - Dimensions (R) ☞【RDA: 3.5】

▼c - 표면 재질 [반복] ; $c - Materials applied to surface (R) ☞【RDA: 3.7】

▼d - 정보수록 기법 [반복] ; $d - Information recording technique (R) ☞【RDA: 3.9】

▼e - 지지(틀) 재료 [반복] ; $e - Support (R) ☞【RDA: 3.8】

▼f - 회전율/축소율 [반복] ; $f - Production rate/ratio (R) ☞【RDA: 3.16.4, 3.17.3, 3.15】

▼h - 매체 내의 위치 [반복] ; $h - Location within medium (R)

▼i - 매체의 기술사양 [반복] ; $i - Technical specifications of medium (R) ☞【RDA: 3.20】

▼j - 복제단계 [반복] ; j - Generation (R)

▼k - 레이아웃 [반복] ; $k - Layout (R

▼m - 도서형식 [반복] ; $m - Book format (R)

▼n - 글자크기 [반복] ; $n - Font size (R)

▼o - 극성 [반복] ; $o - Polarity (R)

▼0 - 전거레코드 제어번호 또는 표준번호 [반복] ; $0 - Authority record control number or standard number (R)

▼2 - 정보원 ; $2 - Source

▼3 - 자료 범위 지정 ; $3 - Materials specified

▼6 - 대체문자 연결 ; $6 - Linkage

▼8 - 필드 링크와 일련번호 [반복] ; $8 - Field link and sequence number (R)

[KORMARC]

340 ɓɓ▼a대리석

340 ɓɓ▼a양피지 ▼b20 cm 접으면 10 × 12 cm

[MARC21]

340 ##$3case files$aaperture cards$b9 × 19 cm.$dmicrofilm$f48x.

340 ##$ngiant print (36 point)$2rda

7) 342 지리공간참조정보 [반복/해당시필수] ; 342 Geospatial Reference Data (R) ☞【RDA: 7.27】

342 필드는 데이터 집합에서 좌표를 부호화하는 방법 및 이를 위한 참조 프레임을 기술한다. 데이터 집합을 사용하기 위해서는 실제 위치 정확도(location accuracy)가 어떤 공간 참조 방법을 통해서 구해졌는지를 밝혀야 한다. 그래서 이용자가 실제 위치 정확도를 구할 수 있도록 데이터 집합을 다루도록 한다.

제1지시기호 - 공간 참조 차원 ; First - Geospatial reference dimension

0 - 수평적 좌표 시스템 ; 0 - Horizontal coordinate system

1 - 수직적 좌표 시스템 ; 1 - Vertical coordinate system

제2지시기호 - 공간 참조 방법 ; Second - Geospatial reference method

0 - 지리적 좌표 시스템 ; 0 - Geographic

1 - 지도 투영법 ; 1 - Map projection

2 - 격자 좌표 시스템 ; 2 - Grid coordinate system

3 - 공간 평면 ; 3 - Local planar

4 - 공간 ; 4 - Local

5 - 측지 모형 ; 5 - Geodetic model

6 - 표고 ; 6 - Altitude

7 - 식별기호 ▼2에서 정의한 방법 ; 7 - Method specified in $2

8 - 깊이 ; 8 - Depth

식별기호 ; Subfield Codes

▼a - 이름 ; $a - Name ☞【RDA: 7.27】

▼b - 좌표나 거리의 단위 ; $b - Coordinate units or distance units ☞【RDA: 7.27】

▼c - 경도 해상도 ; $c - Latitude resolution ☞【RDA: 7.27】

▼d - 위도 해상도 ; $d - Longitude resolution ☞【RDA: 7.27】

▼e - 표준 위선 또는 사선 위도 [반복] ; $e - Standard parallel or oblique line latitude (R) ☞【RDA: 7.27】

▼f - 사선 경도 [반복] ; $f - Oblique line longitude (R) ☞【RDA: 7.27】

▼g - 중심축 경도 또는 투영 중심의 경도 ; $g - Longitude of central meridian or projection center ☞【RDA: 7.27】

▼h - 투영 기점의 위도 또는 투영 중심의 위도 ; $h - Latitude of projection center or projection origin ☞【RDA: 7.27】

▼i - x좌표 동위 이동 추가 값 ; $i - False easting ☞【RDA: 7.27】

▼j - y좌표 북위 이동 추가 값 ; $j - False northing ☞【RDA: 7.27】

▼k - 축척계수 ; $k - Scale factor ☞【RDA: 7.27】

▼l - 관측 눈 높이 ; $l - Height of perspective point above surface ☞【RDA: 7.27】

▼m - 방위각 ; $m - Azimuthal angle ☞【RDA: 7.27】

▼n - 방위각 측정 점 경도 또는 극에서부터의 직선 수직 경도 ; $n - Azimuth measure point longitude or straight vertical longitude from pole ☞【RDA: 7.27】

▼o - 지구관측위성 번호와 궤도 번호 ; $o - Landsat number and path number ☞【RDA: 7.27】

▼p - 존 식별정보 ; $p - Zone identifier ☞【RDA: 7.27】

▼q - 지구 타원체명 ; $q - Ellipsoid name ☞【RDA: 7.27】

▼r - 반장축 ; $r - Semi-major axis ☞【RDA: 7.27】

▼s - 역 편평율 ; $s - Denominator of flattening ratio ☞【RDA: 7.27】

▼t - 수직거리 해상도 ; $t - Vertical resolution ☞【RDA: 7.27】

▼u - 수직거리 부호화 방법 ; $u - Vertical encoding method ☞【RDA: 7.27】

▼v - 공간 평면, 공간 또는 다른 투영법이나 격자시스템 기술 ; $v - Local planar, local, or other projection or grid description ☞【RDA: 7.27】

▼w - 공간 평면 또는 공간 지리 참조 정보 ; $w - Local planar or local georeference information ☞【RDA: 7.27】

▼2 - 사용된 참조 방법 ; $2 - Reference method used

▼6 - 대체문자 연결 ; $6 - Linkage

▼8 - 필드 링크와 일련번호 [반복] ; $8 - Field link and sequence number (R)

[KORMARC]

342 01▼aAlbers conical equal area

342 02▼aUniversal Transverse Mercator

[MARC21]

342 01$aPolyconic$g0.9996$h0$i500,000$j0

342 05$sWorld geodetic system 72$t6378135$u298.26

8) 343 평면 좌표 정보 [반복/해당시필수] ; 343 Planar Coordinate Data (R) ☞【RDA: 7.27】

343 필드는 평면상에서 개발된 좌표시스템에 대한 정보를 기술한다. 이 정보는 지표면이 투영된 참조면 상의 점의 위치를 정의하는 거리, 각도 값을 식별하기 위한 데이터 집합을 제공한다.

지시기호 - 미정의 ; Indicators - Undefined

식별기호 ; Subfield Codes

▼a - 평면좌표 부호화 방법 ; $a - Planar coordinate encoding method ☞【RDA: 7.27】

▼b - 평면 거리 단위 ; $b - Planar distance units ☞【RDA: 7.27】

▼c - 가로 좌표 해상도 ; $c - Abscissa resolution ☞【RDA: 7.27】

▼d - 세로 좌표 해상도 ; $d - Ordinate resolution ☞【RDA: 7.27】

▼e - 거리 해상도 ; $e - Distance resolution ☞【RDA: 7.27】

▼f - 방위각 해상도 ; $f - Bearing resolution ☞【RDA: 7.27】

▼g - 방위각 단위 ; $g - Bearing units ☞【RDA: 7.27】

▼h - 방위각 참조 방향 ; $h - Bearing reference direction ☞【RDA: 7.27】

▼i - 방위각 참조 축 ; $i - Bearing reference meridian ☞【RDA: 7.27】

▼6 - 대체문자 연결 ; $6 - Linkage

▼8 - 필드 링크와 일련번호 [반복] ; $8 - Field link and sequence number (R)

[KORMARC]

343 ꝥꝥ▼bInternational feet

343 ꝥꝥ▼aCoordinate pair ; ▼bmeters ; ▼c22 ; ▼d22

[MARC21]

343 ##$aDistance and bearing.

343 ##$aCoordinate pair;$c0.001024;$d0.001024;$hNorth;$bsurvey feet.

9) 344 사운드 특성 [반복/재량]
; 344 Sound Characteristics (R) ☞【RDA: 3.16】

344 필드는 자원 내 사운드의 인코딩에 관한 기술적인 상세사항을 기술한다.

지시기호 - 미정의 ; Indicators - Undefined

식별기호 ; Subfield Codes

▼a - 녹음의 유형 [반복] ; $a - Type of recording (R) ☞【RDA: 3.16.2】

▼b - 녹음 매체 [반복] ; $b - Recording medium (R) ☞【RDA: 3.16.3】

▼c - 재생 속도 [반복] ; $c - Playing speed (R) ☞【RDA: 3.16.4】

▼d - 음구 특성 [반복] ; $d - Groove characteristic (R) ☞【RDA: 3.16.5】

▼e - 트랙 구성 [반복] ; $e - Track configuration (R) ☞【RDA: 3.16.6】

▼f - 테이프 구성 [반복] ; $f - Tape configuration (R) ☞【RDA: 3.16.7】

▼g - 재생채널의 구성 [반복] ; $g - Configuration of playback channels (R) ☞【RDA: 3.16.8】

▼h - 특수 재생 특성 [반복] ; $h - Special playback characteristics (R)

☞【RDA: 3.16.9】

▼0 - 전거레코드 제어번호 또는 표준번호 [반복] ; $0 - Authority record control number or standard number (R)

▼2 - 정보원 ; $2 - Source

▼3 - 자료범위 지정 ; $3 - Materials specified

▼6 - 대체문자 연결 ; $6 - Linkage

▼8 - 필드 링크와 일련번호 [반복] ; $8 - Field link and sequence number (R)

[MARC21]

344 ##$aanalog$c33 1/3 rpm$gstereo

344 ##$adigital$boptical$gsurround$hDolby Digital 5.1$2rda

10) 345 영상 자원의 영사 특성 [반복/재량] ; 345 Projection Characteristics of Moving Image (R) ☞【RDA: 3.17】

345 필드는 영상 자원의 영사에 관한 기술적인 상세사항을 기술한다.

지시기호 - 미정의 ; Indicators - Undefined

식별기호 ; Subfield Codes

▼a - 표현 형식 [반복] ; $a - Presentation format (R) ☞【RDA: 3.17.2】

▼b - 영사 속도 [반복] ; $b - Projection speed (R) ☞【RDA: 3.17.3】

▼0 - 전거레코드 제어번호 또는 표준번호 [반복] ; $0 - Authority record control number or standard number (R)

▼2 - 정보원 ; $2 - Source

▼3 - 자료범위 지정 ; $3 - Materials specified

▼6 - 대체문자 연결 ; $6 - Linkage

▼8 - 필드 링크와 일련번호 [반복] ; $8 - Field link and sequence number (R)

[MARC21]

345 ##$a3D$b48 fps$2rda

345 ##$aCinerama$b24 fps$2rda

11) 346 비디오 특성 [반복/재량]
; 346 Video Characteristics (R) ☞【RDA: 3.18】

자원 내 아날로그 비디오 이미지의 인코딩과 관련된 기술적인 상세사항을 기술한다.

지시기호 - 미정의 ; Indicators - Undefined

식별기호 ; Subfield Codes

▼a - 비디오 형식 [반복] ; $a - Video format (R) ☞【RDA: 3.18.2】

▼b - 방송표준 [반복] ; $b - Broadcast standard (R) ☞【RDA: 3.18.3】

▼0 - 전거레코드 제어번호 또는 표준번호 [반복] ; $0 - Authority record control number or standard number (R)

▼2 - 정보원 ; $2 - Source

▼3 - 자료범위 지정 ; $3 - Materials specified

▼6 - 대체문자 연결 ; $6 - Linkage

▼8 - 필드 링크와 일련번호 [반복] ; $8 - Field link and sequence number (R)

[MARC21]

346 ##$aBeta$bPAL$2rda

346 ##$aVHS$bNTSC$2rda

12) 347 디지털 파일 특성 [반복/재량]
; 347 Digital File Characteristics (R) ☞【RDA: 3.19】

347 필드는 자원 내 문자와 이미지, 오디오, 비디오, 그리고 기타 유형의 데이터들을 디지털로 인코딩하는 것에 관한 기술적인 상세사항을 기술한다. 이 정보들은 300 필드의 식별기호 ▼b(기타 물리적 특성)에도 입력할 수 있다.

지시기호 - 미정의 ; Indicators - Undefined

식별기호 ; Subfield Codes

▼a - 파일 유형 [반복] ; $a - File type (R) ☞【RDA: 3.19.2】

▼b - 인코딩 형식 [반복] ; $b - Encoding format (R) ☞【RDA: 3.19.3】

▼c - 파일 크기 [반복] ; $c - File size (R) ☞【RDA: 3.19.4】

▼d - 해상도 [반복] ; $d - Resolution (R) ☞【RDA: 3.19.5】

▼e - 지역별 인코딩 [반복] ; $e - Regional encoding (R) ☞【RDA: 3.19.6】

▼f - 전송 속도 [반복] ; $f - Encoded bitrate (R) ☞【RDA: 3.19.7】

▼0 - 전거레코드 제어번호 또는 표준번호 [반복] ; $0 - Authority record control number or standard number (R)

▼2 - 정보원 ; $2 - Source

▼3 - 자료범위 지정 ; $3 - Materials specified

▼6 - 대체문자 연결 ; $6 - Linkage

▼8 - 필드 링크와 일련번호 [반복] ; $8 - Field link and sequence number (R)

[MARC21]

347 ##$aaudio file$bCD audio$2rda

347 ##$avideo file$bDVD video$eregion 4$2rda

13) 351 자료의 구조와 배열 [반복/재량] ; 351 Organization and Arrangement of Materials (R)

351 필드에는 구성된 자료의 구조와 배열정보를 기술한다. 컴퓨터 파일은 파일의 구조와 배열에 관한 정보를 기술하고, 시청각자료는 수집된 자료의 배열에 관한 정보를 기술한다.

지시기호 - 미정의 ; Indicators - Undefined

식별기호 ; Subfield Codes

▼a - 파일구조 [반복] ; $a - Organization (R) ☞【RDA: 7.8】

▼b - 배열 [반복] ; $b - Arrangement (R) ☞【RDA: 7.8】

▼c - 계층수준 ; $c - Hierarchical level ☞【RDA: 7.8】

▼3 - 자료 범위 지정 ; $3 - Materials specified

▼6 - 대체문자 연결 ; $6 - Linkage

▼8 - 필드 링크와 일련번호 [반복] ; $8 - Field link and sequence number (R)

[KORMARC]

351 ƀƀ ▼a계층구조 ; ▼b성의 가나다순

351 ƀƀ ▼cSeries ; ▼bAlphabetical by sitter

[MARC21]

351 ##$aFixed-length, nonhierarchical ;$bMonth by carrier code and flight number.

351 ##$cSeries ;$aOrganized into five subseries ;$bArranged by form of material.

14) 352 디지털 그래픽 표현 [반복/해당시필수] ; 352 Digital Graphic Representation (R)

352 필드는 데이터 집합 내에서 그래픽 정보를 표시하기 위한 기법과 참조법을 기술한다. 이 정보는 사용한 저장 방식 유형과 데이터 집합의 자료들의 수로 구성된다.

지시기호 - 미정의 ; Indicators - Undefined

식별기호 ; Subfield Codes

▼a - 직접 참조 방법 ; $a - Direct reference method ☞【RDA: 3.19.8】

▼b - 객체의 유형 [반복] ; $b - Object type (R) ☞【RDA: 3.19.8】

▼c - 객체 유형의 총수 [반복] ; $c - Object count (R) ☞【RDA: 3.19.8】

▼d - 열 수 ; $d - Row count

▼e - 행 수 ; $e - Column count

▼f - 수직선 수 ; $f - Vertical count

▼g - 위상관계 수준 ; $g - VPF topology level

▼i - 간접 참조 수단 ; $i - Indirect reference description

▼q - 디지털이미지의 포맷 ; $q - Format of the digital image ☞【RDA: 3.19.3】

▼6 - 대체문자 연결 ; $6 - Linkage

▼8 - 필드 링크와 일련번호 [반복] ; $8 - Field link and sequence number (R)

[KORMARC]

352 ƀƀ ▼aPoint ; ▼bEntity point

352 ƀƀ ▼aVector ; ▼i100 year floodplain boundary ; 500 year floodplain boundary

[MARC21]

352 ##$aVector :$bGT-polygon composed of chains$c(70).

352 ##$aRaster :$bpixel$d(5,000 x$e5,000) ;$qTIFF.

15) 377 관련 언어 [반복/재량] ; 377 Associated Language (R)

377 필드에는 레코드에서 기술하고 있는 개체(entity)와 관련된 언어에 대한 부호를 기술한다. 개인이 출판(publication)이나 방송(broadcasting)을 위해 글을 쓸 때 사용한 언어, 단체에서 의사소통을 할 때 사용하는 언어, 가족이 쓰는 언어, 또는 저작(work)에 표현된 언어를 포함한다.

제1지시기호 ; First - Undefined

제2지시기호 - 부호의 정보원 ; Second - Source of code

ƀ- MARC 언어 부호(부속서3 언어구분부호표) ; # - MARC language code (MARC Code List for Languages)

7 - ▼2에 정보원을 직접 입력하는 경우 ; 7 - Source specified in subfield $2

식별기호 ; Subfield Codes

▼a - 언어 부호 [반복] ; $a - Language code (R)

▼l - 언어 [반복] ; $l - Language term (R) ☞【RDA: 6.11, 7.12】

▼2 - 정보원 ; $2 - Source

▼6 - 대체문자 연결 ; $6 - Linkage

▼8 - 필드 링크와 일련번호 [반복] ; $8 - Field link and sequence number (R)

[KORMARC]

377 ƀƀ▼arus▼aeng

377 ƀ7▼aen▼afr▼2iso639-1

16) 380 저작의 형식 [반복/재량] ; 380 Form of Work (R) ☞【RDA: 6.3】

380 필드에는 저작이 속해 있는 부류(class)나 장르를 기술한다. 동일 표제를 가진

상이한 저작을 구별하는 데 사용될 수 있다. 동일 정보원의 어휘를 이용해 복수의 저작 형식을 기술할 경우, 식별기호 ▼a(저작의 형식)을 반복 사용하여 기술한다. 서로 다른 정보원의 어휘로 저작의 형식을 기술할 경우에 필드를 반복하여 기술한다.

지시기호 - 미정의 ; Indicators - Undefined

식별기호 ; Subfield Codes

▼a - 저작의 형식 [반복] ; $a - Form of work (R) ☞【RDA: 6.3】

▼0 - 레코드 제어 번호 [반복] ; $0 - Record control number (R)

▼2 - 용어의 정보원 ; $2 - Source of term

▼6 - 대체문자 연결 ; $6 - Linkage

▼8 - 필드 링크와 일련번호 [반복] ; $8 - Field link and sequence number (R)

[KORMARC]

380 ƀƀ▼aPlay

380 ƀƀ▼aTelevision program

[MARC21]

380 ##$aChoreographic work

17) 381 저작 또는 표현형의 기타 구별 특성 [반복/재량] ; 381 Other Distinguishing Characteristics of Work or Expression (R) ☞【RDA: 6.6, 6.12, 6.18】

381 필드에는 저작 또는 표현형의 기타 특성을 기술한다. 다른 필드에 기술되지 않은 사항들을 기술하며, 발행처, 음악, 버전, 또는 지리적 용어 등을 기술할 수 있다. 동일 표제를 지닌 상이한 저작들을 구별하는 데 사용될 수도 있다. 동일한 정보원의 어휘를 참조한 복수의 특성을 기술할 경우, 식별기호 ▼a(기타 구별특성)를 반복하여 기술한다. 서로 다른 정보원의 어휘를 참조한 용어들을 기술할 경우에는 필드를 반복하여 기술한다.

지시기호 - 미정의 ; Indicators - Undefined

식별기호 ; Subfield Codes

▼a - 기타 구별 특성 [반복] ; $a - Other distinguishing characteristic (R)

☞【RDA: 6.6, 6.12, 6.18】

▼u - URI [반복] ; $u - Uniform Resource Identifier (R) ☞【RDA: 6.6, 6.12】

▼v - 정보원 [반복] ; $2 - Source of term

▼0 - 제어 레코드 번호 [반복] ; $0 - Record control number (R)

▼2 - 용어의 정보원 ; $2 - Source of term

▼6 - 대체문자 연결 ; $6 - Linkage

▼8 - 필드 링크와 일련번호 [반복] ; $8 - Field link and sequence number (R)

[KORMARC]

381 ɓɓ ▼aAuthorized

381 ɓɓ ▼aSelections

[MARC21]

381 ##$aSouth African Law Commission

381 ##$aD'Amboise

18) 382 연주 매체 [반복/재량]
; 382 Medium of Performance (R) ☞【RDA: 6.15】

382 필드에는 음악 저작 또는 표현형(기록되거나 공연이 이루어진 음악)에서 다루어진 악기, 성악, 연주 매체를 기술한다. 동일 표제를 가진 음악 저작이나 음악 표현형을 구별하는 데 사용될 수 있다. 동일 정보원의 어휘를 참조한 복수의 연주 매체를 기술할 경우, 식별기호 ▼a(연주매체)를 반복 사용하여 기술한다. 서로 다른 정보원의 어휘를 참조한 용어들을 기술할 경우에는 필드를 반복하여 기술한다.

제1지시기호 - 미정의 ; First Indicator - Display constant controller

; # - No information provided

; 0 - Medium of performance

; 1 - Partial medium of performance

제2지시기호 - 미정의 ; Second Indicator - Access control

; # - No information provided

; 0 - Not intended for access

; 1 - Intended for access

식별기호 ; Subfield Codes

▼a - 연주 매체 [반복] ; $a - $a - Medium of performance (R) ☞【RDA: 6.15】

; $b - Soloist (R)

; $d - Doubling instrument (R)

; $n - Number of performers of the same medium (R)

; $p - Alternative medium of performance (R)

; $s - Total number of performers (R)

; $v - Note (R)

▼0 - 레코드 제어 번호 [반복] ; $0 - Record control number (R)

▼2 - 용어의 정보원 ; $2 - Source of term

▼6 - 대체문자 연결 ; $6 - Linkage

▼8 - 필드 링크와 일련번호 [반복] ; $8 - Field link and sequence number (R)

[MARC21]

382 01$aflute$n1$dpiccolo$n1$dalto flute$n1$dbass flute$n1$s1

382 01$pclarinet$valternative for violin$2gnd

19) 383 음악 저작 번호 표시 [반복/재량] ; 383 Numeric Designation of Musical Work (R) ☞【RDA: 6.16】

383 필드에는 작곡가, 발행처 또는 음악학자가 저작에 부여한 일련번호, 작품번호, 또는 주제색인번호를 기술한다. 동일 표제의 상이한 음악 저작을 구별하는 데 사용할 수 있다.

지시기호 - 미정의 ; Indicators - Undefined

식별기호 ; Subfield Codes

▼a - 일련번호 [반복] ; $a - Serial number (R) ☞【RDA: 6.16.1.3.1】

▼b - 작품 번호 [반복] ; $b - Opus number (R) ☞【RDA: 6.16.1.3.2】

▼c - 주제 색인 번호 [반복] ; $c - Thematic index number (R) ☞【RDA: 6.16.1.3.3】

▼d - 주제 색인 부호 ; $d - Thematic index code

▼e - 작품번호 관련 발행처 ; $e - Publisher associated with opus number

▼2 - 정보원 ; $2 - Source

▼6 - 대체문자 연결 ; $6 - Linkage

▼8 - 필드 링크와 일련번호 [반복] ; $8 - Field link and sequence number (R)

[MARC21]

383 ##$cRV 269$cRV 315$cRV 293$cRV 297$dRyom$2mlati

383 ##$cF. I, 22-25$dFanna$2mlati

20) 384 음조 [반복/재량]
; 384 Key (NR) ☞【RDA: 6.17】

음조(key)는 음악 저작에 대한 중심 음색으로서 단일 음의 고저를 설정하는 음의 조정관계 세트이다. 384 필드는 동일 표제의 상이한 음악 저작 또는 표현형을 구별하는 데 사용할 수 있다.

제1지시기호 - 음조 유형 ; First Indicator - Key type

b̸ - Original key와의 관계를 알 수 없는 경우 ; # - Relationship to original unknown

0 - Original key ; 0 - Original key

1 - 조옮김된 음조 ; 1 - Transposed key

제2지시기호 - 미정의 ; Second Indicator - Undefined

식별기호 ; Subfield Codes

▼a - 음조 ; $a - Key ☞【RDA: 6.17】

▼6 - 대체문자 연결 ; $6 - Linkage

▼8 - 필드 링크와 일련번호 [반복] ; $8 - Field link and sequence number (R)

[MARC21]

384 ##$aD minor

21) 해당 사항 없음 ; 385 Audience Characteristics (R)

Indicators - Undefined

Subfield Codes

$a - Audience term (R)

$b - Audience code (R)

$m - Demographic group term

$n - Demographic group code

$0 - Authority record control number or standard number (R)

$2 - Source

$3 - Materials specified

$6 - Linkage

$8 - Field link and sequence number (R)

[MARC21]

385 ##$mEducational level group$aCollege Freshmen$2ericd

385 ##$mAge group$aChildren$2ericd

22) 해당 사항 없음 ; 386 Creator/Contributor Characteristics (R)

Indicators - Undefined

Subfield Codes

$a - Creator/contributor term (R)

$b - Creator/contributor code (R)

$m - Demographic group term

$n - Demographic group code

$0 - Authority record control number or standard number (R)

$2 - Source

$3 - Materials specified

$6 - Linkage

$8 - Field link and sequence number (R)

[MARC21]

386 ##$mNationality/regional group$aAmericans$2lcsh

386 ##$mGender group$aWomen$2lcsh

■ 서지레코드의 실례 [12] 음반－CD

[KORMARC/KCR4]

007 sdbzszg|nmz|ed

008 130930s2008bbbbulkzznnjbbbbbbbbkorbb

028 02▼aSDT-0029

056 bb▼a673.622▼26

245 21▼a(2008) 국악동요제▼h[녹음자료] /▼d국립국악원

260 bb▼a서울 :▼bSeoul Media :▼bLeon Entertainment [배급],▼c2008

300 bb▼a음반 1매 (60분) :▼b디지털, 스테레오 ;▼c12 cm

306 bb▼a006000

490 10▼a국악동요선집 ;▼v19

505 00▼n1.▼t함께 /▼d김춘남 작곡 ;▼e안진영 작사 ;▼정동희 편곡 ;▼e 애기나리중창단 노래▼g(1:42) --▼n2.▼t상상여행 /▼d송지선 작곡 ; ▼e송지선 작사 ;▼e정동희 편곡 ;▼e봄꽃빛아이들 노래▼g(2:05) ... (중략) ... --▼n12.▼t열려라 참깨 /▼d김형자 작곡 ;▼e이복자 작사 ; ▼e이정면 편곡 ;▼e반창엽,▼e반창운 노래▼g(3:07)

511 8b▼a연주: 서울국악관현악단, 김성경(지휘)

520 bb▼a이 음반은 2008년 국악동요제에서 수상된 작품 12곡과 이곡들의 반주곡 12곡을 CD로 제작한 것임

650 b8▼a국악[國樂]

650 b8▼a동요(노래)[童謠]

710 bb▼a국립국악원

830 b0▼a국악동요선집▼h[녹음자료] ;▼v19

■ 서지레코드의 실례 [13] sound disc－CD

[MARC21/AACR2R]

007 sd#zszg|nmz|ed

008 090305s1992####gw#synn#################d

028 01$a425 041-2$bDECCA

082 04$a784.2$223

100 1#$aMahler, Gustav,$d1860-1911.

240 10$aSymphonies,$nno. 7

245 10$aMahler$h[sound recording] :$bsymphony no. 7 /$cGustav Mahler.

260 ##$aGermany :$bDECCA,$cp1992.

300 ##$a1 sound disc (80 min.) :$bdigital, stereo ;$c4 3/4 in.

306 ##$a012000

336 ##$aperformed music$bprm$2rdacontent

337 ##$aaudio$bs$2rdamedia

338 ##$aaudio disc$bsd$2rdacarrier

500 ##$aTitle from disc case.

500 ##$aCompact disc.

511 0#$aChicago Symphony Orchestra ; Sir Georg Solti, conductor.

650 #0$aSymphonies.

700 1#$aSolti, Georg,$d1912-1997.

710 2#$aChicago Symphony Orchestra.

■ 서지레코드의 실례 [14] audio book—CD

[MARC21/AACR2R]

007 sd#fungnnmmneu

008 091107s2010####nyunnnn#######f##n#eng#d

020 ##$a9781607881735

020 ##$a160788173X

028 02$a2-82173$bHachette Audio

082 04$a813.6$223

100 1#$aGrahame-Smith, Seth.

245 00$aAbraham Lincoln$h[sound recording] :$bvampire hunter /$cSeth Grahame-Smith.

260 ##$aNew York, NY :$bHachette Audio,$cp2010.

300 ##$a9 sound discs (10 hr.) :$bdigital ;$c4 3/4 in.

336 ##$aspoken word$bspw$2rdacontent

337 ##$aaudio$bs$2rdamedia

338 ##$aaudio disc$bsd$2rdacarrier

500 ##$aUnabridged.

500 ##$aCompact discs.

500 ##$aFeatures an interview with the author.

500 ##$a"Contains bonus PDF of historical photographic documents" -- Container ; PC and Mac compatible.

511 0#$aRead by Scott Holst.

520 ##$aIn this alternative-history bloodbath, Seth Grahame-Smith reconstructs the life of America's greatest president. Here, when young Abe learns that his mother's death is actually the result of a vampire attack, he vows to cleanse the country of the undead scourge.

600 10$aLincoln, Abraham,$d1809-1865$vFiction.

650 #0$aVampires$vFiction.

655 #0$aAudiobooks.

655 #7$aHorror fiction.$2gsafd

700 1#$aHolst, Scott.$4nrt

■ 서지레코드의 실례 [15] 비디오카세트

[KORMARC/KCR4]

007 vfƀcbahos

008 130930s1994ƀƀƀƀgbk030ƀƀƀƀƀƀƀƀƀƀvakorƀƀ

056 ƀƀ▼a688.6▼26

245 00▼a나무를 심은 사람▼h[비디오녹화자료] /▼d장 지오노 원작 ;▼e프레데릭 바크 작화

246 19▼aMan who planted trees▼h[비디오녹화자료]

260 ƀƀ▼a왜관읍 :▼b베네딕도 미디어,▼c1994

300 ƀƀ▼a비디오카세트 1개 (30분) :▼b유성, 천연색 ;▼c12.5 mm

306 ƀƀ▼a003000

500 ƀƀ▼aYMCA선정 좋은 비디오

520 ƀƀ▼a이 비디오카세트는 장 지오노 원작 소설을 프레드릭 바크가 애니메이션 영화로 제작한 것을 내레이션을 한국어로 녹음하여 제작한 것임

534 ƀƀ▼p원본 제작:▼cRadio-Canada, 1987

538 ƀƀ▼aVHS

586 ƀƀ▼a앙시 국제 애니메이션 영화제 그랑프리, 1987

586 ƀƀ▼a히로시마 국제 애니메이션 영화제 그랑프리, 1987

586 ƀƀ▼a아카데미 단편영화상, 1987

650 ƀ8▼a애니메이션[animation]

650 ƀ8▼a영화(예술)[映畵]

700 1ƀ▼a지오노, 장

700 1ƀ▼aGiono, Jean

700 1ƀ▼a바크, 프레데릭

700 1ƀ▼aBack, Frederic

■ 서지레코드의 실례 [16] videocassette

[MARC21/AACR2R]

007 vf#cbahou
008 140115s1996####us#100############vleng#d
020 ##$a076700034X
082 04$a973.7$a320.092$223
110 2#$aA&E Television Networks.
245 10$aAbraham Lincoln$h[videorecording] /$cA&E Television Networks.
260 ##$aNew York :$bA&E Television Networks,$cc1996.
300 ##$a1 videocassette (100 min.) :$bsd., col. ;$c1/2 in.
306 ##$a014000
336 ##$atwo-dimensional moving image$btdi$2rdacontent
337 ##$avideo$bv$2rdamedia
338 ##$avideocassette$bvf$2rdacarrier
490 1#$aBiography ;$vAAE-14175
500 ##$aSeries no. is publisher no.
538 ##$aVHS.
600 10$aLincoln, Abraham,$d1809-1865.
650 00$aPresidents$zUnited States$xBiography.
830 ##$aBiography$h[video recording] ;$vAAE-14175

■ 서지레코드의 실례 [17] 비디오녹화자료—DVD

[KORMARC/KCR4]

007 vdƀcvaizs
008 130930s2006ƀƀƀƀulk---ƀƀƀƀƀƀƀƀƀƀƀavlkorƀƀ
056 ƀƀ▼a631.211▼26
245 00▼a우리 도자기의 아름다움 :▼bEBS 전통문화 체험▼h[비디오녹화자료] /▼dEBS 기획
246 30▼aEBS 전통문화 체험
246 30▼a이비에스 전통문화 체험
26 ƀƀ▼a[서울] :▼bEBS :▼bEBS 미디어센터 [공급],▼c[2006]
300 ƀƀ▼a비디오디스크 5매 :▼b유성, 천연색 ;▼c12 cm
505 00▼n1편.▼t토기에서 자기로 --▼n2편.▼t은은한 비색, 시적인 문양의 청자 --▼n3편.▼t분청사기의 자연미와 해학 --▼n4편.▼t우리 민족의 심성, 조선 전기 백자 --▼n5편.▼t실용과 기능의 조화, 조선 중·후기 백자

538 ƀƀ▼aDVD ; 돌비 디지털 ; 4:3 full screen ; NTSC

650 ƀ8▼a도자기[陶瓷器]

710 ƀƀ▼aEBS

710 ƀƀ▼a이비에스

710 ƀƀ▼a한국교육방송공사

■ 서지레코드의 실례 [18] DVD－사전

[KORMARC/KCR4]

007 vdƀcvaizq

008 140310s2012ƀƀƀƀulk077ƀƀƀƀƀƀƀƀƀƀƀavlkorƀƀ

056 ƀƀ▼a713▼26

245 20▼a(EBS 우리말 연구소) 순우리말 사전▼h[비디오녹화자료] /▼d기획: EBS ;▼e제작: 엠아이앤컴퍼니

260 ƀƀ▼a[서울] :▼bEBS 미디어센터 [공급] :▼bYeinmedia [제작],▼c[2012]

300 ƀƀ▼a비디오디스크 2매 (77분) :▼b유성, 천연색 ;▼c12 cm

306 ƀƀ▼a003824▼a003823

505 00▼n1(1).▼tDisc 1 --▼n1(1.1).▼t옷차림 --▼n1(1.2).▼t가게 --▼n1(1.3).▼t돋보기와 졸보기 --▼n1(1.4).▼t실마리 --▼n1(1.5).▼t힘 --▼n1(1.6).▼t몸 --▼n1(1.7).▼t공부 --▼n1(1.8).▼t모꼬지 --▼n1(1.9).▼t옛날 집 --▼n1(1.10).▼t밥투정 --▼n1(2).▼tDisc 2 --▼n1(2.1).▼t부랴부랴 --▼n1(2.2).▼t잠 --▼n1(2.3).▼t술래잡기 --▼n1(2.4).▼t떡국 --▼n1(2.5).▼t길 --▼n1(2.6).▼t놀이 --▼n1(2.7).▼t길눈 --▼n1(2.8).▼t밥 --▼n1(2.9).▼t신발 --▼n1(2.10).▼t외톨이

538 ƀƀ▼aDVD-Video ; Dolby digital 2.0 stereo ; 화면비율: 16:9 ; NTSC ; 지역코드: all ; single layer

650 ƀ8▼a국어사전[國語辭典]

710 ƀƀ▼aEBS

710 ƀƀ▼a엠아이앤컴퍼니

■ 서지레코드의 실례 [19] videorecording—DVD

[MARC21/AACR2R]

007 vd#cvaizu

008 140305s1998####cau157############vleng#d

020 ##$a0783226845

024 1#$a025192026027

028 42$a20260$bUniversal Home Video

082 04$a791.4372$223

130 0#$aScent of a woman (Motion picture)

245 10$aScent of a woman$h[videorecording] /$cUniversal Pictures presents a City Light Films production ; screenplay, Bo Goldman ; producer/director, Martin Brest.

260 ##$aUniversal City, CA :$bUniversal Home Video,$c[1998]

300 ##$a1 videodisc (157 min.) :$bsd., col. ;$c4 3/4 in.

336 ##$atwo-dimensional moving image$btdi$2rdacontent

337 ##$avideo$bv$2rdamedia

338 ##$avideodisc$bvd$2rdacarrier

500 ##$aStory based on Il buio e il miele by Giovanni Arpino.

500 ##$aOriginally released as motion picture in 1992.

508 ##$aMusic, Thomas Newman ; editors, William Steinkamp, Michael Tronick ; production designer, Angelo Graham ; director of photography, Donald E. Thorin ; executive producer, Ronald L. Schwary.

511 1#$aAl Pacino, Chris O'Donnell, Gabrielle Anwar, James Rebhorn.

520 ##$aHoping to earn extra money, an innocent and reserved scholarship student at an exclusive prep school agrees to look after a blind, retired Lieutenant Colonel, who takes him off for a wild weekend in New York City.

521 8#$aMPAA rating: R.

538 ##$aDVD, Dolby digital, Dolby surround.

546 ##$aEnglish, Spanish, and French audio tracks ; captions/subtitles in English and Spanish.

586 ##$aAcademy award winner, best actor, Al Pacino.

600 10$aArpino, Giovanni,$d1927-1987$vFilm adaptations.

650 #0$aFriendship$vDrama.

650 #0$aOlder blind people$vDrama.

650 #0$aSuicidal behavior$vDrama.

650 #0$aVeterans$vDrama.

650 #0$aHigh school students$vDrama.

650 #7$aCiegos$zEstados Unidos$vTeatro.$2bidex

650 #4$aFilms for the hearing impaired.

650 #4$aOlder blind people$zUnited States$vDrama.

650 #4$aFeature Films.

700 1#$aPacino, Al,$d1940-$4act

700 1#$aO'Donnell, Chris.$4act

700 1#$aAnwar, Gabrielle.$4act

700 1#$aRebhorn, James,$d1948-$4act

700 1#$aGoldman, Bo,$d1932-$4aus

700 1#$aBrest, Martin.$4pro$4drt

700 1#$aNewman, Thomas,$d1955-$4cmp

700 1#$aArpino, Giovanni,$d1927-1987.$tBuio e il miele.

710 2#$aUniversal Pictures (Firm)

710 2#$aCity Light Films (Firm)

■ 서지레코드의 실례 [20] 비디오녹화자료—블루레이 디스크

[KORMARC/KCR4]

007 vdƀcsaizq

008 140228s2009ƀƀƀƀggk098ƀƀƀƀƀƀƀƀƀƀƀvlengƀƀ

041 1ƀ▼aeng▼afre▼bkor▼bmul▼heng

056 ƀƀ▼a688.39▼26

245 00▼a모닝 라이트▼h[비디오녹화자료] /▼dWalt Disney Pictures presents a Roy E. Disney production ;▼econceived and produced by Roy E. Disney and Leslie DeMeuse ;▼eproduced by Morgan Sackett ;▼eco-produced and edited by Paul Crowder ;▼ewritten and directed by Mark Monroe

246 19▼aMorning light :▼ba true-life documentary

260 ƀƀ▼a[파주] :▼b케이디미디어,▼c2009

300 ƀƀ▼a비디오디스크 1매 (약 98분) :▼b유성, 천연색 ;▼c12 cm

508 ƀƀ▼a제작진: Directors of photography, Josef Nalevansky, Richard Deppe ; music supervisor, Liz Galacher ; original music by Matter

521 ƀƀ▼a전체 관람가

538 ƀƀ▼aBlu-ray disc ; Blu-ray player ; 1080P HD 1.85:1

546 ƀƀ▼a사운드트랙: 영어, 프랑스어 ; 자막: 한국어 등 8개 언어

650 ƀ8▼a영화(예술)[映畵]

700 1ƀ▼aDisney, Roy E.

700 1ƀ▼aDeMeuse, Leslie

700 1ƀ▼aSackett, Morgan

700 1ƀ▼aCrowder, Paul

700 1ƀ▼aMonroe, Mark

710 ƀƀ▼aWalt Disney Pictures

■ 서지레코드의 실례 [21] videorecording—blu-ray disc

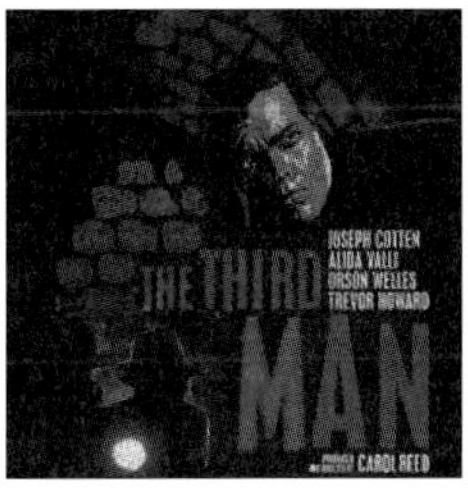

[MARC21/AACR2R]

007 vd#bsaizq

008 100811s2010####cau105############vleng#d

024 1#$a012236110477

028 42$a28634$bLions Gate Entertainment

037 ##$bMidwest Tape$nhttp://www.midwesttapes.com

041 1#$aeng$jspa$heng

043 ##$ae-au---

082 04$a791.4372$223

245 04$aThe third man$h[videorecording] /$ca London Film production ; presented by Alexander Korda and David O. Selznick ; produced and directed by Carol Reed ; screenplay by Graham Greene.

260 ##$aSanta Monica, Calif. :$bLions Gate Entertainment,$c2010.

300 ##$a1 videodisc (ca. 105 min.) :$bsd., b&w ;$c4 3/4 in.

336 ##$atwo-dimensional moving image$btdi$2rdacontent

337 ##$avideo$bv$2rdamedia

338 ##$avideodisc$bvd$2rdacarrier

490 1#$aStudio Canal collection

500 ##$aTitle from container.

500 ##$aBased on a story by Graham Greene.

500 ##$aOriginally released as a motion picture in 1949.

500 ##$aRelease date: Sep. 14, 2010.

500 ##$aSpecial features: Audio commentary with Guy Hamilton, Simon Callow and 2nd unit script supervisor Angela Allen ; interactive Vienna tour ; "The third man" on the radio ; Guardian National Film Theatre audio interviews with Joseph Cotten and Graham Greene ; Joseph Cotten's alternate opening voiceover narration ; interview with Zither performance by Cornelia Mayer ; stills gallery; original trailers.

508 ##$aDirector of photography, Robert Krasker ; music, Anton Karas.

511 1#$aJoseph Cotton, Trevor Howard, Orson Welles, Alida Valli, Carol Reed.

520 ##$aA pulp fiction writer arrives in post-WWII Vienna at the invitation of a friend who has offered him a job. Once there, he discovers that a shortage of supplies has led to a flourishing black market and his friend has recently died in a mysterious traffic accident. As he begins to unravel the story behind his friend's death, he finds himself entangled in the black market, the police, and his friend's Czech girlfriend. Includes commentary, interviews, collectible booklet, and more.

521 ##$aNot rated.

538 ##$aBlu-ray Disc ; full screen (1.33:1) presentation ; DTS-HD Master Audio 2.0 mono. ; 1080p high definition ; requires Blu-ray player.

546 ##$aEnglish dialogue ; Spanish subtitles.

650 #0$aAuthors$vDrama.

650 #0$aBlack market$vDrama.

651 #0$aVienna (Austria)$vDrama.

700 1#$aKorda, Alexander,$cSir,$d1893-1956.

700 1#$aSelznick, David O.,$d1902-1965.

700 1#$aCotten, Joseph,$d1905-1994.

700 1#$aHoward, Trevor,$d1916-1988.

700 1#$aWelles, Orson,$d1915-1985.

700 1#$aGreene, Graham,$d1904-1991.

710 2#$aLondon Films.

710 2#$aLions Gate Home Entertainment.

830 #0$aStudio Canal collection.

제12장 총서 · 주기 사항

제12장에서는 총서사항과 주기사항에 대해 차례대로 살펴본다. 이는 KORMARC의 490 필드에서부터 588 필드에 이른다. 그럼, 각각의 필드를 살펴보자.

1. 총서사항

490 필드에는 자료에 나타나 있는 총서표제를 기술한다. 한 자료에 중첩 총서표제가 있는 경우, 각 총서표제를 독립된 총서표제로 간주하여 490 필드를 반복 기술한다. 비도서자료는 총서사항을 기재하는 경우가 극히 드물기 때문에, 여기서는 그 개요만 나타내기로 한다.

490 □□ ▼a총서의 본표제 = ▼a총서의 대등표제. 총서의 편(Part)차, 총서의 편(Part)제, ▼x총서의 ISSN ; ▼v총서의 권호

1) 490 총서사항 [반복/해당시필수]
; 490 Series Statement (R)

KORMARC의 경우, 490 필드에는 부출되지 않는 총서표제나 다르게 부출되어야 할 총서표제를 기술하여 왔으나, 2014년 개정판에서는 MARC21과 같이 440 필드를 적용하지 않는 대신에 490 필드의 제1지시기호의 '1'을 총서 부출 지시로 하되, 식별기호 $a에 총서표제뿐만 아니라 관련 책임사항, 기타 표제관련정보, 표제의 일부로서 선행하거나 나타나는 연도 또는 권호가 포함된다. 따라서 490 필드는 총서사항으로서, 더 이상 총서부출표목으로서는 기능하지 않기 때문에 총서사항에 대한 부출이 필요하면 800~830 필드에서 적절하게 해당 접근점이 주어져야 한다. 대등총서 표제가 있을 경우 또는 하위총서 표제가 식별기호 ▼v(총서번호)나 식별기호 ▼x(ISSN)로 상위총서와 별개로 취급되는 경우, 식별기호 ▼a를 반복하여 기술할 수 있다.

제1지시기호 - 총서 부출 식별 ; First Indicator - Series tracing policy

0 - 총서를 부출하지 않음 ; 0 - Series not traced

1 - 총서를 부출함 ; 1 - Series traced

제2지시기호 - 관제 및 관사 출력형태 ; Second Indicator - Undefined

0 - 그대로 인쇄

1 - 원괄호를 제외하고 인쇄

식별기호 ; Subfield Codes

▼a - 총서사항 [반복] ; $a - Series statement (R) ☞【RDA: 2.12.2~2.12.7, 2.12.10~2.12.15】

; $l - Library of Congress call number

▼v - 총서번호 [반복] ; $v - Volume/sequential designation (R) ☞【RDA: 2.12.9, 2.12.17】

▼x - 국제표준연속간행물번호(ISSN) ; $x - International Standard Serial Number

☞【RDA: 2.12.8, 2.12.16】

▼3 - 자료 범위 지정 ; $3 - Materials specified

▼6 - 대체문자 연결 ; $6 - Linkage

▼8 - 필드 링크와 일련번호 [반복] ; $8 - Field link and sequence number (R)

[KORMARC]

490 10 ▼a연구보고서 ; ▼vv.5

830 ␢0 ▼a연구보고서 (한국원자력연구소) ; ▼vv.5

490 10 ▼a연구보고서 ; ▼v17

830 ␢0 ▼a연구보고서 (한국교육개발원) ; ▼v17

[MARC21]

490 1#$aThe pediatric clinics of North America ;$vv. 2, no. 4

830 #4$aThe Pediatric clinics of North America ;$vv. 2, no. 4.

490 1#$aBulletin / U.S. Department of Labor, Bureau of Labor Statistics

830 #0$aBulletin (United States. Bureau of Labor Statistics)

2. 주기사항

일반 주기는 500 필드에 기술하며, 그 외의 주기는 해당 5XX 필드에 기술한다. 한글 표출어는 식별기호에 의해 자동 생성되며, 기타 언어별 표출어는 040 필드(목록작성기관)의 ▼b(목록언어)에 의거하여 서지레코드에 작성된 언어에 따라 시스템에서 자동으로 표출어를 생성할 수 있다. 주기는 표제와 책임표시사항부터 총서사항까지의 정형적 기술부에 기술할 수 없었으나, 중요하다고 생각되는 사항을 제시함으로써 정형적 기술부를 설명하거나 보완·한정하는 기능을 지닌다(1.7.0). 주기는 자료의 성격이나 언어, 표제와 책임표시사항, 판차, 서지적 내력, 자료의 특성에 관한 사항, 발행사항, 총서, 내용, 제본, 입수 가능성 등에 관한 정보를 비롯하여, 정형적 기술부의 일목요연함을 위해 기술을 유보한 정보로서 중요하다고 생각되는 것이거나, 기술에 대한 설명이나 보완적인 정보 등을 그 범위로 한다(1.7.1). 주기는 문법에 어긋나지 않고 명료성을 잃지 않는 범위 내에서 '주기의 종류와 기재 순서'(1.7.3)에서 규정하고 있는 사항과 순서로 가급적 간결하게 표현한다(1.7.2). 만약 두 종류의 주기를 통합하여 기술하는 것이 보다 간결하고 논리적인 것이 될 경우에는 이를 통합하여 기술할 수 있다(1.7.3).

1) 500 일반 주기 [반복/재량]
; 500 General Note (R)

500 필드에는 표시기호 501부터 59X까지의 주기사항에 해당하지 않는 일반정보를 기술한다.

지시기호 - 미정의 ; Indicators - Undefined

식별기호 ; Subfield Codes

- ▼a - 일반 주기 ; $a - General note ☞【RDA: 2.20.2~2.20.11, 2.20.13, 3.6~3.17, 3.21, 3.22.2~3.22.6, 7.2, 7.3, 7.13.3, 7.13.5, 7.14~7.19, 7.21, 7.22, 7.27, 25.1, 26.1, 27.1, 28.1】
- ▼3 - 자료 범위 지정 ; $3 - Materials specified
- ▼5 - 필드 적용 기관 ; $5 - Institution to which field applies
- ▼6 - 대체문자 연결 ; $6 - Linkage
- ▼8 - 필드 링크와 일련번호 [반복] ; $8 - Field link and sequence number (R)

[KCR4]

KCR4 주기사항 중에서 비도서자료의 목록과 관련하여 500 필드에 기재되어야 할 요소는 다음과 같다.

(1) 자료의 성격이나 범위 또는 예술적 표현양식에 관한 주기(1.7.3.1)

500 ƀƀ ▼a서유럽 전체와 동유럽 일부를 보여 줌
500 ƀƀ ▼a민속음악으로서 현지 녹음한 것임
500 ƀƀ ▼a텔레비전 드라마
500 ƀƀ ▼a게임용

(2) 본표제의 정보원이 으뜸정보원 이외에서 채기하였을 경우에는 그의 출처에 대해 주기한다(1.7.3.3).

500 ƀƀ ▼a표제는 악보의 제1면에 의함
500 ƀƀ ▼a용기표제임
500 ƀƀ ▼a목록자가 부여한 표제임
500 ƀƀ ▼a표제는 음반케이스에 의한 것임

(3) 특정 자료와 그 자료의 다른 판 또는 다른 저작과의 관계를 설명할 필요가 있을 경우에는 이를 주기한다(1.7.3.7). 판표시의 정보원, 재발매를 포함한 다른 자료와의 관계를 설명할 필요가 있을 경우에는 이를 주기한다. 녹음자료에서는 채록일자를 포함한다(6.7.3.7). 악보에 표시되어 있는 작곡연대(악보 말미에 기재된 일자, 해설에 포함된 작곡일자 등)는 이를 주기한다(5.7.3.9).

500 ƀƀ ▼a본 지도는 國立地理院 發行 1:250,000 地勢圖 및 1:1,000,000 대한민국 전도를 基圖로 사용하여 1:600,000으로 편집 제작한 것임
500 ƀƀ ▼a녹음: 1991년 7월 13일
500 ƀƀ ▼a작곡연대: 1951년

(4) 지도자료의 축척 및 좌표사항에 기재되지 않은 정보로서 중요한 것은 이를 주기한다. 천체도에 표시된 별의 광도 등급의 범위, 원격탐사도나 기타 지도 자료에서는 필요에 따라 그 자료의 축척이나 좌표를 주기한다. 축척이 다양하여 축척 및 좌표사항에 '축척다양' 또는 'Scales vary'라고 기재한 경우, 자세한 축척을 주기한다(3.7.3.8).

500 ꝥꝥ ▼a원본축척: 약 1:50,000

500 ꝥꝥ ▼a광도의 범위: 3.5

500 ꝥꝥ ▼aScales: 1:250,000, 1:200,000, 1:150,000

(5) 정형적인 기술부만으로는 악곡형식을 알 수 없는 악보의 경우에는 간략한 어구로 이를 주기한다. 악보에서 의도하는 연주 수단이 기재된 경우에는 이를 주기한다. 연주 수단이 복수인 경우에는 성부(聲部), 악기 순으로 기재하되, 악기의 기재 순서는 해당 악보에 표시되어 있는 순서대로 기술한다. 독주용 악보에서 연주 수단이 11개 이하인 경우에는 이를 모두 기술하며, 관현악이나 취주악용 악보에서는 연주 수단을 기술하지 않는다. 앙상블 성악보의 경우, 구성 성부(聲部)를 원괄호 속에 기술하되, 소프라노는 'S', 메조소프라노는 'Mz', 알토는 'A', 테너는 'T', 바리톤은 'Bar', 베이스는 'B' 등의 약어로 부기한다. 파트보의 수를 표시할 필요가 있을 경우에도 위에 열거한 약어를 반복 사용한다(5.7.3.1). 일반적으로 사용되는 기보법이 아닌 경우, 그 자료에 표시된 기보법을 주기한다(5.7.3.8).

500 ꝥꝥ ▼aFor voice, 2 violins, and violoncello

500 ꝥꝥ ▼aFor Alto saxophone and piano

500 ꝥꝥ ▼aFor 2 treble recorders, 2 oboes, 2 violins, and basso continuo

500 ꝥꝥ ▼aFor solo voices (SATB), chorus (SSATB), and orchestra

500 ꝥꝥ ▼aMelody in both staff and tonic sol-fa notation

(6) 발행사항에 기재되지 않은 발행(인쇄), 배포, 보급, 한정발매 등에 관계된 정보로 중요한 것은 이를 주기한다(1.7.3.9, 6.7.3.9).

500 ꝥꝥ ▼a1900-1950년 사이의 지도

500 ꝥꝥ ▼a한정발매

(7) 형태사항에 기재되지 않은 정보로서 중요한 것은 이를 주기한다(1.7.3.10). 녹음자료의 경우, 기술대상 자료의 형태가 각 매체의 표준 형태인 경우를 제외하고, 수록작품 개개의 재생시간, 특이한 형태를 지닌 자료의 입수에 관한 사항, 자료 취급에 관한 사항, 용기의 모양이나 용기에 인쇄된 문자정보 등은 주기한다(6.7.3.10). 영상자료의 음향 구성에 특별한 점이 있거나, 영화나 비디오테이프의 필름이나 테이프의 피트 단위 길이, 영화나 비디오녹화자료의 색채처리시스템이나 기타 색채에 관련된 사항, 필름의 프린트 형태나 베이스, 비디오 녹화에 사용된 시스템, 비디오테이프의 라인이나 필드의 수와 주파수 변조, 그리고 복제의 세대와 카피 유형, 비디오디스크의 동영상의 재생 시간과 프레임 수 등을 기술한다(7.7.3.10).

500 bb ▼a손으로 채색한 삽화

500 bb ▼a디스크는 정방형, 20 × 20 ㎝

500 bb ▼a재생시간: 17분 ; 23분 ; 9분

500 bb ▼a돌비 스테레오

500 bb ▼aColour recording system: SECAM

500 bb ▼aStandard: 405 lines, 50 field, high band

(8) 딸림자료에 관한 정보를 주기한다(1.7.3.11).

500 bb ▼a슬라이드가 포켓에 들어 있음

500 bb ▼a딸림자료: Mexico and Central America [영상자료] (필름스트립 1개 : 유성 ; 35 mm)

(9) 총서사항에 기재되지 않은 총서 관련 정보는 이를 주기한다(1.7.3.12).

500 bb ▼a총서의 대등표제: World great books

500 bb ▼a원음반의 총서: Read-along adventure

(10) 기술대상자료나 복제화의 원작이 국보나 보물, 중요문화재, 지방문화재 등으로 지정된 경우, 지정 일자를 주기한다. 지정 문화재의 경우, 지정 해제에 관한 사항도 그 사유를 주기한다(9.7.3.26).

500 ƀƀ ▼a보물 제162호, 1963년 1월 21일 지정

500 ƀƀ ▼a중요민속자료 제220호, 1987년 11월 23일 지정

500 ƀƀ ▼a국보 제162호, 1974년 7월 9일 지정

2) 501 합철본 주기 [반복/재량] ; 501 With Note (R)

독립된 표제면을 지닌 자료가 다른 자료에 합철되어 있고, 이들 저작을 포괄하는 종합표제가 없는 경우에는, 주기술부에 기술되지 않은 자료를 '합철', '合綴' 또는 '합각', '合刻' 또는 '합인', '合印' 또는 'With'란 도입어구를 앞세워 501 필드에 주기한다(1.7.3.20).

지시기호 - 미정의 ; Indicators - Undefined

식별기호 ; Subfield Codes

- ▼a - 합철 주기 ; $a - With note ☞【RDA: 25.1】
- ▼c - 표제 [반복]
- ▼d - 첫 번째 책임표시 [반복]
- ▼e - 두 번째 이하 책임표시 [반복]
- ▼n - 판사항 [반복]
- ▼p - 발행사항 [반복]
- ▼q - 형태사항 [반복]
- ▼t - 총서사항 [반복]
- ▼5 - 필드 적용 기관 [반복] ; $5 - Institution to which field applies
- ▼6 - 대체문자 연결 ; $6 - Linkage
- ▼8 - 필드 링크와 일련번호 [반복] ; $8 - Field link and sequence number (R)

[KORMARC]

501 ƀƀ ▼a합철: ▼c돌아온 아들 / ▼d니콜라스 프란가키스 감독. ▼p비디오카세트 1개 (24분)

501 ƀƀ ▼aWith: ▼cPeer Gynt (Suite) no. 1-2 / ▼dEdvard Grieg -- ▼cTill Eulenspiegels lustige Streiche / ▼dRichard Strauss

[MARC21]

501 ##$aWith: Peer Gynt (Suite) no. 1-2 / Edvard Grieg -- Till Eulenspiegels lustige Streiche / Richard Strauss.

501 ##$aWith (on verso): Motor road map of south-east England.

3) 504 서지 등 주기 [반복/재량] ; 504 Bibliography, Etc. Note (R)

504 필드에는 간행물에 참고자료목록이나 인용자료목록이 수록되어 있는 경우에 그 사항을 기술한다. 자료에 참고서목이나 연보, 연표, 색인 등이 포함되어 있는 경우, 이를 주기한다(1.7.3.17).

지시기호 - 미정의 ; Indicators - Undefined

식별기호 ; Subfield Codes

▼a - 서지 등 주기 ; $a - Bibliography, etc. note ☞【RDA: 7.16】

▼b - 참고문헌의 수 ; $b - Number of references

▼6 - 대체문자 연결 ; $6 - Linkage

▼8 - 필드 링크와 일련번호 [반복] ; $8 - Field link and sequence number (R)

[KORMARC]

504 ƀƀ ▼a참고문헌과 색인수록

504 ƀƀ ▼aInclueds bibliographical references.

[MARC21]

504 ##$aSources: p. 125-152.

504 ##$aChronological list of the author's works: p. 469-475.

4) 505 내용 주기 [반복/재량] ; 505 Formatted Contents Note (R)

종합표제나 대표표제 아래 수록된 저작의 전체 또는 중요한 것 또는 선발된 부분의 내역을, 전체에 대한 것은 '내용' 또는 'Contents', 중요한 것에 대한 것은 '불완전 내용' 또는 'Incomplete contents', 선별된 부분에 대한 것은 '부분내용' 또는 'Partial contents'란 도입어구를 앞세워 주기한다.[1] KORMARC에서는 기본형은 ▼a에 모든 정보가 기술되는 것을 가리키며, 505 필드의 내용을 700 필드나 740 필드에 다시 기술하는 경우이다. 확장형은 식별기호 ▼a 이외의 여러 가지 식별기호를 반복 사용하여 형식화된 내용 주기를 자세한 부분까지 기술하는 경우에 사용하며, 505 필드에서 직접 표제명, 저자명 색인파일을 생성하도록 한다. 정확한 색인파일 작성을 위하여 7XX 필드에 부출표목을 생성하여 저자명의 도치나 서명의 첫머리에 오는 문자를 제외할 수도 있다.

제1지시기호 - 표출어 제어 ; First Indicator - Display constant controller

0 - 완전한 내용 주기 ; 0 - Contents

1 - 불완전한 내용 주기 ; 1 - Incomplete contents

2 - 부분 내용 주기 ; 2 - Partial contents

8 - 표출어를 생성하지 않음 ; 8 - No display constant generated

제2지시기호 - 내용표시의 수준 ; Second Indicator - Level of content designation

b̸ - 기본형 ; # - Basic

0 - 확장형 ; 0 - Enhanced

식별기호 ; Subfield Codes

▼a - 형식화된 내용 주기 ; $a - Formatted contents note (NR) ☞【RDA: 25.1】

▼d - 첫 번째 책임표시 [반복] ; $r - Statement of responsibility (R) ☞【RDA: 25.1】

▼e - 두 번째 이하 책임표시 [반복]

▼g - 기타 정보 [반복] ; $g - Miscellaneous information (R) ☞【RDA: 25.1】

▼n - 권차 [반복]

▼t - 표제 [반복] ; $t - Title (R) ☞【RDA: 25.1】

▼u - URI [반복] ; $u - Uniform Resource Identifier (R) ☞【RDA: 25.1】

▼6 - 대체문자 연결 ; $6 - Linkage

▼8 - 필드 링크와 일련번호 [반복] ; $8 - Field link and sequence number (R)

---

1) KORMARC에서는 제1지시기호에 의해 완전한 내용 주기는 전집이나 총서가 완질로 입력되는 경우로 '내용:'이라는 표출어를, 불완전한 내용 주기는 전집이나 총서 중에서 일부분이 입력되는 경우로 '불완전 내용:'이라는 표출어를, 부분 내용 주기는 전집이나 총서가 완질로 있는데도 필요에 의해 일부분만 입력되는 경우로 '부분내용:'이라는 표출어를 각각 자동 생성한다.

[KORMARC]

505 00▼t정선아리랑 --▼t강원도아리랑 --▼t해주아리랑 --▼t아리랑 --▼t구아리랑 --▼t자즌아리랑 --▼t긴아리랑 --▼t밀양아리랑 --▼t 진도아리랑

505 00 ▼t바랄 / ▼d조인선 -- ▼t첼로 독주를 위한 '결' / ▼d백영은 -- ▼t보이저 II / ▼d이경화 -- ▼t세 개의 노래 / ▼d박재은 -- ▼t현악합주를 위한 '연음' / ▼d김동수 -- ▼t 두 대의 피아노를 위한 '작은 천사의 하루' / ▼d임지선

[MARC21]

505 00$gvol. 1.$tThe history of Anne Arundel County. --$gvol. 2.$tThe history of ...[intermediate volumes omitted from example] --$gvol. 23.$tThe history of Prince Georges County --

505 8#$aContents on sound disk: A suitable tone ; Left hand colouring ; Rhythm and accent ; Tempo ; Flexibility ; Ornaments -- Sonata in D major, op. V, no. 1 / Corelli -- Sonata in G minor / Purcell (with Robert Donington, gamba) -- Forlane from Concert royal no. 3 / Couperin.[Note detailing the contents of accompanying material, in this case a sound disk]

[KCR4]

(1) 종합표제나 대표표제가 기재되지 않은 저작에서 첫 저작 또는 첫 저작자의 저작만 기술하고 나머지는 '외'(또는 '外'나 'et al.')자로 대신하여 생략한 것에 대한 내용 주기도 위의 규정에 준한다. 이때 기술되는 각 저작의 표제와 책임표시는 해당 저작의 표제면 등에서 취하며, 내용 전체를 한 문단으로 기술할 경우에는 동일 저작자의 복수의 저작들은 각 표제 사이를 쌍반점(;)으로 구분하고, 두 저작자 이상의 저작들은 표제와 책임표시의 순으로 그 사이를 빗금(/)으로 짝지어 기술하고, 각 표제와 책임표시의 단위 사이는 이중 붙임표(--)로 구분하여 기재한다(1.7.3.18).

(2) 녹음자료의 경우, 내용 주기는 레이블이나 자료 자체, 용기, 딸림자료에 표시된 정보에 의하며, 수록작품의 재생시간이 기재된 경우에는 이를 표제 다음의 원괄호(( )) 속에 기술한다(6.7.3.18).

505 00 ▼n1. ▼t용천검(4분 13초) -- ▼n2. ▼t너영나영(3분 21초) -- ▼n3. ▼t산천초목(7분 11초) -- ▼n4. ▼t중타령(3분 43초) -- ▼n5. ▼t사랑가(3분 33초) -- ▼n6. ▼t애기구덕 흥그는 소리(4분 1초) -- ▼n7. ▼t이야홍타령(4분 3초) -- ▼n8. ▼t방앗돌 굴리는 소리(5분 22초) -- ▼n9. ▼t신아외기 소리(4분 47초) -- ▼n10. ▼t망건 짜는 소리(5분 10초) -- ▼n11. ▼t진서우제소리(6분 12초) -- ▼n12. ▼t오돌또기(5분 25초) -- ▼n13. ▼t디딤불미소리(3분 53초)

(3) 영상자료의 미편집자료나 뉴스필름은 표준약어를 사용하여 각 샷(shot)의 장면(action)과 길이를 기재한다(7.7.3.18).

505 8ȣ ▼aShots: LS through heat haze of jet landing towards camera (20 ft.) -- CU front view of jet as it taxis towards camera (40 ft.) -- CU fuselage turning right to left through picture (30 ft.)-- CU braking parachute as it is discarded (52 ft.) -- CU nose and engines(57 ft.)

5) 506 이용 제한 주기 [반복/재량]
; 506 Restrictions on Access Note (R)

자료를 이용하는 데 제한이 있는 경우, 그 접근 제한에 관한 내용을 506 필드에 기술한다. 자료가 특정 이용자층을 대상으로 만들어졌을 경우는 521 필드(이용대상자 주기)에 기술하고, 자료를 접근한 이후 자료를 이용하거나 복제하는 데 대한 제한 내용은 540 필드(이용과 복제 제한에 관한 주기)에 기술한다. 자료의 이용이나 접근을 제한하는 어구가 기재된 경우에는 이를 주기한다(1.7.3.14 2)).

제1지시기호 - 제한 여부 ; First Indicator- Restriction

ȣ - 해당 정보 없음 ; # - No information provided

0 - 제한 없음 ; 0 - No restrictions

1 - 제한 있음 ; 1 - Restrictions apply

제2지시기호 - 미정의 ; Second Indicator - Undefined

식별기호 ; Subfield Codes

▼a - 이용 제한 사항 ; $a - Terms governing access ☞【RDA: 4.4】

▼b - 법적 제한 [반복] ; $b - Jurisdiction (R) ☞【RDA: 4.4】

▼c - 물리적 접근에 필요한 규정 [반복] ; $c - Physical access provisions (R) ☞【RDA: 4.4】

▼d - 이용 권한이 있는 이용자 [반복] ; $d - Authorized users (R) ☞【RDA: 4.4】

▼e - 근거 [반복] ; $e - Authorization (R) ☞【RDA: 4.4】

; $f - Standardized terminology for access restriction (R) ☞【RDA: 4.4】

▼u - URI [반복] ; $u - Uniform Resource Identifier (R) ☞【RDA: 4.4】

; $2 - Source of term

▼3 - 자료 범위 지정 ; $3 - Materials specified

▼5 - 필드 적용 기관 ; $5 - Institution to which field applies

▼6 - 대체문자 연결 ; $6 - Linkage

▼8 - 필드 링크와 일련번호 [반복] ; $8 - Field link and sequence number (R)

[KORMARC]

506 ɓɓ ▼a직원만 이용 가능

506 ɓɓ ▼a비영리 목적으로만 복제할 수 있음

[MARC21]

506 0#$aAccess copy available to the general public.$fUnrestricted$2star$5MH

506 ##$aClosed until January 1, 2068.$fNo online access$2star

6) 507 그래픽자료의 축척 주기 [반복불가/재량] ; 507 Scale Note for Graphic Material (NR)

507 필드에는 건축도면 등 그래픽자료와 입체자료의 축소율을 기술한다. 지도 제작의 수치 데이터는 255 필드에 기술한다. 입체자료의 기술대상자료가 원자료를 축소하거나 확대한 경우(주로 모형이나 조각에서), 그 관계를 기재한다. 원자료와의 관계에는 축척이나 확대, 입체적인 축척 또는 확대, 중량의 축소나 확대 등을 포함한다. 축척은 '축소율' 또는 '배율'이라는 도입어구를 앞세워 기재한다. 특정 부분만을 축소하거나 확대한 경우에는 축소나 확대한 부분을 나타내는 어구를 앞세워 '길이축소율' 식으로 기재하며, 중량의 축소나 확대는 '중량축소율' 또는 '중량배율'로 기재한다(9.7.3.8).

지시기호 - 미정의 ; Indicators - Undefined

식별기호 ; Subfield Codes

▼a - 대표적 비율 축척 주기 ; $a - Representative fraction of scale note ☞【RDA: 7.25.2】

▼b - 기타 축척 주기 ; $b - Remainder of scale note ☞【RDA: 7.25.2】

▼6 - 대체문자 연결 ; $6 - Linkage

▼8 - 필드 링크와 일련번호 [반복] ; $8 - Field link and sequence number (R)

[KORMARC]

507 ⱷⱷ▼a축척 1:10

507 ⱷⱷ▼a배율 1:5

507 ⱷⱷ▼a중량축소율 1:50

[MARC21]

507 ##$aScale 1:10 of the original.[A model]

507 ##$aScale 1:500,000;$b1 in. equals 8 miles.

507 ##$bPerspective map not drawn to scale.

7) 508 제작진 주기 [반복/재량] ; 508 Creation/Production Credits Note (R)

508 필드에는 영화와 비디오녹화자료 등의 작품 제작에 참여한 연기자 이외의 개인이나 단체로서, 책임표시에 기재되지 않은 기획자, 촬영자, 원작자, 해설자 등에 관하여 기술한다(7.7.3.6). 전자자료의 공동제작자나 프로그램 설계자, 원작자, 원화 작성자, 매뉴얼 작성자 등을 기술할 필요가 있을 때에는 그 역할어와 함께 이를 주기한다(8.7.3.6).

지시기호 - 미정의 ; Indicators - Undefined

식별기호 ; Subfield Codes

▼a - 제작진 주기 ; $a - Creation/production credits note ☞【RDA: 7.24】

▼6 - 대체문자 연결 ; $6 - Linkage

▼8 - 필드 링크와 일련번호 [반복] ; $8 - Field link and sequence number (R)

[KORMARC]

508 ƀƀ ▼a제작진: 각본, 심산, 이성수 ; 촬영, 장명호, 고장성 ; 녹음구성, 유강진

508 ƀƀ ▼a제작진: 기획, 양재윤, 한국영화기획정보센터 ; 조명, 임재영 ; 음악, 강수철

[MARC21]

508 ##$aProducer, Joseph N. Ermolieff ; director, Lesley Selander ; screenplay, Theodore St. John ; music director, Michel Michelet.

508 ##$aFilm editor, Martyn Down ; consultant, Robert F. Miller.

508 ##$aPhotographer, Richard Beymer ; film editor, Charles Pavlich

8) 510 인용/참고 주기 [반복/재량] ; 510 Citation/References Note (R)

510 필드는 해당 자료가 해제지, 초록지, 색인지에 수록되어 있는 경우, 수록된 해제지, 초록지, 색인지에 관한 사항을 기술한다. KORMARC에서는 색인이나 초록의 수록 범위에 따라 제1지시기호 0은 '색인/초록 수록지:', 1은 '전체 색인/초록 수록지:', 2는 '선택적 색인/초록 수록지:', 3과 4는 '참고문헌:'이라는 표출어를 자동 생성한다.

제1지시기호 - 수록범위/위치 ; First Indicator - Coverage/location in source
- 0 - 수록범위를 알 수 없는 자료 ; 0 - Coverage unknown
- 1 - 완전하게 수록된 자료 ; 1 - Coverage complete
- 2 - 선택적으로 수록된 자료
- 3 - 정보원의 위치가 표시되어 있지 않음
- 4 - 정보원의 위치가 표시됨
- 8 - 표출어를 생성하지 않음

제2지시기호 - 미정의 ; Second Indicator - Undefined

식별기호 ; Subfield Codes
- ▼a - 해제지, 색인지, 초록지명, 정보원명 ; $a - Name of source ☞【RDA: 25.1】
- ▼b - 원자료의 수록기간 ; $b - Coverage of source
- ▼c - 정보원 내의 위치 ; $c - Location within source
- ▼u - URI [반복] ; $u - Uniform Resource Identifier (R)

▼x - 국제표준연속간행물번호(ISSN) ; $x - International Standard Serial Number

☞【RDA: 25.1】

▼3 - 자료 범위 지정 ; $3 - Materials specified

▼6 - 대체문자 연결 ; $6 - Linkage

▼8 - 필드 링크와 일련번호 [반복] ; $8 - Field link and sequence number (R)

[KORMARC]

510 1b̸ ▼a한국석·박사학위논문총목록 (1989)

510 1b̸ ▼a한국논저해제 (1985)

[MARC21]

510 2#$aMoving picture world,$b1975-

510 2#$aChemical abstracts,$x0009-2258

9) 511 연주자와 배역진 주기 [반복/해당시필수] ; 511 Participant or Performer Note (R)

녹음자료나 영상자료에서 연주자, 해설자, 배역진, 채록자, 구술자, 낭독자 등 그 저작에 참여한 사람에 관한 사항을 기술한다. 녹음자료의 경우, 연주자나 연주 수단의 기재가 필요하다고 판단되면 이를 주기한다(6.7.3.6). 영상자료의 연기자나 연주자, 출연자 등을 기술할 필요가 있을 때는 이를 주기한다. 연기자를 기술할 때, 그 배역을 함께 기재할 필요가 있을 경우에는 연기자명 다음에 배역을 나타내는 어구를 원괄호로 묶어 기재한다(7.7.3.6).

제1지시기호 - 표출어 제어 ; First Indicator - Display constant controller

; 0 - No display constant generated

1 - 배역 ; 1 - Cast

8 - 표출어를 생성하지 않음

제2지시기호 - 미정의 ; Second Indicator - Undefined

식별기호 ; Subfield Codes

▼a - 연주자와 배역진 주기 ; $a - Participant or performer note ☞【RDA: 7.23】

▼6 - 대체문자 연결 ; $6 - Linkage

▼8 - 필드 링크와 일련번호 [반복] ; $8 - Field link and sequence number (R)

[KORMARC]

511 8ﾋ ▼a노래: 김영임 ; 편곡·지휘: 박범훈 ; 합창: 중앙국악관현악단 합창단 ; 합창지도: 엄기영 ; 연주: 중앙국악관현악단 ; 녹음: MECCA녹음실

511 1ﾋ ▼a안소니 홉킨스(윌콕스 역) ; 엠마 톰슨(마가렛 역)

[MARC21]

511 1#$aAnne Baxter (Louise), Maria Perschy (Angela), Gustavo Rojo (Bill), Reginald Gilliam (Mr. Johnson), [Catherine Elliot?] (Aunt Sallie), Ben Tatar (waiter).

511 0#$aVoices: Peter Ustinov, Cloris Leachman, Sally Kellerman, Andy Devine.

10) 516 컴퓨터 파일과 데이터유형 주기 [반복/재량] ; 516 Type of Computer File or Data Note (R)

516 필드에는 컴퓨터 파일의 특성에 관한 정보를 기술한다. 또한 이 필드에는 일반적인 정보의 분류나 색인에 쓰이는 용어, 즉 'text', 'computer program', 'numeric' 등과 같은 용어를 보다 더 세분화된 원자료의 형식이나 장르(서지, 사전, 색인) 등을 기술한다. 전자저널의 경우에는 362 필드에 연속간행물의 자료특성사항을 기술하므로, 이 256 필드를 사용할 경우, 자료특성사항 영역이 이중으로 사용된다. 따라서 컴퓨터 파일의 특성을 나타내는 256 필드는 사용하지 않고 주기 영역인 이 516 필드를 사용하여 파일의 특성을 기술한다.

제1지시기호 - 표출어 제어 ; First Indicator - Display constant controller

ﾋ - 파일유형 ; # - Type of file

8 - 표출어를 생성하지 않음 ; 8 - No display constant generated

제2지시기호 - 미정의 ; Second Indicator - Undefined

식별기호 ; Subfield Codes

▼a - 컴퓨터 파일과 데이터유형 ; $a - Type of computer file or data note

☞【RDA: 3.19.2, 7.2】

▼6 - 대체문자 연결 ; $6 - Linkage

▼8 - 필드 링크와 일련번호 [반복] ; $8 - Field link and sequence number (R)

[KORMARC]

516 ƀƀ ▼a컴퓨터 프로그램

516 ƀƀ ▼a숫자파일 (간략통계)

[MARC21]

516 ##$aNumeric (Spatial data: Point).

516 ##$aText (Law reports and digests).

11) 518 촬영/녹음 일시와 장소 주기 [반복/재량] ; 518 Date/Time and Place of an Event Note (R)

해당 자료에 관한 사건 발생 일시와 장소 관련 사항을 기술한다. 공연이나 방송 녹음 또는 촬영, 사진 촬영 등과 관련된 일시와 장소를 기술한다. 033 필드(사건의 일시와 장소)는 같은 정보를 부호(code) 형태로 기술하는 필드이다.

지시기호 - 미정의 ; Indicators - Undefined

식별기호 ; Subfield Codes

▼a - 촬영/녹음 일시와 장소 ; $a - Date/time and place of an event note

☞【RDA: 7.11.2, 7.11.3】

▼d - 사건 발생일 [반복] ; $d - Date of event (R)

▼o - 기타 사건 정보 ; $o - Other event information

▼p - 사건 발생지 [반복] ; $p - Place of event (R)

▼0 - 레코드 제어번호 [반복] ; $0 - Record control number (R)

▼2 - 용어의 정보원 [반복] ; $2 - Source of term (R)

▼3 - 자료 범위 지정 ; $3 - Materials specified

▼6 - 대체문자 연결 ; $6 - Linkage

▼8 - 필드 링크와 일련번호 [반복] ; $8 - Field link and sequence number (R)

[KORMARC]

518 ꝥꝥ ▼a1952년 10월 1일 녹음

518 ꝥꝥ ▼a지리산 뱀사골에서 1993년 10월 14일 11시 촬영

[MARC21]

518 ##$aRecorded in Vienna in 1961, previously released as WST 17035.

518 ##$aFilmed on location in Rome and Venice from January through June 1976.

12) 520 요약 등 주기 [반복/재량]
; 520 Summary, Etc. (R)

요약이나 해제, 초록이 자료에 포함되어 있으면 이를 주기한다(1.7.3.16). 520 필드에는 해당 자료의 해제, 초록, 요약이 있는 경우, 그 내용을 기술한다. 제1지시기호의 표출어 제어로 각기 해당 표출어가 자동 생성된다.

제1지시기호 - 표출어 제어 ; First Indicator - Display constant controller
- ꝥ - 요약 ; # - Summary
- 0 - 주제 ; 0 - Subject
- 1 - 평론 ; 1 - Review
- 2 - 범위와 내용 ; 2 - Scope and content
- 3 - 초록 ; 3 - Abstract
- 4 - 해제 ; 4 - Content advice
- 8 - 표출어를 생성하지 않음 ; 8 - No display constant generated

제2지시기호 - 미정의 ; Second Indicator - Undefined

식별기호 ; Subfield Codes
- ▼a - 요약 등 주기 ; $a - Summary, etc. ☞【RDA: 7.10】
- ▼b - 추가요약정보 ; $b - Expansion of summary note ☞【RDA: 7.10】
- ▼c - 출처 ; $c - Assigning source
- ▼u - URI [반복] ; $u - Uniform Resource Identifier (R) ☞【RDA: 7.10】
- ▼2 - 정보원 ; $2 - Source
- ▼3 - 자료 범위 지정 ; $3 - Materials specified
- ▼6 - 대체문자 연결 ; $6 - Linkage

▼8 - 필드 링크와 일련번호 [반복] ; $8 - Field link and sequence number (R)

[KORMARC]

520 8/ ▼aSummary: Eight versions of a video game for 1-2 players. To survive, players use laser cannons to destroy flying demons

[MARC21]

520 0#$aTwo head-and-shoulder portraits in separate ornamental oval frames, one frame held by eagle.

520 ##$aDescribes associations made between different animal species for temporary gain or convenience as well as more permanent alliances formed for mutual survival.

13) 521 이용대상자 주기 [반복/재량] ; 521 Target Audience Note (R)

자료의 이용계층이나 자료의 지적 수준을 가리키는 어구가 그 자료에 명시되어 있을 경우에는 이를 주기한다(1.7.3.14 1)). 521 필드에는 간행물이 특수한 이용자층을 고려하여 간행된 경우, 그 이용대상자를 기술한다. 제1지시기호의 표출어 제어로 각기 해당 표출어가 자동 생성된다.

제1지시기호 - 표출어 제어 ; First Indicator - Display constant controller

- ƀ - 이용대상자 ; # - Audience
- 0 - 독서 수준 ; 0 - Reading grade level
- 1 - 대상 연령 ; 1 - Interest age level
- 2 - 대상 학년 ; 2 - Interest grade level
- 3 - 특수 이용대상 ; 3 - Special audience characteristics
- 4 - 동기 유발 수준 ; 4 - Motivation/interest level
- 8 - 표출어를 생성하지 않음 ; 8 - No display constant generated

제2지시기호 - 미정의 ; Second Indicator - Undefined

식별기호 ; Subfield Codes

▼a - 이용대상자 [반복] ; $a - Target audience note (R) ☞【RDA: 7.7】
▼b - 정보원 ; $b - Source
▼3 - 자료 범위 지정 ; $3 - Materials specified
▼6 - 대체문자 연결 ; $6 - Linkage
▼8 - 필드 링크와 일련번호 [반복] ; $8 - Field link and sequence number (R)

[KORMARC]

521 ㅂㅂ ▼a건축, 미술 관련 전공자 ⇒ 이용대상자: 건축, 미술 관련 전공자
521 2ㅂ ▼a초등학생용 ⇒ 대상 학년: 초등학생용

[MARC21]

521 3#$aVision impaired$afine motor skills impaired$aaudio learner$bLENOCA
521 4#$aHighly motivated$ahigh interest$bLENOCA.

14) 525 부록 주기 [반복/해당시필수] ; 525 Supplement Note (R)

525 필드에서는 연관저록 필드인 770 필드(보유판 및 특별호 저록)에 기술되지 않았거나 별도의 레코드로 목록 처리되지 않은 경우에, 부록이나 특별호에 관한 사항을 기술한다. 일반적으로 독립된 표제를 갖고 있지 않는 경우에만 기술한다.

지시기호 - 미정의 ; Indicators - Undefined
식별기호 ; Subfield Codes
▼a - 부록 주기 ; $a - Supplement note ☞【RDA: 25.1】
▼6 - 대체문자 연결 ; $6 - Linkage
▼8 - 필드 링크와 일련번호 [반복] ; $8 - Field link and sequence number (R)

[KORMARC]

525 ㅂㅂ ▼a부록이 다양하게 발간되고 있음
525 ㅂㅂ ▼aSupplements accompany some issues

[MARC21]

525 ##$aSupplements accompany some issues.

525 ##$aSeparately paged supplement accompanies v. 5.

15) 530 이용 가능한 다른 형태자료 주기 [반복/재량] ; 530 Additional Physical Form Available Note (R)

기술대상자료가 다른 형태로 발행되었거나 제작된 경우, 다른 형태의 자료가 있다는 사실만을 주기한다(1.7.3.15). 다른 형태의 자료가 독립저록된 경우에는 형태를 나타내는 어구 다음에 표제와 표제관련정보, 표준번호 등을 함께 776 필드(기타형태저록)에 기술하되, 530 필드에 이를 알기 쉽게 풀이하여 주기사항에 나타낼 수 있다.

지시기호 - 미정의 ; Indicators - Undefined

식별기호 ; Subfield Codes

- ▼a - 이용 가능한 다른 형태자료 ; $a - Additional physical form available note ☞【RDA: 27.1】
- ▼b - 입수 가능 정보원 ; $b - Availability source ☞【RDA: 27.1】
- ▼c - 입수 조건 ; $c - Availability conditions ☞【RDA: 27.1】
- ▼d - 주문번호 ; $d - Order number ☞【RDA: 27.1】
- ▼u - URI [반복] ; $u - Uniform Resource Identifier (R) ☞【RDA: 27.1】
- ▼3 - 자료 범위 지정 ; $3 - Materials specified
- ▼6 - 대체문자 연결 ; $6 - Linkage
- ▼8 - 필드 링크와 일련번호 [반복] ; $8 - Field link and sequence number (R)

[KORMARC]

530 ƀƀ ▼a마이크로피시로도 간행

530 ƀƀ ▼a16 mm 마이크로필름으로도 간행되었음

[MARC21]

530 ##$aIssued as Beta 1/2 in. or VHS 1/2 in. or U-matic 3/4 in.

530 ##$aIssued also as a motion picture.

16) 533 복제 주기 [반복/해당시필수] ; 533 Reproduction Note (R)

해당 간행물의 복제물이 있는 경우에는 복제물의 복제형식, 복제물의 발행사항, 형태사항 등을 기술한다.

지시기호 - 미정의 ; Indicators - Undefined

식별기호 ; Subfield Codes

▼a - 복제 형식 ; $a - Type of reproduction ☞【RDA: 27.1】

▼b - 복제 장소 [반복] ; $b - Place of reproduction (R) ☞【RDA: 27.1】

▼c - 복제 기관 [반복] ; $c - Agency responsible for reproduction (R) ☞【RDA: 27.1】

▼d - 복제 일자 ; $d - Date of reproduction ☞【RDA: 27.1】

▼e - 복제 형태사항 ; $e - Physical description of reproduction ☞【RDA: 27.1】

▼f - 복제 총서사항 [반복] ; $f - Series statement of reproduction (R) ☞【RDA: 27.1】

▼m - 복제한 원본의 기간 [반복] ; $m - Dates and/or sequential designation of issues reproduced (R) ☞【RDA: 27.1】

▼n - 복제에 관한 주기 [반복] ; $n - Note about reproduction (R) ☞【RDA: 27.1】

▼3 - 자료 범위 지정 ; $3 - Materials specified

▼5 - 필드 적용 기관 ; $5 - Institution to which field applies

▼6 - 대체문자 연결 ; $6 - Linkage

▼7 - 복제물의 고정길이 데이터 요소 ; $7 - Fixed-length data elements of reproduction

/0 일자유형/발행상태 ; /0 Type of date/Publication status

/1~4 일자 1 ; /1~4 Date 1

/5~8 일자 2 ; /5~8 Date 2

/9~11 발행지 ; /9~11 Place of publication, production, or execution

/12 발행빈도 ; /12 Frequency

/13 정규성 ; /13 Regularity

/14 자료 형태 ; /14 Form of item

▼8 - 필드 링크와 일련번호 [반복] ; $8 - Field link and sequence number (R)

[KORMARC]

533 ƀƀ ▼a마이크로필름. ▼m1920-1945. ▼b서울 : ▼c동아일보사, ▼d1990. ▼e25마이크로필름 릴

533 ƀƀ ▼a영인. ▼b서울 : ▼c아세아문화사, ▼d1989. ▼e350 p. ; 23 cm

[MARC21]

533 ##$aPositive photograph.$bRome :$cVatican Archives.$e18 cm. × 12 cm.

533 ##$aPhotocopy.$bSeattle, Wash. :$cUniversity of Washington,$d1979.$e28 cm.

17) 534 원본 주기 [반복/해당시필수] ; 534 Original Version Note (R)

자료가 복제물인 경우에는 '원본발행사항' 또는 '원본'이라는 표출어를 앞세워 그 원본의 발행사항을 534 필드에 기술한다.

지시기호 - 미정의 ; Indicators - Undefined

식별기호 ; Subfield Codes

- ▼a - 원본의 기본표목 ; $a - Main entry of original ☞【RDA: 27.1】
- ▼b - 원본 판사항 ; $b - Edition statement of original ☞【RDA: 27.1】
- ▼c - 원본 발행사항 ; $c - Publication, distribution, etc. of original ☞【RDA: 27.1】
- ▼e - 원본 형태사항 ; $e - Physical description, etc. of original ☞【RDA: 27.1】
- ▼f - 원본 총서사항 [반복] ; $f - Series statement of original (R) ☞【RDA: 27.1】
- ▼k - 원본 등록표제 [반복] ; $k - Key title of original (R) ☞【RDA: 27.1】
- ▼l - 원본 소장처 ; $l - Location of original (NR) ☞【RDA: 27.1】
- ▼m - 원본의 특수한 정보 표시 ; $m - Material specific details ☞【RDA: 27.1】
- ▼n - 원본 관련 주기 [반복] ; $n - Note about original (R) ☞【RDA: 27.1】
- ▼o - 기타 자원 식별자 [반복] ; $o - Other resource identifier (R) ☞【RDA: 27.1】
- ▼p - 원본관련 설명 어구 ; $p - Introductory phrase ☞【RDA: 27.1】
- ▼t - 원본 표제 ; $t - Title statement of original ☞【RDA: 27.1】
- ▼x - 원본 ISSN [반복] ; $x - International Standard Serial Number (R) ☞【RDA: 27.1】
- ▼z - 원본 ISBN [반복] ; $z - International Standard Book Number (R) ☞【RDA: 27.1】
- ▼3 - 자료 범위 지정 ; $3 - Materials specified
- ▼6 - 대체문자 연결 ; $6 - Linkage
- ▼8 - 필드 링크와 일련번호 [반복] ; $8 - Field link and sequence number (R)

[KORMARC]

534 ƀƀ ▼p원본발행사항: ▼c경성 : 조선총독부, 昭和6[1931]-昭和18[1943]

534 ƀƀ ▼p원본: ▼t겨레. ▼c서울 : 신태양사, 1925. ▼e65 p. ; 26 cm

[MARC21]

534 ##$pOriginally issued:$aFrederick, John.$tLuck.$nPublished in: Argosy, 1919.

534 ##$pOriginal version:$c[S.l. : s.n., 1832?] (New York : Mesier's Lith.).

534 ##$pOriginally published:$cBerlin :Eulenspiegel, c1978,$tLieder zu Stücken.

18) 536 기금 정보 주기 [반복/재량] ; 536 Funding Information Note (R)

특정 개인이나 단체의 후원(또는 재정 지원)을 받아 간행된 경우에는 그 후원단체나 재정 지원에 대한 내용을 536 필드에 주기한다. 특정 호나 일정 기간에 지원을 받아 간행된 경우에는 해당 권호차·연월차와 함께 기술한다(1.7.3.23). 536 필드에는 간행물이 단체의 후원으로 또는 연구비를 받아 발간된 경우, 그 후원 단체나 연구비에 대한 사항을 기술한다.

지시기호 - 미정의 ; Indicators - Undefined

식별기호 ; Subfield Codes

▼a - 기금 정보 주기 ; $a - Text of note

▼b - 계약번호 [반복] ; $b - Contract number (R)

▼c - 교부금번호 [반복] ; $c - Grant number (R)

▼d - 고정번호 [반복] ; $d - Undifferentiated number (R)

▼e - 프로그램 요소 번호 [반복] ; $e - Program element number (R)

▼f - 프로젝트 번호 [반복] ; $f - Project number (R)

▼g - 과제 번호 [반복] ; $g - Task number (R)

▼h - 업무단위 부서 번호 [반복] ; $h - Work unit number (R)

▼6 - 대체문자 연결 ; $6 - Linkage

▼8 - 필드 링크와 일련번호 [반복] ; $8 - Field link and sequence number (R)

[KORMARC]

536 ƀƀ ▼a학술진흥재단 연구기금에 의해 출판

536 ƀƀ ▼a1991년도 교육부 학술연구조성비 및 1992년도 한국과학기술단체총연합회의 재정 지원에 의하여 출판

[MARC21]

536 ##$aSponsored by the World Health Organization

536 ##$aSponsored by the Advanced Research Projects Agency through the Office of Naval Research$bN00014-68-A-0245-0007$cARPA Order No. 2616

19) 538 시스템 사항에 관한 주기 [반복/재량] ; 538 System Details Note (R)

538 필드에는 컴퓨터 파일의 특정 코드의 존재 유무나 전자자료의 물리적 특성(기록밀도, 패리티, 블로킹 팩터)이 포함된다. 소프트웨어 자료의 경우에는 프로그램 언어와 컴퓨터 사양(제작처, 모델명, 운영체제, 기억용량), 주변장치(보조기억장치의 수, 단말기의 수, 그 외 주변장치, 지원소프트웨어, 관련기기) 등에 관한 사항을 기술한다. 전자자료의 시스템조건에 관한 사항은 '시스템조건: ' 또는 'System requirements: '라는 어구를 앞세워 컴퓨터의 모델명, 필요한 기억용량, 운용체제, 소프트웨어 조건(프로그램 언어 포함), 필요한 주변장치의 종류와 특성의 순서로 기술하되 각 사항은 쌍반점 빈칸(;)으로 구분한다. 원격으로만 접근할 수 있는 파일인 경우에는 접근방법을 주기한다(8.7.3.1).

지시기호 - 미정의; Indicators - Undefined

식별기호 ; Subfield Codes

▼a - 시스템에 관한 사항 ; $a - System details note

☞【RDA: 3.16.9, 3.18, 3.19.3, 3.19.5, 3.19.6, 3.20】

▼i - 설명어구 표시 ; $i - Display text

▼u - URI [반복] ; $u - Uniform Resource Identifier (R)

▼3 - 자료 범위 지정 ; $3 - Materials specified

▼5 - 필드 적용 기관 ; $5 - Institution to which field applies (R)

▼6 - 대체문자 연결 ; $6 - Linkage

▼8 - 필드 링크와 일련번호 [반복] ; $8 - Field link and sequence number (R)

[KORMARC]

538 ㅂㅂ ▼a시스템조건: IBM PC호환 486XD 이상; 한글 윈도 95; 마우스; CD-ROM 드라이브 2 배속 이상

538 ㅂㅂ ▼a접근방법: URL: ▼uhttp://nadonet.co.kr

[MARC21]

538 ##$aSystem requirements: IBM 360 and 370; 9K bytes of internal memory; OS SVS and OSMVS.

538 ##$aMode of access: Internet.

20) 540 이용과 복제 제한에 관한 주기 [반복/재량] ; 540 Terms Governing Use and Reproduction Note (R)

540 필드에는 자료에 접근한 후에 그 자료를 이용하거나 복제하는 데 따른 제한이 있는 경우, 이에 관한 정보를 기술한다. 이 필드는 복제, 전시, 각색, 인용 등을 제한하는 것을 포함하지만, 저작권, 영화제작권, 매매(거래)권 등에 한정하지 않고 포괄적으로 적용한다. 해당 자료의 접근에 관한 제한사항은 506 필드(이용 제한 주기)에 기술한다.

지시기호 - 미정의 ; Indicators - Undefined

식별기호 ; Subfield Codes

▼a - 이용과 복제에 관한 주기 ; $a - Terms governing use and reproduction ☞【RDA: 4.5】

▼b - 소관부서 등 ; $b - Jurisdiction ☞【RDA: 4.5】

▼c - 근거 ; $c - Authorization ☞【RDA: 4.5】

▼d - 이용 권한이 있는 이용자 ; $d - Authorized users ☞【RDA: 4.5】

▼u - URI [반복] ; $u - Uniform Resource Identifier (R) ☞【RDA: 4.5】

▼3 - 자료 범위 지정 ; $3 - Materials specified

▼5 - 필드 적용 기관 ; $5 - Institution to which field applies

▼6 - 대체문자 연결 ; $6 - Linkage

▼8 - 필드 링크와 일련번호 [반복] ; $8 - Field link and sequence number (R)

[KORMARC]

540 ꝥꝥ ▼a비영리 목적으로만 복제할 수 있음

540 ꝥꝥ ▼a도서관 내에서만 이용 가능

[MARC21]

540 ##$aRights status not evaluated. For general information see "Copyright and Other Restrictions..."$uhttp://lcweb.loc.gov/rr/print/195_copr.html

540 ##$3Transcripts$aConfidential, copying limited;$dStudent named on document.

21) 542 저작권 관련 정보 [반복/재량] ; 542 Information Relating to Copyright Status (R)

해당 자료의 저작권 상태를 결정해 줄 수 있는 정보를 기술한다. 개인 저작자, 조사일같이, 반복 불가인 식별기호를 반복해야 한다거나, 차후에 부가정보를 추가해야 할 경우, 필드를 반복하여 기술할 수 있다. 540 필드(이용과 복제 제한에 관한 주기)에 저작권 정보의 일부를 기술할 수 있지만, 저작권 데이터의 다양한 활용이 가능할 수 있도록 더 자세한 정보 및 부호화된 특정 정보들을 기술하기 위해 이 필드를 사용한다.

제1지시기호 - 비공개 여부 ; First Indicator - Privacy

ꝥ - 해당 정보 없음 ; # - No information provided

0 - 비공개 ; 0 - Private

1 - 비공개가 아님 ; 1 - Not private

제2지시기호 - 미정의 ; Second Indicator - Undefined

식별기호 ; Subfield Codes

▼a - 개인 저작자 ; $a - Personal creator

▼b - 개인 저작자의 사망일 ; $b - Personal creator death date

▼c - 단체 저작자 ; $c - Corporate creator

▼d - 저작권 소유자 [반복] ; $d - Copyright holder (R)

▼e - 저작권 소유자 연락처 [반복] ; $e - Copyright holder contact information (R)

▼f - 저작권 [반복] ; $f - Copyright statement (R)

▼g - 저작권 표시 연도 ; $g - Copyright date

▼h - 저작권 갱신 연도 [반복] ; $h - Copyright renewal date (R)

▼i - 발행년 ; $i - Publication date

▼j - 생성연도 ; $j - Creation date

▼k - 발행처 [반복] ; $k - Publisher (R)

▼l - 저작권 상태 ; $l - Copyright status

▼m - 발행 상태 ; $m - Publication status

▼n - 주기 [반복] ; $n - Note (R)

▼o - 조사일 ; $o - Research date

▼p - 발행국 [반복] ; $p - Country of publication or creation (R)

▼q - 공급 기관 ; $q - Supplying agency

▼r - 저작권 평가 관할구역 ; $r - Jurisdiction of copyright assessment

▼s - 정보원 ; $s - Source of information

▼u - URI [반복] ; $u - Uniform Resource Identifier (R)

▼3 - 자료 범위 지정 ; $3 - Materials specified

▼6 - 대체문자 연결 ; $6 - Linkage

▼8 - 필드 링크와 일련번호 [반복] ; $8 - Field link and sequence number (R)

[MARC21]

542 1#$aMartin, Henri Jean$dUniversity of Chicago Press$fCopyright 1994 by the University of Chicago$g1994$o20071103$rUS

542 ##$aGoldie, James$dGoldie, James$dGoldie, Ruth$fCopyright 1927 by James and Ruth Goldie$g1927$i1927$nCopyright not renewed$o20071204$qDLC$rUS $sUS Copyright Office records

22) 546 언어 주기 [반복/재량]
; 546 Language Note (R)

546 필드는 해당 자료에 사용된 언어에 관한 사항을 문장으로 기술한다. 이 필드는

또한 해당 자료에서 나타나는 알파벳, 문자 또는 다른 심볼 체계를 기술하는 데 사용한다. 언어부호는 008/35~37 필드(언어)와 041 필드(언어부호)에 기술한다.

지시기호 - 미정의 ; Indicators - Undefined

식별기호 ; Subfield Codes

▼a - 언어 주기 ; $a - Language note ☞【RDA: 7.12, 7.14】

▼b - 언어 부호 또는 알파벳에 대한 정보 [반복] ; $b - Information code or alphabet (R) ☞【RDA: 7.13.2, 7.13.4】

▼3 - 자료 범위 지정 ; $3 - Materials specified

▼6 - 대체문자 연결 ; $6 - Linkage

▼8 - 필드 링크와 일련번호 [반복] ; $8 - Field link and sequence number (R)

[KORMARC]

546 ƀƀ ▼a가사는 영어임

546 ƀƀ ▼a중국어 녹음에 한글자막

[MARC21]

546 ##$aIn Hungarian; summaries in French, German, or Russian.

546 ##$3Marriage certificate$aGerman;$bFraktur.

23) 550 발행처 주기 [반복/해당시필수] ; 550 Issuing Body Note (R)

550 필드에는 발행자의 변동사항이나 참고사항이 있을 때 기술한다.

지시기호 - 미정의 ; Indicators - Undefined

식별기호 ; Subfield Codes

▼a - 발행처 주기 ; $a - Issuing body note ☞【RDA: 2.20.7】

▼6 - 대체문자 연결 ; $6 - Linkage

▼8 - 필드 링크와 일련번호 [반복] ; $8 - Field link and sequence number (R)

[KORMARC]

550 ƀƀ ▼a발행처: 한국원자력연구소, 1990-

[MARC21]

550 ##$aVols. for 1972- issued with: Bureau de recherches géologiques et minières.

550 ##$aOrgan of the Potomac-side Naturalists' Club.

24) 561 소유권 및 소장 내력 주기 [반복/재량] ; 561 Ownership and Custodial History (R)

해당 자료가 제작되어 입수될 때까지의 소유권과 소장 내력을 기술한다. 또한 개개의 자료나 일련의 자료들이 현재의 위치에 처음으로 배치되었을 때의 시점도 포함한다. 기술대상자료의 소장사항(소장지, 소장자, 소장년)이 판명된 경우에는 이를 주기하고, 필요에 따라 그 소재지나 입수년을 원괄호 속에 보기한다(9.7.3.25).

제1지시기호 - 프라이버시 ; First Indicators - Privacy
　ƀ - 해당 정보 없음 ; # - No information provided
　0 - 비공개 ; 0 - Private
　1 - 비공개 아님 ; 1 - Not private
제2지시기호 - 미정의 ; Second Indicators - Undefined
식별기호 ; Subfield Codes
　▼a - 소유권 및 소장 내력 주기 ; $a - History ☞【RDA: 2.17】
　▼u - URI [반복] ; $u - Uniform Resource Identifier (R)
　▼3 - 자료 범위 지정 ; $3 - Materials specified
　▼5 - 필드 적용 기관 ; $5 - Institution to which field applies
　▼6 - 대체문자 연결 ; $6 - Linkage
　▼8 - 필드 링크와 일련번호 [반복] ; $8 - Field link and sequence number (R)

[KORMARC]

561 ƀƀ ▼a소장자: 호암미술관(경기도 용인군 포곡면 가실리 204)

561 ƀƀ ▼a소장자: 파계사(대구광역시 동구 중대동 7)

[MARC21]

561 0#$aFrom the collection of L. McGarry, 1948-1957.

561 1#$aCollated: 1845-1847.

25) 580 연관저록 설명 주기 [반복/해당시필수]
; 580 Linking Entry Complexity Note (R)

580 필드는 다른 레코드와의 복합적인 관계를 자유스런 형식으로 표현하는 주기로, 연관저록필드(760~787 필드)에 기술된 간행물에 종속된 경우에만 기술한다.

지시기호 - 미정의 ; Indicators - Undefined

식별기호 ; Subfield Codes

▼a - 연관저록 설명 주기 ; $a - Linking entry complexity note ☞【RDA: 25.1, 26.1, 27.1, 28.1】

▼6 - 대체문자 연결 ; $6 - Linkage

▼8 - 필드 링크와 일련번호 [반복] ; $8 - Field link and sequence number (R)

[KORMARC]

580 ɓɓ ▼aContinues: National Library of Australia. Annual report of the Council

⇒ 780 10 ▼aNational Library of Australia. ▼tAnnual report of the Council

[MARC21]

580 ##$aContinued in 1982 by: U.S. exports. Schedule E commodity groupings by world area and country.

580 ##$aContinued by: Ionospheric predictions issued by the laboratory under its later name: Institute for Telecommunication Sciences and Aeronomy.

26) 586 수상 주기 [반복/재량]
; 586 Awards Note (R)

기술대상자료가 특정 단체나 기관, 개인 등이 제정한 상을 수상한 경우에는 '수상'이라는 도입어구를 앞세워 수상 내용과 함께 586 필드에 기술한다(KCR4 1.7.3.24). 이

필드에는 해당 간행물이 특정 단체, 기관, 개인 등이 제정한 상을 받은 경우에 그 내용을 기술한다.

제1지시기호 - 표출어 제어 ; First Indicator - Display constant controller

b̸ - 수상 ; # - Awards

8 - 표출어를 생성하지 않음 ; 8 - No display constant generated

제2지시기호 - 미정의 ; Second Indicator - Undefined

식별기호 ; Subfield Codes

▼a - 수상 주기 ; $a - Awards note

▼3 - 자료 범위 지정 ; $3 - Materials specified

▼6 - 대체문자 연결 ; $6 - Linkage

▼8 - 필드 링크와 일련번호 [반복] ; $8 - Field link and sequence number (R)

[KORMARC]

586 b̸b̸ ▼a오늘의 작가상, 1989

586 b̸b̸ ▼a한국잡지대상, 1990-1991

[MARC21]

586 ##$aAcademy Award for Best Picture, 1987

586 ##$aPulitzer Prize for Nonfiction, 1981

27) 588 기술의 정보원 주기 [반복/재량] ; 588 Source of Description Note (R)

588 필드에는 레코드에 포함된 메타데이터를 추적하고 제어하는 데 사용되는 관리용 정보를 기술(記述)한다. 이러한 정보에는 다른 목록자에게 유용한 정보를 주는 일반적인 기술의 정보원 주기 및 구체적인 기술의 정보원 주기가 포함된다.

제1지시기호 - 미정의 ; First Indicator - Display constant controller

; # - No information provided

; 0 - Source of description

; 1 - Latest issue consulted

제2지시기호 - 미정의 ; Second Indicators - Undefined

식별기호 ; Subfield Codes

▼a - 기술(記述)의 정보원 주기 [반복] ; $a - Source of description note

▼5 - 필드 적용기관 ; $5 - Institution to which field applies

▼6 - 대체문자 연결 ; $6 - Linkage

▼8 - 필드 링크와 일련번호 [반복] ; $8 - Field link and sequence number (R)

[KORMARC]

588 ƀƀ ▼a제1권 2호(1984년 1월)를 기술의 근거로 함

[MARC21]

588 ##$aPublication to be resumed by F&W Publications, Inc.in Oct. 2009.$5EZB

588 ##$aDescription based on: Vol. 2, no. 2 (Feb. 1984); title from cover.

■ 서지레코드의 실례 [22] 영화—필름 릴(35mm)

[KORMARC/KCR4]

007 mrƀcuagfqgauunnac||||||

008 140226s2007ƀƀƀƀulk141ƀeƀƀƀƀƀƀƀƀƀamlkor

056 ƀƀ▼a688.2111▼26

245 00▼a밀양▼h[영화] /▼d이창동 감독, 각본

260 ƀƀ▼a서울 :▼b파인하우스 필름,▼c2007

300 ƀƀ▼a필름 릴 5개 (141분) :▼b유성, 천연색 ;▼c35 mm

500 ƀƀ▼a이청준의 소설 “벌레 이야기”를 영화화한 것임

508 ƀƀ▼a제작진: 프로듀서, 이한나 ; 촬영, 조용규 ; 조명, 추인식 ; 편집, 김현 ; 음악, Chrisian Basso ; 미술, 신점희

511 1ƀ▼a전도연(이신애 역) ; 송강호(김종찬 역)

586 ƀƀ▼a제60회(2007) 칸국제영화제 여우주연상 (전도연)

586 ƀƀ▼a제6회(2007) 대한민국 영화대상 최우수작품상(파인하우스 필름), 감독상(이창동), 남우주연상(송강호), 여우주연상(전도연)

586 ƀƀ▼a제28회(2007) 청룡영화상 여우주연상(전도연)

586 ƀƀ▼a제27회(2007) 한국영화평론가협회상 여자연기상(전도연)

586 ƀƀ▼a제44회(2008) 백상예술대상 영화부문 감독상(이창동)

650 ƀ8▼a영화(예술)[映畵]

700 1ƀ▼a이창동

700 1ƀ▼a이청준.▼t벌레 이야기

700 1ƀ▼a전도연

700 1ƀ▼a송강호

■ 서지레코드의 실례 [23] motion picture—film reel(16mm)

[MARC21/AACR2R]

007 mr#caaadunuuuuuau860913

008 860916s1939####nyu222############mleng#d

082 04$a791.4372$223

245 00$aGone with the wind$h[motion picture] /$cDavid O. Selznick, production ; screenplay by Sidney Howard ; directed by Victor Fleming.

260 ##$aNew York :$bMGM/UA,$c1939.

300 ##$a7 film reels (222 min.) :$bsd. col. ;$c16 mm.

336 ##$atwo-dimensional moving image$btdi$2rdacontent

337 ##$aprojected$bg$2rdamedia

338 ##$afilm reel$bmr$2rdacarrier

500 ##$aBased on the novel by Margaret Mitchell.

508 ##$aMusic, Max Steiner.

511 1#$aVivien Leigh, Clark Gable, Leslie Howard, Olivia de Havilland, Hattie McDaniel, Thomas Mitchell.

520 ##$aThe epic saga of life during the Civil War and Reconstruction as experienced by Scarlett O'Hara, the quintessential southern belle and her Yankee admirer, Rhett Butler. Winner of ten Academy Awards, the film is noteworthy for its skillful use of color and other technical effects. (Does not circulate)

650 #0$aWar films.

650 #0$aFilm adaptations.

650 #0$aLove stories.

700 1#$aSelznick, David O.,$d1902-1965.

700 1#$aHoward, Sidney Coe,$d1891-1939.

700 1#$aFleming, Victor,$d1889-1949.

700 1#$aDe Havilland, Olivia.

700 1#$aHoward, Leslie,$d1893-1943.

700 1#$aGable, Clark,$d1901-1960.

700 1#$aLeigh, Vivien,$d1913-1967.

700 1#$aSteiner, Max,$d1888-1971.

700 1#$aMitchell, Margaret,$d1900-1949.$tGone with the wind.

■ 서지레코드의 실례 [24] CD-ROM—백과사전

[KORMARC/KCR4]

007 coƀcgƀmmmauuuu

008 010219s2000ƀƀƀƀulkƀƀƀƀƀqƀdƀƀƀƀƀƀaƀƀkorƀƀ

056 ƀƀ▼a031▼26

245 00▼a브리태니커 백과사전▼h[전자자료] /▼d한국브리태니커회사 [제작]

256 ƀƀ▼a전자 데이터

260 ƀƀ▼a서울 :▼b한국브리태니커회사,▼c2000

300 ƀƀ▼a전자 광디스크 (CD-ROM) 3매 :▼b무성, 천연색 ;▼c12 cm +▼e사용자안내서 1책

538 ƀƀ▼a시스템조건: Windows 98/2000/ME/XP; 500MHz 이상 CPU; 128MB 이상 RAM; 1.6GB HDD; 16배속 이상 CD-ROM 드라이브; 1024×768 해상도, 6만 5,000 색상; Windows 호환용 음향장치

650 8ƀ▼a백과사전[百科事典]

710 ƀƀ▼a한국브리태니커회사

776 0ƀ▼t브리태니커 세계 대백과사전

856 42▼uhttp://www.britannica.co.kr

■ 서지레코드의 실례 [25] CD-ROM—프로그램

[KORMARC/KCR4]

007 coƀngƀnnnaucuu

008 071219s2007ƀƀƀƀulkƀƀƀƀƀqƀdƀƀƀƀƀƀaƀƀkorƀƀ

056 ƀƀ▼a024.316▼26

245 00▼a한국문헌자동화목록형식▼h[전자자료] :▼b통합서지용 교육프로그램 =▼xKorean machine readable cataloging format :▼bintegrated format for bibliographic data /▼d국립중앙도서관

256 ƀƀ▼a전자 프로그램

260 ƀƀ▼a서울 :▼b국립중앙도서관,▼cc2007

300 ƀƀ▼a전자 광디스크 (CD-ROM) 1매 :▼b무성 ;▼c12 cm

538 ḇḇ▼a시스템조건: Windows 98/2000/ME/XP; 500MHz 이상 CPU; 128MB 이상 RAM; 1.6GB HDD; 16배속 이상 CD-ROM 드라이브; 1024×768 해상도, 6만 5,000 색상

650 ḇ8▼a목록법[目錄法]

710 ḇḇ▼a국립중앙도서관

제13장 부출표목

제13장에서는 부출표목에 대해 차례대로 살펴본다. 이는 KORMARC의 600 필드에서부터 740 필드에 이른다. 그럼, 각각의 필드를 살펴보자.

1. 주제명부출표목

1) 600 주제명부출표목—개인명 [반복/해당시필수] ; 600 Subject Added Entry—Personal Name (R)

제1지시기호 - 개인명의 유형 ; First Indicator - Type of personal name entry element

0 - 성으로 시작하지 않는 이름 ; 0 - Forename

1 - 성으로 시작하는 이름 ; 1 - Surname

3 - 가계명(家系名) ; 3 - Family name

제2지시기호 - 주제명표목표[1]/시소러스 ; Second Indicator - Thesaurus

0 - 미국의회도서관 주제명표목표(LCSH) ; 0 - Library of Congress Subject Headings

1 - 미국의회도서관 아동문학용 주제명표목표 ; 1 - LC subject headings for children's literature

2 - 미국의학주제명표목표 (MeSH) ; 2 - Medical Subject Headings

3 - 미국립농학도서관 주제명전거파일 ; 3 - National Agricultural Library subject authority file

4 - 특정정보원이 아닌 경우 ; 4 - Source not specified

; 5 - Canadian Subject Headings

; 6 - Répertoire de vedettes-matière

7 - ▼2에 주제명표목표 명칭을 직접 입력하는 경우 ; 7 - Source specified in subfield $2

8 - 국립중앙도서관 주제명표목표(NLSH)

1) 『KORMARC 통합서지용』에서는 '주제명표'로 되어 있으나, 이 책에서는 전통적으로 사용하여 오던 '주제명표목표'를 그대로 사용하였다.

식별기호 ; Subfield Codes

▼a - 개인명(성과 이름) ; $a - Personal name

▼b - 이름(名)에 포함되어 세계(世系)를 지칭하는 숫자 ; $b - Numeration

▼c - 이름 관련 정보(직위, 칭호 및 기타 명칭, 역조(歷朝), 국명(國名), 한국 및 중국의 세계(世系)) [반복] ; $c - Titles and other words associated with a name (R)

▼d - 생몰년 ; $d - Dates associated with a name

▼e - 역할어 ; $e - Relator term (R)

▼f - 저작 연도 ; $f - Date of a work

▼g - 기타 정보 ; $g - Miscellaneous information

▼h - 자료유형표시 ; $h - Medium

▼j - 속성한정어 [반복] ; $j - Attribution qualifier (R)

▼k - 형식부표목 [반복] ; $k - Form subheading (R)

▼l - 저작의 언어 ; $l - Language of a work

▼m - 연주 수단 [반복] ; $m - Medium of performance for music (R)

▼n - 책·권차, 편차 [반복] ; $n - Number of part/section of a work (R)

▼o - 편곡 ; $o - Arranged statement for music

▼p - 저작의 편제 [반복] ; $p - Name of part/section of a work (R)

▼q - 이름의 완전형 ; $q - Fuller form of name

▼r - 음악자료의 장·단조 ; $r - Key for music

▼s - 판 ; $s - Version

▼t - 표제 ; $t - Title of a work

▼u - 소속 ; $u - Affiliation

▼v - 형식세목 [반복] ; $v - Form subdivision (R)

▼x - 일반세목 [반복] ; $x - General subdivision (R)

▼y - 시대세목 [반복] ; $y - Chronological subdivision (R)

▼z - 지리세목 [반복] ; $z - Geographic subdivision (R) ☞【RDA: 16.2.2】

▼0 - 전거레코드 제어번호 [반복] ; $0 - Authority record control number (R)

▼2 - 주제명표목표/시소러스 ; $2 - Source of heading or term (NR)

▼3 - 자료 범위 지정 ; $3 - Materials specified

▼4 - 역할어 부호 [반복] ; $4 - Relator code (R)

▼6 - 대체문자 연결 ; $6 - Linkage

▼8 - 필드 링크와 일련번호 [반복] ; $8 - Field link and sequence number (R)

[KORMARC]

600 18 ▼a허균(인명)[許筠]

600 18 ▼a안중근[安重根]

[MARC21]

600 10$aNixon, Richard M.$q(Richard Milhouse),$d1913-$xPsychology.

600 00$aNorodom Sihanouk,$cPrince,$d1922-

600 30$aMorton family.

600 10$aFord, Gerald R.,$d1913-$xMuseums$zMichigan.

2) 610 주제명부출표목—단체명 [반복/해당시필수] ; 610 Subject Added Entry—Corporate Name (R)

제1지시기호 - 미정의 ; First Indicator - Type of corporate name entry element

; 0 - Inverted name

; 1 - Jurisdiction name

; 2 - Name in direct order

제2지시기호 - 주제명표목표/시소러스 ; Second Indicator - Thesaurus

0 - 미국의회도서관 주제명표목표(LCSH) ; 0 - Library of Congress Subject Headings

1 - 미국의회도서관 아동문학용 주제명표목표 ; 1 - LC subject headings for children's literature

2 - 미국의학주제명표목표 (MeSH) ; 2 - Medical Subject Headings

3 - 미국립농학도서관 주제명전거파일 ; 3 - National Agricultural Library subject authority file

4 - 특정정보원이 아닌 경우 ; 4 - Source not specified

; 5 - Canadian Subject Headings

; 6 - Répertoire de vedettes-matière

7 - ▼2에 주제명표목표 명칭을 직접 입력하는 경우 ; 7 - Source specified in subfield $2

8 - 국립중앙도서관 주제명표목표(NLSH)

식별기호 ; Subfield Codes

▼a - 기본요소(체계상 상위 기관명 또는 특수표목으로서의 첫 요소) ; $a - Corporate name or jurisdiction name as entry element

▼b - 하위 기관 [반복] ; $b - Subordinate unit (R)

▼c - 회의 개최지 ; $c - Location of meeting (R)

▼d - 회의 일자나 조약의 체결 일자 [반복] ; $d - Date of meeting or treaty signing (R)

▼e - 역할어 ; $e - Relator term (R)

▼f - 저작 연도 ; $f - Date of a work

▼g - 기타 정보 ; $g - Miscellaneous information

▼h - 자료유형 ; $h - Medium

▼k - 형식부표목 [반복] ; $k - Form subheading (R)

▼l - 저작의 언어 ; $l - Language of a work

▼m - 연주 수단 [반복] ; $m - Medium of performance for music (R)

▼n - 분과 및 부회 회의 회차 [반복] ; $n - Number of part/section/meeting (R)

▼o - 편곡 ; $o - Arranged statement for music

▼p - 저작의 편제 [반복] ; $p - Name of part/section of a work (R)

▼r - 음악자료의 장·단조 ; $r - Key for music

▼s - 판 ; $s - Version

▼t - 저작의 표제 ; $t - Title of a work

▼u - 소속 ; $u - Affiliation

▼v - 형식세목 [반복] ; $v - Form subdivision (R)

▼x - 일반세목 [반복] ; $x - General subdivision (R)

▼y - 시대세목 [반복] ; $y - Chronological subdivision (R)

▼z - 지리세목 [반복] ; $z - Geographic subdivision (R) ☞【RDA: 16.2.2】

▼0 - 전거 레코드 제어 번호 [반복] ; $0 - Authority record control number (R)

▼2 - 주제명표목표/시소러스 ; $2 - Source of heading or term (NR)

▼3 - 자료 범위 지정 ; $3 - Materials specified

▼4 - 역할어 부호 [반복] ; $4 - Relator code (R)

▼6 - 대체문자 연결 ; $6 - Linkage

▼8 - 필드 링크와 일련번호 [반복] ; $8 - Field link and sequence number (R)

[KORMARC]

610 ␢8 ▼a육군[陸軍]

610 ␢8 ▼a국립중앙도서관[國立中央圖書館]

[MARC21]

610 20$aCatholic Church.$bProvince of Baltimore (Md.)

610 20$aBritish Library.$kManuscript.$nArundel 384.

610 10$aUnited States.$bArmy.$bCavalry$xHistory$yCivil War, 1861-1865$vMaps.

3) 611 주제명부출표목—회의명 [반복/해당시필수] ; 611 Subject Added Entry—Meeting Name (R)

<u>제1지시기호 - 미정의</u> ; <u>First Indicator - Type of corporate name entry element</u>

; 0 - Inverted name

; 1 - Jurisdiction name

; 2 - Name in direct order

제2지시기호 - 주제명표목표/시소러스 ; Second Indicator - Thesaurus

0 - 미국의회도서관 주제명표목표(LCSH) ; 0 - Library of Congress Subject Headings

1 - 미국의회도서관 아동문학용 주제명표목표 ; 1 - LC subject headings for children's literature

2 - 미국의학주제명표목표(MeSH) ; 2 - Medical Subject Headings

3 - 미국립농학도서관 주제명전거파일 ; 3 - National Agricultural Library subject authority file

4 - 특정정보원이 아닌 경우 ; 4 - Source not specified

; 5 - Canadian Subject Headings

; 6 - Répertoire de vedettes-matière

7 - ▼2에 주제명표목표 명칭을 직접 입력하는 경우 ; 7 - Source specified in subfield $2

<u>8 - 국립중앙도서관 주제명표목표(NLSH)</u>

식별기호 ; Subfield Codes

▼a - 회의명 ; $a - Meeting name or jurisdiction name as entry element

▼c - 회의 장소 ; $c - Location of meeting (R)

▼d - 회의일자 ; $d - Date of meeting

▼e - 하위 단위 [반복] ; $e - Subordinate unit (R)

▼f - 저작 연도 ; $f - Date of a work

▼g - 기타 정보 ; $g - Miscellaneous information

▼h - 자료유형 ; $h - Medium

▼j - 역할어 [반복] ; $j - Relator term (R)

▼k - 형식부표목 [반복] ; $k - Form subheading (R)

▼l - 저작의 언어 ; $l - Language of a work

▼n - 분과 및 부회 회의 회차 [반복] ; $n - Number of part/section/meeting (R)

▼p - 회차표제 [반복] ; $p - Name of part/section of a work (R)

▼q - 관할 구역명 다음에 오는 회의명 ; $q - Name of meeting following jurisdiction name entry element

▼s - 판 ; $s - Version

▼t - 저작의 표제 ; $t - Title of a work

▼u - 소속 ; $u - Affiliation

▼v - 형식세목 [반복] ; $v - Form subdivision (R)

▼x - 일반세목 [반복] ; $x - General subdivision (R)

▼y - 시대세목 [반복] ; $y - Chronological subdivision (R)

▼z - 지리세목 [반복] ; $z - Geographic subdivision (R) ☞【RDA: 16.2.2】

▼0 - 전거레코드 제어번호 [반복] ; $0 - Authority record control number (R)

▼2 - 주제명표목표/시소러스 ; $2 - Source of heading or term (NR)

▼3 - 자료 범위 지정 ; $3 - Materials specified

▼4 - 역할어 부호 [반복] ; $4 - Relator code (R)

▼6 - 대체문자 연결 ; $6 - Linkage

▼8 - 필드 링크와 일련번호 [반복] ; $8 - Field link and sequence number (R)

[KORMARC]

611 ␢0 ▼a대한예수교장로회 총회 ▼d(1983 : ▼c서울) ▼x보고서

611 ␢0 ▼a한국호텔경영자회의 ▼n(제5차 : ▼c제주) ▼x회의록

[MARC21]

611 20$aOlympic Games$n(23rd :$d1984 :$cLos Angeles, Calif.)$vPeriodicals.

611 20$aInternational Congress of Writers for the Defense of Culture$n(1st :$d1935 :$cParis, France)$vFiction.

4) 630 주제명부출표목—통일표제 [반복/해당시필수] ; 630 Subject Added Entry—Uniform Title (R)

제1지시기호 - 관제 및 관사 출력형태 ; First Indicator - Nonfiling characters

0 - 그대로 인쇄 0~9 - Number of nonfiling characters

1 - 괄호를 제외하고 인쇄

제2지시기호 - 주제명표목표/시소러스 ; Second Indicator - Thesaurus

0 - 미국의회도서관 주제명표목표(LCSH) ; 0 - Library of Congress Subject Headings

1 - 미국의회도서관 아동문학용 주제명표목표 ; 1 - LC subject headings for children's literature

2 - 미국의학주제명표목표 (MeSH) ; 2 - Medical Subject Headings

3 - 미국립농학도서관 주제명전거파일 ; 3 - National Agricultural Library subject authority file

4 - 특정정보원이 아닌 경우 ; 4 - Source not specified

; 5 - Canadian Subject Headings

; 6 - Répertoire de vedettes-matière

7 - ▼2에 주제명표목표 명칭을 직접 입력하는 경우 ; 7 - Source specified in subfield $2

8 - 국립중앙도서관 주제명표목표(NLSH)

식별기호 ; Subfield Codes

▼a - 통일표제 ; $a - Uniform title

▼d - 조약 체결 일자 [반복] ; $d - Date of treaty signing (R)

▼e - 역할어 [반복]; $e - Relator term (R)

▼f - 저작 연도 ; $f - Date of a work

▼g - 기타정보 ; $g - Miscellaneous information

▼h - 자료유형표시 ; $h - Medium

▼k - 형식부표목 [반복] ; $k - Form subheading (R)

▼l - 저작의 언어 ; $l - Language of a work

▼m - 연주 수단 [반복] ; $m - Medium of performance for music (R)

▼n - 권차 [반복] ; $n - Number of part/section of a work (R)

▼o - 편곡 ; $o - Arranged statement for music

▼p - 권차표제 [반복] ; $p - Name of part/section of a work (R)

▼r - 음악자료의 장·단조 ; $r - Key for music

▼s - 판 ; $s - Version

▼t - 저작의 표제 ; $t - Title of a work

▼v - 형식세목 [반복] ; $v - Form subdivision (R)

▼x - 일반세목 [반복] ; $x - General subdivision (R)

▼y - 시대세목 [반복] ; $y - Chronological subdivision (R)

▼z - 지리세목 [반복] ; $z - Geographic subdivision (R) ☞【RDA: 16.2.2】

▼0 - 전거레코드 제어번호 [반복] ; $0 - Authority record control number (R)

▼2 - 주제명표목표/시소러스 ; $2 - Source of heading or term (NR)

▼3 - 자료 범위 지정 ; $3 - Materials specified

▼4 - 역할어 부호 [반복] ; $4 - Relator code (R)

▼6 - 대체문자 연결 ; $6 - Linkage

▼8 - 필드 링크와 일련번호 [반복] ; $8 - Field link and sequence number (R)

[KORMARC]

630 00 ▼a성경. ▼p구약

630 00 ▼a불전. ▼p화엄경 ▼x해설

[MARC21]

630 00$aBible.$pN.T.$pRomans$xGeography$vMaps.

630 00$aFour seasons (Motion picture : 1981)

630 00$aKoran$xCriticism, interpretation, etc.$xHistory$y19th century.

5) 648 주제명부출표목—시대 [반복/해당시필수] ; 648 Subject Added Entry—Chronological Term (R)

648 필드에는 주제명부출표목으로 사용된 시대 용어를 기술한다. 주제명부출표목은 일반적으로 시소러스 작성 원칙(예: 국립중앙도서관주제명표목표(NLSH), 미국의회도서관 주제명표목표(LCSH), 미국의학주제명표목표(MeSH), FAST(Faceted Application of Subject Terminology))에 따라 접근점을 제공하기 위해 서지레코드에 부여된다. 648 필드는 제2지시기호나 ▼2(주제명표목표/시소러스)에 기술한 주제명표목표와 전거파일에 근거하여 주제명표목표를 부여하는 기관에서 사용한다.

제1지시기호 - 미정의 ; First Indicator - Type of date or time period

; # - No information provided

; 0 - Date or time period covered or depicted

; 1 - Date or time period of creation or origin

제2지시기호 - 주제명표목표/시소러스 ; .Second Indicator - Thesaurus

0 - 미국의회도서관 주제명표목표(LCSH) ; 0 - Library of Congress Subject Headings

1 - 미국의회도서관 아동문학용 주제명표목표 ; 1 - LC subject headings for children's literature

2 - 미국의학주제명표목표(MeSH) ; 2 - Medical Subject Headings

3 - 미국립농학도서관 주제명전거파일 ; 3 - National Agricultural Library subject authority file

4 - 특정정보원이 아닌 경우 ; 4 - Source not specified

; 5 - Canadian Subject Headings

; 6 - Répertoire de vedettes-matière

7 - ▼2에 주제명표목표 명칭을 직접 입력하는 경우 ; 7 - Source specified in subfield $2

8 - 국립중앙도서관 주제명표목표(NLSH)

식별기호 ; Subfield Codes

▼a - 시대명 ; $a - Chronological term

▼v - 형식세목 [반복] ; $v - Form subdivision (R)

▼x - 일반세목 [반복] ; $x - General subdivision (R)

▼y - 시대세목 [반복] ; $y - Chronological subdivision (R)

▼z - 지리세목 [반복] ; $z - Geographic subdivision (R) ☞【RDA: 16.2.2】

▼0 - 전거 레코드 제어 번호 [반복] ; $0 - Authority record control number or standard number (R)

▼2 - 주제명표목표/시소러스 ; $2 - Source of heading or term (NR)

▼3 - 자료 범위 지정 ; $3 - Materials specified

▼6 - 대체문자 연결 ; $6 - Linkage

▼8 - 필드 링크와 일련번호 [반복] ; $8 - Field link and sequence number (R)

[KORMARC]

648 ƀ7 ▼a1900-1999 ▼2fast

648 ƀ7 ▼a1862 ▼2fast

[MARC21]

648 10$aNineteenth century.

648 17$a1932-1940$2fast

648 #7$a1862$2fast

6) 650 주제명부출표목—일반주제명 [반복/해당시필수]
; 650 Subject Added Entry—Topical Term (R)

제1지시기호 - 주제의 수준 ; First Indicator - Level of subject

b̸ - 정보를 제공하지 않음 ; # - No information provided

0 - 수준 없음 ; 0 - No level specified ☜ 주제어의 수준을 결정할 수는 있지만 구체적이지 않음

1 - 1차 수준 ; 1 - Primary ☜ 주제가 해당 자료의 핵심이나 주제 내용에 해당하는 경우

2 - 2차 수준 ; 2 - Secondary ☜ 주제가 자료의 덜 중요한 내용을 나타낼 경우

제2지시기호 - 주제명표목표/시소러스 ; Second Indicator - Thesaurus

0 - 미국의회도서관 주제명표목표(LCSH) ; 0 - Library of Congress Subject Headings

1 - 미국의회도서관 아동문학용 주제명표목표 ; 1 - LC subject headings for children's literature

2 - 미국의학주제명표목표(MeSH) ; 2 - Medical Subject Headings

3 - 미국립농학도서관 주제명전거파일 ; 3 - National Agricultural Library subject authority file

4 - 특정정보원이 아닌 경우 ; 4 - Source not specified

; 5 - Canadian Subject Headings

; 6 - Répertoire de vedettes-matière

7 - ▼2에 주제명표목표 명칭을 직접 입력하는 경우 ; 7 - Source specified in subfield $2

8 - 국립중앙도서관 주제명표목표(NLSH)

식별기호 ; Subfield Codes

▼a - 일반주제명 ; $a - Topical term or geographic name entry element

; $b - Topical term following geographic name entry element

▼c - 사건 발생지 ; $c - Location of event

▼d - 발생 일자 ; $d - Active dates

▼e - 역할어 ; $e - Relator term (R)

▼v - 형식세목 [반복] ; $v - Form subdivision (R)

▼x - 일반세목 [반복] ; $x - General subdivision (R)

▼y - 시대세목 [반복] ; $y - Chronological subdivision (R)

▼z - 지리세목 [반복] ; $z - Geographic subdivision (R) ☞【RDA: 16.2.2】

▼0 - 전거레코드 제어번호 [반복] ; $0 - Authority record control number (R)

▼2 - 주제명표목표/시소러스 ; $2 - Source of heading or term (NR)

▼3 - 자료 범위 지정 ; $3 - Materials specified

▼4 - 역할어 부호 [반복] ; $4 - Relator code (R)

▼6 - 대체문자 연결 ; $6 - Linkage

▼8 - 필드 링크와 일련번호 [반복] ; $8 - Field link and sequence number (R)

[KORMARC]

650 ␢8 ▼a영어 교육[英語敎育]

650 ␢8 ▼a한미 외교[韓美外交]

[MARC21]

650 #0$aArchitecture, Modern$y19th century.

650 00$aFlour industry$vPeriodicals.

650 17$aCareer Exploration.$2ericd

650 #7$aEducational buildings$zWashington (D.C.)$y1890-1910.$2lctgm

7) 651 주제명부출표목—지명(地名) [반복/해당시필수] ; 651 Subject Added Entry—Geographic Name (R)

제1지시기호 - 미정의 ; Indicators - Undefined

제2지시기호 - 주제명표목표/시소러스 ; Second Indicator - Thesaurus

0 - 미국의회도서관 주제명표목표(LCSH) ; 0 - Library of Congress Subject Headings

1 - 미국의회도서관 아동문학용 주제명표목표 ; 1 - LC subject headings for children's literature

2 - 미국의학주제명표목표 (MeSH) ; 2 - Medical Subject Headings

3 - 미국립농학도서관 주제명전거파일 ; 3 - National Agricultural Library subject authority file

4 - 특정정보원이 아닌 경우 ; 4 - Source not specified

; 5 - Canadian Subject Headings

; 6 - Répertoire de vedettes-matière

7 - ▼2에 주제명표목표 명칭을 직접 입력하는 경우 ; 7 - Source specified in subfield $2

8 - 국립중앙도서관 주제명표목표(NLSH)

식별기호 ; Subfield Codes

▼a - 지명(地名) ; $a - Geographic name

▼e - 역할어 [반복] ; $e - Relator term (R)

▼v - 형식세목 [반복] ; $v - Form subdivision (R)

▼x - 일반세목 [반복] ; $x - General subdivision (R)

▼y - 시대세목 [반복] ; $y - Chronological subdivision (R)

▼z - 지리세목 [반복] ; $z - Geographic subdivision (R) ☞【RDA: 16.2.2】

▼0 - 전거레코드 제어번호 [반복] ; $0 - Authority record control number (R)

▼2 - 주제명표목표/시소러스 ; $2 - Source of heading or term (NR)

▼3 - 자료 범위 지정 ; $3 - Materials specified

▼4 - 역할어 부호 [반복] ; $4 - Relator code (R)

▼6 - 대체문자 연결 ; $6 - Linkage

▼8 - 필드 링크와 일련번호 [반복] ; $8 - Field link and sequence number (R)

[KORMARC]

651 ▽8 ▼a서울특별시[--特別市]

651 ▽8 ▼a아마존강[--江]

[MARC21]

651 #0$aMing Tombs (China)

651 #0$aRussia$xHistory$vMaps.

651 #0$aUnited States$xBoundaries$zCanada.

8) 653 비통제 색인어 [반복불가/해당시필수]
; 653 Index Term—Uncontrolled (R)

653 필드에는 주제명표목표, 시소러스, 전거파일 등에 의해 통제를 받지 않은 색인어가 주제명으로 채택될 경우에 기술한다. 표제, 총서표제, 초록, 주기사항 등에서 추출한 자연어 키워드는 이 필드에 기술한다.

제1지시기호 - 색인어의 수준 ; First Indicator - Level of index term

▽ - 정보를 제공하지 않음 ; # - No information provided

0 - 수준 없음 ; 0 - No level specified

1 - 1차 수준 ; 1 - Primary

2 - 2차 수준 ; 2 - Secondary

제2지시기호 - 용어나 이름의 유형 ; Second Indicator - Type of term or name

b̸ - 해당 정보 없음 ; # - No information provided

0 - 주제명 ; 0 - Topical term

1 - 개인명 ; 1 - Personal name

2 - 단체명 ; 2 - Corporate name

3 - 회의명 ; 3 - Meeting name

4 - 시대명 ; 4 - Chronological term

5 - 지명 ; 5 - Geographic name

6 - 장르/형태명 ; 6 - Genre/form term

식별기호 ; Subfield Codes

▼a - 비통제 색인어 [반복] ; $a - Uncontrolled term (R)

▼6 - 대체문자 연결 ; $6 - Linkage

▼8 - 필드 링크와 일련번호 [반복] ; $8 - Field link and sequence number (R)

[KORMARC]

653 b̸0 ▼a지역문화 ▼a육성방안 ▼a공공도서관

653 b̸0 ▼a신세대 ▼a문화종속

[MARC21]

653 1#$afuel cells$amolten carbonate$apower generation

653 ##$aMan$aEyes$aDiseases

9) 662 주제명부출표목—계층적 지명 [반복/해당시필수] ; 662 Subject Added Entry—Hierarchical Place Name (R)

지시기호 - 미정의 ; Indicators - Undefined

식별기호 ; Subfield Codes

▼a - 국가명 또는 더 큰 개체 [반복] ; $a - Country or larger entity (R)

▼b - 일차 정치 관할구역 ; $b - First-order political jurisdiction

▼c - 중간단계 정치 관할구역 [반복] ; $c - Intermediate political jurisdiction (R)

▼d - 도시 ; $d - City

▼e - 역할어 ; $e - Relator term (R)

▼f - 도시 세부사항 [반복] ; $f - City subsection (R)

▼g - 기타 지리적 지역 및 특성 [반복] ; $g - Other nonjurisdictional geographic region and feature (R)

▼0 - 전거 레코드 제어 번호 [반복] ; $0 - Authority record control number (R)

▼2 - 주제명표목표/시소러스 ; $2 - Source of heading or term

▼4 - 역할어 부호 [반복] ; $4 - Relator code (R)

▼6 - 대체문자 연결 ; $6 - Linkage

▼8 - 필드 링크와 일련번호 [반복] ; $8 - Field link and sequence number (R)

[KORMARC]

662 ƀƀ ▼a대한민국(국명)[大韓民國] ▼b경상북도[慶尙北道] ▼d대구광역시[大邱廣域市] ▼f달서구[達西區] ▼2NLSH

[MARC21]

662 ##$aJapan$cHokkaido$gAsahi-dake.$2pemracs

662 ##$aUnited States$bCalifornia$cLos Angeles (County)$dLos Angeles$fLittle Tokyo.$2tgn

2. 일반 부출표목

일반 부출표목을 나타내는 필드에는 서지레코드에 대해 추가의 접근점을 제공해 주는 부출표목을 기술한다.

1) 700 부출표목—개인명 [반복/해당시필수] ; 700 Added Entry—Personal Name (R)

제1지시기호 - 개인명의 유형 ; First Indicator - Type of personal name entry element

0 - 성으로 시작하지 않는 이름 ; 0 - Forename

1 - 성으로 시작하는 이름 ; 1 - Surname

3 - 가계명(家系名) ; 3 - Family name

제2지시기호 - 부출표목의 유형 ; Second Indicator - Type of added entry

b̸ - 정보가 제공되지 않음 ; # - No information provided

2 - 분출표목 ; 2 - Analytical entry

식별기호 ; Subfield Codes

▼a - 개인명 (성과 이름) ; $a - Personal name ☞【RDA: 9.2.2, 10.2.2, 10.3】

▼b - 이름(名)에 포함되어 세계(世系)를 지칭하는 숫자 ; $b - Numeration ☞【RDA: 9.2.2】

▼c - 이름 관련 정보(직위, 칭호 및 기타 명칭, 역조(歷朝), 국명(國名), 한국 및 중국의 세계(世系)) [반복] ; $c - Titles and other words associated with a name (R) ☞【RDA: 9.4, 9.6, 9.15, 9.16, 10.5, 10.7】

▼d - 생몰년 ; $d - Dates associated with a name ☞【RDA: 9.3, 10.4】

▼e - 역할어 ; $e - Relator term (R) ☞【RDA: 18.5】

▼f - 저작 연도 ; $f - Date of a work ☞【RDA: 6.4, 6.10】

▼g - 기타 정보 ; $g - Miscellaneous information ☞【RDA: 10.6】

▼h - 자료유형표시 ; $h - Medium ☞【RDA: 6.9】

▼i - 관계정보 [반복] ; $i - Relationship information (R) ☞【RDA: 25.1】

▼j - 속성한정어 [반복] ; $j - Attribution qualifier (R)

▼k - 형식부표목 [반복] ; $k - Form subheading (R) ☞【RDA: 6.12】

▼l - 저작의 언어 ; $l - Language of a work ☞【RDA: 6.11】

▼m - 연주 수단 [반복] ; $m - Medium of performance for music (R) ☞【RDA: 6.15】

▼n - 책·권차, 편차 [반복] ; $n - Number of part/section of a work (R) ☞【RDA: 6.2.2, 6.16】

▼o - 편곡 ; $o - Arranged statement for music ☞【RDA: 6.12】

▼p - 저작의 편제 [반복] ; $p - Name of part/section of a work (R) ☞【RDA: 6.2.2】

▼q - 이름의 완전형 ; $q - Fuller form of name ☞【RDA: 9.5】

▼r - 음악자료의 장·단조 ; $r - Key for music ☞【RDA: 6.17】

▼s - 판 ; $s - Version ☞【RDA: 6.12】

▼t - 표제 ; $t - Title of a work ☞【RDA: 6.2.2, 6.3~6.6】

▼u - 소속 ; $u - Affiliation ☞【RDA: 9.13】

▼x - 국제표준연속간행물번호 ; $x - International Standard Serial Number ☞【RDA: 27.1】

▼0 - 전거레코드 제어번호 [반복] ; $0 - Authority record control number (R)

▼3 - 자료 범위 지정 ; $3 - Materials specified

▼4 - 역할어 부호 [반복] ; $4 - Relator code (R)

▼5 - 필드 적용 기관 ; $5 - Institution to which field applies

▼6 - 대체문자 연결 ; $6 - Linkage

▼8 - 필드 링크와 일련번호 [반복] ; $8 - Field link and sequence number (R)

[KORMARC]

700 1ƀ ▼a김철수

700 1ƀ ▼a게이츠, 빌

[MARC21]

700 1#$aBeethoven, Ludwig van,$d1770-1827.$tSonatas,$mpiano.$kSelections.

700 0#$aSpagna$c(Artist),$dca. 1450-1528.

2) 710 부출표목—단체명 [반복/해당시필수]
; 710 Added Entry—Corporate Name (R)

제1지시기호 - 미정의 ; First Indicator - Type of corporate name entry element

; 0 - Inverted name

; 1 - Jurisdiction name

; 2 - Name in direct order

제2지시기호 - 부출표목의 유형 ; Second Indicator - Type of added entry

ƀ - 정보가 제공되지 않음 ; # - No information provided

2 - 분출표목 ; 2 - Analytical entry

식별기호 ; Subfield Codes

▼a - 기본요소 ☜ 체계상 상위 기관명 또는 특수 표목으로서의 첫 요소 ; $a - Corporate name or jurisdiction name as entry element ☞【RDA: 11.2.2, 11.3.3, 11.4.3, 11.4.4, 11.7】

▼b - 하위 기관 [반복] ; $b - Subordinate unit (R) ☞【RDA: 11.2.2】

▼c - 회의 개최지 ; $c - Location of meeting (R) ☞【RDA: 11.3.2, 11.5】

▼d - 회의일자나 조약의 체결일자 [반복] ; $d - Date of meeting or treaty signing (R) ☞【RDA: 11.4.2, 6.4】

▼e - 역할어 ; $e - Relator term (R) ☞【RDA: 18.5】

▼f - 저작 연도 ; $f - Date of a work ☞【RDA: 6.4, 6.10】

▼g - 기타 정보 ; $g - Miscellaneous information ☞【RDA: 6.22】

▼h - 자료유형 ; $h - Medium ☞【RDA: 6.9】

▼i - 관계정보 [반복] ; $i - Relationship information (R) ☞【RDA: 25.1】

▼k - 형식부표목 [반복] ; $k - Form subheading (R) ☞【RDA: 6.12】

▼l - 저작의 언어 ; $l - Language of a work ☞【RDA: 6.11】

▼m - 연주 수단 [반복] ; $m - Medium of performance for music (R) ☞【RDA: 6.15】

▼n - 분과 및 부회 회의 회차 [반복] ; $n - Number of part/section/meeting (R)
☞【RDA: 6.2.2, 11.6, 6.16】

▼o - 편곡 ; $o - Arranged statement for music ☞【RDA: 6.12】

▼p - 저작의 편제 [반복] ; $p - Name of part/section of a work (R) ☞【RDA: 6.2.2】

▼r - 음악자료의 장·단조 ; $r - Key for music ☞【RDA: 6.17】

▼s - 판 ; $s - Version ☞【RDA: 6.12】

▼t - 저작의 표제 ; $t - Title of a work ☞【RDA: 6.2.2, 6.3~6.6】

▼u - 소속 ; $u - Affiliation

▼x - 국제표준연속간행물번호 ; $x - International Standard Serial Number ☞【RDA: 27.1】

▼0 - 전거레코드 제어번호 [반복] ; $0 - Authority record control number (R)

▼3 - 자료 범위 지정 ; $3 - Materials specified

▼4 - 역할어 부호 [반복] ; $4 - Relator code (R)

▼5 - 필드 적용 기관 ; $5 - Institution to which field applies

▼6 - 대체문자 연결 ; $6 - Linkage

▼8 - 필드 링크와 일련번호 [반복] ; $8 - Field link and sequence number (R)

[KORMARC]

710 ƀƀ ▼a한국원자력연구소

710 ƀƀ ▼a숙명여자대학교. ▼b아세아여성문제연구소

[MARC21]

710 2#$aHerbert E. Budek Films and Slides (Firm)

710 22$aCatholic Church.$tMass, 33rd Sunday of ordinary time (Chant).$f1979.

3) 711 부출표목—회의명 [반복/해당시필수] ; 711 Added Entry—Meeting Name (R)

제1지시기호 - 미정의 ; First Indicator - Type of corporate name entry element
; 0 - Inverted name
; 1 - Jurisdiction name
; 2 - Name in direct order

제2지시기호 - 부출표목의 유형 ; Second Indicator - Type of added entry

ƀ - 정보가 제공되지 않음 ; # - No information provided

2 - 분출표목 ; 2 - Analytical entry

식별기호 ; Subfield Codes

▼a - 회의명 ; $a - Meeting name or jurisdiction name as entry element
☞【RDA: 11.2.2, 11.3.3, 11.4.3, 11.4.4, 11.7】

▼c - 회의 장소 ; $c - Location of meeting (R) ☞【RDA: 11.3.2, 11.5】

▼d - 회의일자 ; $d - Date of meeting ☞【RDA: 11.4.2, 6.4】

▼e - 하위 단위 [반복] ; $e - Subordinate unit (R) ☞【RDA: 11.2.2】

▼f - 저작 연도 ; $f - Date of a work ☞【RDA: 6.4, 6.10】

▼g - 기타 정보 ; $g - Miscellaneous information

▼h - 자료유형 ; $h - Medium ☞【RDA: 6.9】

▼i - 관계정보 [반복] ; $i - Relationship information (R) ☞【RDA: 25.1】

▼j - 역할어 [반복] ; $j - Relator term (R) ☞【RDA: 18.5】

▼k - 형식부표목 [반복] ; $k - Form subheading (R) ☞【RDA: 6.12】

▼l - 저작의 언어 ; $l - Language of a work ☞【RDA: 6.11】

▼n - 분과 및 부회 회의 회차 [반복] ; $n - Number of part/section/meeting (R)
☞【RDA: 6.2.2, 11.6】

▼p - 회차표제 [반복] ; $p - Name of part/section of a work (R) ☞【RDA: 6.2.2】

▼q - 관할 구역명 다음에 오는 회의명 ; $q - Name of meeting following jurisdiction name entry element ☞【RDA: 11.2.2】

▼s - 판 ; $s - Version ☞【RDA: 6.12】

▼t - 저작의 표제 ; $t - Title of a work ☞【RDA: 6.2.2, 6.3~6.6】

▼u - 소속 ; $u - Affiliation

▼x - 국제표준연속간행물번호 ; $x - International Standard Serial Number (NR)
☞【RDA: 27.1】

▼0 - 전거 레코드 제어 번호 [반복] ; $0 - Authority record control number (R)

▼3 - 자료 범위 지정 ; $3 - Materials specified

▼4 - 역할어 부호 [반복] ; $4 - Relator code (R)

▼5 - 필드 적용 기관 ; $5 - Institution to which field applies

▼6 - 대체문자 연결 ; $6 - Linkage

▼8 - 필드 링크와 일련번호 [반복] ; $8 - Field link and sequence number (R)

[KORMARC]

711 ꝨꝨ ▼a국제한국학술회의 ▼d(1973 : ▼c서울)

711 ꝨꝨ ▼a세계사격대회

[MARC21]

711 0#$aSmith (David Nichol) Memorial Seminar.

711 2#$aOlympic Games$n(21st :$d1976 :$cMontreal, Quebec).$eOrganizing Committee.
$eArts and Culture Program.$eVisual Arts Section.

4) 730 부출표목—통일표제 [반복/해당시필수] ; 730 Added Entry—Uniform Title (R)

제1지시기호 - 미정의 ; First Indicator - Nonfiling characters

; 0~9 - Number of nonfiling characters

제2지시기호 - 관제 및 관사 출력형태/부출표목의 유형 ; Second Indicator - Type of added entry

; # - No information provided

0 - 그대로 인쇄

1 - 원괄호를 제외하고 인쇄

2 - 분출표목 ; 2 - Analytical entry

식별기호 ; Subfield Codes

▼a - 통일표제 ; $a - Uniform title ☞【RDA: 6.2.2, 6.3~6.6】

▼d - 조약 체결일자 [반복] ; $d - Date of treaty signing (R) ☞【RDA: 6.4】

▼f - 저작 연도 ; $f - Date of a work ☞【RDA: 6.4, 6.10】

▼g - 기타정보 ; $g - Miscellaneous information

▼h - 자료유형표시 ; $h - Medium ☞【RDA: 6.9】

▼i - 관계정보 [반복] ; $i - Relationship information (R) ☞【RDA: 25.1】

▼k - 형식부표목 [반복] ; $k - Form subheading (R) ☞【RDA: 6.12】

▼l - 저작의 언어 ; $l - Language of a work ☞【RDA: 6.11】

▼m - 연주 수단 [반복] ; $m - Medium of performance for music (R) ☞【RDA: 6.15】

▼n - 권차 [반복] ; $n - Number of part/section of a work (R) ☞【RDA: 6.2.2, 6.16】

▼o - 편곡 ; $o - Arranged statement for music ☞【RDA: 6.12】

▼p - 권차표제 [반복] ; $p - Name of part/section of a work (R) ☞【RDA: 6.2.2】

▼r - 음악자료의 장·단조 ; $r - Key for music ☞【RDA: 6.17】

▼s - 판 ; $s - Version ☞【RDA: 6.12】

▼t - 저작의 표제 ; $t - Title of a work

▼x - 국제표준연속간행물번호 ; $x - International Standard Serial Number ☞【RDA: 27.1】

▼0 - 전거레코드 제어번호 [반복] ; $0 - Authority record control number (R)

▼3 - 자료 범위 지정 ; $3 - Materials specified

▼5 - 필드 적용 기관 ; $5 - Institution to which field applies

▼6 - 대체문자 연결 ; $6 - Linkage

▼8 - 필드 링크와 일련번호 [반복] ; $8 - Field link and sequence number (R)

[MARC21]

730 0#$aGone with the wind (Motion picture)

730 0#$aPeople speak (Radio program)

730 02$aGod save the king;$oarr.$f1982.

5) 740 부출표목—비통제 관련/분출표제 [반복/해당시필수] ; 740 Added Entry—Uncontrolled Related/Analytical Title (R)

740 필드는 제어되지 않은 관련표제와 분출표제에 대한 부출표목에 사용한다. 이 필드는 전거파일에 의해 통제되지 않은 관련표제나 분출표제만을 기술한다. 통제되지 않았다는 것은 표제가 전거파일을 통해서 제어되지 않았다는 것을 의미한다. 본표제와 다르게 표현된 여러 형태의 표제는 246 필드에 기술하고, 관련표제나 분출표제가 전거파일에 의해 통제되었다면 730 필드에 기술한다.

제1지시기호 - 관제 및 관사 출력형태 ; First Indicator - Nonfiling characters

0 - 그대로 인쇄 0~9 - Number of nonfiling characters

1 - 원괄호를 제외하고 인쇄

제2지시기호 - 부출표목의 유형 ; Second Indicator - Type of added entry

b̸ - 정보가 제공되지 않음 ; # - No information provided

2 - 분출표목 ; 2 - Analytical entry

식별기호 ; Subfield Codes

▼a - 부출표제 ; $a - Uncontrolled related/analytical title ☞【RDA: 25.1】

▼h - 자료유형 ; $h - Medium

▼n - 책·권차, 편차 [반복] ; $n - Number of part/section of a work (R) ☞【RDA: 25.1】

▼p - 저작의 편제 [반복] ; $p - Name of part/section of a work (R) ☞【RDA: 25.1】

▼5 - 필드 적용 기관 ; $5 - Institution to which field applies

▼6 - 대체문자 연결 ; $6 - Linkage

▼8 - 필드 링크와 일련번호 [반복] ; $8 - Field link and sequence number (R)

[KORMARC]

740 02 ▼a수의 세계

740 02 ▼a공간의 세계

[MARC21]

740 0#$aManual del adivino.

740 02$aSouth Pacific$h[sound recording].

■ 서지레코드의 실례 [26] 전자책

[KORMARC/KCR4]

007 crƀnnƀnnnuna

008 140319s2013ƀƀƀƀggkƀƀƀƀƀoƀdƀƀƀƀƀƀakorƀƀ

020 ƀƀ▼a9788936801007▼g03910

056 ƀƀ▼a912▼26

245 00▼a한권으로 정리한 이야기 중국사▼h[전자자료] /▼d조관희 엮음

246 04▼a(한권으로 정리한) 이야기 중국사▼h[전자자료] :▼b고대에서 현대까지 중국의 역사를 읽는다

246 30▼a이야기 중국사

260 ƀƀ▼a파주 :▼b청아출판사,▼c2013

300 ƀƀ▼a전자책 1책(439 p.) :▼b삽화

534 ƀƀ▼p원본:▼a조관희.▼t(한 권으로 정리한) 중국사.▼b개정[판].▼c서울 : 청아출판사, 2003.▼e502 p. : 삽화 ; 23 cm

538 ƀƀ▼a접근방법: URL:▼uhttp://e-book.knu.ac.kr/ebook/search_list.asp

538 ƀƀ▼a접근방법: 스마트폰에서 전자책 리더에 접속후 다운로드

540 ƀƀ▼a교내 도서관에서 사용하는 ID, PWD로 로그인 후 이용 가능

650 ƀ8▼a중국사[中國史]

651 ƀ8▼a중국(국명)[中國]

700 1ƀ▼a조관희

856 40▼uhttp://e-book.knu.ac.kr/ebook/search_list.asp

■ 서지레코드의 실례 [27] electronic book

[MARC21/AACR2R]

007 cr#unu|||||||

008 140226s2009####nyu#####o##d#########eng#d

020 ##$a9781466807037 (electronic bk.)

037 ##$adpvfhg9$b3M Cloud Library$nhttp://ebook.3m.com

041 1#$aeng$hger

082 04$a833.914$223

100 1#$aHandke, Peter.

240 10$aKurze Brief zum langen Abschied.$lEnglish

245 10$aShort letter, long farewell$h[electronic resource] /$cPeter Handke ; translated by Ralph Manheim ; introduction by Greil Marcus.

260 ##$aNew York :$bNew York Review Books,$c[2009].

300 ##$a1 online resource

336 ##$atext$btxt$2rdacontent

337 ##$acomputer$bc$2rdamedia

338 ##$aonline resource$bcr$2rdacarrier

490 1#$aNew York Review Books classics

500 ##$aElectronic book.

533 ##$aElectronic reproduction.$b[S.l.]$cFarrar, Straus and Giroux$d1974$nAvailable via World Wide Web.

538 ##$aMode of access: World Wide Web.

655 #0$aElectronic books.

700 1#$aManheim, Ralph,$d1907-1992.

710 2#$a3M Cloud Library.

710 2#$a3M Company.

830 #0$aNew York Review Books classics.

856 40$zAccess eNYPL$uhttp://ebook.3m.com/library/nypl-document_id-dpvfhg9

■ 서지레코드의 실례 [28] 전자저널

[KORMARC/KCR4]

007 crƀcnƀnnnunuun

008 140321s2002ƀƀƀƀulkƀƀƀƀƀoƀdƀƀƀƀƀƀaƀƀkorƀƀ

056 ƀƀ▼a430.5▼26

245 00▼a화학세계▼h[전자자료] /▼d대한화학회

260 ƀƀ▼a서울 :▼b대한화학회,▼c2002-

310 ƀƀ▼a월간

362 0ƀ▼a2002년 1월-

516 ƀƀ▼a전자저널 (PDF 파일)

530 ƀƀ▼a책자형태로도 발행됨

538 ƀƀ▼a접근방법: World wide web 및 Adobe Acrobat

650 ƀ8▼a화학[化學]

650 ƀ8▼a동향(동정)[動向]

710 ƀƀ▼a대한화학회

776 0ƀ▼t화학세계,▼x1255-004X

856 41▼uhttp://new.kcsnet.or.kr/pub_chemworld

■ 서지레코드의 실례 [29] electronic journal

[MARC21/AACR2R]

007 cr#an#|||||||

008 140324c20119999ii######o##d########eng#d

022 ##$a2250-1142

082 04$a025.042$223

245 00$aInternational journal of digital library services$h[electronic resource].

260 ##$aPunjab :$b[s.n.],$c2011-

310 ##$aQuarterly

336 ##$atext$btxt$2rdacontent

337 ##$acomputer$bc$2rdamedia

338 ##$aonline resource$bcr$2rdacarrier

362 0#$aVol. 1, issue. 1 (July-Sept. 2011)-

500 ##$aTitle from journal home page (viewed March 24, 2014).

516 ##$aText (electronic journal).

538 ##$aMode of access: World Wide Web and Adobe Acrobat.

650 #0$aDigital libraries$vPeriodicals.

650 #0$aLibraries$xAutomation$vPeriodicals.

650 #0$aInformation storage and retrieval systems$vPeriodicals.

655 #0$aElectronic journals.

856 40$uhttp://www.ijodls.in

■ 서지레코드의 실례 [30] 전자갱신자료

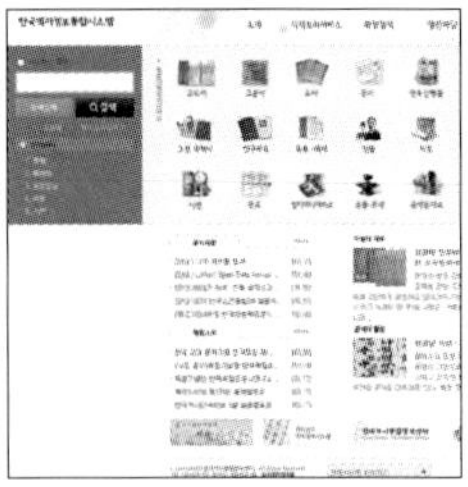

[KORMARC/KCR4]

007 crƀcnƀnnnunuun

008 140321s2001ƀƀƀƀggkƀƀƀƀƀoƀjƀƀƀƀƀƀaƀƀkorHC

056 ƀƀ▼a911▼26

245 00▼a한국역사정보통합시스템▼h[전자자료] /▼d국사편찬위원회 한국역사종합정보센터

260 ƀƀ▼a과천 :▼b한국역사종합정보센터,▼c[2001]-

362 1ƀ▼a2001-

500 ƀƀ▼a본표제는 메인 메뉴의 표제임 (2014. 3. 21.)

505 0ƀ▼a고도서 -- 고문서 -- 도서 -- 문서 -- 연속간행물 -- 고전국역서 -- 연구자료 -- 목록·해제 -- 인물 -- 지도 -- 사전 -- 연표 -- 멀티미디어자료 -- 유물-유적 -- 금석문자료 -- 조선시대 편년사서 -- 근현대 신문자료

516 ƀƀ▼a텍스트 및 그림파일

520 ƀƀ▼a2001년 3월 국사편찬위원회가 한국 역사 분야 종합정보센터로 지정되어 운영하는 한국 역사 분야 포털 사이트

538 ƀƀ▼a접근방법: World Wide Web

650 ƀ8▼a한국사[韓國史]

651 ƀ8▼a대한민국(국명)[大韓民國]

710 ƀƀ▼a국사편찬위원회.▼b한국역사종합정보센터

710 ƀƀ▼a한국역사종합정보센터

856 40▼uhttp://www.koreanhistory.or.kr

■ 서지레코드의 실례 [31] electronic integrating resource

[MARC21/AACR2R]

007 cr#unu|||||||

008 140312c20009999pau#####o##j#########eng#d

082 04$a005.7585$223

245 00$aMagPortal.com$h[electronic resource] /$cby Hot Neuron LLC.

246 0#$iTitle from HTML source code:$aMagPortal.com: magazine article

search engine and directory.

246 30$aMag portal.

260 ##$aBryn Mawr, Pa. :$bHot Neuron LLC,$c2000-

336 ##$atext$btxt$2rdacontent

337 ##$acomputer$bc$2rdamedia

338 ##$aonline resource$bcr$2rdacarrier

362 1#$a2000-

500 ##$aTitle from home page (viewed March 12, 2014)

505 0#$aBusiness -- Computers & Electronics -- Education & Reference -- Entertainment & Leisure -- Family & Home -- Finance & Investment -- Health -- Internet -- Pets & Animals -- Science & Technology -- Society, Politics & Culture -- Sports & Recreation

520 ##$aProvides access to free magazine articles on the internet, indexes more than 140 periodicals and provides links to the full text of articles, groups the articles by categories and subcategories for browsing, includes a search engine, and provides a link to similar articles for some items.

538 ##$aMode of access: World Wide Web.

650 #0$aPeriodicals$vDatabases.

650 #0$aPeriodicals$vIndexes.

710 2#$aHot Neuron LLC.

856 40$uhttp://www.magportal.com

제14장 연관저록과 총서부출표목

제13장에서는 연관저록과 총서부출표목에 대해 살펴본다. 이는 KORMARC의 760 필드에서부터 856 필드에 이른다. 그럼, 각각의 필드를 살펴보자.

1. 연관저록

연관저록을 나타내는 필드에는 해당 자료와 번역본, 번역본과 원저와의 관계, 자료의 구성요소와 기본자료와의 관계 등 관련 서지자료 간의 관계를 표시한다. 연관저록 필드는 관련 자료에 대한 레코드를 기계적으로 연결시켜 주기 위해 사용한다. 연관저록에 기술된 내용이 주기사항으로 출력하기에 적절하지 않은 경우에는 그 내용을 자유스런 형식의 주기로 표현하여 580 필드(연관저록 설명 주기)에 나타낸다. 연관저록과 관련이 있는 필드가 주기사항(5XX)에 설정되어 있는 경우에는 관련 주기 필드에 기술한다. 연관저록 필드가 주기사항에 출력될 때(제1지시기호가 '0'), 필드별로 해당 표출어를 자동으로 출력한다. 언어별 표출어는 040 필드(목록작성기관)의 ▼b(목록언어)에 의거하여 서지레코드에 작성된 언어에 따라 시스템에서 표출어를 생성할 수 있다. 이를 위해서는 한글로 된 각 표출어에 대응하는 영어와 한자로 된 표출어 리스트를 작성할 필요가 있다.

1) 760 상위총서 저록 [반복/재량]
; 760 Main Series Entry (R)

760 필드에는 간행물이 하위총서로서 상위총서의 저록과 연결시켜야 할 필요성이 있을 경우(수직적 관계), 상위총서에 관한 사항을 기술한다.

제1지시기호 - 주기 표시 제어 ; First Indicator - Note controller

0 - 주기로 표시한다 ; 0 - Display note

1 - 주기로 표시하지 않는다 ; 1 - Do not display note

제2지시기호 - 표출어 제어 ; Second Indicator - Display constant controller

b̸ - 상위총서 ; # - Main series

8 - 표출어를 생성하지 않음 ; 8 - No display constant generated

식별기호 ; Subfield Codes

▼a - 기본표목 ; $a - Main entry heading ☞【RDA: 25.1】

▼b - 판차 ; $b - Edition

▼c - 부가적 식별정보 ; $c - Qualifying information ☞【RDA: 25.1】

▼d - 발행지, 발행처, 발행년 ; $d - Place, publisher, and date of publication

▼g - 관련 부분 [반복] ; $g - Related parts (R) ☞【RDA: 25.1】

▼h - 형태기술 ; $h - Physical description

▼i - 관계정보 [반복]; $i - Relationship information (R) ☞【RDA: 25.1】

▼m - 대상자료별 세부사항 ; $m - Material-specific details ☞【RDA: 25.1】

▼n - 주기 [반복] ; $n - Note (R) ☞【RDA: 25.1】

▼o - 기타 식별기호 [반복] ; $o - Other item identifier (R) ☞【RDA: 25.1】

▼s - 통일표제 ; $s - Uniform title ☞【RDA: 25.1】

▼t - 표제 ; $t - Title ☞【RDA: 25.1】

▼w - 레코드 제어번호 [반복] ; $w - Record control number (R) ☞【RDA: 25.1】

▼x - 국제표준연속간행물번호(ISSN) ; $x - International Standard Serial Number

▼y - CODEN 표시 ; $y - CODEN designation

▼4 - 관계 부호 [반복] ; $4 - Relationship code (R)

▼6 - 대체문자 연결 ; $6 - Linkage

▼7 - 제어 식별기호 ; $7 - Control subfield

/0 - 기본표목 유형 ; 0 - Type of main entry heading

/1 - 이름의 형식 ; 1 - Form of name

/2 - 레코드형태 ; 2 - Type of record

/3 - 서지수준 ; 3 - Bibliographic level

▼8 - 필드 링크와 일련번호 [반복] ; $8 - Field link and sequence number (R)

[MARC21]

760 0#$7c1as$aUnited States. Geological Survey.$tWater supply papers

760 0#$aUnited States. Geological Survey.$tWater supply papers

110 1#$aUnited States.$bGeological Survey.

245 10$aQuality of surface waters of the United States.

2) 762 하위총서 저록 [반복/재량] ; 762 Subseries Entry (R)

762 필드에는 간행물이 상위총서로서 하위총서의 저록과 연결시켜야 할 필요성이 있을 경우(수직적 관계), 하위총서에 관한 사항을 기술한다.

제1지시기호 - 주기 표시 제어 ; First Indicator - Note controller
  0 - 주기로 표시한다 ; 0 - Display note
  1 - 주기로 표시하지 않는다 ; 1 - Do not display note
제2지시기호 - 표출어 제어 ; Second Indicator - Display constant controller
  ƀ - 하위총서 ; # - Has subseries
  8 - 표출어를 생성하지 않음 ; 8 - No display constant generated
식별기호 - 760 필드와 동일

[MARC21]

762 0#$tQuality of surface waters of the United States
762 0#$tEvaporation control research
110 1#$aUnited States.$bGeological Survey.
245 10$aGeological Survey water-supply paper.

3) 765 원저 저록 [반복/해당시필수] ; 765 Original Language Entry (R)

저작과 번역본이 모두 입수되고 각각 서지레코드를 작성하는 경우, 번역본의 서지레코드 작성 시 그 원저에 관한 사항을 765 필드에 기술한다.

제1지시기호 - 주기 표시 제어 ; First Indicator - Note controller
  0 - 주기로 표시한다 ; 0 - Display note
  1 - 주기로 표시하지 않는다 ; 1 - Do not display note
제2지시기호 - 표출어 제어 ; Second Indicator - Display constant controller
  ƀ - 원저자료 ; # - Translation of
  8 - 표출어를 생성하지 않음 ; 8 - No display constant generated

식별기호 ; Subfield Codes

▼a - 기본표목 ; $a - Main entry heading ☞【RDA: 26.1】

▼b - 판차 ; $b - Edition

▼c - 부가적 식별정보 ; $c - Qualifying information ☞【RDA: 26.1】

▼d - 발행지, 발행처, 발행년 ; $d - Place, publisher, and date of publication

▼g - 관계부분 [반복] ; $g - Related parts (R) ☞【RDA: 26.1】

▼h - 형태기술 ; $h - Physical description

▼i - 관계정보 ; $i - Relationship information (R) ☞【RDA: 26.1】

▼k - 관련 자료의 총서사항 [반복] ; $k - Series data for related item (R)

▼m - 대상자료별 세부사항 ; $m - Material-specific details ☞【RDA: 26.1】

▼n - 주기 반복] ; $n - Note (R) ☞【RDA: 26.1】

▼o - 기타 식별기호 [반복] ; $o - Other item identifier (R) ☞【RDA: 26.1】

▼r - 보고서번호 [반복] ; $r - Report number (R) ☞【RDA: 26.1】

▼s - 통일표제 ; $s - Uniform title ☞【RDA: 26.1】

▼t - 표제 ; $t - Title ☞【RDA: 26.1】

▼u - 표준기술보고서번호(STRN) ; $u - Standard Technical Report Number ☞【RDA: 26.1】

▼w - 레코드 제어번호 [반복] ; $w - Record control number (R) ☞【RDA: 26.1, 27.1】

▼x - 국제표준연속간행물번호(ISSN) ; $x - International Standard Serial Number

▼y - CODEN 표시 ; $y - CODEN designation

▼z - 국제표준도서번호(ISBN) [반복] ; $z - International Standard Book Number (R)

▼4 - 관계 부호 [반복] ; $4 - Relationship code (R)

▼6 - 대체문자 연결 ; $6 - Linkage

▼7 - 제어 식별기호 ; $7 - Control subfield (NR)

/0 - 기본표목 유형 ; 0 - Type of main entry heading

/1 - 이름의 형식 ; 1 - Form of name

/2 - 레코드형태 ; 2 - Type of record

/3 - 서지수준 ; 3 - Bibliographic level

▼8 - 필드 링크와 일련번호 [반복] ; $8 - Field link and sequence number (R)

[KORMARC]

765 0₺ ▼aMaugham, William Somerset. ▼tOf Human bondage, ▼z0877790105

⇒ 원저자료: Maugham, William Somerset. Of Human bondage, ISBN 0-8777-9010-5

245 00 ▼a인간의 굴레 / ▼d썸머셋 모옴

[MARC21]

765 0#$tAstrofizicheskie issledovaniíà$w(DLC)###78648457#$w(OCoLC)4798581

⇒ Translation of: Astrofizicheskie issledovaniíà

130 0#$aAstrofizicheskie issledovaniíà.$lEnglish.

245 10$aBulletin of the Special Astrophysical Observatory-North Caucasus.

765 1#$tMashinovedenie$w(DLC)###90646274#$w(OCoLC)6258868

130 0#$aMashinovedenie.$lEnglish.

580 ##$a"Abridged translation of Mashinovedenie."

4) 767 번역 저록 [반복/재량]
; 767 Translation Entry (R)

원저작과 번역본이 모두 입수되고 각각 서지레코드를 작성하는 경우, 원저작의 서지레코드 작성 시에 그 번역본에 관한 사항을 767 필드에 기술한다.

제1지시기호 - 주기 표시 제어 ; First Indicator - Note controller

0 - 주기로 표시한다 ; 0 - Display note

1 - 주기로 표시하지 않는다 ; 1 - Do not display note

제2지시기호 - 표출어 제어 ; Second Indicator - Display constant controller

b̸ - 번역자료 ; # - Translation as

8 - 표출어를 생성하지 않음 ; 8 - No display constant generated

식별기호 - 765 필드와 동일

[KORMARC]

767 0b̸ ▼aAhn, Jeong Hyo. ▼tWhite badge, ▼z0874343508

245 00 ▼a하얀전쟁 / ▼d안정효

[MARC21]

767 0#$tAstrofizicheskie issledovaniíà. English. Bulletin of the Special Astrophysical Observatory (North Caucasus)$x0190-2709$w(DLC)###86649325#$w(OCoLC)4698159

245 00$aAstrofizicheskie issledovaniíà.

5) 770 보유판 및 특별호 저록 [반복/재량]
; 770 Supplement/Special Issue Entry (R)

770 필드는 해당 자료가 별도의 레코드로 작성되거나 목록이 되는 보유판이나 특별호가 있는 경우, 그 사항을 기술한다.

제1지시기호 - 주기 표시 제어 ; First Indicator - Note controller
0 - 주기로 표시한다 ; 0 - Display note
1 - 주기로 표시하지 않는다 ; 1 - Do not display note
제2지시기호 - 표출어 제어 ; Second Indicator - Display constant controller
ƀ - 부록/보유자료 ; # - Has supplement
8 - 표출어를 생성하지 않음 ; 8 - No display constant generated
식별기호 - 765 필드와 동일

[KORMARC]

770 0ƀ ▼a국토개발 참여기업 명감, ▼z8941407234

245 00 ▼a국토개발종합계획보고서

[MARC21]

770 0#$tDirectory: United States, territories, and Canada $w(DLC)###78646712#$w(OCoLC)4579783

245 00$aNews of the Cooperative Health Statistics System.

770 0#$tJournal of cellular biochemistry. Supplement$x0733-1959

245 00$aJournal of cellular biochemistry.

6) 772 모체 레코드 저록 [반복/해당시필수]
; 772 Supplement Parent Entry (R)

기술대상자료가 별책부록일 경우에 '모체본' 또는 '母體本'이라는 어구를 앞세워 주기한다(KCR4 1.7.3.21 2)). 해당 자료가 보유판, 부록, 특별호일 경우, 그 모체 자료에 관한 사항을 772 필드에 기술한다.

제1지시기호 - 주기 표시 제어 ; First Indicator - Note controller
0 - 주기로 표시한다 ; 0 - Display note
1 - 주기로 표시하지 않는다 ; 1 - Do not display note
제2지시기호 - 표출어 제어 ; Second Indicator - Display constant controller
b̸ - 본편 ; # - Supplement to
0 - 모체 자료 ; 0 - Parent
8 - 표출어를 생성하지 않음 ; 8 - No display constant generated
식별기호 - 765 필드와 동일

[KORMARC]

772 0b̸ ▼t국문학논문집 ⇒ 본편: 국문학논문집

245 00 ▼a국문학논집. ▼n속편

772 00 ▼t신동아, ▼g1985년 1월호 ⇒ 모체 자료: 신동아, 1985년 1월호

245 00 ▼a현대한국의 명저 100권 / ▼d동아일보사 편

772 08 ▼i母體本: ▼t靈光金氏世譜 / ▼a영광김씨세보소

245 00 ▼a靈光金氏誌狀錄 / ▼d韓用龜 [外]撰

[MARC21]

772 0#$tWorld agricultural situation (Washington, D.C. : 1970)$x0084-1358$w(DLC) sf#81008035#

⇒ Supplement to: World agricultural situation (Washington, D.C. : 1970). ISSN 0084-1358

245 00$aAgricultural situation.$pAfrica and the Middle East.

772 1#$tStatistiques pour l'économie normande$g1979-$w(OCoLC)6260766

772 1#$tAval$g〈1982-〉

245 00$aDonnées statistiques pour la Haute-Normandie.

580 ##$aSupplement to: Statistiques pour l'économie normande, 1979- ; supplement to: Aval, 〈1982-〉

7) 773 기본자료 저록 [반복/해당시필수] ; 773 Host Item Entry (R)

기술대상자료가 다른 자료의 구성요소로 수록된 경우에는 '수록처' 또는 '收錄處'라는 어구를 앞세워 모체자료의 서지사항을 773 필드에 주기한다(KCR4 1.7.3.22). 해당 자료의 서지수준(리더의 7번째 자리)이 단행본의 구성요소(a)인 경우에는 기본자료에 관한 사항을 기술한다.

제1지시기호 - 주기 표시 제어 ; First Indicator - Note controller
  0 - 주기로 표시한다 ; 0 - Display note
  1 - 주기로 표시하지 않는다 ; 1 - Do not display note
제2지시기호 - 표출어 제어 ; Second Indicator - Display constant controller
  ⌀ - 수록자료 ; # - In
  8 - 표출어를 생성하지 않음 ; 8 - No display constant generated
식별기호 ; Subfield Codes
  ▼3 - 자료 범위 지정 ; $3 - Materials specified
  나머지는 765 필드와 동일

[KORMARC]

773 0⌀ ▼t제2회 이상문학상수상작품집. ▼d서울 : 문학사상사, 1978, ▼gp. 235-384

245 00 ▼a잔인한 都市 / ▼d이청준

773 0⌀ ▼t生六臣先生集 / ▼a조기영

245 00 ▼a耕隱逸稿 / ▼d李孟專 著

[MARC21]

773 0#$7p1am$aDesio, Ardito, 1897-$tGeographical features of the Karakorum.$dMilano : ISMEO, 1991

773 0#$7c2tc$aMassachusetts. Commission on Consumer Affairs$tRecords$w(MaRG)170

8) 775 이판(異版) 저록 [반복/해당시필수] ; 775 Other Edition Entry (R)

775 필드에는 해당 자료가 이용 가능한 다른 판본이 있는 경우, 이에 관한 사항을 기술한다. 이용 가능한 다른 판본에는 재판, 이판(異版), 언어가 다른 판 등이 있다. 언어가 다른 판은 동일한 발행자에 의하여 간행되는 경우를 말한다.

제1지시기호 - 주기 표시 제어 ; First Indicator - Note controller
　0 - 주기로 표시한다 ; 0 - Display note
　1 - 주기로 표시하지 않는다 ; 1 - Do not display note
제2지시기호 - 표출어 제어 ; Second Indicator - Display constant controller
　ɓ - 이용 가능한 다른 판 ; # - Other edition available
　8 - 표출어를 생성하지 않음 ; 8 - No display constant generated
식별기호 ; Subfield Codes
　▼e - 언어부호 ; $e - Language code
　▼f - 국가부호 ; $f - Country code
　나머지는 765 필드와 동일

[KORMARC]

775 0ɓ ▼tKOREA, ▼x1043-2343 ▼eeng

245 00 ▼a오늘의 한국

[MARC21]

775 0#$tCuba economic news$x0590-2932$eeng$w(OCoLC)2259984

130 0#$aCuba economic news.$lSpanish.

245 10$aCuba noticias económicas.

580 ##$aIssued also in English: Cuba economic news.

775 0#$tModern maturity$x0026-8046$w(DLC)###63047860#$w(OCoLC)1758471

130 0#$aModern maturity (NRTA ed.)

245 00$aModern maturity :$bpublication of the American Association of Retired Persons.

250 ##$aNRTA ed.

9) 776 기타 형태 저록 [반복/재량]
; 776 Additional Physical Form Entry (R)

다른 형태의 자료가 독립저록된 경우에는 형태를 나타내는 어구 다음에 표제와 표제관련정보, 표준번호 등을 함께 기술한다(1.7.3.15). 776 필드에는 해당 자료가 이용 가능한 다른 물리적 형태의 자료로도 간행되고 있을 경우, 이에 관한 사항을 기술한다.

제1지시기호 - 주기 표시 제어 ; First Indicator - Note controller
  0 - 주기로 표시한다 ; 0 - Display note
  1 - 주기로 표시하지 않는다 ; 1 - Do not display note
제2지시기호 - 표출어 제어 ; Second Indicator - Display constant controller
  ␢ - 이용 가능한 다른 형태 자료 ; # - Available in another form
  8 - 표출어를 생성하지 않음 ; 8 - No display constant generated
식별기호 - 765 필드와 동일

[KORMARC]

776 0␢ ▼t일본의 농업실태 보고서. ▼z8942203324

[MARC21]

776 0#$tCollege English$x0010-0994$w(DLC)sc#84007753#$w(OCoLC)3546316

245 00$aCollege English.

530 ##$aAlso available on microfilm from University Microfilms.

776 0#$tAmericas$x0003-1615$w(OCoLC)8370205

245 04$aThe Americas.

530 ##$aAlso available on microfilm from University Microfilms.

10) 777 동시발간 저록 [반복/해당시필수]
; 777 Issued With Entry (R)

777 필드는 해당 자료와 수평관계에서 해당 자료에 포함되어 발간되거나 해당 자

료와 함께 발행되었지만 별도로 목록이 작성된 자료에 대한 정보를 기술한다.

제1지시기호 - 주기 표시 제어 ; First Indicator - Note controller

0 - 주기로 표시한다 ; 0 - Display note

1 - 주기로 표시하지 않는다 ; 1 - Do not display note

제2지시기호 - 표출어 제어 ; Second Indicator - Display constant controller

b̸ - 동시발간 ; # - Issued with

8 - 표출어를 생성하지 않음 ; 8 - No display constant generated

식별기호 ; Subfield Codes

▼a - 기본표목 ; $a - Main entry heading ☞【RDA: 25.1】

▼b - 판차 ; $b - Edition ☞【RDA: 27.1】

▼c - 부가적 식별정보 ; $c - Qualifying information ☞【RDA: 25.1】

▼d - 발행지, 발행처, 발행년 ; $d - Place, publisher, and date of publication ☞【RDA: 27.1】

▼g - 관계표시 [반복] ; $g - Related parts (R) ☞【RDA: 27.1】

▼h - 형태기술 ; $h - Physical description ☞【RDA: 27.1】

▼i - 관계정보 ; $i - Relationship information ☞【RDA: 27.1】

▼k - 관련 자료의 총서사항 [반복] ; $k - Series data for related item (R)

▼m - 대상자료별 세부사항 ; $m - Material-specific details ☞【RDA: 27.1】

▼n - 주기 [반복] ; $n - Note (R) ☞【RDA: 27.1】

▼o - 기타 식별기호 [반복] ; $o - Other item identifier (R) ☞【RDA: 27.1】

▼s - 통일표제 ; $s - Uniform title ☞【RDA: 25.1】

▼t - 표제 ; $t - Title ☞【RDA: 27.1】

▼w - 레코드 제어번호 [반복] ; $w - Record control number (R) ☞【RDA: 27.1】

▼x - 국제표준연속간행물번호(ISSN) ; $x - International Standard Serial Number ☞【RDA: 27.1】

▼y - CODEN 표시 ; $y - CODEN designation ☞【RDA: 27.1】

▼4 - 관계부호 [반복] ; $4 - Relationship code (R)

▼6 - 대체문자 연결 ; $6 - Linkage

▼7 - 제어 식별기호 ; $7 - Control subfield

/0 - 기본표목 유형 ; /0 - Type of main entry heading

/1 - 이름의 형식 ; /1 - Form of name

/2 - 레코드형태 ; /2 - Type of record

/3 - 서지수준 ; /3 - Bibliographic level

▼8 - 필드 링크와 일련번호 [반복] ; $8 - Field link and sequence number (R)

[KORMARC]

777 0ƀ ▼tMythprint, ▼x0146-9347 ⇒ 동시발간자료: Mythprint, ISSN 0146-9347

[MARC21]

777 1#$tCurrent drug handbook$g1962-$x0070-1939 $w(DLC)###58006390#$w(OCoLC)1565622[Record for target item]

777 1#$tDrug, the nurse, the patient$w(DLC)###66015620#$w(OCoLC)3995456[Related record]

11) 780 선행 저록 [반복/해당시필수] ; 780 Preceding Entry (R)

780 필드에는 해당 자료에 선행저록이 있는 경우, 그 간행물에 관한 사항을 기술한다. 표출어를 다르게 표현하거나 제2지시기호에 의해 관계의 유형 표현이 어려울 경우에는 580 필드(연관저록 설명 주기)에 기술한다. 관계의 유형별 표출어는 제2지시기호에 따라 〈표 14〉와 같이 자동 생성한다. 다만 MARC21의 제2지시기호 '4'의 경우는 관계의 유형 표현이 자동으로 되기 어려우므로 580 필드에서 관계의 유형을 표시한다.

표 14 선행 저록의 표출어

지시기호	KORMARC	MARC21
0	개제선행자료:	Continues:
1	일부개제선행자료:	Continues in part:
2	대체선행자료:	Supersedes:
3	일부대체선행자료:	Supersedes in part:
4	선행저록합병자료:	Formed by the union: ... and: ...
5	흡수선행자료:	Absorbed:
6	일부흡수선행자료:	Absorbed in part:
7	분리선행자료:	Separated from:

제1지시기호 - 주기 표시 제어 ; First Indicator - Note controller

0 - 주기로 표시한다 ; 0 - Display note

1 - 주기로 표시하지 않는다 ; 1 - Do not display note

제2지시기호 - 관계의 유형 ; Second Indicator - Type of relationship

0 - ○○○을(를) 개제 ; 0 - Continues

1 - ○○○을(를) 일부 개제 ; 1 - Continues in part

2 - ○○○의 대체 ; 2 - Supersedes

3 - ○○○의 일부 대체 ; 3 - Supersedes in part

4 - ○○○과(와) ○○○을(를) 합병 ; 4 - Formed by the union of ... and ...

5 - ○○○을(를) 흡수 ; 5 - Absorbed

6 - ○○○을(를) 일부 흡수 ; 6 - Absorbed in part

7 - ○○○로(으로)부터 분리 ; 7 - Separated from

식별기호 - 765 필드와 동일

[KORMARC]

780 00 ▼t엘레강스,$g제1권 제1호 (1976년 4월)-제8권 제7호 (1983년 7월)

245 00 ▼a여성자신

[MARC21]

780 02$tHespéris$w(OCoLC)1752037#

245 00$aHespéris tamuda.

580 ##$aMerger of: Annales de géophysique and: Annali de geofisica.

780 14$tAnnales de géophysique$x0003-4029$w(OCoLC)1481255$w(DLC)###52016346#

780 14$tAnnali de geofisica$w(OCoLC)1847060$w(DLC)gs#49000041#

245 00$aAnnales geophysicae.

12) 785 후속 저록 [반복/해당시필수] ; 785 Succeeding Entry (R)

785 필드에는 해당 자료에 후속 저록이 있는 경우, 그 자료에 관한 사항을 기술한다. 표출어를 다르게 표현하거나 제2지시기호에 의해 관계의 유형 표현이 어려울 경우에는 580 필드(연관저록 설명 주기)에 기술한다. 관계의 유형별 표출어는 제2지시기호에 따라 〈표 15〉와 같이 자동 생성한다. 다만 MARC21의 제2지시기호 '6'과 '7'의 경우

는 관계의 유형 표현이 자동으로 되기 어려우므로, 580 필드에서 관계의 유형을 표시한다.

표 15 후속 저록의 표출어

지시기호	KORMARC	MARC21
0	개제후속자료:	Continued by:
1	일부개제후속자료:	Continued in part by:
2	대체후속자료:	Superseded by:
3	일부대체후속자료:	Superseded in part by:
4	흡수후속자료:	Absorbed by:
5	부분흡수후속자료:	Absorbed in part by:
6	분리후속자료:	Split into: ... and ...
7	합병후속자료:	Merged with: ... to form ...
8	소급변경후속자료	Changed back to:

제1지시기호 - 주기 표시 제어 ; First Indicator - Note controller

0 - 주기로 표시한다 ; 0 - Display note

1 - 주기로 표시하지 않는다 ; 1 - Do not display note

제2지시기호 - 관계의 유형 ; Second Indicator - Type of relationship

0 - ○○○으로(로) 개제 ; 0 - Continued by

1 - ○○○으로(로) 일부 개제 ; 1 - Continued in part by

2 - ○○○으로(로) 대체 ; 2 - Superseded by

3 - ○○○으로(로) 일부 대체 ; 3 - Superseded in part by

4 - ○○○으로(로) 흡수 ; 4 - Absorbed by

5 - ○○○의 한 부분으로 흡수 ; 5 - Absorbed in part by

6 - ○○○과(와) ○○○으로(로) 분리 ; 6 - Split into ... and ...

7 - ○○○에 합병 ; 7 - Merged with ... to form ...

8 - ○○○으로(로) 소급변경 ; 8 - Changed back to

식별기호 - 765 필드와 동일

[KORMARC]

785 00$t여성자신,$g제8권 제8호 (1983년 8월)- $x0349-1234

⇒ 개제후속자료: 여성자신, 제8권 제8호 (1983년 8월)- . ISSN 0349-1234

245 00$a엘레강스

[MARC21]

785 00$tTEIC quarterly seismological bulletin$x0741-1898$w(DLC)sc#83007721#

⇒ Continued by: TEIC quarterly seismological bulletin. ISSN 0741-1898

245 00$aPreliminary seismological bulletin

785 17$tServices correctionnels au Canada$x0711-6810

785 17$tAdult correctional services in Canada$x0715-2973

245 10$aCorrectional services in Canada.

580 ##$aMerged with Services correctionnels au Canada. ISSN 0711-6810 to become Adult correctional services in Canada. ISSN 0715-2973.

13) 787 비특정적 관계 저록 [반복/재량] ; 787 Nonspecific Relationship Entry (R)

787 필드에는 해당 자료가 760~786 필드에 적용하기 적당하지 않은 연관 관계를 가진 자료가 있는 경우, 그 자료에 관한 사항을 기술한다.

제1지시기호 - 주기 표시 제어 ; First Indicator - Note controller
- 0 - 주기로 표시한다 ; 0 - Display note
- 1 - 주기로 표시하지 않는다 ; 1 - Do not display note

제2지시기호 - 표출어 제어 ; Second Indicator - Display constant controller
- b̸ - 관련 자료 ; # - Related item
- 8 - 표출어를 생성하지 않음 ; 8 - No display constant generated

식별기호 - 765 필드와 동일

[MARC21]

580 ##$aCompanion publication to: Empire State report (1982).

787 0#$aEmpire State report (1982)$x0747-0711$w(DLC)###84647292#$w(OCoLC) 8541622

245 00$aEmpire State report weekly.

580 ##$aComplemented by: Empire State report weekly.

787 0#$tEmpire State report weekly$x0745-8622$w(DLC)###84647299#$w(OCoLC) 9403759

130 0#$aEmpire State report (1982)

2. 총서부출표목

MARC21은 2009년부터, KORMARC는 2014년부터, 490 필드는 단순한 총서사항으로서, 더 이상 총서부출표목(접근점)으로서는 기능하지 않기 때문에, 총서사항에 대한 부출이 필요하면 800~830 필드에서 적절하게 해당 접근점이 주어져야 한다.

1) 800 총서부출표목—개인명 [반복/해당시필수] ; 800 Series Added Entry—Personal Name (R)

800 필드는 저자/표제 총서부출표목 중 저자 부분이 개인명일 경우, 그 형태가 해당 총서사항과 다를 때 사용한다.

제1지시기호 - 개인명의 유형 ; First Indicator - Type of personal name entry element
- 0 - 성으로 시작하지 않는 이름 ; 0 - Forename
- 1 - 성으로 시작하는 이름 ; 1 - Surname
- 3 - 가계명(家系名) ; 3 - Family name

제2지시기호 - 미정의 ; Second Indicator - Undefined

식별기호 - 700 필드와 동일

[MARC21]

800 1#$aJoyce, James,$d1882-1941.$tJames Joyce archive.

490 1#$aThe James Joyce archive

800 1#$aDarnell, Jack.$tEdible wild plants of the planet earth.

490 1#$aEdible wild plants of the planet earth

2) 810 총서부출표목—단체명 [반복/해당시필수]
; 810 Series Added Entry—Corporate Name (R)

810 필드는 저자/표제 총서부출표목 중 저자 부분이 단체명일 경우, 그 형태가 해당 총서사항과 다를 때 사용한다.

제1지시기호 - 미정의 ; First Indicator - Type of corporate name entry element
; 0 - Inverted name
; 1 - Jurisdiction name
; 2 - Name in direct order
제2지시기호 - 미정의 ; Second Indicator - Undefined
식별기호 - 710 필드와 동일

[MARC21]

810 2#$aCentral Institute of Indian Languages.$tCIIL linguistic atlas series ;$v1.
490 1#$aCIIL linguistic atlas series ;$v1

810 1#$aUnited States.$bArmy Map Service.$tA.M.S.,$vZ201.
810 1#$aUnited States.$bArmy Map Service.$tSpecial Africa series,$vno. 12.
110 1#$aUnited States.$bArmy Map Service.
490 1#$aSeries Z201. Special Africa series,$vno. 12

3) 811 총서부출표목—회의명 [반복/해당시필수]
; 811 Series Added Entry—Meeting Name (R)

811 필드는 저자/표제 총서부출표목 중 저자 부분이 회의명이나 집회명일 경우, 그 형태가 해당 총서사항과 다를 때 사용한다.

제1지시기호 - 미정의 ; First Indicator - Type of corporate name entry element
; 0 - Inverted name
; 1 - Jurisdiction name
; 2 - Name in direct order

제2지시기호 - 미정의 ; Second Indicator - Undefined

식별기호 - 711 필드와 동일

[MARC21]

811 2#$aInternational Congress of Nutrition$n(11th :$d1978 :$cRio de Janeiro, Brazil).
$tNutrition and food science ;$vv. 1.

490 1#$aNutrition and food science ;$vv. 1

811 2#$aDelaware Symposium on Language Studies.$tDelaware symposia on language studies ;$v4.

490 1#$aDelaware symposia on language studies ;$v4

4) 830 총서부출표목—통일표제 [반복/해당시필수] ; 830 Series Added Entry—Uniform Title (R)

총서표제에 대한 부출표목(접근점)으로 이 필드를 사용한다.

제1지시기호 - 미정의 ; First Indicator ; - Undefined

제2지시기호 - 관제 및 관사 출력형태 ; Second Indicator - Nonfiling characters

0 - 그대로 인쇄 0~9 - Number of nonfiling characters

1 - 원괄호를 제외하고 인쇄

식별기호 ; Subfield Codes

▼a - 통일표제 ; $a - Uniform title ☞【RDA: 6.2.2, 6.3~6.6】

▼d - 조약 체결 일자 [반복] ; $d - Date of treaty signing (R) ☞【RDA: 6.4】

▼f - 저작 연도 ; $f - Date of a work ☞【RDA: 6.4, 6.10】

▼g - 기타 정보 ; $g - Miscellaneous information

▼h - 자료유형표시 ; $h - Medium ☞【RDA: 6.9】

▼k - 형식 부표목 [반복] ; $k - Form subheading (R) ☞【RDA: 6.12】

▼l - 저작의 언어 ; $l - Language of a work ☞【RDA: 6.11】

▼m - 연주 수단 [반복] ; $m - Medium of performance for music (R) ☞【RDA: 6.15】

▼n - 권차/회차 [반복] ; $n - Number of part/section of a work (R) ☞【RDA: 6.2.2, 6.16】

▼o - 편곡 ; $o - Arranged statement for music ☞【RDA: 6.12】

▼p - 권차/회차표제 [반복] ; $p - Name of part/section of a work (R)

☞【RDA: 6.2.2】

▼r - 음악자료의 장·단조 ; $r - Key for music ☞【RDA: 6.17】

▼s - 판 ; $s - Version ☞【RDA: 6.12】

▼t - 저작의 표제 ; $t - Title of a work

▼v - 권차/순차표시 ; $v - Volume/sequential designation ☞【RDA: 2.12.9, 2.12.17】

▼w - 서지 레코드 제어번호 [반복] ; $w - Bibliographic record control number (R)

☞【RDA: 25.1】

▼x - 국제표준연속간행물번호(ISSN) ; $x - International Standard Serial Number

☞【RDA: 2.12.8, 2.12.16】

▼0 - 전거레코드 제어번호 [반복] ; $0 - Authority record control number (R)

▼3 - 자료 범위 지정 ; $3 - Materials specified

▼5 - 필드 적용 기관 ; $5 - Institution to which field applies (R)

▼6 - 대체문자 연결 ; $6 - Linkage

▼8 - 필드 링크와 일련번호 [반복] ; $8 - Field link and sequence number (R)

[KORMARC]

830 0ɓ ▼a연구보고서 (한국원자력연구소) ; ▼v5

490 10 ▼a연구보고서 ; ▼v5

830 0ɓ ▼a연구보고서 (한국교육개발원) ; ▼v17

490 10 ▼a연구보고서 ; ▼v17

[MARC21]

830 #0$aMusica da camera (Oxford University Press) ;$v72.

490 1#$aMusica da camera ;$v72

830 #4$aThe teenage years.$h[Videorecording]

490 1#$aThe teenage years

3. 소장사항

1) 850 소장기관 [반복/재량]
; 850 Holding Institution (R)

850 필드에는 해당 자료를 소장하고 있는 기관의 부호를 KORMARC는 '한국도서관 및 기타 서지작성기관 부호표', MARC21은 'Organization Code Sources'를 참조하여 기술한다.

지시기호 - 미정의 ; Indicators - Undefined
식별기호 ; Subfield Codes
▼a - 소장기관 [반복] ; $a - Holding institution (R)
▼6 - 대체문자 연결 ; $6 - Linkage
▼8 - 필드 링크와 일련번호 [반복] ; $8 - Field link and sequence number (R)

[KORMARC]
850 ɓɓ ▼a011001 ▼a211014 ▼a341012

[MARC21]
850 ##$aAAP$aCU$aDLC$aMiU

2) 852 소장위치 [반복/재량]
; 852 Location (R)

소장자료의 위치에 관한 정보를 기술한다. 이 정보는 그 자료를 소장하고 있는 기관이나 이용할 수 있는 장소에 대한 간략정보와 소장자료 내에서 해당 자료 위치에 대한 상세정보를 포함한다.

제1지시기호 - 배가 방식 ; First Indicator - Shelving scheme
ɓ - 정보가 제공되지 않음 ; # - No information provided

0 - KDCP ; 0 - Library of Congress classification

1 - KDC ; 1 - Dewey Decimal classification

2 - DDC ; 2 - National Library of Medicine classification

3 - LC 분류기호 ; 3 - Superintendent of Documents classification

4 - NLMC ; 4 - Shelving control number

5 - 서가번호 ; 5 - Title

6 - 서명 ; 6 - Shelved separately

7 - 분산배가 ; 7 - Source specified in subfield $2

8 - 식별기호 ▼2에 명시된 배가 방식 ; 8 - Other scheme

9 - 기타

제2지시기호 - 배가 순서 ; Second Indicator - Shelving order

b̸ - 정보가 제공되지 않음 ; # - No information provided

0 - 권호순 배가를 하지 않음 ; 0 - Not enumeration

1 - 제1차 권호순 ; 1 - Primary enumeration

2 - 제2차 권호순 ; 2 - Alternative enumeration

식별기호 ; Subfield Codes

▼a - 소장도서관 부호 또는 도서관명 ; $a - Location

▼b - 하위 기관 또는 집서 [반복] ; $b - Sublocation or collection (R)

▼c - 배가 위치 [반복] ; $c - Shelving location (R)

▼d - 이전 배가 위치 [반복] ; $d - Former shelving location (R)

▼e - 소장기관 주소 [반복] ; $e - Address (R)

▼f - 부호화된 소장 한정기호 [반복] ; f - Coded location qualifier (R)

▼g - 부호화되지 않은 소장 한정기호 [반복] ; $g - Non-coded location qualifier (R)

▼h - 분류기호 ; $h - Classification part

▼i - 자료기호 [반복] ; $i - Item part (R)

▼j - 서가통제번호 ; $j - Shelving control number

▼k - 별치기호 [반복] ; $k - Call number prefix (R)

▼l - 배가에 사용된 서명 ; $l - Shelving form of title

▼m -권·연차 [반복] ; $m - Call number suffix (R)

▼n - 국가부호 ; $n - Country code

▼p - 자료 고유번호 ; $p - Piece designation

▼q - 자료의 물리적 상태 ; $q - Piece physical condition

▼s - 논문/기사(article) 저작권료 부호 [반복] ; $s - Copyright article-fee code (R)

▼t - 복본번호 ; $t - Copy number

▼u - URI [반복] ; $u - Uniform Resource Identifier (R)

▼x - 업무용 주기 [반복] ; x - Nonpublic note (R)

▼z - 이용자용 주기 [반복] ; z - Public note (R)

▼2 - 배가의 정보원 ; $2 - Source of classification or shelving scheme

▼3 - 자료 범위 지정 ; $3 - Materials specified

▼6 - 대체문자 연결 ; $6 - Linkage

▼8 - 필드링크와 일련번호(소장데이터 연계 일련번호) ; $8 - Sequence number

[KORMARC]

852 ꝥꝥ▼a국립중앙도서관▼b중앙서고▼e서울특별시 서초구 반포대로 201▼nkor

[MARC21]

852 ##$aNational Geographic Society$bPersonnel Dept.$e17th & M St., N.W., Washington, DC USA.

852 4#$aDLC$bMicRR$jMicrofilm 82/528 MicRR

3) 856 전자적 위치 및 접속 [반복/재량] ; 856 Electronic Location and Access (R)

856 필드는 전자자료의 위치 식별에 필요한 정보를 기술한다.

제1지시기호 - 접속 방법 ; First Indicator - Access method

ꝥ - 정보가 제공되지 않음 ; # - No information provided

0 - 전자우편 ; 0 - Email

1 - 파일전송 ; 1 - FTP

2 - 원격접속 ; 2 - Remote login(Telnet)

3 - 전화회선 ; 3 - Dial-up

4 - HTTP ; 4 - HTTP

7 - 식별기호 ▼2에 명시된 접속방법 ; 7 - Method specified in subfield $2

제2지시기호 - 관련성 ; Second Indicator - Relationship

ꝥ - 정보가 제공되지 않음 ; # - No information provided

→ 표출어 '전자자료: '

0 - 자료 자체 ; 0 - Resource

→ 표출어 '전자자료: '

1 - 자료의 버전 ; 1 - Version of resource

→ 표출어 '전자 버전: '

2 - 관련 자료 ; 2 - Related resource

→ 표출어 '관련 전자자료: '

8 - 표출어를 생성하지 않음 ; 8 - No display constant generated

식별기호 ; Subfield Codes

▼a - 호스트명 [반복] ; $a - Host name (R)

▼b - 접근번호 [반복] ; $b - Access number (R)

▼c - 압축정보 [반복] ; $c - Compression information (R)

▼d - 경로 [반복] ; $d - Path (R)

▼f - 파일명 [반복] ; $f - Electronic name (R)

▼h - 이용자 ID ; $h - Processor of request

▼i - 명령어 [반복] ; $i - Instruction (R)

▼j - BPS ; $j - Bits per second

▼k - 비밀번호 ; $k - Password

▼l - 로그온 ; $l - Logon

▼m - 접속지원 [반복] ; $m - Contact for access assistance (R)

▼n - Host 설치 장소 ; $n - Name of location of host

▼o - 운영체제 ; $o - Operating system

▼p - 포트 ; $p - Port

▼q - 전자형식 유형 ; $q - Electronic format type

▼r - 세팅 ; $r - Settings

▼s - 파일크기 [반복] ; $s - File size (R)

▼t - 터미널 에뮬레이션 [반복] ;

▼u - URI [반복] ; $t - Terminal emulation (R)

▼v - 전자자료 이용 시간 [반복] ; $v - Hours access method available (R)

▼w - 레코드 제어번호 [반복] ; $w - Record control number (R)

▼x - 업무용 주기 [반복] ; $x - Nonpublic note (R)

▼y - 링크 안내문 [반복] ; $y - Link text (R)

▼z - 이용자용 주기 [반복] ; $z - Public note (R)

▼2 - 접속 방법 ; $2 - Access method

▼3 - 자료 범위 지정 ; $3 - Materials specified

▼6 - 대체문자 연결 ; $6 - Linkage

▼8 - 필드 링크와 일련번호 [반복] ; $8 - Field link and sequence number (R)

[KORMARC]

856 1ƀ ▼asun.nl.or.kr ▼cPKUNZIP으로 압축되어 있음 ▼f정보원.zip

856 40 ▼uhttp://www.cdc.gov/ncidod/EID/eid.htm ▼qtext/html

[MARC21]

856 40$uhttp://jefferson.village.virginia.edu/pmc/contents.all.html

856 7#$3b&w film copy neg.$ddag$f3d01926$2file

856 42$3French version$uhttp://www.cgiar.org/ifpri/reports/0297rpt/0297-ft.htm

856 1#$amaine.maine.edu$cMust be decompressed with PKUNZIP$fresource.zip

856 0#$akentvm.bitnet$facadlist file1$facadlist file2$facadlist file3

■ 서지레코드의 실례 [32] 마이크로필름

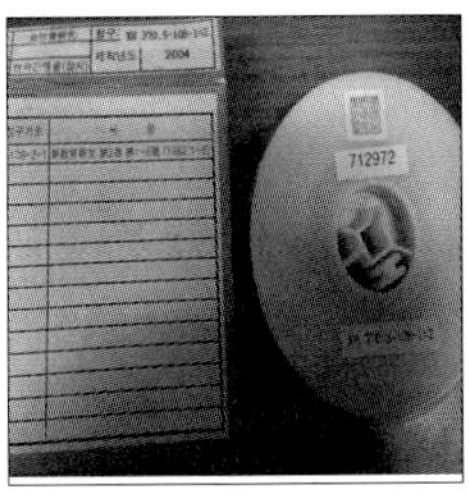

[KORMARC/KCR4]

007 hdƀbdb---babp

008 050921d198u19uuulkmrƀpƀaƀƀƀƀ0ƀak0korƀƀ

056 ƀƀ▼a370.5▼26

245 00▼a新教育硏究▼h[마이크로자료] /▼d韓國生産性硏究所 教育硏究社 [편]

260 ƀƀ▼a서울 :▼b국립중앙도서관,▼c[200-]

300 ƀƀ▼a마이크로필름 릴 1개 :▼b음화 ;▼c16 mm

310 ƀƀ▼a월간

362 1ƀ▼a창간호(1981년 1월)-

534 ƀƀ▼p원본발행사항:▼c서울 : 韓國生産性硏究所 教育硏究社, 1981-[19--]

650 ƀ8▼a교육[教育]

650 ƀ8▼a연속 간행물[連續刊行物]

710 ƀƀ▼a한국생산성연구소.▼b교육연구사

776 0ƀ▼t新教育硏究

980 ƀƀ▼a제2권 1호 (1982년 1월)-제2권 6호 (1982년 6월)

■ 서지레코드의 실례 [33] microfilm

[MARC21/AACR2R]

007 hd#afa014bacu

008 850531s1977####counnn########a##zleng#d

082 04$a305.40944$223

245 04$aThe Condition of women in France$h[microform].

260 ##$aNew Haven, Conn. :$bResearch Publications,$c[1977].

300 ##$a1 microfilm reel (part) ;$c35 mm.

336 ##$atext$btxt$2rdacontent

337 ##$amicroform$bh$2rdamedia

338 ##$amicrofilm reel$bhd$2rdacarrier

534 ##$cLondon : Strahan & Co., 1868.$e16 p.

500 ##$aReprint: Contemporary review, May, 1867.

490 1#$aHistory of women ;$vreel 936, no. 8063

650 #0$aWomen$zFrance$xSocial conditions.

830 #0$aHistory of women ;$vreel 936, no. 8063.

■ 서지레코드의 실례 [34] 마이크로피시

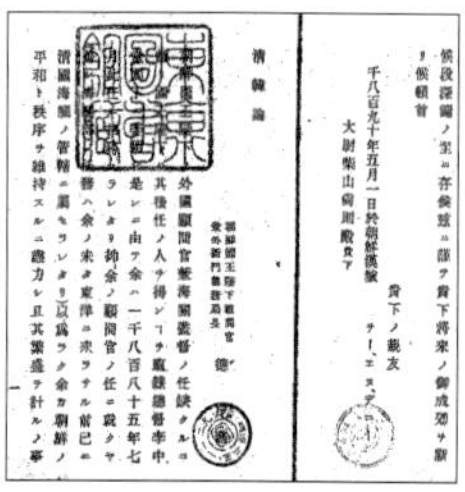

[KORMARC/KCR4]

007 heƀbfu---buuu

008 131019s1995ƀƀƀƀja---ƀƀƀƀƀƀƀbƀƀznjpnƀƀ

056 ƀƀ▼a349.12011▼a911.059▼26

245 00▼a清韓論▼h[마이크로자료] /▼d德尼(デニー) 著

260 ƀƀ▼a東京 :▼b國立國會圖書館,▼c1995

300 ƀƀ▼a마이크로피시 25매 ;▼c11 × 15 ㎝

534 ƀƀ▼p원본:▼c東京 : 天野高野助, 明治23[1890].▼e95 p ; 19 cm

650 ƀ8▼a외교 관계[外交關係]

651 ƀ8▼a중국(국명)[中國]

651 ƀ8▼a대한민국(국명)[大韓民國]

700 1ƀ▼a덕이

700 1ƀ▼aDenny, Owen N.,▼d1838-1900.▼tChina and Korea

856 41▼uhttp://dl.ndl.go.jp/info:ndljp/pid/767005

■ 서지레코드의 실례 [35] 슬라이드

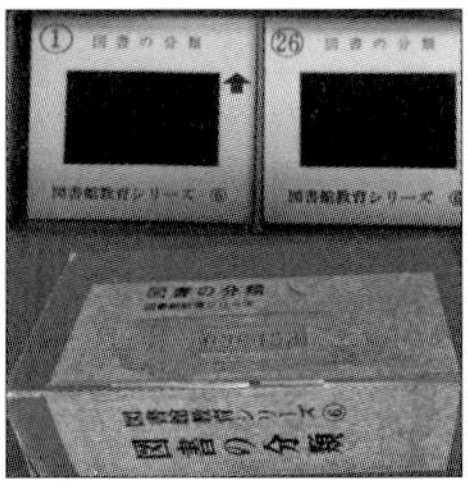

[KORMARC/KCR4]

007 gsƀcjƀƀzc

008 140321s1973ƀƀƀƀjaƀnnnƀƀƀƀƀƀƀƀƀƀƀasnjpnƀƀ

056 ƀƀ▼a024.4▼26

242 10▼a도서의 분류▼h[화상자료]

245 00▼a圖書の分類▼h[화상자료] /▼d全國學校圖書館協議會 制作

260 ƀƀ▼a東京 :▼b全國學校圖書館協議會,▼cc1973

300 ƀƀ▼a슬라이드 26 매 :▼b천연색 ;▼c2.3 × 3.4 cm

490 10▼a圖書館教育シリーズ ;▼v6

650 ƀ8▼a도서 분류[圖書分類]

710 ƀƀ▼a전국학교 도서관협의회

830 ƀ0▼a圖書館教育シリーズ▼h[화상자료] ;▼v6

■ 서지레코드의 실례 [36] 원화

[KORMARC/KCR4]

007 keƀcoƀ

008 140326nuuuuuuuukoƀnnnƀƀƀƀƀƀƀƀƀƀƀizzxxƀƀ

056 ƀƀ▼a653.11▼26

245 00▼a애들과 물고기와 게▼h[화상자료] /▼d이중섭

260 ƀƀ▼a[한국] :▼b[제작처불명],▼c[195- (제작)]

300 ƀƀ▼a원화 1점 :▼b종이에 먹과 수채 ;▼c26 × 19 cm

500 ƀƀ▼a표제는 국립현대미술관에 의한 것임.

520 ƀƀ▼a두 명의 남자 아이가 물고기와 게를 가지고 노는 군동화(群童畵)로, 농밀한 색채와 간결한 데생, 그리고 담채(淡彩)의 기법을 통하여 해맑고 천진난만한 동심의 세계를 가감없이 그려 내고 있음

650 8ƀ▼a서양화[西洋畵]

650 ƀ4▼a군동화[群童畵]

700 1ƀ▼a이중섭,▼d1916-1956

852 ƀƀ▼a국립현대미술관▼p작품번호: PA-03982

856 41▼uhttp://www.mmca.go.collections/collectionsDetail.do?menuId=2000000000&wrkMngNo=PA-03982

■ 서지레코드의 실례 [37] 복제 사진

[KORMARC/KCR4]

007 kfbbob
008 140331s1951bbbbulknnnbbbbbbbbrbbacnzxxTA
056 bb▼a911.0723▼26
245 00▼a6·25 당시 대동강을 넘는 피난 대열▼h[화상자료] /▼d맥스 데스퍼 [촬영] ; 공보처 홍보국 [복제]
260 bb▼a[서울] :▼b공보처 홍보국,▼c1951
300 bb▼a복제 사진 1매
500 bb▼a표제명은 국가기록원의 기록물명임
520 bb▼a1951년 1·4 후퇴 당시 평양 대동강 철교를 건너 피난을 떠나는 사람들의 모습을 담은 사진(복제본)으로, 원본은 AP통신 6·25 전쟁 종군기자인 맥스 데스퍼(Max Desfor)가 촬영한 것임
650 b8▼a한국 전쟁[韓國戰爭]
650 b8▼a1·4 후퇴[一四後退]
650 b8▼a철교[鐵橋]
650 b8▼a피난민 행렬[避難民行列]
650 b8▼a사진[寫眞]
651 b8▼a평양[平壤]
651 b8▼a대동강[大同江]
700 1b▼a데스퍼, 맥스
700 1b▼aDesfor, Max
710 bb▼a한국.▼b공보처.▼b홍보국
852 bb▼a국가기록원▼e대전광역시 서구 청사로 189
856 41▼uhttp://theme.archives.go.kr/next/common/viewOriginal.do?singleData=Y&archiveEventId=0049289668&themeFlag=Y&singleData=Y

■ 서지레코드의 실례 [38] photographic print

[MARC21/AACR2R]

007 kh#bo#
008 140324s1904####|||############iz#######d
082 04$a779.26$223
100 1#$aDunn, Robert Lee,$ephotographer.
245 10$a[Japanese cavalry troops watching over their supplies on the beach at Chemulpo]$h[graphic].
260 ##$a[S.l. :$bs.n.,$c1904]

300 ##$a1 photographic print.

336 ##$astill emage$bsti$2rdacontent

337 ##$aunmediated$bn$2rdamedia

338 ##$asheet$bnb$2rdacarrier

500 ##$aTitle from copyright register.

500 ##$aCopyright by Collier's Weekly, Mar. 22, 1904.

500 ##$aWritten on verso: Dunn.

540 ##$aNo known restrictions on publication. No renewal in Copyright office.

650 #0$aRusso-Japanese War, 1904-1905$xCampaigns & battles$zKorea$zInch ŏn.

650 #0$aRusso-Japanese War, 1904-1905$xMilitary personnel$xJapanese$zKorea$zInch ŏn.

650 #0$aSoldiers$xJapanese$zKorea$zInch'ŏn$y1900-1910.

650 #0$aContract laborers$zKorea$zInch'ŏn$y1900-1910.

651 #0$aInch'ŏn (Korea).

655 #0$aPhotographic prints.

852 ##$aLibrary of Congress$bPrints and Photographs Division$eWashington, D.C. 20540 USA$ndcu

856 41$3digital file from original photograph$dppmsca$f08152qpuhttp://hdl.loc.gov/loc.pnp/ppmsca.08152

■ 서지레코드의 실례 [39] 도자기

[KORMARC/KCR4]

007 zz

008 140328q13921910koƀnnnƀƀƀƀƀƀƀƀƀƀƀazzxxƀƀ

056 ƀƀ▼a631.21105▼26

245 00▼a분청사기연화문편호▼h[입체자료]

260 ƀƀ▼a[한국 :▼b제작처 불명,▼c조선시대 (제작)]

300 ƀƀ▼a도자기 1점 :▼b분청사기 ;▼c높이 16.5 cm, 입지름 5.7 cm, 구멍지름 4.2 cm, 바닥지름 9.1 cm

500 ƀƀ▼a한자표제: 粉青沙器蓮花文扁壺

500 ƀƀ▼a보물 제268호, 1963년 1월 21일 지정

520 ƀƀ▼a고려청자와 같은 칠 위에 투명한 청자유를 씌운 조선 초기의 분청사기로, 배 부분의 앞뒤 편평한 곳에는 구슬 모양으로 마름모 형태의 꽃을 만들고 그 안에 흑백상감을 한 연꽃을 새겨 넣었으며, 각 부분의

비례도 조화롭게 되어 있음

650 ␢8▼a도자기[陶瓷器]

650 ␢8▼a분청사기[粉靑沙器]

852 ␢␢▼a경북대학교박물관▼b제4전시실▼e대구광역시 북구 대학로 80

856 41▼uhttp://museum.knu.ac.kr/exhibition/04_info.html?R_index=61&return_str=/exhibition/04_list.html_wowque_page_wowequl_1_wowand_R_cat_wowequl_제4전시실_wowand_search_type_wowequl__wowand_search_str_wowequl

참고문헌

국내 단행본

국립중앙도서관. 『한국문헌자동화목록형식(KORMARC) - 통합서지용 KS 개정 공청회 자료』. 서울: 국립중앙도서관. 2013.
국립중앙도서관 편. 『한국문헌자동화목록기술규칙: 비도서자료용』. 서울: 국립중앙도서관. 1996.
국립중앙도서관 편. 『한국문헌자동화목록형식: 비도서자료용』. 서울: 국립중앙도서관. 1996.
국립중앙도서관 편. 『한국문헌자동화목록형식: 통합서지용』. 서울: 한국도서관협회. 2006.
김남석. 『비도서자료편목법』. 제3개정증보판. 대구: 계명대학교출판부. 2009.
김남석, 조도희. 『비도서자료의 조직이론』. 개정증보판. 대구: 계명대학교출판부. 2007.
김정현. 『전자자료조직론』. 대구: 태일사. 2002.
김정현, 문지현, 김효숙. 『비도서자료의 이해』. 광주: 전남대학교출판부. 2010.
김정현, 문지현, 김효숙. 『RDA의 이해』. 광주: 전남대학교출판부. 2013.
김태수 역. 『서지레코드의 기능상의 요건』. 서울: 국립중앙도서관, 2003.
문헌정보학용어사전 편찬위원회 편. 『문헌정보학용어사전』. 개정판. 서울: 한국도서관협회. 2010.
민병록. 『세계 영화영상 기술 발달사』. 서울: 문지사. 2001.
송영희 등. 『디지털시대의 장서관리』. 제3판. 서울: 한국도서관협회. 2011.
신종순 등 편. 『기록보존의 실제』. 개정증보판. 서울: 세화. 2011.
오동근 역. 『영미편목규칙 제2판 핸드북』. 대구: 태일사. 2005.
오동근 역. 『MARC의 이해』. 대구: 태일사. 2001.
윤희윤. 『장서관리론』. 개정판. 대구: 태일사. 2007.
이경호, 김정현. 『자료목록법: KORMARC·MARC21을 중심으로』. 제5판. 대구: 인쇄마당. 2012.
이귀복, 현혜원 역. 『도서관 자료의 관리 및 취급을 위한 IFLA 원칙』. 서울: 국립중앙도서관. 2009.
이용준 등저. 『전자책 빅뱅』. 파주: 한국학술정보. 2010.
이창수. 『연속간행물의 관리』. 대구: 태일사. 2011.
이창수. 『정보자료의 목록』. 개정판. 대구: 태일사. 2013.
『KS 문헌정보 - 한국문헌자동화목록형식 - 통합서지용』(KSX 6006-0: 2014). 음성: 국가기술표준원. 2014.
韓國圖書館協會 編. 『韓國目錄規則』. 修正版. 서울: 韓國圖書館協會. 1966.
韓國圖書館協會 目錄委員會 編. 『目錄委員會 第4版』. 서울: 韓國圖書館協會. 2003.
한국도서관협회 도서관편람 편찬위원회. 『도서관편람』. 서울: 한국도서관협회. 2009.
한국도서관협회 목록위원회 편. 『韓國目錄規則 제4판 보유편: 전자책·전자저널 기술규칙』. 서울: 韓國圖書館協會. 2013.
한국도서관협회 한국도서관기준특별위원회 편. 『한국도서관기준. 2013년판』. 서울: 한국도서관협회. 2013.

국내 논문

김용욱. 「대학도서관 국내전자책 서비스의 이용자 만족도 분석」. 경북대학교 대학원 석사학위논문. 2012.
김정화. 「초등학교 도서관 비도서자료 관리와 활용에 관한 연구」. 공주대학교 교육대학원 석사학위논문. 2009.

신은자. 「전자저널의 통합 인터페이스에 관한 연구」. 『정보관리학회지(情報管理學會誌)』, 제17권 제2호 (2000. 6). pp. 67-83.

심상순. 「대학도서관 전자정보실의 공간구성 단위면적 기준」. 경북대학교 대학원 석사학위논문. 1997.

오동근, 김숙찬. 「대구·경북지역 주요 대학도서관 전자정보실의 현황 및 운영실태에 관한 분석」. 『정보관리학회지(情報管理學會誌)』. 제21권 제4호(2004. 12).

윤혜영. 「비도서자료의 선정에 관한 연구」. 『인문사회과학논문집(중부대학교)』. 제3권. 1999. pp. 141-152.

이미화. 「ISBD 통합판의 서지기술 특징 및 고려사항에 관한 연구」. 『한국문헌정보학회지』. 제46권 제4호 (2012. 11). pp. 178-182.

이창수. 「온라인 전자자료의 선택 기준」. 『도협(圖協)』. 제18집(2001). pp. 35-57.

이창수, 김미정. 「전자자료의 장기적 보존」. 『사회과학(社會科學)』. 제13집(2001). pp. 133-155.

정옥연. 「비도서 자료의 교육적 활용방안에 관한 연구」. 중앙대학교 대학원 석사학위논문. 2003.

정진한. 「대학도서관 전자책서비스 활성화 방안에 관한 연구」. 『한국문헌정보학회지』. 제43권 제1호(2009. 3). pp. 113-133.

국외 단행본

日本図書館協會目錄委員會 編. 『日本目錄規則』. 1987年版 改訂3版. 東京: 日本図書館協會. 2006.

關晶 編. 『視聽覺ライブラリ-』. 東京: 日本圖書館協會. 1970.

黑岩高明. 『視聽覺資料組織法: 畵像·映像·錄音資料の整理と利用』. 東京: 學校圖書株式會社. 1979.

Anglo-American Cataloguing Rules. 2nd ed. 2002 rev. Chicago: ALA. 2002.

Evans, G. Edward, Intner, Sheila S. and Weihs, Jean. *Introduction to Technical Services*. 8th ed. Santa Barbara, Calif.: Libraries Unlimited. 2011.

Evans, G. Edward and Saponaro, Margaret Zarnosky. *Developing Library and Information Center Collections*. 5th ed. Westport, Conn.: Libraries Unlimited. 2005.

Fothergill, Richard and Butchart, Ian. *Non-Book Materials in Libraries: A Practical Guide*. 3rd ed. London: Clive Bingley. 1990.

Glenn E. Patton, ed. Functional Requirements for Authority Data: A Conceptual Model. München: K.G. Saur. 2009.

Grove, Pearce S., ed. *Nonprint Media In Academic Libraries*. Chicago: American Library Association. 1975.

Hsieh-Yee, Ingrid. *Organizing Audiovisual and Electronic Resources for Access: A Cataloging Guide*. 2nd ed. Westport Conn.: Libraries Unlimited. 2006.

IFLA. *ISBD(CM): International Standard Bibliographic Description for Cartographic Materials*. Rev. ed. London: IFLA. 1987.

IFLA. *ISBD(NBM): International Standard Bibliographic Description for Non-Book Materials*. Rev. ed. London: IFLA. 1987.

IFLA. *ISBD(ER): International Standard Bibliographic Description for Electronic Resources*. Revised from the ISBD(CF): International Standard Bibliographic Description for Computer Files. Müunchen: K.G. Saur. 1997.

ISBD: International Standard Bibliographic Description. recommended by the ISBD Review Group; approved by the Standing Committee of the IFLA Cataloguing Section. Consolidated ed. Berlin: De Gruyter Saur. 2011.

Maxwell, Robert L. *Maxwell's Handbook for AACR2: Explaining and Illustrating the Anglo-American Cataloguing Rules Through the 2003 Update*. 4th ed. Chicago: ALA. 2004.

McCroskey, Marilyn. *Cataloging Nonbook Materials with AACR2R and MARC: A Guide for the School Library Media Specialist*. 2nd ed. Chicago: American Library Association. 1999.

Olson, Nancy B., Bothmann, Robert L., Schomberg, Jessica J. *Cataloging of Audiovisual Materials and Other Special Materials: A Manual Based on AACR2 and MARC21*. 5th ed. Westport, Conn.: Libraries Unlimited. 2008.

Piepenburg, Scott. *Easy MARC: A Simplified Guide Creating Catalog Records for Library Automation Systems*. 4th ed. San Jose, Calif.: F & W Associates. 2002.

RDA: ResourceDescriptionandAccess. Chicago: American Library Association. 2010.

Weber, Mary Beth. *Cataloging Nonprint and Internet Resources*. New York: Neal-Schuman Publishers. 2002.

Weber, Mary Beth and Austin, Fay Angela. *Describing Electronic, Digital, and Other Media Using AACR2 and RDA*. New York: Neal-Schuman Publishers. 2011.

인터넷 문서·사이트

IFLA(http://www.ifla.org). 「도서관 및 관련 기관에서의 시청각 및 멀티미디어자료를 위한 지침서」(http://www.ifla.org/files/assets/hq/publications/professional-report/80-kr.pdf). Hague: IFLA. 2004.

학술연구정보서비스(http://unicat.riss.kr). 「KERIS 종합목록 입력지침: 한국문헌자동화목록형식 통합서지용」(http://unicat.riss.kr/ulist_guideline/main.jsp). 서울: 한국교육학술정보원. 2008.

OCLC(http://www.oclc.org). Bibliographic Formats and Standards. 4th ed. (http://www.oclc.org/bibformats/en.html). Dublin, Ohio: OCLC. 2013.

Library of Congress, Network Development and MARC Standards Office. MARC21 Format for Bibliographic Data. 1999 Edition. Update No. 1(October 2001) through Update No. 18(April 2014) (http://lcweb.loc.gov/marc/bibliographic/ecbdhome.html).

도서관연구소(http://www.nl.go.kr), 도서관 연구소 웹진 Vol. 40(2009. 7. 31)~Vol. 48(2009. 12. 30), 「영미권의 차세대 목록규칙 "자원의 기술과 접근(RDA)"」 ①~⑨(http://www.nl.go.kr/krili/webzine/webzineList.jsp).

LC(http://www.loc.gov). Understanding MARC Bibliographic: Machine-Readable Cataloging(http://www.loc.gov/marc/umb).

색인

A

AACR1 115
AACR2 115
Access for portion of title 257
Added Entry—Corporate Name 398
Added Entry—Meeting Name 399
Added Entry—Personal Name 396
Added Entry—Uncontrolled Related/Analytical Title 402
Added Entry—Uniform Title 401
Added title page title 258
Additional Physical Form Available Note 367
Additional Physical Form Entry 417
ALA 목록규칙 113
AOD 091
Associated Language 332
Audience Characteristics 336
Audio On Demand 091
Audiovisual materials 015
Awards Note 377

B

Base address of data 143
Bibliographic level 142
Bibliography, Etc. Note 354
Blu-ray disc 025

C

Caption title 258
Carrier type 030, 320
Cartographic Mathematical Data 268
Cataloging Source 207
CD 023
CD-ROM 026
Character coding scheme 142
Citation/References Note 360
Coded Cartographic Mathematical Data 204
Collage 024
Collective Uniform Title 234
Compact Disc 023
Computer File Characteristics 272
Computer Files 196
Computer files/Electronic resources 149
Content type 030, 317
Control Number 147
Control Number Identifier 147
Country of Publishing/Producing Entity Code 210
Cover title 258
Creation/Production Credits Note 359
Creator/Contributor Characteristics 337

D

DAT 023
Date and Time of Latest Transaction 148
Date/Time and Place of an Event 203

Date/Time and Place of an Event Note 363
DC 074
Descriptive cataloging form 144
Dewey Decimal Classification Number 219
Digital Audio Tape 023
Digital File Characteristics 329
Digital Graphic Representation 331
Diorama 026
Directory 145
Distinctive title 257
Drawing 024
Dublin Core 074

E

Edition Statement 263
Electronic learning 092
Electronic Location and Access 429
Electronic Resource 174
Emulation 109
Encapsulation 108
Encoding level 143
Entity 118
Entry map 144
EP 023
Expression 118
Extended Playing 023

F

Film loop 024
Fixed-Length Data Elements—Additional Material Characteristics 148
Fixed-Length Data Elements—General Information 180
Flash card 024
Flip chart 024
Formatted Contents Note 354
Former Title 259
Form of Musical Composition Code 214
Form of Work 332
FRBR 117
Functional Requirements for Bibliographic Records 117

G

General Note 349
Geographic Area Code 209
Geospatial Reference Data 324
Globe 156
GMD 032

H

Holding Institution 427
Host Item Entry 415

I

Imprint 273
Index Term—Uncontrolled 394
Indicator count 143
Information Relating to Copyright Status 373
International Standard Bibliographic Description 032
International Standard Book Number 198
International Standard Serial Number 200
ISBD 032, 113
ISBN 198
Issued With Entry 417
Issuing Body Note 375
Item 118

K

KDC 218
Key 336
Kit 179

L

Language Code 208
Language Note 374
Length of the implementation-defined portion 145
Length of the length-of-field portion 144
Length of the starting-character-position portion 144
Linking Entry Complexity Note 377

Local Call Numbers 220
Location 427
Logical record length 141
Long Playing 023
LP 023

M

Main Entry—Corporate Name 228
Main Entry—Meeting Name 229
Main Entry—Personal Name 226
Main Entry—Uniform Title 230
Main Series Entry 408
Manifestation 118
Map 151
Maps 148, 184
MARC 130
MD 023
Media type 030, 319
Medium of Performance 334
Metadata Object Description Schema 077
Microform 177
Migration 109
Mini Disc 023
Mixed materials 150, 197
MOD 091
Model 026
MODS 077
Motion Picture 167
Multipart resource record level 144
Music 149, 187
Musical Presentation Statement 267
Music On Demand 091

N

Nonbook media 015
Nonprint materials 015
Nonprint media 015
Nonprojected Graphic 164
Nonspecific Relationship Entry 422
Notated Music 157
Number of Musical Instruments or Voices Code 214
Numeric Designation of Musical Work 335

O

Organization and Arrangement of Materials 330
Original Language Entry 410
Original Study Number for Computer Data Files 205
Original Version Note 369
Orignal title 258
Other Distinguishing Characteristics of Work or Expression 333
Other Edition Entry 416
Other title 258
Ownership and Custodial History 376

P

Parallel title 257
Participant or Performer Note 361
Physical Description 285
Physical Description Fixed Field 150
Physical Medium 323
Planar Coordinate Data 326
Playing Time 317
Preceding Entry 419
Production, Publication, Distribution, Manufacture, and Copyright Notice 284
Projected Graphic 162
Projection Characteristics of Moving Image 328
Publication, Distribution, etc. 273
Publisher Number 202

R

Radiograph 024
RDA 029, 122
Record status 141
Remote-Sensing Image 153
Reproduction Note 368
Restrictions on Access Note 357
Running title 258

S

Scale Note for Graphic Material 358
Series Added Entry—Corporate Name 424
Series Added Entry—Meeting Name 424
Series Added Entry—Personal Name 423
Series Added Entry—Uniform Title 425
Series Statement 347
Sound Characteristics 327
Sound Recording 157
Source of Acquisition 206
Source of Description Note 378
SP 023
Special Coded Dates 212
Special materials 015
Spine title 258
Standard Playing 023
Subfield code count 143
Subject Added Entry—Chronological Term 390
Subject Added Entry—Corporate Name 385
Subject Added Entry—Geographic Name 393
Subject Added Entry—Hierarchical Place Name 395
Subject Added Entry—Meeting Name 387
Subject Added Entry—Personal Name 383
Subject Added Entry—Topical Term 392
Subject Added Entry—Uniform Title 388
Subseries Entry 410
Succeeding Entry 420
Summary, Etc. 364
Supplement Note 366
Supplement Parent Entry 413
Supplement/Special Issue Entry 413
System Details Note 371

T

Target Audience Note 365
Terms Governing Use and Reproduction Note 372
Time Period of Content 211
Title Statement 235
Translation Entry 412
Translation of Title by Cataloging Agency 233
Transparency 024
Type of Computer File or Data Note 362
Type of control 142
Type of record 141

U

Undefined Entry map character position 145
Uniform Title 231
Unspecified 179

V

Varying Form of Title 255
Video Characteristics 329
Video On Demand 091
Videorecording 172
Visual materials 150, 193
VOD 091

W

With Note 353
Work 118

ㄱ

가변길이필드 137
개념 120
개별자료 118
개별표제 257
개인 119
개체 118
검색을 위한 부분표제 257
경위도 표시 271
고정식 배가법 070
공기의 질 095
관련 언어 332
광디스크 026
광 매체 104
구의 022
구체 156

구현형 118
국제표준도서번호 198
국제표준서지기술법 032, 113
국제표준연속간행물번호 200
권두표제 258
권차, 회차, 연차 표시 248
그래픽자료의 축척 주기 358
그림자료 024
기금 정보 주기 370
기본자료 저록 415
기본표목 226
기본표목—개인명 226
기본표목—단체명 228
기본표목—통일표제 230
기본표목—회의명 229
기술 구조 135
기술의 정보원 131
기술의 정보원 주기 378
기타표제 258
기타 형태 저록 417

ㄴ

난외표제 258
낱장지도 021
내용유형 030, 317
내용 주기 354
내용한정어 033
내용형식 032
녹음, 녹화, 음악 관련 발행처 번호 202
녹음 일시와 장소 주기 363
녹음자료 022, 149, 157, 187, 242, 253, 289, 299, 310
녹음카세트 023
녹음 카트리지 023
녹음테이프 릴 023

ㄷ

다권본 자원의 레코드 수준 144
단면도 022
단체 119
대등표제 245, 257
대상 120
더블린코어 074
데이터 기본번지 143
데이터 아카이빙 051
도법표시 271
동시발간 저록 417
듀이십진분류기호 219
드로잉 024
디렉토리 145
디오라마 026
디지털 그래픽 표현 331
디지털 녹음테이프 023
디지털 이미지 093
디지털 파일 특성 329
디지털화 107
딸림자료 316

ㄹ

레코드 길이 141
레코드 상태 141
레코드 유형 028, 141
로컬필드 139
리더 140

ㅁ

마이그레이션 109
마이크로자료 026, 177, 296, 307, 315
마이크로필름화 105
매체유형 031, 033, 319
멀티미디어 091
메타데이터 073
모체 레코드 저록 413
모형 026
목록규칙 113
목록기술 130
목록기술형식 144
목록작성기관 207
목록작성기관에서 번역한 표제 233
문자부호화체계 142
물리적 매체 유형 323
미니디스크 023
미지정 엔트리 맵 자릿수 145

ㅂ

발행년 279
발행, 배포, 간사 사항 273
발행사항 129, 273
발행국명 부호 210
발행지 274
발행처 277
발행처 주기 375
방사선사진 024
배포년 279
배포지 274
배포처 277
번역 저록 412
변경 전 표제나 표제변동 259
보유판 및 특별호 저록 413
보존 방법 100
보존 설비 099
복제 주기 368
복합자료 029, 150, 197
본표제 127, 237
부록 주기 366
부차적 판의 책임표시 266
부차적 판표시 266
부출표목—개인명 396
부출표목—단체명 398
부출표목—비통제 관련/분출표제 402
부출표목—통일표제 401
부출표목—회의명 399
부표제지 표제 258
부호화정보필드 180
부호화 정보필드—부가적 자료 특성 148
분류 070
분점 표시 271
블루레이 디스크 025
비도서매체 015
비도서자료 관리 업무 035
비도서자료 업무 조직 037
비도서자료의 배가 070
비도서자료의 별치기호 071
비도서자료의 보존 094
비도서자료의 보존 환경 094
비도서자료의 선택 041
비도서자료의 수집 057
비도서자료의 이용 082
비디오녹화자료 172
비디오 특성 329
비인쇄매체 015
비인쇄자료 015
비통제 색인어 394
비특정적 관계 저록 422
빛과 조명 097

ㅅ

사건 120
사건 일시와 장소 203
사운드 특성 327
사진 매체 100
상관식 배가법 070
상위총서 저록 408
생물학적 환경 098
생산, 발행, 배포, 제작, 저작권 표시 284
서지 등 주기 354
서지레코드의 기능상의 요건 117
서지수준 142
선행 저록 419
소유권 및 소장 내력 주기 376
소장기관 427
소장사항 427
소장위치 427
수록매체유형 031, 320
수상 주기 377
숫자적 필드 198
슬라이드자료 024
습도 094
시스템 사항에 관한 주기 371
시청각자료 015, 041, 150, 193
식별기호 자릿수 143
식별표제 257
실행 위치의 자릿수 145

ㅇ

악기나 성악 부호 214
악보 022, 157, 241, 288
악보의 표현형식 267
언어부호 208
언어 주기 374

에뮬레이션 109
엔트리 맵 144
여러 형태의 표제 255
연관저록 408
연관저록 설명 주기 377
연대 부호 211
연주 매체 334
연주시간 317
연주자와 배역진 주기 361
영미목록규칙 114
영상자료 303, 312
영상 자원의 영사 특성 328
영화 024, 167
온도 094
요약 등 주기 364
원격탐사도 022, 153
원본 주기 369
원저 저록 410
원표제 258
음반 023, 102
음악자료 149, 187
음악 저작 번호 표시 335
음조 336
이러닝 092
이용 가능한 다른 형태자료 주기 367
이용과 복제 제한에 관한 주기 372
이용대상자 주기 365
이용 제한 주기 357
이판(異版) 저록 416
인쇄자료 021
인용 주기 360
인캡슐레이션 108
인터넷 자원의 선택 기준 055
일반 주기 349
일본목록규칙 115
입력수준 143
입수조건 표시 199
입수처 206
입체자료 026, 243, 255, 296, 306, 314

ㅈ

자관 청구기호 220
자기 매체 103
자료유형 021, 244
자료유형표시 032
자료의 구조와 배열 330
자료의 매체변환 105
자료특성사항 267
자원 기술과 접근 029, 122
자원의 범주 127
작곡형식 부호 214
장소 120
재생시간 317
저작 118
저작권 관련 정보 373
저작 또는 표현형의 기타 구별 특성 333
저작의 형식 332
전자기적 환경 099
전자자료 026, 045, 149, 174, 196, 295, 305, 313
전자자료의 라이선스 062
전자자료의 수집 062
전자자료의 장기적 보존 108
전자저널 089
전자적 위치 및 접속 429
전자정보실 082
전자책 087
접근점 130
제어번호 147
제어번호 식별 147
제어유형 142
제어 필드 147
제작국명 부호 210
제작사항 283
제작진 주기 359
조감도 022
종합통일표제 234
주기사항 349
주문형 음악 091
주제명부출표목 383
주제명부출표목—개인명 383
주제명부출표목—계층적 지명 395
주제명부출표목—단체명 385
주제명부출표목—시대 390
주제명부출표목—일반주제명 392
주제명부출표목—지명 393
주제명부출표목—통일표제 388
주제명부출표목—회의명 387

지구의 022
지도 021
지도자료 021, 148, 151, 184, 240, 287, 298, 308
지도 제작의 수치데이터 268
지도 제작의 수치데이터 부호 204
지도책 021
지리공간참조정보 324
지시기호 자릿수 143
지역부호 209
지형모형 022

ㅊ

참고 주기 360
책등표제 258
책임표시 128, 250
천구의 022
천체도 022
총서부출표목 423
총서부출표목—개인명 423
총서부출표목—단체명 424
총서부출표목—통일표제 425
총서부출표목—회의명 424
총서사항 347
촬영 일시와 장소 주기 363
최종처리일시 148
축척표시 269

ㅋ

컴퓨터 데이터 파일의 원 연구번호 205
컴퓨터 파일과 데이터유형 주기 362
컴퓨터 파일 특성 272
콜라주 024
콤팩트디스크 023
키트 029, 179

ㅌ

통일표제 231
트랜스페어런시 024
특별한 연도 부호 212
특수자료 015
특정 판의 책임표시 266

ㅍ

판사항 129, 263
판표시 264
평면비영사자료 029, 164
평면영사자료 029, 162
평면 좌표 정보 326
표시기호 137
표제 231
표제관련사항 231
표제관련정보 246
표제와 책임표시사항 235
표준번호 199
표지표제 258
표현형 118
플래시카드 024
플립 차트 024
필드길이의 자릿수 144
필드시작위치의 자릿수 144
필름 루프 024
필름 매체 101

ㅎ

하위총서 저록 410
한국십진분류기호 218
합철본 주기 353
형태기술필드 150
형태를 구분할 수 없는 자료 179
형태사항 129, 285
화상자료 024, 302, 311
화상자료와 영상자료 242, 291
후속 저록 420